中國文化通史

魏晉南北朝卷·下冊

目錄
CONTENTS

第三章　問難屈勝，百舸爭渡 —— 魏晉南北朝時期的文化論爭

第四章　文化的交流與雜糅

第五章　清源正本，求幽探遠 —— 魏晉南北朝時期的哲學

第六章　佛・道・巫

第七章　倫理的乖張與悖反

第八章　育人與選士

第九章　燦爛的史學之花

第十章 儷采百字之偶，爭價一句之奇
—— 魏晉南北朝時期的文學

第十二章　科學技術的碩果

第十三章　社會風俗與時尚

參考書目

再版後記

第八章

育人與選士

魏晉南朝
的學校教育

　　魏晉南朝戰亂頻仍，政權更迭。在這個動盪的時代，社會上卻更加注意人才的培養。只要客觀條件允許，魏晉南朝的統治者便極力利用一切機會舉辦學校教育以育人才。在各級官辦學校中，不僅教授儒學，而且還開創分科教學。儒、佛、道、玄相容，以儒為主，使各時期的官學各具特色。私學的發達昌盛更補時停時廢的官學之不足，使這個時期的各種學術思想繁榮，人才輩出。當此之時的選士制度，經歷了九品中正制的興衰和察舉，征辟及朝廷策試的變遷。

一、魏晉時期的學校教育

（一）魏晉時期的中央官學

　　隨著東漢帝國的瓦解，魏、蜀、吳三國鼎立的局面漸次形成。三國在其開國之初都比較重視學校教育，相繼開辦中央官學。魏、蜀稱太學，吳稱學宮。三國之中，魏國的中央官學稍勝吳、蜀二國。

　　曹操早在擁兵自重、圖謀執掌政權之時，就於反袁戰爭中首開育人重學之風

氣，為死亡軍士親屬設置學師。「（建安）七年（西元 202 年）春正月，公軍譙，令曰：『……其舉義兵已來，將士絕無後者，求其親戚以後之，授土田。官給耕牛，置學師以教之』。」[1]建安二十二年（西元 217 年）五月，曹操於鄴城南（今河南省臨漳縣）作泮宮，興官學。曹丕稱帝，於黃初五年（西元 224 年）在洛陽正式創立太學，置五經博士。劉備於章武元年（西元 221 年）稱帝后，亦立即興辦太學。命許慈、尹宗任博士，孟光、來敏掌管舊文。《晉書·儒林傳》載：「文立，蜀時遊太學，專《毛詩》、《三禮》，師事譙周。門人以立為顏回，陳壽、李虔為游、夏，羅憲為子貢。」孫權在稱帝后的第二年，即西元二三〇年特下詔書以立國學，置都長（學會之長）祭酒，以教學諸子。後因戰爭過頻，政局動盪，孫權此令沒有認真得到執行，三十年後孫吳景帝孫休於西元二五八年又再下詔書：「按舊制置學宮，立五經博士。」[2]

三國的中央官學以魏國的規模最盛，教學制度也比較健全和正規。史載：「黃初元年之後，新主乃復，始掃除太學之灰炭，補舊石碑之缺壞，備博士之員錄，依漢甲乙以考課。申告州郡，有欲學者，皆造詣太學。太學始開，有弟子數百人。」[3]時至魏元帝曹奐景元三年（西元 262 年），太學生數增至數千人。當名士嵇康受刑時，曾有三千太學生為其請願，可見太學之盛。魏在舉辦太學的同時，還創辦了一所類似太學，但更具高級研修式的學府：崇文觀。魏明帝「青龍四年（西元 236 年）夏四月，置崇文觀，徵善屬文者以充之」[4]。明帝景初年間（西元 237-239 年），又命令選派高才能解經義的三十人，向當時名儒高堂隆、蘇林、秦靜等學習四經三禮，並加課試，唯恐經學後繼乏人。魏太學不僅規模大，而且注意改進大學生的管理及結業制度。史載：「蔣濟奏：太學堂上，官為置鼓，凡學受業，皆須十五以上，公卿大夫子弟在學者，以年齒長幼相次，不得以父兄位也。學者不恭肅慢師，酗酒好訟，罰飲水三升。」[5]對於太學生結業制

---

1 《三國志·魏志·武帝紀》。

2 《三國會要·學校》。

3 《三國志·魏志·王肅傳》。

4 《三國志·魏志·明帝紀》。

5 《三國會要·學校》。

度，魏廢除西漢一年一試及東漢兩年一試的辦法，創立了五課試法。規定初入學者稱「門人」，經過兩年學習之後，考試能通一經者，才能稱為「弟子」，成為正式的太學生。考試不及格者，革除學籍遣回原籍。此後，每學習兩年、三年增試一經，五經全部考試通過方隨才敘用，授予一定官職，太學生因此常須八年才可結業。這實際上是一種學校教育與文官考試任用合一的制度。

三國時期的太學都以講授儒家經學為主。曹魏重古文經學並有玄學化經學出現；蜀亦流行古文經學；唯吳只授今文經學，蜀、吳對於玄學化經學均不甚研究也不講授。

兩晉皇朝是以司馬氏為首的大族聯合政權。因此門閥士族享有政治、經濟上的種種特權，反映在教育上，則在此時出現了太學、國子學並立的中央官學制度。

晉太學初立於晉武帝泰始八年（西元 272 年）。因為是在魏太學的基礎上建立，所以晉武帝下令整頓太學。太學經過整頓，淘汰不合格太學生及博士教官。這裡說明一下，魏太學辦到後來，由於戰爭頻繁，許多青年人為了逃避兵役、徭役紛紛進入太學混飯，致使累年積太學生多達成千上萬，魚目混珠。晉武帝將接手的太學，由原來七千餘人減至三千餘人，設博士十九人，並限六品以下一般貴族子弟入學。太學中除正式生之外，可招不同出身的各式寄學、寄學陪住生。涼州、西域來的少數民族學生則稱為散生。對於高門士族子弟，則另創設國子學：「咸寧四年（西元 278 年），武帝初立國子學，定置國子祭酒、博士各一人，助教十五人，以教生徒。博士皆取履行清淳，通明典義者，若散騎常侍、中書侍郎，太子中庶子以上，乃得召試。」[6]國子學限五品以上貴族子弟方可入學。兩晉的太學與國子學一直是兩者並存，正所謂「太學之與國學，斯是晉世殊其士庶、異其貴賤耳。然貴賤士庶，皆須教成，故國學太原兩存之也⋯⋯」[7]

兩晉的國子學和太學辦得並不是十分景氣。西晉惠帝元康年間曾一度兩學興

6　《晉書・職官志》。
7　《南齊書・禮志上》。

盛，潘岳作《閒居賦》曾描述：「兩學齊列，雙宇如一，右延國冑，左納良逸。祁祁生徒，濟濟儒術，或升之堂，或入之室。教無常師，道在則是。」[8]然好景不長，西晉末至東晉初年，由於政局混亂，戰亂此起彼伏，兩學一直處於時興時廢狀態。淝水之戰東晉取勝之後，雖然東南偏安於一時，孝武再興兩學，仍然是起色不大，兩學的規模遠遠不如曹魏及西晉初年，太學與國子學在校學生不過百十餘人。這種狀況的出現，不僅僅是由於戰爭頻仍，最主要的還是由於自曹魏開始的九品中正制的選官制長期執行，導致士族子弟可以不進學校而專依門第越級陞遷。一般士人入學只為避役並不指望通過學校考試就能入仕高官。特別是當時意識形態領域風行老莊，雖然兩晉中央官學授課內容已兼有玄學和佛學，但仍是以儒家經學為主，引不起青年學子的興趣，由此入學人數銳減，這也是導致兩學日益衰落的原因之一。

（二）魏晉時期的地方學校

三國兩晉在開辦中央官學的同時，都曾在州郡開辦地方學校，一般由地方各級政府舉辦。地方鄉校多以推行社會教化為辦學宗旨，特別重視行禮教育，同時學習儒家經學。這些地方鄉校一般均無定制，往往隨時局變動而時辦時廢。若地方長官重視教化，學校則辦得較為興旺，也有專為培養個人勢力而興辦地方官學的。

魏、蜀、吳三國之中，魏地方教育較吳蜀普遍，辦學的州、郡、縣比較多。曹操執掌權柄後於建安八年（西元 203 年），就曾向地方下達興學的命令：「喪亂以來，十有五年，後生者不見仁義禮讓之風，吾甚傷之。其令郡國各修文學，縣滿五百戶置校官，選其鄉之俊造而教學之，庶幾先王之道不廢，而有以益於天下。」[9]此令下達之後，確有一定成效。例如建安初，河東（今山西境內）平定之後，太守杜畿開設地方學校，自己親自授課，並任命大儒樂詳為文學祭酒。河

8　《晉書·潘岳傳》。
9　《三國志·魏志·武帝紀》。

東一時學風頗興，弘農太守令狐邵也派官吏前去河東樂詳處就學，學成之後回弘農辦學，「由是弘農學業轉興」[10]。這一時期辦學的還有南陽太守楊俊、平原王烈，揚州刺史劉馥等。魏文帝時期，雁門太守牽招曾努力於戰爭間隙、邊境略安之時興學：「野居晏閉，寇賊靜息。招乃簡選有才識者，詣太學受業，還相授教，數年中庠序大興。」[11]濟陰太守鄭袤興立庠序，曾在廣千以德化為先，深得當地百姓愛戴；陳留太守劉劭親自到郡學中執講經學；王基在江夏「明制度，整軍農，兼修學校，南方稱之」[12]。管輅所在的地方官學中有國內外及遠方求學諸生達四百餘人，可見魏之地方學校之盛。

蜀國的地方學校以益州較為發達。益州地方學校原來是漢文翁首創郡學的地區，到劉備時又任命來敏為典學校尉，尹默為勸學從事。劉禪建興年間譙周被提升為典學從事，總管全州教育。由於譙周辦學有方，甚得當時百姓稱頌，後來益州刺史董榮在州學之中高掛譙周像，稱讚他：「抑抑譙侯，好古述儒，寶道懷真，鑑世盈虛，雅名美跡，終始是書。」[13]

吳在州亦曾設地方官學。例如孫瑜為奮威將軍，領丹陽太守時，對於篤學好古的儒學家馬普十分尊敬，特請馬普教授將吏子弟數百名，「遂立學官，臨饗講肄」[14]。顧邵任豫章太守時，曾選小吏中資質聰慧者入鄉學，凡學習優秀者「擢置右職，舉善以教，風化大行」[15]。

兩晉的地方官學較之三國，最突出的特點是更無定制。且多由地方長官自行創辦，其中不少是地方官吏為培植私人勢力而興辦的。

西晉武帝時期地方教育還有可稱道處。影響比較大的有這樣幾個人：虞溥在太康年間任鄱陽內史時，曾經「大修庠序，廣招學徒，移告屬縣曰：『……今四

---

10 《三國志·魏志·倉慈傳》。
11 《三國志·魏志·牽招傳》。
12 《三國志·魏志·王基傳》。
13 《三國志·蜀志·譙周傳》。
14 《三國志·吳志·宗室傳》。
15 《三國志·吳志·顧邵傳》。

海一統，萬里同軌，熙熙兆庶，咸休息乎太和之中，宜崇尚道素，廣開學業，以贊協時雍，光揚盛化。』乃具為條制。於是至者七百餘人」[16]。虞溥並作誥書要求學生「內正其心，外修其行」，認為不患才之不及而患志之不立，只要專心學習，一以貫之，必可有成就。杜預鎮守荊州之時，曾一面講武，一面設立泮宮講學，一時傳為佳話。河南尹王恂在任期間曾建立二學，開設《五經》，羊祜鎮南廈也曾設庠序，唐彬更於邊遠地區烏丸「兼修學校，誨誘無倦，仁惠廣被」[17]。

東晉孝武帝時期，舉辦地方教育比較積極並有一定影響的是太元年間的范寧。他在任豫章太守之時，大設庠序：「遣人往交州采磬石，以供學用，改革舊制，不拘常憲。遠近至者千餘人，資給眾費，一出私祿。」[18]

為培植私人武裝割據勢力，而努力興學出名的，一是西晉的張軌，他在鎮守涼州時，特立學校，征九郡冑子五百人，置崇文祭酒，春秋行鄉射之禮。二是東晉穆帝永和年間征西將軍庾亮，在武昌興辦學校。庾亮親自選置學官，建立學舍，收羅「四府博學、識義、通涉文學經論者，建儒林祭酒，使班同三署，厚其供給」[19]。並且下令參佐大將子弟全部入學，他自己的子弟也令在學中受業。他們這樣做一方面是為了適應當時軍事及政治形勢的需要，培植個人勢力，另一方面也能通過辦教育，培養人才以安撫地方。

二、南朝時期的學校教育

南朝雖內外交困頻仍，但是學校教育比前代仍然有所發展。中央官學辦出了許多特色，而地方官學則若有若無。中央官學除開設主講儒學的國子學外，又創立了專科學館，講授研究不同學派的經學及各種專門學問，南朝的學術由是呈繁榮昌盛狀。

---

16 《晉書・虞溥傳》。
17 《晉書・唐彬傳》。
18 《晉書・范寧傳》。
19 《宋書・禮志》。

（一）南朝時期的國學經館

劉宋皇朝立國六十年，在開國之初宋武帝劉裕就曾下詔書興學校、選儒官，然未及實行，武帝便去世。劉宋國子學正式恢復是文帝劉義隆元嘉十九年（西元442年）詔：「立國子學，以本官領國子博士。皇太子講《孝經》，承天與中庶子顏延之同為執經。」[20]同年，文帝下令興辦地方官學。元嘉二十三年九月，文帝曾「車駕幸國子學，策試諸生，答問凡五十九人」[21]。十月下詔，對於學生的回答表示讚賞並給國子學生及教授之官以賜帛的獎勵。元嘉二十七年（西元450年）因北魏太武帝侵宋戰爭爆發，宋文帝下令停辦國子學以全力北抗入侵者。二十年以後，劉宋明帝泰始六年再度興學，改國子學為總明觀。

總明觀設立，一改過去國子學中只講授儒家經學的傳統，而開設儒、道、文、史、陰陽五個學部，分部教學。史載：「立總明觀，徵學士以充之。置東觀祭酒、訪舉各一人，舉士二十人，分為儒、道、文、史、陰陽五部學，立陰陽者遂無其人。」[22]陰陽學部雖無人主持，然特設此學部，也反映了當時學界確有好此術之人。

齊立國雖然短促，但對學校教育也還是有所注意。齊一開國就恢復國子學，不久又因皇帝去世行「國哀」而宣布廢學。齊既廢除劉宋的總明觀，國子學又停停辦辦，不成定制，於是作為國子祭酒的王儉便創立了學士館，乾脆將總明觀所設的四部學（除陰陽學）移到他家中開辦，學士館代替了國子學，所謂：「蓋國學雖興替不恆而言之講習未墜。」[23]

梁武帝蕭衍在位四十八年，本人又篤學儒玄，這使得梁在教育上頗有建樹。梁武帝著有《尚書大義》、《中庸講疏》等二百餘卷，由是他一改劉宋時總明觀之格局，專講五經，而且特開一經一館的學制。由平原明山賓、吳郡陸璉，吳興

---

20 《宋書·何承天傳》。
21 《宋書·文帝紀》。
22 《南史·宋明帝紀》。
23 柳詒徵：《南朝太學考》，載《史學雜誌》，1929 年第五期。

沈峻、建平嚴植之、會稽賀瑒這些當時的大儒為博士，各主持一學館進行教學。五經學館統招收寒門子弟，入學就試只問學習程度，不論出身，不限人數。一時間五館多至數百學子。學生入學之後，由國家供應伙食，結業考試合格即委派一定官職。各館教授各具特色，例如明山賓平易近人，為諸生愛戴：「山賓累居學官，甚有訓導之益，然性頗疏通，接於諸生，多所狎比，人皆愛之。」[24]賀瑒精於《禮》，弟子學習成績均優良，致使：「館中生徒常百數，弟子明經對策至數十人。」[25]嚴植之：「講說有區段次弟，析理分明。每當登講，五館生畢至，聽眾千餘人。」[26]

梁武帝在天監五年（西元 506 年）又開辦集雅館，以招遠學。集雅館是帶有一定研究性質的學館，有些類似研究院，但是也只限於講授儒學五經。

天監七年（西元 508 年）梁武帝下詔重新開辦國子學，專招士族高門子弟入學，並且親自到國子學策試學生，還將他自己所撰《孝經義》列入國子學課程。昭明太子也到國子學行釋奠禮，於是皇太子、皇子、王侯子弟紛紛入學受業。梁武帝后又將自己所著《孔子正言章句》列入國學課程，特設立正言博士一人、助教二人，一時間國子學舉辦得相當興盛。

大同七年（西元 541 年）梁武帝再設士林館。士林館為廣納學者之館，也是士人講學兼研究的地方。當時相繼在士林館講學的有領軍朱異、太府卿賀琛，梁武帝親撰《五經講疏》等書使舍人孔子祛也到士林館宣講。史載士林館講學之盛況如：「周弘正，累遷國子博士。時於城西立士林館，弘正居以講授，聽者傾朝野焉。」[27]

總之，有梁一代，在梁武帝倡導之下中央官學曾一度發達。多種學校的設置，使講誦經學的風氣盛極一時，真可謂：「濟濟焉，洋洋焉，大道之行也如

---

24 《南史·明山賓傳》。
25 《梁書·儒林傳》。
26 《南史·儒林傳》。
27 《陳書·周弘正傳》。

是。」[28]這種盛況也是與時局相對安定不無關係。然到梁武帝末年，隨著政治腐敗，侯景之亂爆發，國勢衰微，梁官學在戰火之中多數被毀，官學教育隨著梁的滅亡而走向衰落。

陳武帝霸先於西元 五五七年廢梁敬帝立陳朝。大約是在陳文帝天嘉元年（西元 560 年）恢復興學，並且是建立了太學和國子學並行的制度。史載天嘉元年，沈德威「授太學博士」[29]，天嘉五年（西元 564 年），沈不害「遷國子博士……勒治五禮」[30]。至陳後主時期，仍有太學、國子學兼設的記錄。但是由於陳朝「承前代離亂，衣冠殄盡，寇賊未寧，既日不暇給，弗遑勸課」[31]。所以「世祖以降，稍置學官，雖博延生徒，成業蓋寡」[32]。陳朝的官學教育在整個南朝期間屬於辦得最差的。

（二）南朝時期的分科學校

南朝時期的分科學校始創於劉宋文帝時期。早在宋武帝初年時，因為官學荒廢太久，一時難以恢復，武帝便鼓勵私人開館講學。他親自召迎隱居廬山的名儒周續之下山講學，史載：「上為開館東郭處，招集生徒。乘輿降幸，並見諸生，問續之《禮記》……之義，辨析精奧，稱為該通。」[33]文帝元嘉十五年（西元 438 年）下令在京師開設單科性的四學館，史載：文帝「雅好藝文，使丹陽尹廬江何尚之立玄學；太子率更令何承天立史學；司徒參軍謝元立文學；散騎常侍雷次宗立儒學，為四館」[34]。分科教學既是教育學上的進步，又是當時社會文化發展的必然。兩晉以來玄學大倡，知識界雅好老莊，清談成風。玄學館的設立正反映了這一需求。九品中正選官制度的推行，使門閥家世更重譜牒，追宗續史成為

---

28 《梁書·儒林傳序》。
29 《陳書·沈德威傳》。
30 《陳書·沈不害傳》。
31 《陳書·儒林傳序》。
32 同上。
33 《宋書·隱逸傳》。
34 《文獻通考·學校考二》。

時尚，史學館的成立則屬必然。魏晉雅重文學，文章辭賦日趨華麗，到劉宋時期更是文人輩出，文學館自然應運而生。儒學始終是統治者維繫政權的重要思想武器，須臾不可或缺，儒學館自是不可缺少。這種單科教學打破了經學的一統天下，南朝從此興起分門學校的建設。宋明帝設經學總明觀時，在其中也單設立了文學、史學館。

齊武帝永明九年（西元 491 年），廷尉孔稚珪上書要求在國子學中增設律學助教，仿照《五經》博士教學法，學法律的國子生經過策試，可擢用為執法官吏。這個建議雖然未被採納，但是卻在官府中單設立了律學博士，以教授小吏。這個建議和實際上的需要，對後來的梁武帝開設律學專科學校有直接影響。梁武帝天監四年（西元 505 年）二月，「初置胄子律博士」[35]。

南朝的分科學校雖然還處於萌芽狀態，所開專科類別不甚廣泛，學校存在的時間有限，但是它卻突破了自漢代起國立學校以經術為根本課程的框架，而將玄學、文學、史學、律學列為正式的分門學科，開辦專門學府，實在是可稱道的創舉。南朝的分科教學及專科學校教育，對隋唐時代分科學校的進一步完善與發展、分科教學的興盛起到了先導作用。

---

35 《南史・梁武帝紀上》。

第二節 ‧

少數民族政權
與文化教育

　　與東晉相對峙的北方十六國，多是少數民族所建政權；與南朝相抗衡的北朝，也多是由少數民族統治者當政。這些少數民族統治者，均崇尚儒學，在發展文化教育方面，他們所作出的歷史性貢獻是值得肯定的。

一、十六國時期北方學校教育

　　西晉滅亡後，北方地區少數民族政權林立。雖然這些割據王朝的立國時間都不太長，但是各國君主，為了爭取漢族士人的支持和創建制度，紛紛崇儒立學。在他們的主持下，學校教育各具特色，並為北朝時期更廣、更深的胡漢文化融合奠定了基礎。

（一）漢、前趙與後趙的興學重教

　　漢國的創立者劉淵是漢化很深的匈奴人。《晉書‧劉元海載記》稱：「劉淵，幼好學，師事上黨崔游，習《毛詩》、《京氏易》、《馬氏尚書》，尤好《春秋左氏傳》、《孫吳兵法》，略皆誦之。《史》、《漢》諸子，無不綜覽。」西晉時，劉

淵做北部都尉，在轄區之內「明刑法，禁奸邪，輕財好施，推誠接物，五部俊傑無不至者。幽州名儒，後門秀士，不遠千里，亦皆遊焉」[36]。劉淵的幾個兒子也頗通經史，前趙的開國皇帝劉曜是劉淵族子，幼年受到過優越的漢文化教育。他嘗自比樂毅、蕭何、曹操，立志要做一番大事業。漢、趙統治者雖然出身匈奴族，但是劉淵、劉曜在建國思想上並無特強的胡族意識，政治制度雖然也實行胡漢分治，但卻以漢制為主。

劉曜即位伊始，便著手興辦學校，振興儒學。史載：「劉曜，立太學於長樂宮東，小學於未央宮西，簡百姓年二十五以下十三以上，神志可教者千五百人，選朝賢宿儒明經篤學以教之，以中書監劉均領國子祭酒。置崇文祭酒，秩次國子。散騎侍郎董景道以明經，擢為崇文祭酒，以游子遠為大司徒。」[37]劉曜在位時間極短，卻能於戰亂間隙之間迅速恢復太學、國子學，還大力開辦小學。他還曾多次親臨太學，策試學生，更屬難能可貴。

如果說，前趙在混亂中尚能恢復學校的話，那麼石勒所建的後趙，在興辦官學、發展文化教育方面所作出的成績，更讓後人稱道了。石勒本是劉淵的部將，羯族人。他早年曾被掠賣為奴，生活十分悲慘。起兵之初，石勒對漢族上層人士極端仇恨。在戰爭中，俘獲二千石以上的官員，幾乎全部被殺死。這大約與他青少年時代所受苦難不無關係。但是到立志建國後，他逐漸改為拉攏漢族大族的政策，特別是對中小士人尤為重視。石勒大量吸收深詣儒學的漢族士人參加後趙政權。這些人對後趙建國在制度上影響很大。石勒非常信任失意漢族士人張賓，幾乎言聽計從。石勒本人並不識字，卻十分喜好漢文化，經常請人給他讀講史書。石勒在攻取河北、占據襄國之後，立即在境內「立太學，簡明經善書吏，署為文學掾，選將佐子弟三百人教之」[38]。不久，他又「增置宣文、宣教、崇儒、崇訓十餘小學於襄國四門，簡將佐豪右子弟百餘人以教之」[39]。在稱王的當年，他在太學中特設經學祭酒、律學祭酒、史學祭酒諸職。石勒不僅重視開辦中央官學，

---

36 《晉書・劉元海載記》。
37 《晉書・劉曜載記》。
38 《晉書・石勒載記》。
39 同上。

而且還「命郡國立學官，每郡置博士、祭酒二人，弟子百五十人」[40]。石勒辦學的特色是重視考試。他曾「親臨大小學，考諸學生經義，尤高者賞帛有差」[41]。對於地方學校，石勒要求入學的生徒們一律逐年考核。凡三次考核合格者，可由郡國舉薦，量才錄用為中央或地方的官吏。

石勒選士是九品中正制與察舉、征辟並用。對於各地舉薦的秀才、至孝，石勒都用經學作考試的內容。後來他又將考試範圍擴大：「令公卿百僚歲薦賢良、方正、直言、秀異、至孝、廉清各一人，答策上第者拜議郎，中第中郎，下第郎中，」[42]首創了依成績高下授官的制度。繼承人石虎對學校教育也很重視，曾下令地方郡國設五經博士，還在中央於太學之外又設國子祭酒、國子博士。

（二）前燕及前秦、後秦的尚儒興學

前燕是慕容鮮卑人所建的政權。他們初興於遼西。西晉末年中原戰亂，一部分山東、河北漢人大族遷徙至遼西，受到前燕政權的重視。慕容部落在漢文化影響下，到慕容皝稱燕王時，前燕政權已基本漢化，這就為其後來入主中原奠定了基礎。由於慕容部落漢化較早，崇尚儒學成為前燕在文化教育方面的傳統。早在慕容廆就以儒學家劉贊為東庠祭酒，令世子慕容皝與國胄前往受業，他本人也在「覽政之暇，亦親臨聽之。於是路有頌聲，禮讓興矣」[43]。史載慕容皝「雅好文籍，勤於講授，學徒甚盛，至千餘人。親撰《太上章》以代《急就》，又著《典誡》十五篇，以教胄子」[44]。他還下令，朝中大臣子弟都必須是官學生，並於每月考試評判他們的優劣。慕容儁時期，又「立小學於顯賢里以教胄子」[45]。本人也「雅好文籍，自初即位至末年。講論不倦，覽政之暇，唯與侍臣錯綜義理。凡

40 同上。
41 同上。
42 《晉書·石勒載記》。
43 《十六國春秋·前燕錄》。
44 《晉書·慕容皝載記》。
45 《晉書·慕容儁載記》。

所著述四十餘篇」[46]。

十六國時期，對於文化教育上有所建樹的另一個少數民族政權，是苻堅統治下的前秦。苻堅是個很有作為的人，在漢族士人王猛的輔佐之下，清明政治，南征北伐，一度統一黃河流域，稱雄中原達二十餘年。在這段時間裡，前秦尊崇儒學，大興學校，頗有成績。苻堅重視中央官學，曾下令「廣修學宮，詔郡國學生通一經已上充之，公卿已下子孫並遣受業」[47]。苻堅多次親臨太學：「考學生經義優劣，品而第之。問難五經，博士多不能對。」後來索性「每月一臨太學，諸生競勸焉」[48]。由此可見苻堅對教育的重視。苻堅對儒學在北方的復興，貢獻很大。史稱北方「自永嘉之亂，庠序無聞。及堅之僭，頗留心儒學，王猛整齊風俗，政理稱舉，學校漸興。關隴清晏，百姓豐樂」[49]。

苻堅興儒振教具有三大特點。其一，他辦學，文武並重。他不僅要求「中外四禁、二衛、四軍長上將士皆令受學」，而且實行小班授課，「二十人給一經生，教讀音句」[50]，提高將士的文化水準及漢語正音。同時他還要求這些將士們學習軍事：「又作教武堂於渭城。命太學生明陰陽兵法者教授諸將。」[51]苻堅是開中國軍事講武堂的第一人。其二，注重宮廷內的教育。他要求「後宮置典學、立內司，以教掖庭，選閹人及女隸敏慧者詣博士授經」[52]。這對加速少數民族上層婦女的漢化起了一定的作用。其三，苻堅在王猛輔佐下，全力整肅儒學，嚴禁圖讖之學，「犯者棄市」，「尚書郎王佩讀讖，殺之。學讖者遂絕」[53]。

後秦是羌人姚萇所建的政權。後秦政權，維持了一個羌漢結合的體制，但以實行漢制為主。到姚興即位後，大力吸收漢族士人參政。後秦不僅設立太學，同

46 同上。
47 《十六國春秋・前秦錄・苻堅》。
48 《晉書・苻堅載記》。
49 同上。
50 《十六國春秋・前秦錄・苻堅》。
51 《十六國春秋・前秦錄・苻堅》。
52 同上。
53 同上。

時又設國子學，吸收貴族世家子弟入學。受前秦後期影響，姚興在崇尚儒學時，注重佛學，特設立專門研究佛學經典的逍遙院，並由名僧鳩摩羅什主持。姚興為振興儒學，曾經廣泛招納碩儒飽學之士到長安任教。《晉書·姚興載記》稱：「天水姜龕、東平淳于岐、馮翊郭高等皆著儒碩德，經明修行，各門徒數百，教授長安，諸生自遠而至者萬數千人，興每於聽政之暇，引龕等於東堂，講論道藝，錯綜名理。」姚興鼓勵學子訪求大儒，特下書周告各處關尉曰：「諸生諮訪道藝，修己厲身，往來出入，勿拘常限。」姚興還「立律學於長安，召郡縣散吏以授之。其通明者還之郡縣，論決刑獄。」姚興不僅提倡法律教育，而且本人經常到諮議堂，聽廷尉斷案，「於時號無冤滯」。律學教育，對社會的正常運作，具有實效作用。姚興的律學學校開辦時間雖不長，但對後來南北朝的律學的重新設置，有重要的啟發意義。

（三）涼州地區的文化教育

涼州地區指今天的甘肅省、河西走廊一帶及青海樂都縣。十六國時期，這裡陸續出現過許多胡族或漢族人建立的割據政權。前涼是漢人張軌建立的政權，存國七十餘年。這期間，涼州地區遠離中原戰亂，由於吸納大量漢族人口，經濟文化得到發展，一度成為北部中國重要的文化區域。這對於後來在這塊土地上立足的各少數民族政權，也有著相當大影響。前涼儒學一直十分興盛，與張氏集團幾十年如一日的大力倡導不無關係。張軌原是西晉的涼州刺史，到任後注意穩定政局，調整民族關係，並起用賢才，勸課農桑，一時「威著西州」[54]。張軌十分注意興辦學校，史載：「置崇文祭酒，位視別駕。徵九郡胄子五百人，立學校以教之，春秋行鄉射之禮，秘書監繆世徵，少府摯虞夜觀星象，相與言曰：『天下方亂，避難之國，唯涼州耳』。」[55]後來他的子孫們繼續這一事業，並進一步使儒學教育正規化。涼州地區相對安定的政局及幾十年的興儒風尚，致使當時的名儒雲

---

54 《晉書·張軌傳》。
55 《十六國春秋·前涼錄·張軌》。

集涼州。如宋纖隱居酒泉，「注《論語》及為詩頌數萬言」[56]。跟隨他受業的弟子達三千餘人之眾。同時，涼州地區也培養出不少儒學大師，敦煌人索綏，經過十幾年刻苦讀書，後來一代名儒，官至儒林祭酒。前涼這種重儒興教的風氣，一直影響到後涼、西涼和南涼、北涼。西涼國主李暠也是漢人。本人「通涉經史，尤善天文」。他立國之後，專設泮宮，增加高門學生五百人。[57]南涼為少數民族禿髮氏所建。國主禿髮利鹿孤接受漢族士人建議，設立學校，延請名士田玄沖、趙誕為博士祭酒。史書對此贊云：「鹿孤從史暠之言，建學而延冑子。遂能開疆河右，抗衡強國。道由人弘，抑此之謂！」[58]北涼的情況與此類似，國主沮渠蒙遜「博涉群史，頗曉天文，雄傑有英略，滑稽善權變」[59]，蒙遜作為胡人，十分尊重漢族士人，對儒學家更是敬仰。他特別優待宿儒劉昞，每月致以羊酒。他的兒子茂虔即位以後，又「尊劉昞為國師，親拜之，命官屬以下皆北面受業」[60]。在保存和發揚漢族傳統儒學、史學文化事業中，北涼曾作出重大貢獻。這就是，在沮渠茂虔時期，北涼曾遣使南朝劉宋，進行贈書活動。這是歷史上少見的一次少數民族和漢民族政權之間，就漢族文化典籍進行的交流。北涼在贈書單中，共羅列了如下典籍：《周生子》、《時務論》、《三國總略》、《俗問》、《敦煌實錄》、《十三州志》、《文檢》、《四科傳》、《涼書》、《漢皇德傳》、《亡典》、《魏》、《謝艾集》、《古今字》、《周髀》、《皇帝王曆三合紀》和《孔子贊》等，共計一百五十四卷之巨。其中不僅有已在內地散佚而保存於河西的珍本，而且有一些涼州人自己所撰著的典籍。如《十三州志》，即為敦煌人闞駰所撰；《涼書》、《敦煌實錄》，則是由宿儒劉昞主持下在涼州撰成的史書[61]。這批贈書，對南朝的文化發展起到促進作用，同時反證出涼州地區文化事業確實有自己的特色。

十六國時期，涼州地區雖然先後五個政權交錯，但各族政權崇尚儒學教育卻是一以貫之的。在促進各少數民族漢化的過程中，儒學一直起著積極作用。由於

---

56 《十六國春秋・前涼錄・宋纖》。

57 《十六國春秋・西涼錄・李暠》。

58 《晉書・禿髮利鹿孤載記》。

59 《晉書・沮渠蒙遜載記》。

60 《十六國春秋・北涼錄》。

61 《十六國春秋輯補・北涼》。

涼州所處的特殊地理位置，使它一方面保留著東漢以來今文經學的傳統，另一方面又使它能大量吸收西來的佛學。特別是以敦煌為一個中心點，儒學、佛學並存不悖。這種文化現像一直影響到後世，北魏的經學、佛學，無不打有涼州文化的烙印。

二、北朝時期的學校教育

北朝自北魏道武帝拓跋珪登國元年（西元 386 年），至北周靜帝字文衍大定元年（西元 581 年）止。在近二百餘年的時間裡，經歷了北魏、東魏、西魏、北齊、北周幾個歷史時期。每個朝代都比較重視文化教育事業，尤其是北魏享國日久，學校教育的規模比其他皇朝，甚至與同時期的南朝相較，還要略勝一籌。

北朝的文化教育政策，雖是儒、道、佛雜糅，但以儒學為主。當時的官學教育隨著政局的變動，時興時廢，然而儒學在學校教育中的主導地位卻始終未能動搖。儒學已成為北朝少數民族與漢民族互相融匯合流的最佳精神紐帶。

（一）北魏時期的中央官學及郡國學校

北魏漢化教育始於道武帝拓跋珪。拓跋部落是鮮卑族的一支，原以畜牧射獵為業。入主中原之後，他們在封建化的進程中，最需要的文化營養便是儒學。因此，北魏道武帝「初定中原，雖日不暇給，始建都邑，便以經術為先。立太學，置《五經》博士生員千有餘人。天興二年春，增國子太學生員至三千人」[62]。

其後，北魏太武帝拓跋燾統一了北方，這位武功赫赫的君王，倡導儒學也是不遺餘力。即位伊始他就在都城平城之東立太學，並命令各州郡薦舉才學。神四年（西元 431 年）拓跋燾又下詔徵聘名儒學者數百人到都城備選為官。為了尊崇

---

62 《北史·儒林傳序》。

規範儒學，他發佈禁斷私學的詔書稱：「自頃以來，軍國多事，未宣文教，非所以整齊風俗，示軌於天下也。今制王公已下至於卿士，其子息皆詣太學。其百工伎巧、騶卒子息，當習父兄所業，不聽私立學校。違者師身死，主人門誅。」[63] 這種嚴禁私學的辦法是不可取的。從這裡可以反映出北魏統治者企圖用儒學統一思想、加強官學的心情是十分迫切的。

真正將北魏官學教育、儒家經學傳播推至高潮的時期，是孝文、宣武兩朝。這兩朝突出的成績是發展了多種學校教育形式：不但太學、國子學和四門小學並立，而且又專設為皇親國戚、王侯子弟開辦的貴族學校——皇宗學。太學、國子學都是先朝早就有的學校，北魏時期仍承前制，只是規模較同時期的南朝為大。早在獻文帝時期，北魏朝廷就對太學博士、助教和生員有過明文規定。至於四門小學，則是宣武帝的獨創。這是宣武帝拓跋恪聽從當時的大儒劉芳的建議而設立的。四門小學大約設在鄰近太學的地方，也是相當太學水準的中央官學，並設有四門博士。皇宗之學的設立，略早於四門小學，時間當在馮太后執政的太和初年。皇宗之學，是專門為推進拓跋族皇室貴冑的漢化教育而設立的。魏孝文帝親政之後，也曾親自到皇宗學中，詢問博士經義。北魏孝文帝是積極推行漢化的佼佼者。史稱「孝文欽明稽古，篤好墳典，坐輿據鞍，不忘講道」。他推崇儒學，曾親幸魯城祭祀孔子。遷都洛陽後，孝文帝下令禁斷胡服，改用漢語，變胡姓為漢姓，所有禮儀制度也全盤漢化。在學校中，他重用漢族名儒，以劉芳為國子祭酒，李彪為中書教學博士等。凡是通經術、文史辭章的人才，他一概授予適當的官爵。一時間，「斯文郁然，比靈斯周漢。」[64]

北魏不僅在首都設立中央官學，而且也在地方上開辦郡國學校。最初只是一些熱心教育的太守進行辦學，北魏建國之初，常山太守張恂就曾因興辦地方學校，受到過拓跋嗣的稱讚。拓跋燾時期，秦州刺史薛謹也在地方立學校並親自考試諸生。然而真正在全國範圍內大辦地方學校的人還應是獻文帝拓跋弘。他接受李訢、高允的建議，下令於州郡治所各立學官。《北史·儒林傳序》對此有明確

---

63 《魏書·世祖紀下》。
64 《儒書·儒林傳序》。

記載：「天安初，詔立鄉學，郡置博士二人，助教二人，學生六十人。後詔大郡立博士二人，助教二人，學生八十人，中郡立博士一人，助教一人，學生四十人。」從此，歷經獻文、孝文、宣武三朝，北魏地方學校呈上升勢態。孝文帝時，西兗州刺史不僅在郡國治所建立太學，而且在縣、黨中普遍建立鄉學。只不過，地方郡學的建立是不平衡的，而是依當地官員的熱心與否為轉移。孝文帝時期，安南王上書反映一些州郡鄉學沒有建立，要求朝廷派四名博士去地方進行督導。在官學教育中，北魏不僅保留並傳揚了儒學經典，而且兼顧佛學與道學。尤為難能可貴的是，它還承繼了魏晉、十六國時期的好的傳統，特別設立了律學、算學博士，以教授和培養這方面的人才。宣武帝拓跋恪之後，政綱混亂不張，戰亂迭起，乃至出現東、西魏分立的局面，官學教育逐漸衰落，並最終陷於停廢狀態。

（二）北齊、北周的學校教育

北齊的建國者是鮮卑化的漢人高洋。北齊的官學教育在設置上比較完備，史稱「齊制：諸郡並立學，置博士、助教授經。」[65]但這僅僅是形式，實際上，由於北齊政局動盪，國祚短暫，所以表面上國子學、太學，四門學齊全，而真正官學教育卻並不景氣。《北史·儒林傳序》稱：「齊氏司存，或失其守，師保疑丞，皆賞勳舊，國學博士，徒有虛名。唯國子一學，生徒數十人耳。」北齊有所謂國學和郡學學生抽調制度，但是「學生俱差逼充員，士流及豪富之家，皆不從調。備員既非所好，墳籍固不關懷。又多被州郡官人驅使，縱有遊惰，亦不檢察。」老師水準差，學生也不認真學，管理鬆懈，官學教育處於半停廢狀態。而且社會的風氣也不尚讀書，有些豪門對做學問頗不以為然。《北史·儒林傳序》云：「高昂，其父為求嚴師，令加捶撻。昂不遵師訓，專事馳騁，每言男兒當橫行天下，自取富貴，誰能端坐讀書，作老博士也。」北齊的學校教育，有一點還是應當提及的，就是在州郡學中立孔子、顏回之廟。齊文宣天保元年（西元 550 年），「詔

---

65 《北齊書·儒林傳序》。

封崇聖侯邑一百戶，以奉孔子之祀，並下魯郡以時修治廟宇，務盡褒崇之至。詔分遣使人致祭於五嶽四瀆，其堯祠舜廟，下及孔父，老君等載於祀典者，咸秩罔遺」[66]。這大約是天下郡學立孔廟之始，對於後世普遍尊孔有深遠的影響。同時也說明儒學在社會及教育中越來越重要的地位。

北周是由鮮卑宇文部落的後裔所建。北周諸帝中以武帝最為崇學。他尊重大儒，曾經派人至梁聘請儒宗沈重到長安講學。他親自到太學行禮、講經，並命令冑子入學讀書。他在詔文中稱：「諸冑子入學，但束脩於師，不勞釋奠。釋奠者，學成之祭，自今即為恆式。」[67]武帝在論講經義時，引導群臣對儒、道、佛三教異同加以注意，藉以樹立尊儒的共識。建德二年（西元 573 年），「十二月癸巳，集群臣及沙門、道士等，帝升高座，辨釋三教先後，以儒教為先，道教為次，佛教為後」[68]。在此之前，武帝曾去玄都觀，「御法座講說，公卿道俗論難，事畢還宮」[69]。可見，武帝的尊儒為首，是在認真辨析三教異同的基礎上實現的。武帝還設置過露門學，由沈重為皇太子講論經學。武帝之前，朝廷曾召集過文學之士八十餘人在麟趾殿校刊經史。武帝承繼了這一傳統，在太學中設置文學博士。由蕭、曹瑾、元瑋、王褒諸人出任的文學博士們，在露門學中繼續整理典籍。同北齊一樣，受社會風氣的影響，北周境內人們多以戎武為生，不喜讀書。正如宇文貴所云：「男兒當提劍汗馬以取公侯，何能如先生為博士也。」[70]

---

66 《北齊書·宣文帝紀》。
67 《周書·武帝紀》。
68 同上。
69 同上。
70 《周書·宇文貴傳》。

第三節 ·

選士制度

　　魏晉南北朝時期的選士制度，以九品中正制度為主，但是傳統的察舉、征辟等制度也仍然存在。這種多樣式的選官形式，直到科舉制的出現才發生改變。

一、九品中正制下的選士

　　「九品中正」的選士制度起於曹魏，盛於兩晉，貫穿於南北朝時期。它是此間三百餘年的主要選士制度。南北朝後期，士族制度漸趨沒落，九品中正的選士制度走向衰亡，直到隋開皇中葉科舉選士確立，才使九品中正的選士制度退出歷史舞臺。

（一）「九品中正」制的產生及實施

　　九品中正制又稱為九品官人法。它始創於曹操：「漢末喪亂，魏武始基，軍中倉卒，權立九品，蓋以論人才優劣，非為世族高卑。因此相沿，遂為成法，自魏至晉，莫之能改。州都郡正，以才品人。」[71]以此文獻記載可析，曹操初創九

---

71 《宋書・恩幸列傳序》。

品中正制的選士制度基於兩點。一是東漢末年，在農民起義的掃蕩下及三國逐鹿中原之戰亂後，士人大部流徙播遷，散處四面八方。鄉、亭、里各級社會基層組織均遭破壞。士人的出身里爵、德行品貌也無由稽考，致使秦漢以來的「鄉舉里選」為主要根據的「察舉征辟制度」，在事實上已經無法實行。二是曹操於動盪年間急需人才，為貫徹他的「唯才是舉」的政策，必須拋棄東漢以來被世家大族所控制的「鄉舉里選」，另闢蹊徑。因此特將人物分為九等，專設各級州郡中正官員。由中正官員對所轄地區士庶人等進行查考，區分九等，以期以才取士。這在曹操本是取士的臨時措施，然而到了曹丕稱帝時，則將此項選士制度完善並正式推向全國，遂成為整個魏晉南北朝的主要選士制度了。

「九品中正」的具體選士辦法是：各州設大中正或稱都中正，各郡設中正或稱小中正。縣中正記載不多，也有設置的。這些中正依據管區內人物的品行，定為上上、上中、上下；中上、中中、中下；下上、下中、下下九品。中正有權按他們的言行予以進退，作「或以五升四，以六升五」，「或自五退六，自六退七」[72]的變動。小中正品第的人才送大中正，大中正核實後將定案的材料寫在黃紙上送司徒，司徒再核，呈吏部待選。中正定品，三年一更，更變品第又稱「清正黃紙」。這種定期考查，根據實際行狀升降，比只能升不能降的積資制要公正，更比一生不變的終生定制要強。同時，中正官所定的品第，政府如果認為與實際不符，也是可以提出更改的，史載：「（霍）原山居積年，門徒百數，燕王月致羊酒。及劉沈為國大中正，元康中，進原為二品，司徒不過，沈乃上表理之。詔下司徒參論，中書監張華令陳准奏為上品，詔可。」[73]中正官員對人物的品第過程是比較嚴格的，必須親自或派人察訪本地士人的家世、瞭解牒譜、調查士人的道德才能、品行狀貌，然後做出實際的簡括評語。中正官員所品第的人物，一旦受到彈劾，多數遭到廢棄而終身不得任用。如果發現中正官有嚴重失德，也會終被廢棄不得再用。

---

72 《通典‧選舉二》。
73 《晉書‧隱逸傳‧霍原》。

（二）「九品中正」制度的演變及流弊

九品中正制的選官在開始實行時，確也起到了「蓋以論人才優劣，非為世族高卑」的進步作用，故衛瓘說：「其始造也，鄉邑清議，不拘爵位，褒貶所加，足為勸勵，猶有鄉論餘風。」但是隨著兩晉士族門閥制度的發展，士族勢力膨脹到極點，九品中正制起了變化，首先大小中正官員逐漸全由「著姓士族」擔任，接著九品也演變成前三品限於士族，稱之為上品，四品以下為下品，從寒門選入，下品不能升為上品，終於形成「上品無寒門，下品無勢族」[74]的現象。高官顯職均為世族子弟所得，而且選士並不看才德只問出身門第。士族貴冑不學無術而獲高位，寒素之士即使飽學也受到壓制，「門選」漸成制度。

南朝時期，譜牒大興，藉以避免士庶混淆。門選進一步僵化，「凡厥衣冠，莫非二品，自此以還，遂成卑庶」[75]，名門子弟壟斷二品以上的系資，卑庶只能居二品以下。中正官員品第人物遂成例行公事。梁武帝曾命人改定《百家譜》，凡十八冊七一〇卷，又作《百家譜集抄》十五卷、《東南譜集抄》十卷，由是譜牒成為確定官位高低的依據之一。

和南朝一樣，北朝在實行中正制度時，也非常重視門第。北魏孝文帝曾說：「清濁同流，混齊一等，君子小人名品無別，此殊為不可。」[76]當時不僅品選人才看門第，就是各郡所立的鄉學，學生入學的資格也要先從高門子弟選起，次及中等。正如趙翼《陔餘叢考·六朝重氏族》所說：「當時風尚，右豪宗而賤寒畯，南北皆然，牢不可破。」

九品中正制發展到南北朝後期，弊病日益明顯。北魏宣武帝就曾指出，這種選舉辦法出不了優秀人才。他在正始二年（西元 505 年）下詔曰：「中正所銓，但存門第，吏部彝倫，仍不才舉。遂使英德罕升，司務多滯。……必令才學並

---

74 《晉書·劉毅傳》。
75 《宋書·恩幸傳序》。
76 《魏書·劉昶傳》。

申，資望兼致。」[77]後來，宣武帝索性下令取消州郡中正，任官改由五人保舉。魏孝明帝時，吏部尚書崔亮改行「停年格」法，論資排輩取士。不論賢愚，輪流做官，以停職年限多寡依序而行。到後來發展成選士只看年資，不問其他。九品中正制在北朝已走向窮途末路。南朝的情況比此更甚。由於士人的地位優於北方，選舉制度極為敗壞，已到了非改革不可的地步。梁武帝用州重、郡崇、鄉豪代替大小中正，並以「唯才是務」部分取代了門選，說明九品中正制基本已被革除。陳霸先一度恢復此制，只不過是拉攏士族、為篡國而行的權宜之策。

二、察舉、征辟和朝廷策試下的選士

魏晉南北朝時期的選士制度，雖然以九品中正為主，但察舉、征辟制仍在繼續推行，一直到科舉制產生才有所變化。

三國時期的蜀國、吳國，一直因襲漢代選士制度，即鄉舉里選的察舉和由上至下的征辟。魏國在曹丕宣布實行九品中正制的同時，也部分保留了察舉制。黃初二年（西元 221 年）文帝「初令郡國口滿十萬者，歲察孝廉一人，其有秀異，無拘戶口」。次年（西元 222 年），他又「令郡國所選，勿拘老幼；儒通經術，吏達文法，到皆試用，有司糾故不以實者」[78]。魏明帝曾下令各郡國以經學貢士。曹魏舉孝廉，不同漢朝只偏重德行，而是要求德才並重。據《晉書・魏舒傳》記載，曹魏時期已出現了用考試形式錄取官吏的辦法。這是隋唐開科取士的先聲。曹魏的察舉注意的是孝廉、秀才兩科。而賢良科，只在魏明帝時期進行過兩次，不過例行公事而已。

兩晉時，對地方郡縣所察舉的孝廉、秀才一律進行策試，策試分為兩種，「孝廉」試經；「秀才」試策。所謂「策」，是指人事政治方面的一些實際問題。晉武帝時期，試策曾盛行一時。兩晉策試，有時由皇帝主持，有時由尚書郎負

---

77 《魏書・宣武帝紀》。
78 《三國志・魏志・文帝紀》。

責。東晉元帝時，對孝廉、秀才的考試比較嚴格。《晉書‧孔坦傳》載：「先是，以兵亂之後，務存慰悅，遠方秀孝到，不策試，普皆除署。至是，帝申明舊制，皆令試經，有不中科，刺史、太守免官。太興三年，秀孝多不敢行，其有到者，並託疾。」這種情況反映當時地方上所舉孝廉、秀才，大多以門第為標準，而真才實學者十分稀少。因此有人建議，允許各地舉薦的孝、秀，進入學校修業一個時期後，再行考試。結果有的孝廉居然需用五至七年的補習方能通過考試。

南朝前期沿用魏晉的考試科目，選錄孝廉及秀才。史載「宋制，州舉秀才，郡舉孝廉，皆策試」[79]。由於濫竽充數者眾，宋孝武元年（西元 454 年）對四方察舉孝廉、秀才，作出「非才勿舉」的規定，而對不堪任用者，要「遣還田里，加以禁錮」[80]。宋明帝泰始三年（西元 467 年），尚書都令史駱宰提出了策試秀才評定成績的標準，以五問策對。凡五問全答對者，為上等；三、四題者，為中等；二題者，為下等；一問皆答不出者，落第。駱宰的建議是否實行，史無詳載。然而這畢竟是開策試評分論級的一個先例。

南朝後期，朝廷在策試中又增設了高第、明經諸科。天監年間，梁武帝下詔稱：「其能通一經，始末無倦者，策實之後，選可量加敘錄。雖復牛監羊肆，寒品後門，並隨才試吏，勿有遺隔。」[81]這是為糾正當時貴遊子弟「顧人答策」[82]的現象，而企圖通過策試在下層社會錄用人才而採取的措施。

北朝的孝廉、秀才的考試基本上同於南朝。北魏在實行漢化政策後，在舉士策試孝廉、秀才的同時，增加了徵召賢良之法，使大量漢族士人入朝為官。魏世祖神四年（西元 431 年）特下詔書，要求各地舉逸民，選送優秀士人。當時，名士盧玄、崔綽皆得應徵，由州郡選送的各色人物達數百名之多。這些人士復向魏廷推舉人才，中原名士一時間盡被網羅其中。魏孝文帝、宣武帝之時，皇帝還曾親自策問孝廉、秀才。北魏一朝大體是察孝廉偏章句，舉秀才重文才。但是到北

---

79 《文獻通考‧選舉考七》。
80 《宋書‧孝武帝紀》。
81 《梁書‧武帝紀上》。
82 《顏氏家訓‧勉學》。

魏後期策試選士出現過多過濫的現象，由於職少人多，朝廷只好採取「停年格」的辦法。北齊矯魏之弊，嚴格考試，並與九品授官相結合起來。天保末年，北齊文宣帝規定，射策十條能通八條以上者，才可授九品出身。《文獻通考》中描述說，北齊天子常坐朝堂親自策試孝、秀。凡書寫濫劣者，罰飲墨水一升；文理孟浪者，奪席並脫下佩刀。西魏末年，宇文泰定《六條詔書》，明確提出「懲魏齊之失，罷門資之制」、選士「當不限資蔭，唯在得人」[83]的正確主張。北周武帝延續了這一重大改革，在位之時共四次下求賢詔書，一再聲稱選士不限門第、只問經術，以期廣攬人才。

魏晉南北朝時期，各朝在察舉孝廉的過程中都逐漸轉向考試。雖然那時的考試還不規範，尚存在著沈約批判的「秀才對五問可稱，孝廉答一策能過，此乃雕蟲小道，非關理功得失，以此求才，徒虛語耳」[84]的問題。但這畢竟是通過考試，向罷去門資選士邁出的可喜一步。這是當時庶族地主勢力不斷上升的表現。在這動盪的年代，選士制度不可能實現全面改革，但其間的經驗卻為隋唐的開科選士打開了通道。

第四節 ·
家庭教育

魏晉南北朝是一個動盪的時代，在官學時興時廢的狀態下，作為私學的另一種特殊形式，家庭教育在育人方面日趨重要。特別是，士族為了在朝代更替、戰

83　《周書·高祖紀》。
84　《文獻通考·選舉考一》。

亂不息的年代裡，保持門戶不衰，宗族及家庭教育遂出現了多種形式。

一、世代相授的家學

在宗族及家庭教育中，世代相授的家學特色十分突出。家族學問門類多樣，包括了儒學、道教、史學、文學、藝術、科技、天文、曆算、醫學等。當時凡一技之長都可以成為家學而世代相授，遠比官學和私學的內容廣泛而實際。

在家庭教育中，儒學的傳授最為普遍。魏晉南北朝的許多名儒大師都有家學淵源。許多豪門大族都視教育為根本，往往在家設館，或延請名儒教授，或上下相承。西晉末年王延由於天下喪亂，遷到平陽，在「農蠶之暇，訓誘宗族，侃侃不倦」。把自己「究覽經史，皆通大義」的學問教授給家族子弟[85]。時人劉殷家教頗有特色。他本人博通經史，綜合眾家之說，文章詩賦靡不精通。他有七個兒子。其中五個兒子各授一經，另一子授《太史公》，還有一子授《漢書》。於是，一門之內，七業俱興。南朝時，會稽山陰人賀瑒，是東晉碩儒賀循的後人。其「祖道力，善《三禮》，有盛名，仕宋為尚書三公郎，建康令。父損亦傳家業。……瑒於《禮》尤精，館中生徒常數百，弟子明經對策至數十人。二子革、季，弟子琛，並傳瑒業」[86]。北齊，「楊愔，一門四世居，家甚隆盛，昆季就學者三十餘人」[87]。還有的王侯延請博士到家中開館授業。如北齊獻武王曾請國子博士盧景裕到家館中教授諸子。盧景裕去世後，又請博士李同軌續館授業諸子。

當時不但有儒學世家，而且還有道教世家。東晉道徒葛洪的曾祖父葛玄，「吳時學道得仙，號曰葛仙公」。葛洪秉承家學，又「師事南海太守上黨鮑玄」。鮑玄也是個道首，「見洪深重之，以女妻洪」，於是「洪傳玄業，兼綜煉醫術」[88]。葛洪既受曾祖父葛玄的家傳又受岳父的秘傳，終成為一代道教宗師。

---

85 《晉書·孝友傳》。
86 《南史·賀瑒傳》。
87 《北齊書·楊愔傳》。
88 《晉書·葛洪傳》。

書法藝術是家庭教育的另一枝奇葩。東晉王羲之，集書法之大成，稱為一代書聖。他的兒子王獻之從小就受其真傳。父子並稱書壇巨匠。史稱，「王獻之，工草隸，善丹青。七八歲時學書，羲之密從後掣其筆不得，嘆曰：『此兒後當復有大名。』嘗書壁為方丈大字。羲之甚以為能，觀者數百人」[89]。南朝時期世代相承的書法名家甚多。北朝的書法世家堪與南朝媲美，《魏書·盧玄傳》曰：「盧諶，父志法鍾繇書，傳業累世，世有能名。至邈以上，兼善草跡。……崔玄伯亦善書，世傳衛瓘體。魏初工書者，崔盧二門。」

　　在家庭教育中，繪畫、音樂成為時尚。南朝陸探微、顧彥先、毛惠遠、劉瑱，顧野王等都是繪畫世家。「吳郡顧士端，出身湘東王國侍郎。後為鎮南府刑獄參軍。有子曰庭，西朝中書舍人，父子並有琴書之藝，尤妙丹青。」[90]還有戴顒、戴勃及他們的父親戴逵都善音樂，「父善琴書，顒並傳之。凡諸音律，皆能揮手。會稽剡縣多名山，故世居剡下。顒及兄勃並受琴於父，父沒，所傳之聲不忍復奏，各造新弄，勃制五部，顒制十五部，顒又制長弄一部，並傳於世」[91]。也有相當多的音樂愛好者，到這些世家中去學習。「徐湛之，善於尺牘，音辭流暢。貴戚豪家，產業甚厚。室宇園池，貴游莫及。伎樂之妙，冠絕一時。門生千餘人，皆三吳富人之子。」[92]

　　至於科技、醫學更是世代家傳的技能。南朝大科學家祖沖之對於數學、天文學和機械製造都有精深的造詣。他的成功與家庭教育緊密相關。祖沖之的祖父祖昌是劉宋時做大匠卿，長於計算。祖沖之深受其影響。祖沖之的兒子暅之，自幼年跟隨父親學習算術。史載：「暅之，字景爍，少傳家業，究極精微，亦有巧思。……父所改何承天曆時尚未行，梁天監初，暅之更修之，於是始行焉。位至太舟卿。」祖暅之的兒子祖晧也承繼家學，長於曆算[93]。陽平李亮出身醫學世家，「針灸授藥，罔不有效」。其子李元孫「遵父業而不及」，元孫之弟李修則

89　《晉書·王羲之傳》。
90　《顏氏家訓·雜藝篇》。
91　《南史·隱逸傳》。
92　《宋書·徐湛之傳》。
93　《南史·文學傳》。

「針藥多效」。北齊徐之才的父親以醫術聞名於南方。徐之才得父真傳，流徙到北方後因醫術十分高超而有名於世。史載，「之才大善醫術，兼有機辯。『武明皇太后不豫，之才療之，應手便愈』」[94]。徐之才六世祖為濮陽太守時，從一道士手中得到《扁鵲鏡經》一卷，傾心研究，終於深通醫術。以後歷代相傳，成為百年醫學世家。徐氏一門在南、北方都因醫術享有盛名。

其他諸學，如文學、史學都有家傳之風。梁光祿卿蕭子恪兄弟十六人中有五人長於文學。劉孝綽兄弟及子侄善文者竟有七十人之多。又如王筠頗以家學自傲，嘗「與諸兒書論家世集云：史傳稱安平崔氏及汝南應氏，並累世有文才，所以范尉宗云崔氏『世擅雕龍』。然不過父子兩三世耳，非有七葉之中，名德重光，爵位相繼，人人有集，如吾門世者也」[95]。

在家傳教育中，任何一技之長，都可以成為家學的內容。甚至有人把為官時積累的一些朝廷禮儀，也當作家學世代傳授。《宋書·王淮之傳》云：「王淮之，高祖彬，尚書僕射。曾祖彪之，尚書令。祖臨之，父訥之，並御史中丞，彪之博聞多識，練悉朝議，自是家世相傳，並諳左舊事，緘之青箱，世人謂之『王氏青箱學』。」

二、家庭教育中的婦女

婦女在家庭教育中占有重要地位。她們在家庭中不僅承繼某些重要的勞動技能，而且也受到婦道及某種文化知識的教育。有學術淵源的大家族，還將家學傳授給女子，在她們之中，有不少人因有才有識而彪炳史冊，甚至還有個別婦女公開授徒，教授生員。《晉書·列女傳》載，韋逞母親宋氏承繼家學《周官》音義。戰亂之中，「宋氏晝則樵採，夜則教逞，然紡績無廢」。後在「家立講堂，置生員百二十人，隔絳紗幔而受業。朝廷號宋氏為宣文君，賜侍婢十人。《周官》

---

94 《南史·張邵傳》。
95 《梁書·王筠傳》。

學復行於世，時稱韋氏宋母焉」。

　　受過一定文化教育的婦女，往往承擔子女的啟蒙教育責任，即所謂「相夫教子」。她們的努力，曾成就了許多政治家、經學家、科學家與名士。三國時鍾會，「有才數技藝，而學精練名理。」他的成才教育，完全出於母親張氏精心安排，史載，「夫人性矜嚴，明於教訓，會雖童稚，勤見規誨。年四歲授《孝經》，七歲誦《論語》，八歲誦《詩》，十歲誦《尚書》，十一誦《易》，十二誦《春秋左氏傳》、《國語》，十三誦《周禮》、《禮記》，十四誦成侯《易記》，十五使入太學問四方奇文異訓。謂會曰：學猥則倦，倦則意怠；吾懼汝之意怠，故以漸訓汝，今可以獨學矣。」直到鍾會官任尚書郎，張氏還教導他：「汝弱冠見敘，人情不能不自足，則損在其中矣，勉思汝之戒！」[96]

　　《元嘉曆》的制定者何承天，「五歲喪父。母徐廣姊也，聰明博學，故承天幼漸訓義」[97]。母親的啟蒙教育得當，使他終成為偉大的天文學家。以文才著稱的王融，其書法也得益於母親的功力。南朝著名隱士宗炳的母親師氏，聰敏有學識。幾個兒子的學業都是在師氏親自教導下完成的。陳朝招遠將軍謝貞，同樣受書於母親。《陳書·孝行傳》曰：「謝貞母王氏，授貞《論語》、《孝經》，讀訖便誦。八歲，嘗為《春日閒居》五言詩。……年十三，略通《五經》大旨，尤善《左氏傳》，工草隸蟲篆。」王氏不僅通儒學而且善詩書，可謂全才。她對兒子的教育既嚴格又有章法，啟蒙教育的水準相當的高。

　　北朝不少婦女，同樣擔負起家庭啟蒙教育的職責。北魏太學博士房景先，年幼時家中貧困，沒有從師拜學，「其母自授《毛詩》、《曲禮》。……晝則樵蘇，夜誦經史，自是精勤，遂大通贍」[98]。尚書裴植的母親十分嚴厲，特別重視對子女的禮儀道德教育。「植母，夏侯道之姊也，性甚剛峻，於諸子皆如嚴君。長成以後，非衣不見，小有罪過，必束帶伏閣，經五三日乃引見之，督以嚴訓」[99]。

---

96 《三國志·魏志·鍾會傳》。
97 《南史·何承天傳》。
98 《魏書·房景先傳》。
99 《魏書·裴植傳》。

北魏房愛親妻崔氏，是同郡崔元孫的女兒，「性嚴明高尚，歷覽書傳，多所聞知。子景伯、景先，崔氏親授經義，學行修明，並為當世名士」[100]。

南朝時還有的婦女被任為博士。《南齊書・皇后傳》云：「吳郡韓蘭英，婦人有文辭。宋孝武世，獻《中興賦》，被賞入宮。宋明帝時，用為宮中職僚。世祖以為博士，教六宮書學，以其年老多識，呼為『韓公』」[101]。陳朝宮人袁大舍也因有文學才能，被人稱為女學士。「後主每引賓客對貴妃等游宴，則使諸貴人及女學士與狎客共賦新詩。」[102]

北魏李彪的女兒，自幼聰明，常隨父讀誦經傳。李彪去世之後，「世宗聞其名，召為婕妤，以禮迎引。婕妤在宮，常教帝妹書，誦授經史。……後宮咸師宗之。世宗崩，為比丘尼，通習經義，法座講說，諸僧嘆重之」[103]。這些在皇宮中教授知識的婦女，幼時均在家庭中受到過良好的教育。只是受社會條件的限制，她們無法有更大的作為。不然，她們是不會比男子遜色的。

三、書誡教子與《顏氏家訓》

魏晉南北朝時期家教的另一重要形式，就是書寫誡子書來教育子孫後代。這在許多士人家庭中，成為很重要的一件事情。

晉宋之際的著名文學家陶淵明就曾「與子書以言其志，並訓誡曰：天地賦命，有往必有終，自古賢聖，誰能獨免。子夏言曰：『死生有命，富貴在天』……豈非窮達不可妄求，壽夭永無外請故邪」[104]。他向後輩說明自己超塵排俗的志趣，希圖子孫效仿。南齊尚書令王僧虔勸其子為人要多學習少說空話，

---

100 《魏書・列女傳》。
101 《南齊書・皇后傳》。
102 《陳書・皇后傳論》。
103 《魏書・李彪傳》。
104 《宋書・隱逸傳》。

「宋世嘗有書誡子曰：……吾不能為汝蔭，政應各自努力耳。或有身經三公，蔑爾無聞；布衣寒素，卿相屈體。或父子貴賤殊，兄弟聲名異。何也？體盡讀數百卷書耳。吾今悔無所及，欲以前車誡爾後乘也」[105]。他向子孫說明靠上輩蔭庇是不行的，必須要勤奮學習各自努力才是正路。梁朝徐勉身居顯位，卻不營產業，家中也沒有積蓄，還經常把官俸分贈給窮親戚們。一些門人故舊對此大惑不解，徐勉對他們說：「人遺子孫以財，我遺之以清白。子孫才也，則自致輻；如其不才，終為他有。」他曾經為其子書誡：「……古人所謂『以清白遺子孫，不亦厚乎』。又曰：『遺子黃金滿籯，不如一經』。」[106]

北朝也有不少誡子書，以教導晚輩。例如刁雍一生怡靜寡慾，篤信佛道，曾經著寫教誡二十餘篇以訓導子孫。張烈為教導子孫特寫出千餘言的《家誡》，並且刻在石碑上以傳世代，「張烈，先為《家誡》千餘言，並自敘志行及所歷之官，臨終敕子姪不聽求贈，但勒《家誡》立碣而已。其子質奉行焉」[107]。

這個時期集家誡之大成之作，應推顏之推所撰的《顏氏家訓》二十篇。《顏氏家訓》是一部以儒家思想教訓子孫，講立身處世之道的著述。《家訓》內容廣泛，論理明晰，在一定程度上再現了當時有識之士家庭教育的概貌，書中的許多主張具有進步性，於今人仍有可資借鑑之處。

顏之推（西元 513-590 年以後），字介，琅邪臨沂人，出身世代精於儒學的仕宦之家。坎坷的經歷，使他對南北朝士族的腐朽沒落深惡痛絕。他告誡子孫不要做靠家世混飯的人。他說：「多見士大夫，恥涉農商，羞務工伎，射則不能穿箚，筆則才記姓名，飽食醉酒，忽忽無事，以此銷日，以此終年。或因家世餘緒，得一階半級，便自為是。」在梁朝全盛之際，許多貴遊子弟，不學無術，「……無不熏衣剃面，傅粉施朱，駕長簷車，跟高齒屐，坐棋子方褥，憑斑隱囊。列器玩於左右，從容出入，望若神仙。明經求第，則顧人答策；三公九卿，則假手賦詩」。然而一遇時局動亂，則「兀若枯木，泊若窮流，鹿獨戎馬之間，

---

105 《南齊書·王僧虔傳》。
106 《梁書·徐勉傳》。
107 《魏書·張烈傳》。

轉死溝壑之際」[108]。因此他主張青年人應當努力學習。對於學習教育的目的，顏之推反對高談虛論，不務實際，他既反對玄學家和清談家，認為「清談雅論，剖玄析微，……非濟世成俗之要」；也不贊成陋儒們「問一言輒酬數百」，只背儒家章句不通時務的繁瑣作風。他主張學習和受教育的目的，在為國家培養實用人才。據顏之推考察，管理國家人才有六個方面：朝廷之臣、文史之臣、軍旅之臣、藩屏之臣、使命之臣、興造之臣。這些方面的人才必須「德藝周厚」，因此教育就要重德、重藝。

在道德教育方面，顏之推強調儒學孝悌仁義的標準。為了實踐這個標準，應當不惜一切代價。他在《顏氏家訓·養生篇》中主張：「行誠孝而見賊，履仁義而得罪，喪身以全家，泯軀而濟國，君子不咎也。」他還把儒家的仁義道德和佛教的禁戒相結合，認為「五常」就是「五禁」，他說：「內典初門，設五種禁，外典仁義禮智信，皆與之符。仁者，不殺之禁也；義者，不盜之禁也；禮者，不邪之禁也；智者，不淫之禁也；信者，不妄之禁也。」[109]

對於「藝」的教育，顏之推在家訓中羅列得十分廣泛，不僅有文藝還有一切雜藝。文藝他指的是包括經史百家的書籍。當然以儒家的《五經》為基礎。讀《五經》不僅可以明瞭立身處世的大道理，而且也是寫好文章的基本訓練。對於寫文章，顏之推認為「文章原出於五經」，作用主要在於「敷顯仁義，發明功德，牧民建國」，其次才是抒情和欣賞。他強調做文章內容重於形式，「文章當以理致為心腎，氣調為筋骨，事義為皮膚，華麗為冠冕」[110]，反對華而不實、浮豔雕琢，主張注重質直實用，典正平易。同時他認為不應只學《五經》，而應兼顧百家之書。雜藝是指應當學習除經書以外的：書、數、醫、畫、琴、棋、射、投壺等。顏之推強調無論學什麼門類的學問，都應當注重道德行為的修養。他提出可以向下層勞動者學習：「農工商賈，廝役奴隸，釣魚屠肉，販牛牧羊，皆有先達，可為師表，博學求之，無不利於事也。」[111]顏之推重視對農業生產知識的

---

108 《顏氏家訓·勉學》。
109 《顏氏家訓·歸心》。
110 《顏氏家訓·文章》。
111 《顏氏家訓·勉學》。

學習，批評當時的士大夫們，不僅從未參加勞動，而且對農事一無所知，「未嘗月觀起一土，耘一株苗，不知幾月當下幾月當收，安識世間餘務乎」[112]！這並不是說顏之推主張士大夫們去從事農業生產勞動，而是主張應當瞭解稼穡之艱辛，便於治家興國。

在《顏氏家訓》中，顏之推總結了許多十分有價值的家庭教育方法和學習態度。他明確提出，兒童教育應當從嬰幼兒時期做起，「人生小幼，精神專利，長成以後，思慮散逸，固須早教，勿失機也」[113]。「當及嬰稚，識人顏色，知人喜怒，便加訓誨」[114]。在家庭教育中，顏之推認為父母是孩子的最直接的教師，因此父母要嚴肅地對待子女教育。最重要的是父母要正確處理愛護子女與教育子女之間的關係，只有將子女教育好，才是對子女的最大愛護。在方法上，父母要有嚴，有慈，「父母威嚴而有慈，則子女畏而生孝矣」[115]。在家庭教育中，父母的行為示範是至關重要的，「夫風化者，自上而行下者也，自先而行後者也」[116]。只有父母做出好榜樣，子女跟著學習才會成才。他還主張，教育子女最重要的，是讓他們從小立有志向，樹立較高尚的生活理想，以便將來外可佑國，內可承家。顏之推還在《家訓》中，為後代總結了許多有益的具體的學習態度和學習方法。他主張，學習的主要任務是為了修身利行，不是為了向世人炫耀或成為謀取官位的資本。他說，學習應當永遠保持虛心態度，「夫學者，所以求益耳，見人讀數十卷書，便自高大，凌忽長者，輕慢同列，人疾之如仇敵，惡之如鴟梟，如此以學自損，不如無學也」[117]。同時，他主張學習要懂得珍惜時間，要眼見為真，勤學苦練，多與人切磋，等等。

顏之推還提出了持家應需儉，反對奢吝的主張。他贊成婦女參加勞動，反對重男輕女和買賣婚姻；提倡講究衛生、鍛鍊身體等養生之道，反對苟且偷生和煉

---

112 《顏氏家訓・涉務》。
113 《顏氏家訓・勉學》。
114 《顏氏家訓・教子》。
115 同上。
116 《顏氏家訓・治家》。
117 《顏氏家訓・勉學》。

丹服藥、追求所謂長生不死以及其他的迷信活動。

　　《顏氏家訓》總結的有關家庭教育方面的經驗，既豐富又中肯，而且語言通俗易懂。這些精到的見解，來自顏之推廣博的學識及異常坎坷痛苦的經歷。《顏氏家訓》對後世的家庭教育有著深遠的影響。後代許多人作《家訓》，多以《顏氏家訓》為範本，故陳振孫《直齋書錄解題》稱「古今家訓，以此為祖」。

第九章

燦爛的
史學之花

第一節 ·

史學充分
發展的時代

　　魏晉南北朝是中國史學發展的關鍵時期，史學第一次擺脫儒家經學的附庸地
位，開始成為獨立的部門，從而邁入了史學充分發展的時代。這一時期，史學人
才濟濟，既有陳壽、范曄、魏收等史學名家，也有裴松之、酈道元、劉孝標等有
才華的史注家，更多的則是垂名後世而著作失傳的史家，如華嶠、謝沈、袁宏、
孫盛、王隱等不下百餘人，他們都對史學作出了不同程度的貢獻。史家們各顯其
能，撰著如雨後春筍，層出不窮。成書之多，卷帙之富，題材之廣，種類之全，
都是前所未有的。

一、史學獨立地位的確立

　　魏晉以後，經、史、子、集四部分目確立，史學正式脫離經學而成為重要的
獨立部門，是這一時期史學充分發展的首要標誌。

　　兩漢以前，著錄家序錄群書多分為七，如西漢末，劉向、劉歆父子著《七
略》，除《輯略》為總要外，將中國古代學術文化典籍分為六大部分。六大部分
之中，《國語》、《世本》、《戰國策》、《奏事》、《楚漢春秋》、《太史公書》（即《史

記》）、《漢著記》等重要史書被附於《六藝略》中的《春秋》之後。可見在那個時代，史學是經學的附庸。東漢班固著《漢書·藝文志》，照搬劉氏《七略》，只是「刪其要，以備篇籍」而已。這一分類法，反映漢代以前史書尚欠豐富，史學不夠發達，未能擺脫「附經立說」的局面。

魏晉以後，情況便大不相同了。隨著史學的發展，史書日漸豐富，國家的圖書越來越多，著錄家們逐漸打破陳規，開始實行新的分類法。魏祕書郎鄭默始制《中經》，西晉祕書監荀勖在《中經》的基礎上更著《新簿》，分群書為四部：一曰甲部，紀六藝及小學等書；二曰乙部，有古諸子家、近世子家、兵書、兵家、術數；三曰丙部，有史記、舊事、皇覽簿、雜事；四曰丁部，有詩賦、圖贊、汲冢書。這一分類法正式把史學從經學中劃分出來，承認史學是學術中的一個重要獨立部門，而列之於丙部。它充分表明，其時史學的興盛發展，在學術領域中已取得了足以與經學、諸子、文學分庭抗禮的地位了。東晉初，著作郎李充整理典籍，以類相從，分為四部：五經為甲，史記為乙，諸子為丙，詩賦為丁。至此，按經、史、子、集分類的順序完全確立下來，史部由丙部升至乙部，與經部僅有伯仲之分，說明其地位日益重要。

南朝因循，無所變革。劉宋祕書監謝靈運造《四部目錄》，南齊祕書丞王亮、祕書監謝朏又造《四部書目》，梁有祕書監任昉、殷鈞《四部目錄》與劉孝標撰《文德殿四部目錄》，陳有《壽安殿四部目錄》、《德教殿四部目錄》等，都是經、史、子、集四部並立。梁時，雖有奉朝請祖暅撰術數之書，更為一部，故梁有《五部目錄》；又有處士阮孝緒所撰《七錄》：一曰《經典錄》，紀六藝；二曰《紀傳錄》，紀史傳；三曰《子兵錄》，紀子書、兵書；四曰《文集錄》，紀詩賦；五曰《術技錄》，紀數術；六曰《佛法錄》；七曰《仙道錄》。但是，無論《五部目錄》或《七錄》，都離不開經、史、子、集四部並立的基本原則，只不過增加了術數、佛、道等內容罷了。由此可見，這時的史學作為學術領域中重要而獨立的部門，已得到世人公認。自隋至清，經、史、子、集一直作為代表中國學術文化典籍的四大門類，而史學之成為四大門類中一個重要而獨立的部門，正是魏晉南北朝時期史學蓬勃發展的結果。

不僅如此，南朝劉宋政府還在國家最高學府和學術研究機構總明觀設史學，進行歷史教學和研究。《宋書·隱逸雷次宗傳》載：

元嘉十五年（西元 438 年），徵次宗至京師，開館於雞籠山，聚徒教授，置生百餘人。會稽朱膺之、潁川庾蔚之並以儒學，總監諸生。時國子學未立，上（宋文帝）留心藝術，使丹陽尹何尚之立玄學，太子率更令何承天立史學，司徒參軍謝元立文學，凡四學並建。

雞籠山學校由宋文帝一手創辦，實際上是當時國家最高學府。學府內並設儒、玄、史、文四科，表明史學作為一門獨立學科在高等學府中所占的重要地位。宋明帝泰始六年（西元 470 年）九月，又於京師立總明觀，亦設儒、玄、史、文四科、史學為重要學科之一，每科置學士十人、正令史一人、書令史一人，由祭酒總負責，進行教學和科研。

總之，當時無論是群書分目，學校、科研機構設置學科，史學都是學術文化領域中的重要獨立部門，反映了史學的興盛發展。

二、修史成風，撰著繁富

這一時期史學興盛發展的最主要標誌是：修史成風，撰著繁富，史作迭出，璀璨奪目。

魏晉以來，歷朝政府都建立了較為完善的史官制度，設著作郎、佐著作郎或著作佐郎，隸屬秘書省，專掌修撰國史。陳壽、孫盛、謝沈、徐廣、王隱、沈約、魏收等史學名家都曾身居其職。著作郎之下又有校書郎、正字等員，專司史籍校讎；南朝齊、梁、陳還設有修史學士，由名位較高的人充任。史官制度的健全和完善，有利於史學的發展。除官修史書外，私家修史之風尤為盛行，時貴遊子弟，除以琴棋書畫自娛外，莫不以史學、文學相尚，留心著述。整個魏晉南北朝時期，修史蔚然成風，遠非前代所能比。

修史之風既盛，各類史書隨之如雨後春筍，層出不窮，其數量之多，卷帙之富，令人驚嘆。《隋書・經籍志》著錄的史部書共分十三類，存佚合計八七四部、一六五五八卷；隋志著錄時尚存八一七部、一三二六四卷。這些書，除幾十部是漢代以前和隋代的以外，其他都是該時期的作品，不論是種數或卷數，都占百分之八九十。至於梁代以前散佚，而未被隋志著錄者，還有相當的數量。這從各史列傳所記，注家徵引，類書選摘，尚可考見而不見於隋志的數百種史書可證。如裴松之注《三國志》，僅三國一段所徵引的魏晉人著作便達百餘種，著錄在隋志中已不到四分之三，唐以後就十不存一了。可以想見，當時史書是如何的繁富了。

現將主要幾類史書分敘於後：

（一）紀傳體與編年體

當時史家大多熱衷於編撰這兩種史書，其總數達一二〇餘部、四一〇〇卷以上（詳後各表），數量和卷數居各類史書之首。這些書又分為兩種，《三國志》、《後漢書》、《宋書》、《南齊書》、《魏書》五史都是封建王朝認定的，稱正史，其他皆屬別史。茲將兩種史書按時代順序清單於下：

表一｜後漢史

撰　者	書　名	卷　數	體　例	存　佚	附　注
吳・謝　承	《後漢書》	130	紀傳體	佚	無帝紀，今有輯本
晉・薛　瑩	《後漢記》	100	紀傳體	佚	今有輯本
晉・司馬彪	《續漢書》	83	紀傳體	存八志	8志三十卷併入范曄《後漢書》
晉・華　嶠	《後漢書》	97	紀傳體	佚	今有輯本
晉・謝　沈	《後漢書》	122	紀傳體	佚	今有輯本

撰　者	書　名	卷　數	體　例	存　佚	附　注
晉・張　瑩	《後漢南記》	55	紀傳體	佚	
晉・袁山松	《後漢書》	100	紀傳體	佚	今有輯本
晉・袁　宏	《後漢紀》	30	編年體	存	
晉・張　璠	《後漢紀》	30	編年體	佚	
宋・劉義慶	《後漢書》	58	紀傳體	佚	
宋・范　曄	《後漢書》	97	紀傳體	存	現存紀傳 90 卷
梁・蕭子顯	《後漢書》	100	紀傳體	佚	

以上十二家後漢史，共一〇〇二卷，只有范曄《後漢書》、袁宏《後漢紀》和司馬彪《續漢書》中的八志三十卷較為完整地保存到現在，餘皆亡佚。就其品質而言，除范曄《後漢書》外，司馬彪、華嶠兩家最為後世推崇。梁劉勰《文心雕龍・史傳篇》稱：「若司馬彪之詳實，華嶠之準當，則其冠也。」唐劉知幾《史通・古今正史篇》也說：「推其所長，華氏居最。」惜二史多散佚，難知其詳。

表二｜三國史

撰　者	書　名	卷　數	體　例	存　佚	附　注
魏・魚　豢	《魏　略》	50	紀傳體	殘	今有輯本
晉・王　沈	《魏　書》	48	紀傳體	佚	
晉・孫　盛	《魏氏春秋》	20	編年體	佚	
晉・陰　澹	《魏　紀》	12	編年體	佚	
晉・孔　衍	《漢魏春秋》	9	編年體	佚	
晉・孔　衍	《魏尚書》	8	編年體	佚	
晉・梁　祚	《魏國統》	20	編年體	佚	
蜀・王　崇	《蜀　書》	?	紀傳體	佚	
晉・王　隱	《蜀　紀》	7	編年體	佚	
晉・譙　周	《蜀本紀》	?	編年體	佚	

撰者	書名	卷數	體例	存佚	附註
吳・韋　昭	《吳　書》	55	紀傳體	佚	
晉・環　濟	《吳　紀》	9	編年體	佚	
晉・張　勃	《吳　錄》	30	紀傳體	佚	
晉・胡　沖	《吳　曆》	6	編年體	佚	
晉・陳　壽	《三國志》	65	紀傳體	存	

以上三國史，包括魏史七家、蜀史三家、吳史四家及《三國志》，共十五家，約三四○餘卷。陳壽集三國史，博採眾長而著《三國志》，陳書出而眾史廢；劉宋裴松之為《三國志》作注，大量徵引《魏略》、《魏書》、《吳書》、《吳曆》等書，使這些著作的不少史料得以保存至今。

表三｜兩晉史

撰　者	書　名	卷　數	體　例	存　佚	附　注
晉・王　隱	《魏　略》	93	紀傳體	佚	記西晉史事，今有輯本
晉・虞　預	《晉　書》	44	紀傳體	佚	訖東晉明帝，今有輯本
晉・朱　鳳	《晉　書》	14	紀傳體	佚	訖東晉元帝，今有輯本
晉・謝　沈	《晉　書》	30	紀傳體	佚	唐初亡佚
晉・何法盛	《晉中興書》	78	紀傳體	佚	記東晉史事，今有輯本
晉・陸　機	《晉　紀》	4	編年體	佚	記宣、景、文三代事，今有輯本
晉・干　寶	《晉　紀》	23	編年體	佚	訖西晉湣帝，今有輯本
晉・曹嘉之	《晉　紀》	10	編年體	佚	今有輯本
晉・習鑿齒	《漢晉陽秋》	47	編年體	佚	訖西晉湣帝，今有輯本

晉・鄧粲	《晉 紀》	11	編年體	佚	訖東晉明帝，今有輯本
晉・孫盛	《晉陽秋》	32	編年體	佚	訖東晉哀帝，今有輯本
晉・孫綽	《晉後書》	15	紀傳體	佚	
宋・謝靈運	《晉 書》	36	紀傳體	佚	今有輯本
宋・劉謙之	《晉 紀》	23	編年體	佚	今有輯本
宋・王韶之	《晉 紀》	10	編年體	佚	起東晉孝武帝，至安帝義熙九年。今有輯本
宋・徐廣	《晉 紀》	45	編年體	佚	起東晉廢帝，至孝武帝。今有輯本
宋・檀道鸞	《續晉陽秋》	20	編年體	佚	起東晉廢帝，至安帝。今有輯本
宋・郭季産	《續晉紀》	5	編年體	佚	今有輯本
宋・裴松之	《晉 紀》	？	編年體	佚	今有輯本
齊・臧榮緒	《晉 書》	110	紀傳體	佚	今有輯本
梁・蕭子雲	《晉 書》	102	紀傳體	佚	唐初殘缺，今有輯本
梁・蕭子顯	《晉史草》	30	紀傳體	佚	今有輯本
梁・鄭忠	《晉 書》	7	紀傳體	佚	唐初亡佚
梁・庾銑	《東晉新書》	7	紀傳體	佚	唐初亡佚
梁・沈約	《晉 書》	110	紀傳體	佚	唐初亡佚

上表所列兩晉史二十五家，合九〇六卷。其中謝沈、孫綽、裴松之、鄭忠、庾銑、沈約六家於唐初亡佚，習鑿齒《漢晉陽秋》並不專敘晉事。專敘晉事而在唐初仍存者十八家，故劉知幾有「前後晉史十有八家」之說。這十八家晉史又有近半數為當朝人所撰，且記述不完整，或訖於西晉，或僅記東晉，甚至記二三代

事；體例也不全，多無志書，有些還是未完的史稿，「制作雖多，未能盡善」[1]。只有臧榮緒的《晉書》較為完備，有紀、傳、志、錄諸體，並能完整地保留到唐代。唐人修《晉書》，編撰者即是以臧榮緒《晉書》為藍本，參考各家晉史，兼採筆記小說及有關資料寫成的。

表四｜十六國史

撰　者	書　名	卷　數	存　佚	附　注
前趙・和苞	《漢趙紀》	10	佚	記前趙事
燕・田　融	《趙　書》	10	佚	又名《二石集》，記後趙石勒事
晉・王　度	《二石傳》	2	佚	記後趙石勒、石虎事
晉・常　璩	《漢之書》	10	佚	又名《蜀李書》，記成漢事
燕・杜　輔	《燕　記》	？	佚	記前燕事
燕・范　亨	《燕　書》	20	佚	記前燕慕容儁事
後燕・董統	《後燕書》	30	佚	
後燕・封懿	《燕　書》	？	佚	
南燕・張銓	《南燕錄》	5	佚	記南燕慕容德事
南燕・王景暉	《南燕錄》	6	佚	記南燕慕容德事
游覽先生	《南燕書》	7	佚	
魏・高　閭	《燕　志》	10	佚	記北燕馮跋事
何仲熙	《秦　書》	8	佚	記前秦苻堅事
宋・裴景仁	《秦　記》	11	佚	記前秦事
秦・車　頻	《秦　書》	3	佚	記前秦事
魏・姚和都	《秦　記》	10	佚	記後秦姚萇事

1　劉知幾：《史通・古今正史篇》。

撰者	書名	卷數	存佚	附注
燕 · 張咨	《涼記》	8	佚	記前涼張軌事
涼 · 劉昞	《涼書》	10	佚	記前涼張軌事
涼 · 索綏	《涼國春秋》	50	佚	記前涼事
涼 · 劉慶	《涼記》	12	佚	記前涼事
晉 · 喻歸	《西河記》	2	佚	記前涼張重華事
涼 · 段龜龍	《涼記》	10	佚	記後涼呂光事
魏 · 高道讓	《涼書》	10	佚	記北涼事
魏 · 宗欽	《涼書》	10	佚	記北涼事
（佚名）	《拓跋涼錄》	10	佚	記南涼事
魏 · 劉昞	《敦煌實錄》	10	佚	記西涼事
夏 · 趙思群	《夏國書》	10	佚	記夏國事
魏 · 崔鴻	《十六國春秋》	100	佚	今有輯本
梁 · 蕭方等	《三十國春秋》	21	佚	以晉為主，附劉淵以下 29 國事
北齊 · 李槩	《戰國春秋》	20	佚	記十六國事

上表所列十六國史共三十家、四二五卷。十六國時期，割據政權林立，王朝興替頻繁，各國除戰事外，本無很多大事可記，故其時修史雖多，但卷帙甚少，加之史書品質不高，難以流傳，大多散佚殆盡。僅北魏崔鴻撰著的《十六國春秋》較為詳備，此書一出，大行於世。後來，唐代房玄齡等所撰《晉書》載記及張軌、李暠等傳，便基本取材於崔書。惜崔書亡佚於北宋，我們今天所能看到的，只有明、清人從各種類書中抄錄的輯本。

表五｜南朝史

撰者	書名	卷數	體例	存佚	附注
宋 · 徐爰	《宋書》	65	紀傳體	佚	起於義熙，訖於大明

宋・何承天	《宋史》	?	紀傳體	佚	未完成
齊・孫嚴	《宋書》	65	紀傳體	佚	
（佚名）	《宋書》	61	紀傳體	佚	
梁・沈約	《宋書》	100	紀傳體	存	
齊・王智深	《宋紀》	30	編年體	佚	
梁・裴子野	《宋略》	20	編年體	佚	
梁・王琰	《宋春秋》	20	編年體	佚	
梁・鮑衡卿	《宋春秋》	20	編年本	佚	
梁・蕭子顯	《齊書》	60	紀傳體	存	今稱《南齊書》
梁・劉陟	《齊紀》	10	紀傳體	佚	
梁・沈約	《齊紀》	20	紀傳體	佚	
梁・江淹	《齊史》	13	紀傳體	佚	
梁・吳均	《齊春秋》	30	編年體	佚	
梁・王逸	《齊典》	5	編年體	佚	
齊・熊襄	《齊典》	10	編年體	佚	
梁・謝吳	《梁書》	100	紀傳體	佚	《隋書・經傳志》著錄 49 卷
陳・許亨	《梁史》	53	紀傳體	佚	
陳・姚察	《梁書帝紀》	7	紀傳體	佚	
北周・蕭欣	《梁史》	100	紀傳體	佚	
梁・蕭韶	《梁太清紀》	10	編年體	佚	
陳・何之元	《梁典》	30	編年體	佚	
陳・陰僧仁	《梁撮要》	30	編年體	佚	
北周・劉璠	《梁典》	30	編年體	佚	
隋・姚最	《梁後略》	10	編年體	佚	

撰　者	書　名	卷　數	體　例	存　佚	附　注
陳　·　陸　瓊	《陳　書》	42	紀傳體	佚	訖陳宣帝
陳　·　陸　績	《陳　書》	42	紀傳體	佚	
陳　·　顧野王	《陳　書》	3	紀傳體	佚	
陳　·　傅　綜	《陳　書》	3	紀傳體	佚	

上表所列南朝四代史共二十九家、九八九卷，僅存沈約《宋書》、蕭子顯《齊書》兩部，餘皆亡佚。現存《梁書》、《陳書》乃唐代姚思廉所撰。

表六｜北朝史

撰　者	書　名	卷　數	體　例	存　佚	附　注
魏　·　崔　浩	《國　書》	30	編年體	佚	
北齊　·　魏收	《後魏書》	130	紀傳體	存	今稱《魏書》
隋　·　魏　澹	《後魏書》	100	紀傳體	佚	
隋　·　李德林	《北齊書》	24	紀傳體	佚	
隋　·　王　劭	《齊　書》	100	紀傳體	佚	記北齊事
北齊　·　崔子發	《齊　紀》	30	編年體	佚	記北齊事
隋　·　杜台卿	《齊　紀》	?	編年體	佚	記北齊事
隋　·　王　劭	《齊　志》	10	編年體	佚	記北齊事
隋　·　姚　最	《北齊紀》	20	編年體	佚	
隋　·　牛　弘	《周　史》	18	紀傳體	佚	

上表所列北朝史共十家、四六二卷，唐人所撰不計其內。魏收的《魏書》是北朝人所撰北朝史唯一留存至今的史書，該書雖存在一些缺陷，但保存了大量有價值的原始史料。現存《北齊書》為唐人李百藥撰，《周書》為唐人令狐德棻撰。

（二）起居注

這是由近侍之臣記錄人君言行舉止的一類史書。《隋書・經籍志》著錄的歷代起居注四十四部、一一八九卷，除《漢獻帝起居注》五卷、《隋開皇起居注》六十卷外，其他都是這一時期的作品，尤以晉代居多。這類史書在數量上雖然不如紀傳體、編年體及人物傳記等類型，但也十分可觀。起居注專記帝王起居，屬官樣文章，卻對後來撰寫史書的帝紀部分有重要的參考價值。

（三）人物傳記

這類史書門類繁多，內容龐雜，隋志謂之「雜傳」，共著錄二一九部、一五〇三卷（包括亡書）。後人查考古籍，又補出書目二一九部，兩項合計四三八部，估計卷數在三千左右，數量居第二位。其中除少數幾部為漢、唐人所著外，其他皆為這一時期的史書。人物傳記又分如下門類：

人物總錄類：如《四海耆舊傳》、《海內士品》等。

先賢類：如《兗州先賢傳》、《徐州先賢傳》、《零陵先賢傳》、《武昌先賢傳》等。

耆舊類：如《益部耆舊傳》、《長沙耆舊傳贊》等。

高逸類：如《高士傳》、《逸民傳》、《止足傳》等。

名士類：如《正始名士傳》、《江左名士傳》等。

忠良類：如《忠臣傳》、《顯忠傳》、《良吏傳》等。

孝友類：如《孝子傳》、《孝德傳》、《孝友傳》等。

僧尼類：如《高僧傳》、《法顯傳》、《尼傳》等。

仙道類：如《集仙傳》、《洞仙傳》、《王喬傳》等。

列女類：如《列女傳》、《美婦人傳》、《女記》等。

童子類：如《童子傳》、《幼童傳》等。

家傳類：如《桓氏家傳》、《庾氏家傳》、《王氏江左世家傳》、《崔氏五門家傳》等。

神鬼志怪類：如《搜神記》、《靈鬼志》、《幽明錄》、《志怪》等。

傳記各類人物，有合傳，有分傳；有一時一地的，有不同時代不同地點的；有男性，有女性；有傳記，還有傳贊、傳頌、要錄、題記、行狀，等等，林林總總，五花八門。這些人物傳記，不僅反映各類人物的性格面貌，而且反映出鮮明的時代特徵，如孝友、名士、家傳、僧尼、仙道等類傳記，反映了當時統治者提倡孝道和玄學、門閥、佛教、道教之盛行。

（四）地理方志

這是又一大類型的重要史書，門類眾多，內容豐富。《隋書・經籍志》著錄通計亡書合一四〇部、一四三四卷，其中百分之八、九十是兩晉南北朝時期的作品。其體例多樣，門類齊全，序列於下：

總類：如《地理書》、《地記》等。

全國類：如《太康土地記》、《元康三年地記》等。

區域類：如《巴蜀記》、《荊南地誌》、《淮南記》等。

州郡類：如《南徐州記》、《荊州記》、《豫章記》等。

都邑類：如《西京記》、《洛陽記》、《代都略記》等。

宮殿類：如《洛陽宮殿部》、《國都城記》等。

園林類：如《後園記》等。

寺廟類：如《洛陽伽藍記》、《京師寺塔記》等。

精舍類：如《華山精舍記》、《盧山南陵雲精舍記》等。

征記類：如《述征記》、《西征記》、《宣武北征記》等。

遊記類：如《遊名山記》、《尋江源記》等。

山川類：如郭璞《水經注》、酈道元《水經注》、《漢水記》、《衡山記》等。

道裡類：如《并州入朝道裡記》、《西域道里記》等。

物產類：如《南州異物誌》、《交州異物誌》、《臨海水土異物誌》等。

風俗類：如《風土記》、《陳留風俗傳》、《諸蕃風俗記》等。

戶口類：如《元康六年戶口名簿記》、《州郡縣簿記》等。

地名類：如《春秋土地名》、《九州郡縣名》、《古來國名》等。

地圖類：如《洛陽圖》、《江圖》、《冀州圖經》等。

外國類：如《佛國記》、《交州似南外國傳》、《歷國記》等。

這類史書中的一些重要著作，如酈道元《水經注》、《洛陽伽藍記》等留存至今，為我們研究當時的政治史、經濟史、文化史提供了寶貴的第一手資料。

（五）譜牒

譜學興起，譜牒眾多是這一時期史書的一大特色。梁阮孝緒《七錄序目‧記傳錄》載譜狀部四十二種、四二三峽、一〇六四卷；《隋書‧經籍志》著錄譜牒書（包括亡書）合五十三部、一二八〇卷，其中只有《世本》二卷是漢代劉向的作品。譜牒書又分為如下幾種：

帝王譜：如《漢氏帝王譜》、《齊帝譜屬》、《齊梁帝譜》等。

宗室譜：如《後魏皇帝宗族譜》、《後魏辯宗錄》、《後齊宗譜》等。

百家譜：如劉湛《百家譜》、王僧孺《百家譜》、賈執《百家譜》等。

姓族譜：如《冀州姓族譜》、《吉州諸姓譜》、《江州諸姓譜》等。

家譜：如《謝氏譜》、《楊氏譜》、《京兆韋氏譜》等。

英賢譜：如《謝氏英賢譜》等。

譜牒的大量修撰是當時政治的需要，是維護門閥士族特權的強有力工具。但這類史書畢竟記載了各家族的來源、世系、官位升降、婚姻狀況，及家族成員中的人物傳記、軼事逸聞等，對研究歷史有一定的參考價值。

（六）史注、史評、史抄、史要和削繁

隨著史書的大量湧現，為方便人們閱讀，這類史書也興盛起來。檢索《隋書·經籍志》，其數量不在少數。

史注：即給史書注音釋義、匡正糾誤，或增補內容等。如宋徐野民《史記音義》、齊陸澄《漢書注》等，尤以裴松之《三國志注》、酈道元《水經注》和劉孝標《世說新語注》最為有名。

史評：即評論史書內容，褒貶歷史事件或人物等。如諸葛亮《論前漢事》、何常侍《論三國志》、晉徐眾《三國志評》、晉王濤《三國志序評》等。

史抄、史要、削繁：即節抄原書，取其要點，削繁就簡。如晉葛洪《漢書鈔》、梁張緬《晉書鈔》、晉王蔑《史漢要集》、梁阮孝緒《正史削繁》等。

這類史書在保存資料、糾正謬誤、評論史事及人物得失等方面作出了貢獻，對後世產生了一定的影響。

（七）典志

這是記載朝廷政法禮儀的一類史書，包括舊事、職官、儀注、刑法等內容。《隋書‧經籍志》著錄通計亡書共一六八部、四六五七卷，除漢、隋人所撰十部，近三〇〇卷外，這一時期的作品占百分之九十以上。其數量如此驚人，說明當時封建統治者出於本階級利益的需要，而對之格外重視。

舊事：是敘封建統治者以往處理某些重大事情的原則、標準、格式及章程，所謂「品式章程者為故事」。如《晉東宮舊事》、《皇儲故事》、《郗太尉為尚書令故事》、《晉修復山陵故事》等，其目的在於發號施令，以利邦國之治。

職官：敘官曹名品，臣之分職，以相統攝之事。如《百官階次》、《梁官品格》、《魏晉百官名》、《陳百官簿狀》等。通過對官吏等級、職權範圍的明確規定，以建立層層統治網，鞏固封建統治。

儀注：是講吉、凶、賓、軍、嘉諸方面應遵循的各種封建禮儀，藉以達到「君臣父子，六親九族，各有上下親疏之別；養生送死，弔恤慶賀，則有進止威儀之數」[2]。儀注類史書內容既多且雜，如《梁吉禮儀注》、《梁賓禮儀注》、《雜凶禮》、《政禮儀注》、《陳軍禮》，以及鹵簿儀，輿服儀、書儀、筆儀、文儀、言語儀、婦人書儀，等等。封建禮儀充斥於社會生活各個方面，是封建統治者「安邦治國」的重要手段。

刑法：屬法典之書，以律、令、科等封建法律條規為主要內容，旁及相關的名臣奏事、廷尉決事等，如《晉宋齊梁律》、《晉令》、《梁科》、《魏王奏事》、《魏名臣奏事》，等等。編撰此類書的目的不外「懲罪惡，齊不軌」，是鞏固封建統治的直接手段。

綜觀這一時期的史書類型，除了後起的會要、紀事本末、學案等以外，重要的史書類型基本具備，是眾多史學家的突出貢獻。魏晉南北朝史學的興盛發展，為後世史學的繼續繁榮創造了條件。

2　《隋書‧經籍志二》。

三、亂世與史學

魏晉南北朝是個亂世，其動盪時間之長，社會遭受破壞之大，人民罹難之深重，在中國歷史上是較為罕見的。恰恰在這樣的亂世中，史學卻興旺發達，盛況空前。究其原因，除了當時有利於史學發展的一些客觀因素外，起決定作用的乃是長期動盪的社會環境所造成的複雜的階級關係和民族關係。

其時的史學發展有兩方面的客觀原因是眾所公認的：一是造紙術的進步和紙的普遍應用，為書籍的撰述和流傳提供了便利條件。漢代以前，中國用以記載文字、傳播文化的工具，或金石，或簡牘帛素。鑄金刻石，殊為不易；著之簡策帛素，既笨且貴，又有漆書刀削之勞。這對文化的發展和傳播，都是極不利的因素。自東漢蔡倫發明造紙後，紙逐漸成為書寫和傳播文化的主要工具。魏晉以後，隨著造紙業的迅速發展和技術的巨大進步，紙的花色品種和數量猛增，最終完全取代簡帛而得到普遍應用。紙的造價低廉，用於抄寫書籍快捷方便，又易於保存和流傳，無疑為學術文化的發展提供了便利條件，也就成為史學興盛的一個重要客觀原因。二是書法藝術空前繁榮，字體趨於多樣化，並不斷創新，使書寫變得簡易迅速。漢末魏晉以來，書法名家輩出，諸體皆備，特別是鍾繇、王羲之、王獻之等書法大師對楷、行、草、隸等書體的不斷改進和發展，使書法朝著藝術化、簡易化的方向前進了一大步，其結果必然給書籍的著述和抄錄帶來極大的方便，這是史學興盛的又一重要客觀原因。

然而，決定當時史學發展的根本原因，則是複雜的階級關係和民族關係。歸納起來，主要有如下幾方面的表現：

其一，亂世中的統治者都想通過修史來總結治亂興亡的歷史教訓以為借鑑，故特別重視對史書的編撰。晉人司馬彪將著史提到相當的高度，他說：「立史官以書時事，載善惡以為沮勸，撮教世之要也。」[3]編撰《晉書》、《蜀紀》的史家王隱規勸性好博弈的祖納說：「當今晉未有書，天下大亂，舊事蕩滅，……君少

3　《晉書‧司馬彪傳》。

長五都，遊宦四方，華夏成敗皆在耳目，何不述而裁之！」[4]可見，書時事，載善惡，述成敗以為勸誡，是修史的重要目的。很多王朝設置了史館，健全了史官制度。不少帝王在即位不久，便下令修撰前代或本朝史書。魏文帝曹丕禪位後，命尚書衛覬、繆襲草創本傳，修魏史；又以王象領秘書監，詔命撰《皇覽》。吳少帝孫亮初即位，命韋昭與華覈、薛瑩、周昭、梁廣等共撰吳書。西晉武帝於即位後不久的泰始六年（西元 270 年），也下詔秘書省撰錄泰始以來大事，「秘書寫副。後有其事，則宜綴集以為常」[5]。東晉草創江左之初，未有史官，中書監王導立即上疏元帝曰：「夫帝王之跡，莫不必書，著之令典，垂之無窮。……當中興之盛，宜建立國史，撰集帝紀。」[6]元帝馬上採納，命干寶掌修國史。是見帝王對修史的高度重視。其時，不少前代史和本朝史，都是受詔命而作的官書，如東吳韋昭《吳書》、晉王沈《魏書》、東晉王隱《晉書》、干寶《晉紀》、徐廣《晉紀》、梁沈約《宋書》、北齊魏收《魏書》等。

其二，士族地主為維護特殊的權力和地位，大力利用史學。這一時期階級關係複雜，鬥爭激烈，處於特權地位的士族地主，雖然不斷受到各種社會矛盾的威脅，他們當中的某些具體成員甚至受到危害；但作為一個階級，他們始終保持著對勞動人民壓迫、剝削的權力，保持著對庶族地主在政治上和社會地位上的優勢。為了維護這種特殊地位和權力，他們需要利用史學來宣揚其祖先的榮耀和血統的高貴；他們在教育上享有特權，大都具有較高的文化修養，也比較容易掌握史學這一武器。因此，他們除了積極參與修撰官方史書外，還不斷進行私人撰述，特別是不遺餘力地大修族譜、家譜一類的譜牒之書。由於士族地主分布於全國各地，儘管時局動盪，南北對峙，政權更替頻繁，但絲毫沒有降低他們修史的熱情，史書的數量不僅沒有減少，反而出現增加的勢頭。唐人柳芳在論氏族與譜學興起原因時寫道：

魏氏立九品，置中正，卑寒士，權歸右姓已。其州大中正、主簿，郡中正、

4　《晉書・王隱傳》。
5　《晉書・武帝紀》。
6　《晉書・干寶傳》。

功曹，皆取著姓士族為之，以定門胄，品藻人物。晉宋因之，始尚姓已。然其別貴賤士庶，不可易也。於時有司選舉，必稽譜牒而考其真偽。故官有士胄，譜有世官，賈氏王氏譜學出焉。由是有譜局，令史職皆具。過江則為僑姓，王謝袁蕭為大；東南則為吳姓，朱張顧陸為大。山東則為郡姓，王崔盧李鄭為大。關中亦號郡姓，韋裴柳薛楊杜首之。代北則為虜姓，元、長孫、宇文、于、陸、源、竇首之。

　　這段話集中地敘述了當時士族地主之分布、門第等級及特殊地位等情況，不僅說明了譜學興起的社會原因，而且有助於我們理解這一時期全部史學的時代特點，即維護士族的利益，保護士族的特權是史書編撰的基本出發點。

　　然而，社會關係的複雜性和鬥爭的尖銳性，又決定士族地主難以獨占史壇。庶族地主因不甘心處於從屬的地位，一方面在政治舞臺上與士族地主進行激烈的角逐，另一方面也千方百計地要在史學領域占有自己的一席之地。他們除了假冒士族、竄改譜牒外，還提出自己的不同主張，於是在史學領域中便出現尖銳的鬥爭。這一鬥爭的結果，不僅促進了史書數量的增加，也在一定程度上促進了史學品質的提高。

　　其三，胡、漢統治者互爭「華夏正統」，競相修史。這一時期，民族關係複雜，鬥爭也很激烈。不論是漢族政權，還是胡族政權，都以「華夏正統」自居。漢族士人如沈約著《宋書》斥北魏為「索虜」，胡族代言人如魏收撰《魏書》詈宋、齊為「島夷」。漢族政權想通過修史以申「華夏之防」，胡族政權則極力抗衡，抵制漢族的歧視，也紛紛設立史官，編撰國史，大述其先祖勳業和文治武功，同樣以「正統」自居。十六國北朝各代政權所修史書不在少數，如前趙劉聰命左國史公師彧撰《高祖本紀》與《功臣傳》；劉曜時，和苞撰《漢趙記》十篇。後趙石勒「命記室佐明楷、程機撰《上黨國記》，中大夫傅彪、賈蒲、江軌撰《大將軍起居注》，參軍石泰、石同、石謙、孔隆撰《大單于志》」[7]。前燕慕容時撰起居注、《燕紀》，後燕慕容垂詔命董統著《後燕書》，其後申秀、范亨又各著前

7　《晉書·石勒載記》。

燕與後燕之史書；前秦有史官趙淵等撰著國史，後秦馬僧虔、衛隆景並著秦史，夏國趙思群、張淵也受詔著國書，南涼禿髮烏孤以郭韶為史官撰錄時事。北魏道武帝拓跋珪詔鄧淵撰《國記》十卷，其後崔浩、高允、李彪等世修其業；宣武帝又命刑巒追撰《孝文起居注》。北齊文宣帝高洋詔魏收撰《魏書》及《齊中》。凡此等等，難以盡舉。胡、漢統治者競相修史，加之割據政權林立，史書之多便不難想像了。

其四，漢末大亂，儒家獨尊地位喪失，人們衝破了儒家經學的羅網，開始從神學經學的禁錮中解放出來，擴大了眼界，活躍了思想，發展了包括史學在內的學術文化。兩漢是儒家稱霸的時代，神學經學籠罩一切，是維繫漢代統一大帝國的強有力思想武器。表現在學術思想上是儒家獨尊，今文經師們僅尊師法，恪守家傳，拘泥於一經一課，專務章句與註釋訓詁，排斥各家學派，嚴重窒息了學術文化的發展。漢末大亂，漢帝國的大廈搖搖欲墜，漢獻帝成為權臣們掌中的玩物，一切舊的社會秩序、舊的思想也遭到時代的蕩滌，昔日不可一世的儒家再難起到重要思想武器的作用而變得黯然失色。隨著漢帝國的滅亡，玄學代之而起，一躍而成為時代的思想潮流。魏晉以降，玄學盛行，士大夫們輕孔孟而尊老莊，置經不讀而高談玄理。《南史‧儒林傳序》稱：「洎魏正始以後，更尚玄虛，公卿士庶，罕通經業。」《晉書‧儒林傳序》也說：「有晉始自中朝，迄於江左，莫不崇飾華競，祖述虛玄，擯闕里之經典，習正始之餘論，指禮法為流俗，目縱誕以清高，遂使憲章弛廢，名教頹毀。」玄學輕名教而崇自然，強調人格獨立，追求個性解放和思想自由。它的興起是對儒家獨尊地位的否定，使人們衝破了學術的禁區，拆除了禁錮思想的藩籬，思想得到了一定程度的解放，眼界為之大開。人們發現經學之外另有天地，於是新的學術園地不斷開闢，史學也隨之擺脫經學的附庸地位而迅速發展起來。

第二節 ·
史學名家與名著

　　伴隨著史學的興盛發展，一批史學名家應時而出。他們站在時代的高度，以自己出色的史學才華，相繼撰寫出一批體裁不同、風格各異、內容豐富的史學名著。完整地留存至今的紀傳體斷代史名著有：陳壽《三國志》及裴松之《三國志注》、范曄《後漢書》、沈約《宋書》、蕭子顯《南齊書》和魏收《魏書》，這五部作品全部歸入正史類，尤以《三國志》和《後漢書》最為著名，備受後世讚譽，堪稱不朽之作。編年體斷代史名著有袁宏《後漢紀》，在當時諸家後漢史中號稱精密。地方志名著有常璩《華陽國志》，又是一部有名的地方性通史；歷史地理名著有酈道元《水經注》和楊衒之《洛陽伽藍記》，這兩部書與賈思勰的著名農書《齊民要術》並稱北魏三部傑作。劉義慶《世說新語》及其劉孝標注，則是雜史體史書中的佼佼者。

　　這些名著或以敘事見長，或以評論稱著。記人物，評史事，敘山川，說民俗，談寺觀，內容極為豐富，是中國史學寶庫中的珍貴遺產。

一、陳壽的《三國志》和裴松之的《三國志注》

（一）陳壽與《三國志》

陳壽（西元 233-297 年），字承祚，巴西安漢（今四川南充）人。少好學，師事同郡古史學者譙周，聰敏多識，富於文采。蜀漢時，出仕為觀閣令史；晉統一後，仕佐著作郎，遷著作郎，兼領巴西郡中正，中間還一度出補平陽侯相。他一生仕途坎坷，在蜀時因不願諂附宦官黃皓，屢被譴黜；入晉後又多遭非議，數被貶責，沈廢累年。晚年，官至治書侍御史，鬱鬱不得志。西元二九七年，病逝於洛陽，終年六十五歲。陳壽雖有才學，但因西晉朝政腐敗而備受壓抑，常璩《華陽國志·陳壽傳》說：「位望不充其才，當時冤之。」

陳壽所著史書甚多，有《益部耆舊傳》十卷、《古國志》五十卷，編定《諸葛氏集》二十四卷，都已亡佚。所著《魏書》、《蜀書》、《吳書》，合稱《三國志》，共六十五卷，現存；另有《敘錄》一卷，亡佚。

《三國志》是一部紀傳體斷代史，它以曹魏為正統，對於魏國的君主如曹操、曹丕、曹叡等皆作紀，列為武帝、文帝、明帝諸紀；而對蜀、吳的君主如劉備、孫權等，則立為傳。全書記述了自西元一八四年黃巾起義失敗後，至二八〇年西晉滅亡，將近一百年的歷史。以曹魏的幾篇帝紀提挈這段歷史的大事，如黃巾的興亡，群雄的四起，官渡戰後曹操勢力的迅速增長，赤壁戰後三國的鼎立，夷陵戰後蜀吳長期合作和蜀魏長期對立，以及魏晉的興替、蜀政的變化和吳政的危機，等等。魏、蜀、吳三書主要以人物傳記的形式分敘三國由創業、發展到衰亡的歷史。

陳壽的《三國志》成書後，受到人們的交口稱讚，「時人稱其善敘事，有良史之才」。夏侯湛正在著《魏書》，「見壽所作，便壞己書而罷」。司空張華比之於司馬遷，班固，並對陳壽說：「當以晉書相付耳。」陳壽死後，梁州大中正、尚書郎范等上表說：「故治書侍御史陳壽作《三國志》，辭多勸戒，明乎得失，有益風化。雖文豔不若相如，而質直過之，願垂採錄。」[8]於是朝廷下令河南尹、洛陽令派人到陳壽家中抄寫這部書，藏於秘府。

8　《晉書·陳壽傳》。

陳壽的「良史之才」，就是指他「善敘事」。裴松之《上三國志注表》說：「壽書銓敘可觀，事多審正，誠遊覽之苑囿，近世之嘉史。」這「銓敘可觀，事多審正」八個字可作為「善敘事」的最好注腳。陳壽敘事，一是簡潔，無繁冗蕪雜之弊；二是取材精審，不妄下筆。如《武帝紀》寫曹操身世，只簡單交代其父祖姓名、官職，寥寥數語，而裴松之作注則至數百言；《文帝紀》敘曹丕禪代，只用了一篇不到二百字的冊命就把這件大事寫了出來，裴注引《獻帝傳》載禪代的表奏冊詔竟達二十餘篇之多，洋洋萬言。陳壽敘事於簡潔之中，往往能生動地表達人物的性格特點和精神風貌，這是他的高明之處。如《蜀書‧先主傳》載：「曹公從容謂先主曰：『今天下英雄，惟君與操耳。本初之徒不足數也。』先主方食，失匕箸。」《吳書‧魯肅傳》載：「後備詣京見權，求都督荊州。惟魯肅勸權借之，共拒曹公。曹公聞權以土地業備，方作書，落筆於地。」短短兩段文字總共不過七十餘字，便將曹操的傲慢和劉備在當時局勢中的分量成功地表達出來。又如《蜀書‧關羽傳》載：「羽聞馬超來降，舊非故人，羽書與諸葛亮，問超人才可誰比類。亮知羽護前，乃答之曰：『孟起兼資文武，雄烈過人，一世之傑，黥彭之徒，當與翼德並驅爭先，猶未及髯之絕倫逸群也。』羽美鬚髯，故亮謂之髯。羽省書大悅，以示賓客。」這段簡短而精彩的描繪，將關羽好擺老資格、恥為人下的性格特點刻畫得入木三分。

　　陳壽作《三國志》，取材審慎斟酌，下筆不苟。試以《蜀書‧諸葛亮傳》為例：關於劉備與諸葛亮初次相識的經過，魚豢《魏略》與司馬彪《九州春秋》都說是諸葛亮自己去見劉備的，陳壽不取此說，而根據諸葛亮《出師表》中的自述：「先帝不以臣卑鄙，猥自枉屈，三顧臣於草廬之中。」故記載此事說：「由是先主遂詣亮，凡三往乃見。」建興三年（西元 225 年），諸葛亮征南中事，習鑿齒《漢晉陽秋》載諸葛亮如何七擒七縱孟獲，「南人不復反」，未免誇大其詞，也不符合歷史事實，陳壽亦不取，只說：「亮率眾南征，其秋悉平。」當時又有一種傳說：諸葛亮北伐屯於陽平，城中兵少，司馬懿率軍二十萬經至城下；諸葛亮巧擺空城計，嚇退司馬懿。這個傳說既不是事實，也不合情理，陳壽棄之不取。又如《吳書‧孫策傳》關於孫策之死，虞溥《江表傳》、干寶《搜神記》都以為是孫策殺道士于吉的報應，陳壽獨以為是妖妄，削而不書，僅載孫策出行，

為許貢賓客所射，中創而死。這樣的例子很多，足見陳壽取材的審慎態度。

《三國志》雖稱名作，但也有不足和缺陷。全書只有紀、傳，而沒有志，給後世瞭解三國典章制度帶來許多不便。書中所作諸傳甚多，照顧的方面也很廣，大凡三國時期在政治、經濟、軍事上有關係的人物，以及在學術思想、科技文化上有貢獻者，皆網羅其中，或立專傳，或作附傳，但卻遺漏了一些重要人物，如張仲景與華佗都是建安年間的名醫，華佗立有專傳，張仲景卻無傳；馬鈞是當時「天下之名巧」，也沒有給他立傳。故劉知幾《史通·人物篇》批評陳壽「網漏吞舟」是有道理的。此外，敘事過簡，曲筆太多也在一定程度上影響了史書的品質。

《三國志》作為一部史學名著，得到了後世學者的高度重視和評價。宋代葉適說：「陳壽筆高處，逼司馬遷。方之班固，但少文義緣飾爾，要終勝固也。」[9]清代錢大昕稱：「陳承祚《三國志》創前人未有之例，懸諸日月而不刊者也。……吾所以重承祚者，尤在敘事之可信。」[10]

（二）裴松之與《三國志注》

裴松之（西元 372-451 年），字世期，河東聞喜（今山西聞喜縣）人。出身世代為官的士族大家庭，自幼讀書，八歲學通《論語》、《毛詩》；後來博覽典籍，學業精進。二十歲開始為官，東晉時歷任殿中將軍、員外散騎侍郎、尚書祠部郎、零陵內史、國子博士等；劉宋時，轉中書侍郎、司冀二州大中正，出任永嘉太守，南琅邪太守等職，封西鄉侯。宋武帝劉裕稱「裴松之廊廟之才」。宋文帝劉義隆嫌《三國志》過於簡略，乃令松之為之補註。松之集傳記，增廣異聞，精心撰述，於元嘉六年（西元 429 年）七月寫成《三國志注》，上奏朝廷。宋文帝看後誇讚說：「此為不朽矣！」[11]元嘉二十八年（西元 451 年），松之年八十，奉命繼何承天撰寫本朝史，但未及動筆便去世了。

---

9 葉適：《習學紀言序目》卷二十八。
10 錢大昕：《潛研堂文集》卷二十四《三國志辨疑序》。
11 《宋書·裴松之傳》。

裴松之的著作，除《三國志注》外，還有《晉紀》、《宋元嘉起居注》、《裴氏家傳》四卷、《集注喪服經傳》一卷、《裴松之集》十三卷等五種，但都亡佚了，只有《三國志注》留存至今。

《三國志注》的內容，裴松之在《上三國志注表》中作了概括，大體為補缺、備異、矯妄、論辨四類。所謂「補缺」，就是補充陳書不曾記載而又有保存價值的史料，這是裴松之注書的重點；「備異」是將各家史著中互不相同、甚至對立的記載一併收入，經過比較鑑別，能判斷的則寫出結論，不能判斷的留待讀者或後人去判斷；「矯妄」就是引舉史實以糾正陳書中的明顯錯誤，「論辨」則是對某些史實的考辨和評論。清人撰《四庫全書總目提要》又將其歸納為六個方面，「綜其大致，約有六端：一曰引諸家之論以辨是非，一曰參諸書之說以核偽異，一曰傳所有之事詳其委曲，一曰傳所無之事補其缺佚，一曰傳所有之人詳其生平，一曰傳所無之人附以同類」。其實，這不過是對四類問題的擴充。

以往學者對裴松之《三國志注》褒貶不一。貶者如唐代劉知幾責其「喜聚異同，不加刊定，恣其擊難，坐長煩蕪」[12]。褒者如明代胡應麟贊其「綜核精嚴，繳駁平允，允哉史之良臣，古之益友也」[13]。亦有褒貶相兼者。可謂仁者見仁，智者見智。不可否認，裴《注》有徵引太博、不免蕪雜的缺點，但總的說來，不失為一部具有重要史料價值的名著。

裴《注》的成績是巨大的，其主要價值在於廣輯資料，提供了大量的具體史實，不僅大大豐富了人們的歷史知識，而且為後世瞭解和研究三國史帶來極大的便利。如在重大歷史事件方面，曹魏屯田是當時經濟領域中一件舉足輕重的大事，陳壽《三國志》僅在《魏書・武帝紀》和同書《任峻傳》中有簡略的記述，總計不過五十餘字，使人難知其詳；而裴松之分別在《武帝紀》中注引王沈《魏書》，在《任峻傳》中注引《魏武故事》，共補充了近三三〇字，這就使人對曹操屯田之原因、目的、具體措施及效果有了完整的瞭解，解決了有關屯田中的一

---

12 劉知幾：《史通・補註》。
13 胡應麟：《少室山房筆叢》卷十三。

些重大疑難問題。在重要歷史人物方面，王弼是魏晉之際的玄學名家，陳壽不為之立傳，只在《魏書‧鍾會傳》後用寥寥二十餘字介紹其生平事蹟，極為疏略；而裴松之注引何劭《王弼傳》，補充了七五〇餘字，詳細介紹了王弼的生平事蹟及思想學說，為哲學史研究提供了寶貴的資料。又如馬鈞是當時的大發明家，陳壽在書中隻字未提，裴松之卻十分重視，除在《魏書‧明帝紀》中注引《魏略》述其製作外，還在《魏書‧杜夔傳》中注引傅玄序文，全面介紹馬鈞的生平事蹟及創造發明，並給予高度評價，全文多達一二〇〇餘字。馬鈞賴裴《注》得以垂名後世，中國古代科技史也因此而增添了光輝的一頁。在民族關係方面，陳壽雖在《魏書》中立有《烏丸傳》、《鮮卑傳》、《東夷傳》等，但皆語焉不詳；裴《注》作了許多重要的補充，保存了不少民族史的珍貴資料。此外，裴《注》在文字注音、釋義、校勘及考辨史實訛誤等方面也頗多精到之處，這都是值得肯定的。

二、范曄與《後漢書》

范曄（西元 398-445 年），字蔚宗，祖籍順陽（今河南淅川縣），居家山陰（今浙江紹興市），遂為會稽郡山陰人。祖父范寧，仕晉為豫章太守；父范泰，劉宋初累官至侍中，地位顯赫。范曄乃范泰之庶子，是母親在廁所把他產下的，出生時額部被磚所傷，故以磚為小字。在士族社會裡，嫡庶之別是家族內部不可踰越的大分，范曄的出生表明，這個庶子剛出世時在這一士族名門中所遭遇的恥辱。他從小多才多藝，《宋書》本傳說：「少好學，博涉經史，善為文章，能隸書，曉音律。」但顯露出的才華反而惹得哥哥范晏的厭惡，說：「此兒利進，終破門戶。」

范曄因出繼從伯弘之，得襲封武興縣五等候。二十一歲開始做官，始為劉裕相國掾，歷官彭城王劉義康冠軍將軍府參軍、右軍參軍、尚書外兵郎、秘書丞、新蔡太守、尚書吏部郎、宣城太守等，最後官拜左衛將軍、太子詹事。宋文帝元嘉二十二年（西元 445 年），因受孔熙先等人謀反罪的牽連，被捕入獄；同年十二月被殺，時年四十八歲。

元嘉九年（西元 432 年），范曄三十五歲時始撰《後漢書》。這年冬天，因小事觸怒彭城王劉義康，被貶為宣城太守。「不得志，乃刪眾家《後漢書》為一家之作。」其書原定十紀、十志、八十列傳，合為一百篇，直到被殺時，諸志尚未脫稿，寫成的部分也陸續散佚。梁代劉昭為彌補范書無志的缺陷，遂將司馬彪《續漢書》中的八志抽出，分為三十卷以合范書。現存范曄《後漢書》共十紀、八十列傳、八志三十篇，合一百二十卷，唐代李賢等人為之作注。

范曄的其他著作，有《漢書贊》十八卷、集十五卷、錄一卷、《百官階次》一卷等，皆亡佚。

《後漢書》記述了王莽末年到漢獻帝遜位二百多年間的歷史。十紀居前，前九紀是以東漢諸帝為中心的大事綱要，第十紀為帝后立傳，稱皇后紀。次為八十列傳，按時代的先後順序進行編排，採取言行趣舍、以類相從的方法。列傳一至三，記兩漢之際起義和割據的領袖人物；四至十二，記光武帝時的宗室王侯和號稱中興二十八將的開國功臣；十三至四十二的傳首人物是明帝、章帝、和帝時的大臣，分別以行止相近的人物或子孫合傳；四十三至五十三的傳首人物是安、順二帝時的人物；五十四至六十五，記桓、靈、獻三帝時人物；六十六至七十四為雜傳，分循吏，酷吏、宦者、儒林、文苑、獨行、方術、逸民、列女九大門類；最後六篇是周邊各族及鄰國的列傳。

范書的突出成就是在論、序、贊方面。他自己頗為得意地說：「吾雜傳論，皆有精意深旨⋯⋯至於《循吏》以下，及《六夷》諸序論，筆勢縱放，實天下之奇作。其中合者，往往不減《過秦》篇。嘗共比方班氏所作，非但不愧之而已。」又說：「贊自是吾文之傑思，同合異體，乃自不知所以稱之。」[14]范曄之言並非誇大其詞，觀其書當知言之不虛。

《後漢書》的紀傳部分差不多每篇都有論、贊，有些還在前面作有序論。范曄便通過序、論、贊的形式，評論史事和歷史人物，並對某一歷史事件或人物進

---

14 《宋書·范曄傳》，本目引文未註明出處者皆見本傳。

行綜述，予以諷喻或感慨，從中可看出其史學的特點。中興二十八將論、《黨錮列傳序》和《宦者列傳序》是范書中的著名史論，各有獨到之處。中興二十八將論深刻地論述了秦、西漢開國之君重用武人，「或崇以連城之賞，或任以阿衡之地」的嚴重弊端：「勢疑則隙生，力侔則亂起。」結果不但對功臣不利，會斷送他們的身家性命，同時也有礙吏治，不利賢才的選拔。與此同時，他充分肯定光武帝以前事為鑑，對功臣不廣封茅土，不給實權，僅「高秩厚禮，允答元功」的明智做法，指出這樣做，既可使功臣「以功名延慶子孫」，又「必廣招賢之路」。范曄站在歷史的高度，總結出寶貴的經驗教訓，對後世君主不無啟迪作用。《宦者列傳序》及後論，既著重論述了宦官之禍，揭露其「剝割萌黎，競恣奢欲，構害明賢，專樹黨類」的罪狀，又闡述宦官得勢的由來及禍國殃民的嚴重後果。范曄雖然還不懂得宦官專權是封建專制主義的必然產物，但也說出了東漢衰亡的一些直接原因。《黨錮列傳序》論述了春秋以來士習的變化，特別詳述了桓、靈二帝時黨人的活動和兩次黨錮事件，並深刻地分析了漢末清議形成的原因，最後得出結論說：「夫上好則下必甚，矯枉故直必過，其理然矣。」清代學者王鳴盛著論盛讚說：「《黨錮傳》首總敘，說兩漢風俗之變，上下四百年瞭若指掌。下之風俗，成於上之好尚，此可成百世之龜鏡。蔚宗言之切至如此，讀之能激發人。」[15]范書中的贊不但概括出了東漢王朝許多政治大事，而且語言幹練，處處有新意。范曄認為「欲因事就卷內發論，以正一代得失」。通過紀傳中的論、贊，其「正一代得失」的史書編撰目的也就達到了。

在思想內容上，范書也有許多可貴之處。范曄是南朝傑出的無神論者，他不信佛鬼，主張神滅論。常說：「死者神滅，欲著《無鬼論》。」因遇害而未能完成。臨刑前還對人說：「寄語何（尚之）僕射，天下決無佛鬼；若有靈，自當相報。」表達了對這位陰謀殺害自己的佛教信徒的憤懣和不屈鬥爭。范曄不信佛鬼的思想在《後漢書·西域傳》後論裡得到了充分的體現。他首先指出：「至於佛道神化，興自身毒（即印度），而二漢方志莫有稱焉。」張騫、班勇只是記載了西域的風土人情，並沒有傳述「精文善法、道達之功」；後來關於佛道「神跡詭

15 王鳴盛：《十七史商榷》卷三十八《黨錮傳總敘》。

怪」、「感驗明顯」的事，是張騫、班勇沒有聽說過的，只不過是後起的說法，「何誣異之甚也」！接著指明，因為佛教宣揚「好仁惡殺，蠲敝崇善」，所以為士大夫們所愛尚；但它的理論是荒誕不經的，方法是詭辯的；它的神不滅論和因果報應論是沒有道理的，「故通人多惑焉」。由於文章簡短，范曄沒有充分進行論證，但也集中了當時反佛的論點。

對於東漢盛行的圖讖迷信，范曄也抱著嚴肅的批判態度。他指責李通說讖是「億測微隱，倡狂無妄之福；汙滅親宗，以觖一切之功」[16]。他認為光武帝以後，儒者爭學圖讖兼附以妖言，是由於時主的崇尚。他為唯物論思想家桓譚立傳，讚揚其「極言讖之非經」、「非聖無法」的戰鬥精神。又在《張衡傳》中詳載張衡論圖讖疏，藉以揭露圖讖的欺偽性。

對於陰陽禁忌、方術等，范曄也一概採取否定的態度。認為「聖人不語怪神，罕言性命」，方士「純盜虛名，無益於用」[17]，不過是為了逢迎世主以取祿位而已。范曄生活於佛教迷信盛行的南朝，敢於批判圖讖，否認佛鬼，表現了一個無神論思想家可貴的戰鬥精神。

范書在體制方面也多有創新，下節另作詳述。

當然，范書也有自己的不足之處，如目錄編排次序尚欠斟酌，《方術列傳》把大醫學家華佗與方士並列，壓抑豪強、大興水利的良吏許揚也混於其中；全書的文學色彩過於偏重，不利於揭示歷史真實；符瑞、氣運、陰德等封建迷信也時有記載，反映了范曄無神論思想的侷限性。

---

16 《後漢書·李通傳》後論。
17 《後漢書·方術列傳》序論。

三、沈約的《宋書》和蕭子顯的《南齊書》

（一）沈約與《宋書》

沈約（西元 441-513 年），字休文，吳興武康（今浙江德清縣武康鎮）人。父璞，仕宋為淮南太守，元嘉末因罪被誅。沈約自幼隨母親逃匿，不久遇赦；繼而流寓，過了一段顛沛的苦日子，但讀書很用功，《梁書》本傳說：「孤貧，篤志好學，晝夜不倦」、「遂博覽群書，能屬文」。後來成為南朝著名的史學家和文學家。曾歷仕宋、齊、梁三朝，為梁開國佐命元勛，累官至尚書令，領太子少傅。南齊永明五年（西元 487 年），奉命撰寫宋史，第二年就完成了。沈約的《宋書》是在劉宋史官徐爰、蘇寶生、何承天等舊作的基礎上，加以刪改整理而成，只有禮、樂、符瑞、百官等志是他的新作。《宋書》有帝紀十卷、列傳六十卷、八志三十卷，合一百卷。除《宋書》外，還著有《晉書》一一〇卷、《齊紀》二十卷、《高祖紀》十四卷、《邇言》十卷、《諡例》十卷、《宋文章志》三十卷、文集一百卷，又撰《四聲譜》，皆亡佚，只有《宋書》流傳下來。

在南朝四史中，《宋書》的卷帙最大，體例也較完備，保存的史料也較豐富。《史通・書志篇》說：「宋氏年唯五紀，地止江淮，書滿百篇，號為繁富。」《宋書》記載了劉宋王朝六十年間的史事，書中匯集了大量詔令、奏議、書札、文章，不少被整篇地保存下來，為後世瞭解和研究劉宋的歷史提供了許多珍貴的原始資料。如《周朗傳》載周朗上書，談到了當時租稅徭役的情況和對人民的嚴重危害；《孔琳之傳》、《范泰傳》、《何尚之傳》記載了錢幣使用情況和改鑄錢幣的爭議，反映了封建統治者如何利用改鑄錢幣加緊對人民的搜刮和剝削；《謝靈運傳》完整地收錄了謝靈運的《山居賦》，為研究東晉南朝的大地主莊園提供了許多重要素材。特別是書中的八志，內容豐富，史料翔實，脈絡清晰，所敘典章制度不限於劉宋一朝，而是上起三國，下迄宋季，甚至溯其源流遠至先秦時代，從而彌補了陳壽以來史書無志的缺陷。如《樂志》記載了秦漢以來歌舞、樂器和雜伎的發展演變，保存了許多漢魏晉宋的樂章、歌詞、舞曲及雜伎節目。《律曆志》記載了西晉荀勖的十二笛律，是音樂理論的重要材料；收錄了楊偉的

《景初曆》、何承天的《元嘉曆》及祖沖之的《大明曆》全文，反映了當時自然科學的發展水準。《州郡志》則對三國以來南方地區的地理沿革，以及東晉至劉宋時期僑州郡縣的設置與分布情況，作了詳細的記述。但八志中的《禮志》、《符瑞志》、《五行志》所占比例過大，特別是《符瑞》、《五行》二志的宗教迷信色彩太濃，集中地宣揚了儒家的天命論思想，是《宋書》中的糟粕，而且志書中沒有最重要的《食貨志》，是一大缺陷。

（二）蕭子顯與《南齊書》

蕭子顯（西元 489-537 年），字景陽，南蘭陵（今江蘇常州市西北）人。齊高帝蕭道成之孫，豫章王蕭嶷第十子。七歲，封寧都縣侯；齊末，官拜給事中。梁初，降爵為子，累官至吏部尚書、侍中。大同三年（西元 537 年），出為吳興太守，至郡未幾而卒，終年四十九歲。子顯自幼聰慧，容貌壯偉，身長八尺；好學，工文章，頗以才氣自負，梁武帝稱他「可謂才子。」著有《後漢書》一百卷、《齊書》六十卷、《普通北伐記》五卷、《貴儉記》三十卷、文集二十卷等。除《齊書》外，其他久已亡佚。南齊初年，蕭道成曾命檀越、江淹等編集國史，蕭子顯的《齊書》多取材於檀、江二人的書稿，而他們的稿子和梁代沈約《齊紀》、吳均《齊春秋》都沒能流傳下來，現存南齊最早的史書就只有蕭子顯這部書了。宋朝人為區別唐代李百藥的《北齊書》，改稱蕭子顯的《齊書》為《南齊書》。

《南齊書》原六十卷，《序錄》一卷亡佚。今本五十九卷，其中本紀八卷、列傳四十卷，禮、樂、天文、州郡、百官、輿服、祥瑞、五行等八志十一卷，記述南齊一代的史事。

蕭子顯是齊梁時人，以當代人記當代事，許多事情屬耳聞目睹或親身經歷，故書中所載史實較為真實可信，保留了不少原始材料。如齊初的檢籍與反檢籍，唐寓之起義，齊明帝大殺高、武子孫事等，都生動地反映了當時的階級鬥爭和統治集團內部的矛盾。《文學列傳》記載了大科學家祖沖之的生平事蹟與成就，以及陸厥與沈約論「永明體」的來往書信等，是科技史、文學史方面的重要資料。

《州郡志》、《百官志》等對於瞭解東晉以來南方的地理沿革、政治制度變遷及給客、土斷等典制都有重要的參考價值。但由於蕭子顯是齊高帝裔孫，不滿意同族齊明帝蕭鸞篡奪帝位，故書中於高、武之治，事多褒飾；於齊明帝誅高、武子孫，則奮筆直書，不遺餘力，難免失之偏頗。另外，蕭子顯著《齊書》是經過奏請的，為了迎合佞佛的梁武帝，書中不免塞進了一些宣揚王命論的觀點和「因果報應」的說教，這是應該批判的。

四、魏收與《魏書》

魏收（西元 506-572 年），字伯起，小字佛助，鉅鹿下曲陽（今河北寧晉縣西）人。父為北魏定州（今河北定縣一帶）刺史，年少時隨父赴邊，好習騎射，欲以武藝自達，因遭人嘲笑，遂折節讀書。他讀書非常用功，《北齊書》本傳說：「夏月，坐板床，隨樹陰諷誦，板床為之銳減，而精力不輟。」以文才顯於當世。北魏時，做過太學博士、北主客郎中、中書侍郎等官；因有「七步之才」，又受命典修國史。入齊，除中書令，兼著作郎，累官至尚書右僕射、中書監。天保二年（西元 551 年），奉詔撰魏史。魏收在北魏史官鄧淵、崔浩、高允、李彪等所撰舊史的基礎上，搜採亡遺，整理續補，歷時四年而成。天保五年三月奏上《魏書》十二紀、九十二列傳；同年十一月，又奏上《天文》、《地形》、《律曆》、《禮》、《樂》、《食貨》、《刑罰》、《靈征》、《官氏》、《釋老》凡十志二十卷，合一一四篇，分為一三○卷。北宋時，《魏書》已散佚不全，缺二十六卷，殘三卷，劉攽、劉恕、范祖禹等史家雜取《北史》等書補成今本，仍分為一三○卷。今本尚有部分殘缺，未經補綴。

《魏書》記載了自西元三八六年至五四九年間共一百六十餘年的史事，是一部北魏王朝興亡史，也是中國封建社會歷代正史中第一部記述以少數民族上層統治集團為核心的封建王朝史。儘管它有許多缺點，但能留存至今便說明其學術價值和重要地位，仍不失為一部史學名著。

《魏書》有自身的許多優點：首先，其內容並不蕪雜，敘事詳略得體，首尾

有序，語言流暢典雅。唐李延壽著論稱讚說：「伯起……勒成魏籍，追縱班馬。婉而有則，繁而不蕪，持論序言，鉤深致遠。」[18]李氏修《北史》，史實論贊幾乎全取《魏書》，刪削不過十分之一；若《魏書》蕪雜太甚，必大有改易，然多因襲之，是以深知魏收之書繁而不蕪，詳略得體，其言當最為可信。其次，持論平允，近於實錄。《魏書》是在北魏各家舊史的基礎上修撰而成，並非魏收一人之作；而北魏史家崔浩、高允、李彪諸人遞居史職，皆有史才，善於著述，崔浩還以直筆見稱。魏收既承襲舊史，成書的時間又短，必保持原書實錄等風格，如《爾朱榮傳》敘榮舉兵弒君，發動「河陰之變」，縱兵酷戮朝臣，鑄金為己像不成等僭越行為，凡諸大事莫不書之，無有遺漏。細讀各傳，此等實錄甚多。所謂魏史不實之言，難以令人信服。《魏書》的重要價值在於，它收集的史料相當豐富，保存了許多有價值的資料，記載了一些極重要的典章制度。如《李安世傳》載安世上均田疏，如《張普惠傳》載普惠論長尺大斗和賦稅疏，有助於人們對北魏均田制和殘酷的賦稅剝削的瞭解。《食貨志》記述了均田令、三長制和租調制，是研究北魏至唐中葉三百年間封建土地制度發展、演變的基本材料；關於貨幣的記載，又是瞭解北魏境內各地社會經濟情況的素材。《官氏志》的姓氏部分對於瞭解拓跋部的歷史及孝文帝改革大有助益。《釋老志》則記述了當時中國北方佛道二教的傳播、發展和盛行等情況，深刻地揭示了寺院僧侶地主和世俗地主之間的矛盾、鬥爭，以及對寺院奴隸與依附民的殘酷剝削和壓迫的現實，這不僅是研究寺院經濟的重要材料，也加深了人們對北魏整個剝削制度的認識。

魏收因受階級和時代的侷限，在書中不免過多地宣揚「天命」論和佛教的輪迴報應，讚賞崔、盧、李、楊等門閥大族的赫赫家世和他們的家規、門風。在敘事上也頗有疏漏之處，如《食貨志》不記徭役負擔，《官氏志》記官府部門和官吏職司不清，等等，這些都是不足之處。但不能因此而求全責備，更不能全盤否定《魏書》的重要價值。

---

18 《北史‧魏收傳》後論。

五、《華陽國志》、《水經注》和《洛陽伽藍記》

（一）常璩與《華陽國志》

常璩，字道將，蜀郡江原（今四川崇慶縣東南）人，生卒年月不詳。初仕成漢李氏，為散騎郎，掌著作；晉穆帝永和三年（西元 347 年），桓溫伐蜀，滅李勢，以璩為參軍，隨至建康。大約在永和十一年（西元 355 年）以前，撰成《華陽國志》一書。

《華陽國志》是中國現存最早而又比較完整的一部優秀地方志著作。全書共十二卷，附錄一卷，約十一萬字。其篇目曰《巴志》、《漢中志》、《蜀志》、《南中志》、《公孫述、劉二牧志》、《劉先主志》、《劉後主志》、《大同（晉統一）志》、《李特、雄、壽、勢志》、《先賢士女贊》、《後賢志》、《序志》。從篇目看出，該書記述了以益州為中心的西南地區的歷史、地理和風俗，以及公孫述、劉焉、劉備、李特等事蹟。所述史事的時間上起巴蜀二國的傳說時期，下迄西元三四七年李氏成漢政權的滅亡；所述地理範圍包括今四川及雲南、貴州、陝西、湖北各一部分。

該書採取以地理志、編年體與人物誌三者結合的編撰形式，敘述有法，史料豐富，內容翔實。書中既有大量的古代氏族、地理沿革、政治經濟、風俗民情等重要史料，如巴蜀古代史事，李冰修築都江堰事，諸葛亮征南中經過，西南各少數民族之歷史、風俗等；又收錄了西漢至東晉間梁、益、寧三州各類男女人物近四百名。因此，這部書不僅是研究古代西南地方史和西南少數民族史的重要著作，亦可補正史人物傳記之不足。其主要缺點在於，過多地渲染了本地所謂「耆舊先賢」、「忠臣烈女」之言行業績，不免流露出作者的地方民族主義傾向。

劉備像

（二）酈道元與《水經注》

酈道元（西元 469？-527 年），字擅長，范陽涿縣（今河北涿縣）人。出身官宦世家，曾祖酈紹、祖父酈嵩都在後燕任太守之職；父酈範，仕於北魏，累官至青州刺史、尚書右丞，賜爵永寧男。道元的童年和少年時代是在父親的青州刺史任上度過的。長大後，歷仕孝文帝、宣武帝、孝明帝三朝，先後出任治書侍御史、魯陽太守、東荊州刺史、河南尹、御史中尉等，為官素有嚴猛之稱，遭朝貴忌恨。孝昌三年（西元 527 年），出任關右大使，被叛臣蕭寶寅殺害於陰盤（今陝西臨潼縣東）驛亭。所著《水經注》四十卷，今存；另著有《本志》十三篇、《七聘》及諸文，皆亡佚。

道元好學博聞，歷覽奇書，尤喜《山海經》、《禹貢》、《周禮・職方》、《漢書・地理志》及三國魏人桑欽《水經》等地理著作。他覺得這些書簡而不周，不盡如人意，決定選取《水經》為藍本，為之作注。為了撰寫《水經注》，他尋圖訪瀆，閱讀了大量的文獻資料；涉土遊方，足跡遍及長城內外，黃河、淮河以北。注文引用了四三七種古籍文獻及實地考察所得的大量碑刻材料，凡北魏以前地誌，幾乎囊括殆盡；除為原水道作注外，新補充記述的水道達一二五二條，比原書增加八倍多；注文共約三十萬字，比原書多出二十倍。

《水經注》

《水經注》是一部以歷史地理、自然地理、經濟地理等為主要內容的綜合性地理名著。清末學者王先謙說：「道元為書之旨在『因水以證地，即地以存古。』」[19] 注文以水道為綱，詳細記述了水道所經之山陵原隰、城邑鄉聚、關津亭障、廟宇碑刻及其歷史地理沿革，以及地方特產、礦植物資源、農田水利設施，乃至地震等自然災害，就連人物故事、神話傳說、歌謠

---

19 王先謙：《水經注合校》序。

諺語也無不旁萃曲收，其內容之豐富，記述之翔實，實曠古未有。

在歷史地理方面，《水經注》系統地記述了水道的源流和變遷，並詳盡地記述了郡縣的沿革、城市的盛衰以及歷史古蹟、民間傳說等。如在《水經‧谷水注》中，對洛陽金墉城及其沿革的記載；在《濁漳水注》中，對曹魏和後趙故都鄴城的記載；在《渭水注》中，對西漢、前秦故都長安的記載等。書中對縣級以上的行政區和居民點，大部分都記載了歷史沿革。

在自然地理方面，記載了各種類型的湖泊，如湖、澤、海、陂、淵、潭、池、藪、沼、塘、澱等，名稱達十四種之多。其中有自然湖泊，如洞庭湖、彭蠡湖、葉榆澤等；有人工湖泊，如芍陂、長湖等。有的湖泊還記載了面積大小，如《湘水注》中記載洞庭湖，「湖水廣圓五百里，日月若出沒於其中」。在《河水注》中記載華池，「池方三百六十步」。書中記載的溫泉達三十一個，其中可供療病的十二個，各地溫泉水差異甚大，從低溫到高溫分為五個等級，如在《水注》中，對平城的火井溫泉有詳細的描述。注文中還有不少關於運河、農田水利、洪水氾濫、河流冰期等記載。

在經濟地理方面，注文對各地特產、礦植物資源記載特多，如山西平城的煤，蒲城縣的佳釀桑酒，陝西鴻門縣的天然氣，湖縣夸父山的竹箭、鐵、玉，土軍縣的駿馬，漢水著名的鱯魚、鮒魚，四川宜都縣的柚，等等。《河水注》中對上郡高奴縣和酒泉延壽縣的石油記載尤詳，對山東東阿縣的特產阿膠、繒縑記載也極為具體。與此同時，注文還記載了鐵、銅、金、銀、錫等多處冶煉工廠及設備，介紹了井鹽、池鹽、石油、天然氣、煤、金、雄黃等礦產的開採技術和運銷範圍等。這些都是很寶貴的古代經濟史資料。

《水經注》又是一部出色的歷史文學名著。其敘山水奇勝，文藻並麗，妙絕古今；遣詞造句，殊為彪炳。如對黃河孟門津的險峻、長江三峽的壯觀、廬山瀑布的優美動人等都有極生動的描寫，使人讀後如身臨其境，賞心悅目，回味無窮，給後世的遊記散文以深遠的影響。注文中還收集了大量優秀的民間歌謠、諺語，如《河水注》中記載秦始皇使蒙恬築長城，死者相屬，民歌曰：「生男慎勿舉，生女哺用；不見長城下，屍骸相支柱。」《清水注》中記敘樊氏陂說：「陂

東有樊氏故宅，樊氏既滅，庾氏取其陂，故諺曰：陂汪汪，下田良，樊子失業庾公昌。」《江水注》中描寫三峽景色引漁歌曰：「巴東三峽巫峽長，猿鳴三聲淚沾裳。」寫遊行者苦流頭灘之險峻難行，其歌曰：「灘頭白勃堅相持，倏忽淪沒別無期。」寫黃牛灘湍急迂迴，行者謠曰：「朝發黃牛，暮宿黃牛；三朝三暮，黃牛如故。」《若水注》記僰道謠曰：「楢溪赤水，盤蛇七曲；盤羊烏櫳，氣與天通。」這些民謠足以與優秀的詩歌相抗。

清代地理學者劉獻廷評《水經注》說，酈道元「注水經也，於四瀆百川之源委，支派出入之分合，莫不定其方向，紀其道里。數千年之往跡故瀆，如觀掌紋而數家寶，更有餘力鋪寫景物，片語隻字，妙絕古今，誠宇宙未有之奇書也」[20]。

《水經注》作為中國歷史文化寶庫中一顆光華閃爍的明珠，其重要地位和學術價值不言而喻。但由於酈道元生活於南北紛爭之世，出身官宦世家，時代和階級的侷限使《水經注》不免有某些不足之處，並非盡善盡美。道元足跡遍及北方，南方諸水卻未能目及，故對北方水道記述詳盡，而所述江淮沔漢諸水則時有紕繆；書中還摻雜不少迷信傳說和鬼神故事，在一定程度上影響了這部鉅著的科學價值。

由於《水經注》的內容非常豐富，價值極高，後世學者紛紛予以研究，從中吸取營養。明代朱謀㙔撰《水經注箋》，首開研究之風；入清以後，研究之風大盛，形成一門新學問，稱「酈學」。其中全祖望、趙一清、戴震三家成為酈學全盛時期的代表人物。近幾十年間，酈學研究繼續深入，相繼發表了許多有價值的學術論文和專著，討論的範圍也愈益廣泛，從而將酈學研究推向了新的高潮。

（三）楊衒之與《洛陽伽藍記》

楊衒之，又作陽衒之或羊衒之。北平郡（今河北盧龍）人。歷仕北魏、東

---

20 劉獻廷：《廣陽雜記》。

魏，曾任奉朝請、撫軍府司馬、期城郡太守、秘書監等官。《魏書》沒有給他立傳，故其家世、生平事蹟不詳。

楊衒之原本居住洛陽，曾目睹洛陽城的繁華與寺觀廟塔之雄偉壯麗。永熙末（西元 534 年），東西魏分立，東魏遷都於鄴，諸寺僧尼隨同遷往；接著，東西魏連年戰爭，洛陽城被破壞得不成樣子。武定五年（西元 547 年），衒之因差役重返洛陽，這裡已是「城廓崩毀，宮室傾覆，寺觀灰燼，廟塔丘墟，牆被蒿艾，巷羅荊棘」，到處是一片瘡痍滿目的淒涼景象。他撫今思昔，不免「黍離之悲」。為了記述洛陽城及其佛寺的盛衰興廢，藉以表達自己對國家成敗得失的不勝感慨，寫成了《洛陽伽藍記》一書。

《洛陽伽藍記》是一部記述北魏首都洛陽佛寺興廢的著名地志，是北朝三大傑作之一。全書以城內為始，次及城外，分城內、城東、城南、城西、城北五篇；又以四十餘所著名寺院為綱，兼述里巷、方位、名勝古蹟及大量的政治、經濟、人物、風俗、文學、藝術、思想、宗教等內容，保存了極為重要而豐富的歷史資料。

該書首先以大量的筆墨詳細地描述了北魏遷都洛陽後，王侯貴臣、庶士豪家不吝資財，大興佛寺的情景，以及城內外佛寺林立、雄偉壯觀、奢侈豪華的景象，正如書中序言所說：「逮皇魏受圖，光宅嵩洛，篤信彌繁，法教逾盛。王侯貴臣，棄象馬如脫屣；庶士豪家，捨資財若遺跡。於是昭提櫛比，寶塔駢羅，爭寫天上之姿，競模山中之影。金剎與靈臺比高，廣殿共阿房等壯。豈直木衣綈繡，土被朱紫而已哉！」這段文字生動地反映了北魏後期佛教的盛行和封建統治者因佞佛所造成的巨大奢靡浪費，以及對國家與人民所帶來的嚴重危害。

書中又以大量的事實，深刻地揭露了鮮卑貴族驕奢淫逸的生活，並予以無情的鞭笞。如《城西‧法雲寺》條描寫了皇宗所居的王子坊：「當時四海晏清，八荒率職，……於是帝族王侯，外戚公主，擅山海之富，居川林之饒，爭修園宅，互相誇競。崇門豐屋，洞戶連房，飛館生風，重樓起霧，高臺芳樹，家家而築；花林曲池，園園而有。莫不桃李夏綠，竹柏冬青。而河間王琛最為豪首，常與高陽爭衡，……」其奢靡之極正如元琛所說：「不恨我不見石崇，恨石崇不見我！」

如此深刻的揭露，在正史中是難以見到的。

書中還記載了不少重大的政治事件，如北魏末年，領軍元叉和宦官劉騰的專權，爾朱氏跋扈與爾朱榮發動的「河陰之變」，孝莊帝謀誅爾朱榮，北海王元顥爭奪帝位，等等。這些事件描述得詳盡具體，繪聲繪色，深刻地揭示了北魏末年統治集團內部的尖銳矛盾與鬥爭，反映了北魏統治的岌岌可危。

書中也不乏對洛陽商市及手工業生產的詳盡記載，如西陽門外的洛陽大市，「周迴八里」。市東有通商、達貨二里，「里內之人，盡皆工巧，屠販為生，資財巨萬」。市南有調音、樂律二里，「里內之人，絲竹謳歌，天下妙伎出焉」。市西退酤、治觴二里，「里內之人多釀酒為業」。市北慈孝、奉終二里，「里內之人以賣棺槨為業，賃車為事」。另有準財、金肆二里，「富人出焉」。以上十個里巷，「多諸工商貨殖之民，千金比屋，層樓對出，重門啟扇，閣道交通，迭相臨望」。城南又有四通市，民間謂永橋市，「伊洛之魚，多於此賣，士庶須膾，皆詣取之」。外國商人也紛紛雲集洛陽，「自蔥嶺以西，至於大秦，百國千城，莫不歡附，商胡販客，日奔塞下，所謂盡天下之區已」。這些史實反映孝文帝遷洛後，洛陽商業和手工業呈現出的一派繁榮興旺景象。

此外，書中還有許多人物生平事蹟的介紹，可以補正史之不足；另有大量關於南北民情風俗、民歌民謠、樂舞雜伎幻術、文學知識等內容的記載，為社會學、文學藝術的研究提供了珍貴的史料。

《洛陽伽藍記》又是一部出色的文學作品，其文體接近駢儷，敘事宛轉有致，情節動人；文辭優美秀逸，語言簡潔生動，表現出作者高超的寫作技巧。

第三節 ·

體制的創新和突破

在史學體制上，這一時期也有許多重大的創新和突破。有的史家在繼承前代優秀傳統之餘，不囿於陳規，敢於推陳出新。他們創立了一批新的史書體例，如實錄、類書、帝王起居注、譜牒家傳、地理方志、史注、史評、史抄等，無一不體現當時史學的巨大進步。

一、紀傳體史書體制的重大突破

紀傳體是以帝紀為綱、以紀傳為中心的一種史學體裁。自司馬遷著《史記》，首創紀傳體後，歷代史家莫不奉為圭臬。然而，隨著時代的發展和史學的進步，這一體裁也在不斷發生變化，無論從形式到內容，都日趨豐富和完善。班固著《漢書》，改紀傳體通史為紀傳體斷代史，將《史記》中的「書」改為「志」，去「世家」而併入「列傳」。《漢書》開紀傳體斷代史之先河，以後各代所修正史都採取紀傳斷代的形式，基本體例不外紀、傳、志三大部分。

魏晉南北朝時期所修紀傳體史書，基本體例雖因襲前代，但卻有不少重大突破，不僅開創了新體例，而且創立了一系列新紀、傳和新志目，《三國志》、《後漢書》、《魏書》是其中最突出的代表作。

《三國志》的新體例：

陳壽為適應三國鼎立的時代特點，將三國合為一書，開創了紀傳體史書的新體例，不失為一項創舉。陳壽前後，有關三國史的著述甚多，如魚豢的《魏略》、王沈的《魏書》、孔衍的《魏尚書》、孫盛的《魏氏春秋》、韋昭的《吳書》、楊戲的《季漢輔臣贊》等，這些書或僅限於一個地區，或把敘述大統一王朝的史書體裁生搬硬套過來，只承認魏國為正統，而斥吳、蜀為「僭偽」，根本不能如實地反映當時歷史的本來面目。陳壽則不然，他從歷史的全域著眼，而把魏、蜀、吳三國視為各自獨立的國家，分別寫成三部書，合稱《三國志》。由於晉承魏禪，陳壽又為晉臣，巨大的政治壓力迫使他不得不以魏為正統，而採取以魏國諸帝為紀，以吳蜀兩國君主為傳的寫法。然而，他並不視吳、蜀為「僭偽」。清代學者錢大昕說：「夫晉之祖宗所北面而事者，魏也。蜀之滅，晉實為之。吳蜀既亡，群然一詞，指為偽朝。乃承祚不惟不偽之，且引魏以匹二國，其秉筆之公，視南董何所讓焉。」[21]唯其如此，故為吳蜀君主作傳，亦皆編年記事，按史家的慣例，這樣的「傳」等同於「紀」，名異而實同。且陳壽之尊蜀不亞於尊魏，書中稱蜀二君，曰先主、後主而不名；蜀之甘皇后、穆皇后、張皇后，皆稱后。陳壽之良苦用心，由此可見一斑。清人朱彝尊指出：「（陳）壽獨齊魏於吳蜀，正其名曰三國，以明魏不得為正統。」

《後漢書》中的新紀、傳：

范曄著《後漢書》雖承襲《史記》、《漢書》的基本體例，但在撰述過程中又結合東漢歷史的具體特點，而有所創新和突破。其一，他創立皇后紀。自班固《漢書》始，歷代紀傳體斷代史中只有后妃列傳，而無皇后紀。范曄在帝紀之後增添皇后紀，堪稱獨創。這一體例的創新大約有兩個原因：一是受《史記》的影響，司馬遷曾為臨朝稱制的西漢呂太后作本紀，然僅此一例而已；二是為了反映當時的政治特點。東漢自和帝以後，逐漸形成幼小皇子即位，太后臨朝，外戚、宦官輪流專權秉政的局面，相繼臨朝的皇太后前後達六個之多，把她們的活動寫

---

21 錢大昕：《潛研堂文集》卷二十四《三國志辨疑序》。

成紀的形式，既是對皇權的尊重，又能準確地反映那個時代的政治特點。其二，他首創《列女傳》。范書以前，正史中除后妃列傳外，婦女無自己的一席之地。范曄為此慨嘆說：「若夫賢妃助國君之政，哲婦隆家人之道，高士弘清淳之風，貞女亮明白之節，則其徽美未殊也，而世典咸漏焉。」因此而創《列女傳》。他為列女作傳的標準重在「才行」二字，而不限於頌揚貞操，「余但搜次才行尤高秀者，不必專在一操而已」。在《列女傳》所收的十七位傑出女性中，就有不少才行著稱者，如著名女史學家班昭，著名女詩人蔡琰及多才藝的荀采、皇甫規妻等，而蔡琰還是一個不符合封建禮教道德標準的才女。此例一開，後來史家大多沿襲，中國的古代優秀女性，才在正史中占有應得的一席。其三，他還新創《黨錮》、《宦者》、《文苑》、《獨行》、《逸民》、《方術》六類列傳。這些列傳都是為反映東漢一代的時代特點、社會風尚和特有的歷史現象而設立的。漢代以來，文學蓬勃發展，范曄把握其發展趨勢，新創《文苑列傳》，與《儒林列傳》並列，改變了孔門四科中文學居末的現象，將文學擺到了應有的重要位置。宦官為害、黨錮之禍是東漢政治領域中的大事，創《宦者列傳》和《黨錮列傳》反映了時代的特點。《逸民》、《獨行》二列傳的創立是范曄對東漢不良社會風尚的揭露和否定。《方術列傳》中的人物除華佗、許揚等少數名醫、良吏外，大多為通曉陰陽、風角、星變、術數的方術之士，該傳的設立反映了東漢讖緯迷信的盛行和作者對有神論的批判態度。此外，《後漢書》還突出了序、論、贊的地位，這也是創新之處。利用序、論、贊的形式評史，是史家的一貫做法，只是名目不同而已，如《史記》稱「太史公曰」，《漢書》稱「贊」，《三國志》曰「評」。但無論是司馬遷、班固，或陳壽，他們評史只是評論具體的歷史人物或事件，而范曄卻將評論的範圍大大拓寬了，不僅評論人物和事件，而且往往對某一歷史人物或事件進行綜述，從多方面、多角度加以具體分析，從而對紀傳起到突出主題思想的作用，其重要性遠遠超過前面三書。

《魏書》中的新志目：

魏晉以後，史家撰述多無志，或有志而無最重要的食貨志。魏收的《魏書》寫有十志，不僅有《食貨志》，而且首創《官氏志》和《釋老志》兩個新志目。《官氏志》先敘官制，次敘姓族，末載太和十九年（西元 495 年）孝文帝頒布

「制定姓族」和規定姓族等級的詔書，這是研究鮮卑拓跋部與其他各族關係，以及拓跋部自身社會發展的重要文獻。《釋老志》則詳細地記敘了當時佛教的傳播、發展、興盛，以及對道教改造的情況，並在一定程度上揭露了寺院經濟的膨脹和僧侶地主對勞動人民的殘酷壓迫與剝削，反映了僧侶地主與人民之間、佛教與皇權之間的矛盾鬥爭關係。魏收突破了正史的傳統體制，開拓了史志的範圍，是一突出貢獻。

此外，《魏書》在帝紀之前創立《序紀》，這是其他紀傳體史書聽沒有的體例，是魏收的又一創新。《序紀》記述了拓跋氏的由來及其先世的歷史，雖然有些內容過於神化，近乎荒誕，未必盡為信史，但它畢竟描述了拓跋部早期歷史的大致輪廓，對於全面瞭解該民族的整個發展史不無助益。

二、實錄、類書的始創和起居注的定型

實錄、類書是魏晉南北朝時期創立的新的史書類別。所謂「實錄」，是專記某一皇帝統治時期的大事，屬編年史體裁。北魏劉昞撰《敦煌實錄》二十卷，《隋書・經籍志》著錄十卷，記西涼李暠事，這是中國最早的一部實錄類史書。劉昞，字延明，敦煌人，河右碩儒，號「玄處先生」。曾仕西涼為儒林祭酒、從事中郎，遷撫夷將軍；北涼尊為國師，北魏時拜樂平王從事中郎。劉昞既學問博洽，又與李暠關係密切，常侍從左右，對之瞭若指掌，其撰實錄是最有條件的。繼劉昞之後，南朝梁代周興嗣撰《梁皇帝實錄》三卷，記梁武帝事；梁中書郎謝吳撰《梁皇帝實錄》五卷，記梁元帝事。此例一開，後世史家紛紛倣效，自唐至清，歷代皆有實錄。明清二代至為重視，設實錄館，專司其事，存書甚多。

類書是採輯群書、以類相從的一種史書，以便尋檢之用。魏文帝黃初中（西元 220-226 年），劉劭、王象、繆襲等「受詔集五經群書，以類相從，作《皇覽》」[22]。編撰的目的是便於皇帝閱讀，故稱《皇覽》。據魚豢《魏略》載，全書

---

22 《三國志・魏書・劉劭傳》。

分四十餘部，每部數十篇，合八百餘萬字，堪稱鉅著，這是中國最早的一部類書。南朝又有何承天著《皇覽》一二三卷，徐爰著《皇覽》五十卷、《皇覽目》四卷。其他類書尚有：《類苑》一二〇卷，梁劉孝標撰；《華林遍略》六二〇卷，梁徐僧權等；《壽光書苑》二〇〇卷，梁劉杳撰；《聖壽堂御覽》三六〇卷，北魏陽休之、魏收等撰。該時期的類書雖全部散佚，後世難知其詳，但其所載史事仍有部分保存於《藝文類聚》、《太平御覽》諸書中。唐宋以後，各種鴻篇鉅著的類書不斷問世，就是受這一時期類書影響的結果。

作為記錄人君言行舉止的起居注，起源於西漢武帝時，當時有《禁中起居注》。東漢又有明德馬皇后撰《顯宗起居注》、侯瑾撰《漢獻帝起注居》五卷。然漢代起居注僅限於宮內，為女史之職，範圍既極其有限，數量也很少。自晉以後，起居注作為一種史書體裁而逐漸定型。泰始六年（西元 270 年），西晉武帝詔「秘書寫副」泰始以來大事，正式將撰述起居注作為一項制度固定下來。這時，起居注由過去的女史之職，改為「皆近侍之臣所錄」[23]，不僅範圍擴大，而且數量猛增，本章第一節已敘，此從略。十六國南北朝時期，朝廷設起居令史等官，專司其事；隋唐至清，各朝無不競修起居注，使之成為史書的一大類型。

譜牒是記述家族、宗族世系等內容的史書，其重要性在某種意義上可與方志、國史等量齊觀，清代學者章學誠說：「家有譜，州縣有志，國有史，其義一也。」[24]中國譜牒的起源可上溯到春秋戰國時期，《史記·十二諸侯年表》載：「太史公讀《春秋曆譜牒》至周厲王，未嘗不廢書而嘆也。」《漢書·藝文志》著錄的《世本》十五卷，是史學界公認的中國最早的一部譜牒之書。它成書於戰國晚期，記述了自黃帝以來至春秋（後人增補至漢）列國諸侯大夫的氏族、世系、都邑、制作等事。但該書以記載古帝王世係為主，還算不上是家譜、族譜。記家族的譜系之書產生於兩漢時代，如宋衷的《鄧氏官譜》、應劭的《氏族譜》、王符的《潛夫論·姓氏篇》等即是。

---

23 《隋書·經籍志二》。
24 章學誠：《文史通義·為張吉甫司馬撰大名縣誌序》。

譜牒真正成為一門學科，卻是在魏晉南北朝時期得以確立和定型的。當時譜學盛行與門閥制度確立息息相關，所謂「官之選舉，必由於簿狀；家之婚姻，必由於譜系」[25]。時精於譜學者，史不絕書，尤以賈氏、王氏為著。賈氏一門，世傳譜學。東晉太元中（西元 376-384 年），員外散騎侍郎賈弼之「篤好簿狀，乃廣集眾家，大搜群族，所撰十八州一一六郡，合七一二卷。凡諸大品，略無遺缺，藏在秘閣，副在左戶」[26]。弼之以其業傳子匪之，匪之傳子希鏡，「希鏡三世傳學，凡十八州士族譜，合百帙七百餘卷，該究精悉，皆如貫珠，當時莫比」[27]。希鏡又傳子執，執傳其孫冠。自弼之至冠，賈氏數代皆有著述，弼氏撰《姓氏譜狀》七一二篇，希鏡撰《姓氏要狀》十五篇，執撰《姓氏英賢》一〇〇篇，又著《百家譜》，冠作《梁國親皇太子序親簿》四篇。賈氏譜學，特受時人器重，如劉宋太保王弘、領軍將軍劉湛並好其書，「弘日對千客，不犯一人之諱；湛為選曹，始撰百家以助銓序」[28]。王氏譜學，源於賈氏。梁武帝留意譜籍，乃詔令王僧孺改定《百家譜》，其東南諸族別為一部，不在百家譜之數，凡集《十八州譜》七一〇卷，《百家譜集抄》十五卷，《東南譜集抄》十卷。《隋書‧經籍志》著錄該時期的譜牒種類繁多，數量驚人，詳見本章第一節。唐末五代以後，隨著門閥制度的衰落，譜學也日益衰微，但作為一門學科，譜學卻一直在史學園地中占有自己的一席之地。

三、史注新法的開創和史評、史抄的興起

　　史注是一個重要的史書類型，雖然它不是獨創性的歷史著作，但因對已有的史書進行加工和研究，仍具有重要的史學價值。史注工作向為史家所重，兩漢以來，為史書作注者不乏其人，如馬融、鄭玄注《尚書》，賈逵、服虔、杜預注《左傳》，高誘注《戰國策》，徐廣注《史記》，應劭、荀悅、韋昭等注《漢書》。

25　鄭樵：《通志‧氏族略序》。
26　《南史‧王僧孺傳》。
27　《南史‧賈希鏡傳》。
28　《南史‧王僧孺傳》。

但這些史注都不外注音、釋義，或對名物、地理及典故的解釋，內容比較簡單。

裴松之注《三國志》，大膽突破史注陳規，開創了史注新法。《三國志注》的內容十分豐富，不但有字音、文義、校勘、名物、地理、典故等方面的注文，而且補充了大量的史料用於「補缺」或「備異」；對於陳書中的明顯錯誤，則引舉史實予以認真的考辨，並對史事和人物予以廣泛的評論。從而將注音釋義、補缺略、備異聞、糾謬誤、論得失有機地結合起來，達到完美的程度，實為前所未有的開創之作。裴《注》所引典籍達一五一種，字數約為原書的三倍，從而大大豐富了《三國志》的內容。

裴松之注史之法是過去最好的方法，頗受後世史家推崇。《四庫全書總目提要》稱：「昔陳壽作《三國志》，裴松之注之，詳引諸書錯互之文，折衷以歸一是，其例最善。」李慈銘《越縵堂日記》說：「裴松之《注》博采異聞，而多所折衷，在諸史注中為最善，注家亦絕少此體。」錢大昕也稱讚說，裴松之「博引載籍，增廣異聞，是是非非，使天下後世讀者昭然共見乎」[29]！

自從裴松之開創史注新法，後世多有仿效者，如宋人王暐的《唐餘錄》、陶岳的《五代史補》，清人彭元瑞的《五代史記注》、吳士的《晉書斠注》等，都在蒐集史料和考辨訛異方面下了很大的工夫，雖成就不如裴氏，但也有一定貢獻。[30]

史注以繁富見稱，且多有創新者，還有酈道元《水經注》和梁代劉孝標《世說新語注》。酈注與裴注相比，由於所注史書體裁不同，而各有千秋。裴注範圍較廣，體制較為完備；酈注所引典籍之眾，內容之豐富，卻在裴注之上。酈道元廣集資料，旁徵博引，敘事周詳，名其書曰注，實為創作，同樣是對史注的重大創新。劉宋臨川王劉義慶所撰《世說新語》，既是一部筆記體小說集，又是一部具有較高史料價值的雜史體史書。全書分德行、言語、政事、文學等三十六門，凡十卷，記載自漢末三國至東晉年間士大夫階層的軼事逸聞，內容涉及政治、思

---

29 錢大昕：《三國志辨疑·自序》。
30 參見楊翼驤：《裴松之與《三國志注》》，載《歷史教學》，1993 年第二期。

想、宗教、文學、語言及社會生活各個方面。其敘事寫人往往摘取片斷，甚至隻言片語，但刻畫人物栩栩如生，語言精練，詞意雋永。劉孝標為之作注，徵引廣博，所用之書多達四百餘種，補充了大量的史料，大大豐富了原書的內容；許多散佚的舊籍，也賴其注得以保存不少資料。此外，劉注在校勘、解釋名物、地理、典故等方面也有不少注文。因此，劉注對傳統史注的突破是顯而易見的，其學術價值亦不可低估。

史評、史抄這兩種不同類型的史書在漢代尚不發達，數量也少。魏晉以後，隨著史學的發展繁榮和史書數量的增加而空前興旺起來。這一時期的史評，除了紀傳體史書中的序、論、贊外，一批專門的史評著作相繼問世。其類型又分兩種：一是評論史事或人物，如諸葛亮《論前漢事》，晉傅暢《晉諸公贊》，宋范曄《漢書贊》、《後漢書贊》，魏曹植《列女傳頌》等。二是評論史書，如晉何常侍《論三國志》、徐眾《三國志評》、王濤《三國志序評》及梁劉勰《文心雕龍》中的《史傳篇》等。《隋書·經籍志》著錄該時期的史評共達六十卷以上。史抄主要是節錄卷帙浩繁的正史、地理和譜牒之書，數量也不少，如葛洪《漢書鈔》，張緬《晉書鈔》，陸澄、任昉、劉黃門分別撰述的《地理書鈔》及無名氏《揚州譜鈔》等，總卷數在一○○以上。

四、地理方志的拓寬與豐富

與前代相比，這一時期的地理方志類史書也有新的突破，不僅範圍大為拓寬，內容日臻豐富，而且門類眾多，體制多樣。以門類而言，有記全國地理的，如《太康土地記》；有記區域地理的，如晉賀循《會稽記》、蜀譙周《三巴記》；有記都邑地理的，如晉陸機《洛陽記》、宋劉損《京口記》；有專記一地山川或風俗、物產的，如齊宗測《衡山記》、晉周處《風土記》、吳萬震《南州異物志》等；還有專記宮室、廟宇、墓塚的，如《三輔黃圖》、《洛陽伽藍記》、《聖賢塚墓記》等；亦有記外國情況的，如釋法顯《佛國記》、釋法盛《歷國記》，等等。以體制而言，有志、注、圖、記、簿、傳，還有故事、舊事、圖贊、書抄等。由

於這一時期地理方志書數量很多，而每種書的卷數甚少，不便保存和流傳，於是有人將之整理編撰為大型地理著作，如南齊陸澄合《山海經》以來一百六十家，按地區編為《地理書》一四九卷、目錄一卷。梁代任昉又在陸澄《地理書》的基礎上增加八十四家，編成《地記》二五二卷。可惜這些書大都亡佚，直到清代，才有人作些輯佚的工作，如王謨的《漢唐地理書鈔》等，使人略知其梗概。酈道元《水經注》、楊衒之《洛陽伽藍記》和常璩《華陽國志》是該時期地理方志的傑出代表作，反映出這類史書的水準和成就。

第四節 ·

史家的是是非非

史學是一定歷史條件下的產物，是統治階級意志和利益的反映，史家的思想與史作無不打上階級和時代的烙印。魏晉南北朝時期，階級關係和民族關係都極為複雜，鬥爭激烈，士族地主專權用事，這一切都給當時史學以重大的影響；加之史家有德才識高下之別，史作有品質優劣之差，故史家的是是非非也不絕於書。從陳壽到范曄，從崔浩到魏收，其人其書，世論紛紜。有因違背封建禮教而受人指斥者，有因著史「索賄」而遭人詬詈者，還有因「謀反」罪或「國史案」罹不測之禍而為人們替之申冤鳴曲者。至於他們的史作，更屢受世人的指責非難，輕者斥之評論人物褒貶不公，好曲筆而多回護，重者誣其書為「穢史」，一文不值。其時史家是非之多，所受責難之甚，在兩千多年的中國封建社會裡是不多見的。弄清這些是是非非，還歷史以本來面目，對於學習和研究中國歷史是大有裨益的。

一、陳壽生前身後是非多

陳壽作為一代史學大師，後世對其人其書多持肯定態度，且評價甚高，然其命途多舛，生前便遭受種種責難。《晉書》本傳載時人對他貶議最甚者莫過二事：一是陳壽遭父喪，有疾，使婢女送丸藥，「客往見之，鄉黨以為貶議。及蜀平，坐是沈滯者累年」。二是其母病逝，遵母遺囑葬之洛陽，「又坐不以母歸葬，竟被貶議」。觀此二事，陳壽並無過錯，僅遵母親遺志去做，更是一個大孝子。然因其不阿權貴的剛直性格和出色的才能而招致物議，橫受打擊，這不過是晉初荀勖等權臣出於對陳壽的忌恨，及封建禮教的衛道士們的無理取鬧罷了，不值一駁。

對陳壽指責最多的是其名著《三國志》，主要有如下兩個方面：一方面，論者譏其好曲筆而多回護。所謂曲筆、回護，說穿了，就是替封建統治者隱惡揚善。翻閱《三國志》，陳壽用曲筆之處確實很多，尤以《魏書》各紀為甚。明明曹操自領冀州牧，自為丞相，自稱魏公、魏王，在陳壽的筆下，卻變成漢天子以操領冀州牧，為丞相，為魏公、魏王，似乎完全出於漢帝的酬庸讓德，而非曹操之攘奪。司馬氏意在篡權奪位，卻被寫成齊王芳進司馬懿為丞相；高貴鄉公加司馬師黃鉞，加司馬昭袞冕赤舃、八命九錫，封晉公，進位相國；陳留王封司馬昭為晉王，以及禪位司馬炎，似乎都出於曹魏諸帝心甘情願。又如，明明齊王芳為司馬師所廢，魏太后一無所知，卻被寫成太后下令，極言齊王無道不孝，以見其當廢；明明高貴鄉公被司馬昭所弒，書中卻只書高貴鄉公卒，年二十，絕不見被弒之跡，並載太后之令，言高貴鄉公之當誅，欲以庶人禮葬之。凡此種種，其例甚多。然而，這只是表面現象，撥開其上的層層迷霧，人們便不難發現問題的本質。其實，陳壽敘事雖時有曲筆，但隱諱而不失實錄。如《魏書·武帝紀》載建安元年（西元 196 年）曹操迎漢獻帝都許事，不明寫曹操的政治意圖，是隱諱；而在《荀彧傳》中卻通過荀彧勸曹操迎獻帝都許的一段話，明確點出曹操企圖挾天子而令諸侯的政治野心。《武帝紀》又載曹操殺董承、殺伏后，卻不說原因，也是隱諱；而在《蜀書·先主傳》中便將事情的原因和內幕交代得很清楚，指出「獻帝舅車騎將軍董承辭受帝詔帶中密詔，當誅曹公」。因事情敗露而伏誅。又

如魏文帝甄皇后之死，習鑿齒《漢晉陽秋》載文帝寵郭皇后而賜甄后死，《魏書·文帝紀》不明言甄后暴亡，只書「立郭皇后」，這也是隱諱；而在同書《后妃傳》中，則明寫文帝踐祚之後，「郭后，陰、李貴人並愛幸，（甄）后愈失意，有怨言，帝大怒，二年六月，遣使賜死，葬於鄴」。此乃諱於紀，而猶載之於傳。以上僅是幾個典型例證，足見陳壽用心之良苦。再者，陳壽是晉臣，晉受魏禪，大體是當代人寫當代史，其所受政治壓力之大可想而知。在當時殘酷的殺戮攘奪中，陳壽因剛直不阿而屢遭打擊屈辱，又目睹許多不與司馬氏合作的名士的悲慘下場，使他不能不考慮直筆如弦的嚴重後果，作史如不能有所回護，身家性命尚且不保，安有史書流傳？清代學者趙翼一針見血地指出：「壽修書在晉時，故於魏、晉革易之處，不得不多所回護。而魏之承漢，與晉之承魏，一也；既欲為晉回護，不得不先為魏回護。」[31]明於此，就不宜對陳壽過於責難了。儘管如此，若從思想價值和學術價值而言，陳壽的《三國志》比起司馬遷的《史記》來，是頗為遜色的。

　　另一方面，所謂陳壽挾私報怨、「褒貶不公」是人們議論的又一重要話題。《晉書》本傳記載兩件事以為例證，一件是：「或云丁儀、丁廙有盛名於魏，壽謂其子曰：『可覓千斛米與，當為尊公作佳傳。』丁不與之，竟不為立傳。」另一件是：「壽父為馬謖參軍，謖為諸葛亮所誅，壽父亦坐被髡，諸葛瞻又輕壽。壽為亮立傳，謂亮將略非長，無應敵之才，言瞻惟工書，名過其實。議者以此少之。」這兩件事對陳壽極盡攻擊詆毀，把他醜化成靠修史索賄，氣量狹小，以怨報怨，全無史德的小人。其實，這些全是子虛烏有的流言。清代學者王鳴盛極力為陳壽辯誣，指出晉史好引雜說，故多蕪穢，不足為信。趙翼也嚴厲斥責「此真無識之論也」、「真不識輕重者」[32]。稽諸史籍，知《晉書》所言並無根據。陳壽對於曹魏文士，只為王粲、衛凱、劉廙、劉劭、傅嘏五人作傳，餘二十七人皆於五人傳後附書，其中包括著名的「建安七子」中的徐幹、陳琳、阮瑀、應瑒、劉楨五人和居「竹林七賢」之首的嵇康、阮籍。丁儀、丁廙兄弟之名望與成就遠非

31 趙翼：《廿二史札記》卷六《三國志書法》條。
32 趙翼：《廿二史札記》卷六《陳壽論諸葛亮》條。

建安七子和嵇，阮二賢所能比，況且《王粲傳》已附書說：「沛國丁儀、丁廙，弘農楊修，河內荀緯等，皆有文采。」《劉廙傳》也附書云：「與丁儀共論刑禮。」這已經足夠了。陳琳、嵇、阮諸人尚且無傳，又何必另為丁氏兄弟立傳？況且丁儀、丁廙並非好人，王沈《魏書》、魚豢《魏略》都記載他們的壞事，這種人就更不能為之作「佳傳」了。所謂陳壽「索米納賄」之說，純係無中生有！至於陳壽對諸葛亮的評論更無可指摘，《蜀書·諸葛亮傳》末載諸葛氏集目錄和陳壽進書表，表中盛讚亮之功業：「外連東吳，內平南越，立法施度，整理戎旅，工械技巧，物究其極；科教嚴明，賞罰必信，無惡不懲，無善不顯，至於吏不容奸，人懷自厲，道不拾遺，強不凌弱，風化肅然也。」又載亮卒後，人民對他的頌揚與思念：「其秋病卒，黎庶追思，以為口實，至今梁、益之民，諮述亮者，言猶在耳，雖《甘棠》之詠召公，鄭人之歌子產，無以遠譬也。」傳後評曰：「諸葛亮之為相國也，撫百姓，示儀軌，約官職，從權制，開誠心，布公道；……可謂識治之良才，管、蕭之亞匹矣。」另在《蜀書》張裔傳、廖立傳、楊洪傳、李平傳等傳中，也不乏對諸葛亮的褒美之辭。關於街亭之敗，陳壽直書「（馬）謖違亮節度，舉動失宜，大為（張）合所敗」。未嘗以私怨歸罪諸葛亮。分析諸葛亮用兵不能克捷，也明言「所與對敵，或值人傑，加眾寡不侔，攻守異體」，又時無名將，「故使功業陵遲」，論諸葛亮將略非長，東吳張儼等人都曾這樣說過，也絕非陳壽一人之私言。大量史實表明，陳壽對諸葛亮推崇備至，絕無挾私報怨的舉措，清代錢大昕曾感慨繫之地說：「承祚於蜀，所推重者，惟諸葛武侯，故於傳末載其文集目錄篇第，並書所進表於後，其稱頌蓋不遺餘力矣。論者謂承祚有憾於諸葛，故短其將略，豈其然乎？豈其然乎？」[33]可見，《晉書·陳壽傳》所載上述二事全不足信，所謂陳壽對歷史人物「褒貶不公」說是站不住腳的。

陳壽在揚善的同時，也不隱蔽歷史人物的過失。他高度讚揚諸葛亮的才能，大敘其功業，卻又不諱言其過：誤用馬謖，導致街亭之敗；連年用兵，「屢耀其武」。這些評價都是十分客觀的。在當時極困難的條件下，陳壽能把歷史的真相記載下來，實屬不易，這正是「良史之才」的表現。

---

33 錢大昕：《潛研堂文集》卷二十四《三國志辨疑序》。

二、范曄之死

宋文帝元嘉二十二年（西元 445 年），《後漢書》的作者范曄忽坐「謀反」罪，與其三子一弟同日被殺，英年四十歲。

范曄死後四十餘年，沈約奉詔撰《宋書》，在《范曄傳》、《徐湛之傳》中詳載此事。事情的起因是員外散騎侍郎孔熙先等人謀立彭城王劉義康為帝，劉義康的另一黨羽徐湛之趁機向宋文帝告密，范曄受到牽連，慘遭殺害。「謀反」罪一向被封建統治者視若洪水猛獸的十惡不赦之罪，故沈約撰《宋書》時，便不遺餘力地對范曄大張撻伐，誣其為「不忠」的「賊帥」，甚至將范曄平時如何虐待母親、弟子、叔父，臨刑時，母妻如何對他擊打斥罵，范曄又如何對妓妾悲涕流漣等情景，寫得繪聲繪色、活靈活現。顯然，沈約的這些話是別有用心的，史家向來不屑一顧，無損於對范曄的評價。問題在於，范曄是否確有「謀反」罪？其根本死因何在？於是，圍繞范曄之死的問題，便生出許多是非來。

范曄死後一千餘年，始終無人懷疑其「謀反」事。直至清代，才陸續有學者為范曄辯誣。王鳴盛是替范曄辯誣的第一人，他在《十七史商榷》中斷定「蔚宗不反」，並說：「計蔚宗性輕躁不謹，與妄人孔熙先往還，是其罪耳。決不當有謀反事也。」在列舉大量事實，並實行具體剖釋後認為，這是「《宋書》全據當時鍛鍊（羅織罪名）之詞書之的結果」。接著，李慈銘在《越縵堂讀書記》中也說：「蔚宗此獄，揆之以事以勢，以情以理，皆所必無。」陳澧是為范曄辯誣最賣力的一位學者，他特著《申范》一卷為之申雪，說「（范曄）負千古之冤，安得而不申之」。以上學者都為范曄申雪說出了很好的理由，值得人們深思。現代又有學者如束世澂認為，王鳴盛等「但憑主觀推斷而不能舉出『不反』的確證，其辯白是無力的」。並說：「謀反是何等罪？知情不舉，應得何罪？即如《申範》所說，稱為謀反也不算冤枉。」但又認為：「謀立義康是企圖『撥亂反正』、穩定政局的一次政變的醞釀，在當時是有進步意義的。」[34] 這就值得商榷了。

---

34 束世澂：《范曄與《後漢書》》，載《歷史教學》，1961 年第 11、12 期合刊。

范曄的死因究竟何在？稽諸史籍並結合清代以來的各家之論，主要原因有二：

　　其一，高傲不羈的個性是范曄致死的重要主觀原因。范曄多才多藝，博涉經史，善為文章，能隸書，曉音律，但也因此而養成了恃才傲物、放蕩不羈的個性。元嘉九年（西元 432 年）冬，劉義康的母親彭城太妃卒，送葬前夕，群僚並集東府守靈，作為劉義康下屬的他，卻與司徒府官員王深、弟廣淵等人夜中開懷飲酒，開北窗聽輓歌為樂；義康大怒，貶之為宣城太守。元嘉十六年（西元 439 年），嫡母去世，他不及時奔喪，動身後，又攜帶妓妾自隨。這一嚴重違反封建禮教的行為遭到御史中丞劉損的彈劾，宋文帝愛其才，不罪也。以後幾年，因為才能，仕途還比較順利，先後擔任始興王劉後軍長史，兼領南下邳太守，不久又陞遷左衛將軍、太子詹事，並掌握部分禁軍。宋文帝知道他琵琶彈得好，還能創作新曲，很想聽聽，多次暗示，范曄假裝糊塗，始終不肯替皇帝演奏。一次宴會上，宋文帝飲酒高興，對范曄說：「我欲歌，卿可彈。」話說到這份上，他無法再推脫，只好奉旨。但文帝剛把歌唱完，彈奏也馬上停止了。對皇帝是這樣，對其他人就更不用說了。孔熙先是個好事無檢的人物，范曄是很瞧不起他的；但孔氏也有些才學，家又富足多財，為了達到擁立劉義康為帝的目的，千方百計拉攏有部分禁軍之權的范曄下水。起始與范曄外甥謝綜接近，常在一起賭博，故意輸掉很多錢；繼而通過謝綜的關係與范曄來往，故伎重演，又輸掉許多錢物。范曄既利其財寶，又愛其文藝，加之孔熙先曲意奉承，兩人居然結成莫逆之交。在以後的交往中，孔熙先極辭譬說，盡力引誘范曄的反心。儘管范曄未必有「謀反」的實際行動，但等到事情敗露，也就有口難辯了。梁代裴子野對此評述說：范蔚宗「忸志而貪權，矜才以殉逆，累葉風素，一朝而隕。向之所謂智者，反為亡身之具矣。」[35] 說他志驕貪權未必正確，但其恃才傲物卻是事實，最終不免招致殺身之禍。

　　其二，多才受寵遭到同僚的妒忌和排擠，是范曄致死的重要客觀原因。范曄

---

35 《資治通鑑》卷一二四·宋文帝元嘉二十二年。

因才學而受到宋文帝的寵幸，但同僚何尚之、庾炳之、徐湛之、沈演之等人卻妒其才，忌其寵，合力排擠之。時范曄與沈演之同被宋文帝知遇，每次入朝，范曄若先到，必等沈演之一同見皇帝；而沈演之先到，卻不等范曄，而單獨見皇帝。何尚之身為尚書僕射，對范曄也極為忌恨，范曄曾說：「外人傳何尚書見憎，計與之無惡。」[36]徐湛之甚至誣告范曄是逆亂的「首謀」，足見其妒忌的程度。不僅如此，就連一時朝貴也多與范曄不合。范曄曾著《和香方》予以譏刺，把庾炳之比作「多忌」的麝香，把何尚之比作「虛燥」的零霍，把沈演之比作「黏濕」的詹唐，把羊玄保比作「昏鈍」的棗膏，把徐湛之比作「淺俗」的甲煎，而以「沈實易和」自比。其在朝中的處境，由此可見一斑。孔熙先也曾對他說：「廉直勁正不得久容」、「人間雅譽，過於兩臣，讒夫側目，為日久矣，比肩競逐，庸可遂乎」[37]！這些話也在一定程度上反映范曄遭受排擠的程度。官場的傾軋，加之范曄本人恃才傲物和不羈行為，憎疾者眾，於是共相排陷。西元四四五年，終於被徐湛之等人借孔熙先事件牽連進去，以謀反的罪名被殺害了。

三、崔浩國史冤獄

在魏晉南北朝歷史上，崔浩國史案是一樁最大的冤獄，《魏書》卷三十五《崔浩傳》、卷四十八《高允傳》詳細記載了事情的經過：太延五年（西元 439 年）十二月，北魏太武帝拓跋燾命崔浩監秘書事，負責續修國史，以中書侍郎高允、散騎侍郎張偉參著作，續成前紀。並下詔說：「命公留臺，綜理史務，述成此書，務從實錄。」在續修過程中，《太祖紀》仍沿用早年鄧淵舊作，《先帝紀》和《今上紀》由崔浩和高允共同撰寫，而以高允執筆居多；崔浩作為總編，主要做些「損益褒貶，折中潤色」的工作。書名不變，仍稱《國記》。

《國記》完成後，慣於向崔浩獻媚的著作令史閔湛、郗標建議把《國記》刊

---

36 《宋書·范曄傳》。
37 《資治通鑑》卷一二四·宋文帝元嘉二十二年。

刻在石碑上，並同時刊刻崔浩所注《五經》，崔浩立即採納，太子拓跋晃也表示贊同。於是大興工程，在京都平城（今山西大同市）西郊的天壇東三里處，建造了一個《國記》和《五經注》的巨大碑林，方圓一百三十步，前後用工三百萬人才告完成。由於《國記》「盡述國事，備而不典」，石碑又都立在通衢大道上，引起過往行人議論紛紛。鮮卑貴族看到後，無不氣惱，一齊到太武帝面前告狀，指控崔浩「暴揚國惡」。太武帝大怒，下令收捕崔浩及秘書郎吏等，審查其罪狀。

太和真君十一年（西元450年）六月，崔浩被殺。崔浩的姻親包括清河崔氏一族無論遠近、范陽盧氏、太原郭氏、河東柳氏皆連坐族誅，秘書郎吏以上盡死。行刑那天，崔浩被置於囚車之內，「送於城南，使衛士數十人溲其上，呼聲嗷嗷，聞於行路。自宰司之被戮辱，未有如浩者」。拓跋統治者如此濫施淫威、大肆屠戮，崔浩又死得那樣慘不忍睹，果真是因為「國史案」嗎？細察其由，不免使人疑竇叢生。如果緊密聯繫當時北魏統治集團內部激烈的權力之爭，就會發現這是一樁莫大的國史冤獄，其背後有著深刻的政治原因。

國史冤獄的發生，是鮮卑貴族與漢族大地主激烈權力爭奪的結果，此乃根本原因所在。眾所周知，鮮卑拓跋氏統一中原是靠武力征服完成的，其對廣大中原地區的統治又離不開漢族地主的配合與支持。自道武帝拓跋珪入主中原後，便注意蒐羅漢族士人，任以官職，清河崔氏是當時北方第一高門，更是極力拉攏的對象。崔浩之父崔玄伯深為道武帝所重，勢傾朝廷，歷仕道武帝、明元帝二朝，官拜天部大人，晉爵白馬公。崔浩年輕時就在朝中供職，以自己的智慧和才能贏得了魏帝的賞識和信任。明元帝時，「朝廷禮儀、優文策詔、軍國書記，盡關於浩」[38]。太武帝時，常參與軍國大事，多獻奇謀密策，幫助北伐柔然，西滅大夏，功勛卓著。太武帝對他言聽計從，寵幸有加，曾從容地對崔浩說：「卿才智淵博，事朕祖考，忠著三世，朕故延卿自近。」常尊稱他為「崔公」而不名。又命令諸尚書說：「凡軍國大計，卿等所不能決，皆先咨浩，然後施行。」崔浩也

---

38 《魏書·崔浩傳》，本目未註明引文出處者皆見本傳。

因此官至司徒，榮登宰相高位。鮮卑貴族卻容不得漢人大族分享權力，同自己平起平坐；對於像崔浩這樣備受皇帝寵幸而又位高權重的人，更加不能容忍，於是便當作排斥打擊的首要目標。早在太武帝即位之初，「左右忌浩正直，共排毀之」。太武帝迫於壓力，曾一度將崔浩罷免，不久被重新起用，仍不斷遭到忌恨。在當時鮮卑貴族勢力占絕對優勢的北魏朝廷，漢族士人有備受壓抑之感；特別是在殘忍暴戾的北魏皇帝面前，他們如臨深淵，如履薄冰，遇事處處格外小心。崔玄伯就從來不敢違背道武帝的旨意；崔浩工於書法，常替別人抄寫《急就章》，書寫時故意把書中的「漢代強」改換為「馮代強」，「以示不敢犯國，其謹也如此」。對於這種屈從的境遇，以崔浩為代表的漢族高門深為不滿，他們懷念魏晉時代門閥大族的優越，希望通過抗爭，從鮮卑貴族手中奪回失去的部分地位和權力。崔浩就曾為此進行過許多或明或暗的鬥爭：他「大欲整齊人倫，分明族姓」，以圖恢復門閥制度。表弟盧玄勸阻說：「創制立事，各有其時，樂為此者，詎幾人也？宜三思。」[39]崔浩聽不進去，於是得罪了許多鮮卑貴族。崔浩之弟崔恬嫁女給王慧龍，王氏是太原大族，世代長著「齇鼻」，即大酒糟鼻子，江東謂之「齇王」。崔浩見慧龍時，看到他的齇鼻，就說：「真貴種矣！」又多次向朝中鮮卑公卿大臣稱讚其俊美。「司徒長孫嵩聞之不悅，言於太武，以其嗟服南人，則有訕鄙國化之意。太武怒，召浩責之。浩免冠陳謝得釋。」[40]這樣，又一次把鮮卑貴族得罪，還險些惹下大禍。太子拓跋晃監國時，崔浩曾一次就推薦冀、定、相、幽、并五州之士數十人，各起家為郡守。拓跋晃反對說：「先召之人，亦州郡選也，在職已久，勤勞未答。今可先補前召外任郡縣，以新召者代為郡吏。又守令宰民，宜使更事者。」崔浩固執己見，堅持把自己推薦的人派出任職。高允得知此事，對東宮博士管恬說：「崔公其不免乎！苟逞其非，而校勝於上，何以勝濟。」[41]崔浩通過抗爭，雖說為漢族高門爭得了一些地位和權力，但卻大大觸怒了鮮卑貴族，從而把自己推到了災禍的邊緣。

再者，崔浩雖身在北魏，卻心向南朝，與鮮卑貴族貌合神離。當北魏西討夏

---

39 《北史‧盧玄傳》。
40 《北史‧王慧龍傳》。
41 《魏書‧高允傳》。

國、北伐柔然時，則積極出謀劃策；而北魏南侵，卻又尋找種種口實予以阻撓，這無疑也加深了鮮卑貴族對他的懷疑和忌恨。呂思勉先生曾對此作過很好的一段評述：

往讀史，嘗怪五胡入據中原，中原士大夫皆忚忚俔俔而為之下，未曾有處心積慮、密圖光復者，今乃知崔浩則其人也。浩仕魏歷三世，雖身在北朝，而心存華夏，魏欲南侵時，恆詭辭飾說，以謀匡救；而又能處心積慮，密為光復之圖。其智深勇沉，忍辱負重，蓋千古一人而已。徒以所事不成，遂致所志不白，尚論者徒以北朝名臣目之，豈不哀哉！[42]

崔浩所為，正是當時民族矛盾尖銳的表現。在這種複雜的政治鬥爭中，崔浩置身於鮮、漢貴族地主激烈的權力爭奪和民族矛盾的焦點之上，當鮮卑貴族勢力強大之際，其死是必定無疑的。

至於國史一案，只不過是鮮卑貴族誅殺崔浩的藉口。考諸史實，斑斑可證。北魏修史，始於鄧淵，崔浩繼之。神䴥二年（西元429年），太武帝詔令浩及弟覽、高讜、鄧穎、晁繼、范亨、黃輔等人共參著作，敘成《國記》三十卷，秉筆者並非崔浩一人。太延五年（西元439年），崔浩再次奉詔續修國史，高允、張偉同修，太武帝明令「務從實錄」。北魏於史書忌諱最甚，誅戮最酷，崔浩一向小心謹慎，雖有此詔，又安敢秉筆直書、「暴揚國惡」？書成刻於石碑，立於衢路，工程浩大，多延歲月，太武帝事先怎能全不知曉？況此事得到皇太子的批准，也並非崔浩一人之過。事發之後，崔浩並不服罪，僅承認受賄而已。高允曾當面對太武帝說：「浩之所坐，若更有餘釁，非臣敢知。直以犯觸，罪不至死。」又對皇太子說：「至於書朝廷起居之跡，言國家得失之事，此亦為史之大體，未為多違。然臣與浩實同其事，死生榮辱，義無獨殊。」[43]觀高允之言，崔浩之死非因國史事，至為明確。且前後同與浩修史者一無所問，高允所作多於浩，僅加誚責而已，非但膚髮無傷，反而受敕收浩。崔浩歷仕三帝，功高蓋世，豈因國史一事而身首異處、闔門受誅？崔浩被殺後，也不聞有廢書毀碑之事，若浩書果

---

42 呂思勉：《讀史札記》丙帙《魏晉南北朝·崔浩論》，上海，上海古籍出版社，1982。
43 《魏書·高允傳》。

「暴揚國惡」，又豈能讓它流傳？凡此種種，不難看出問題的實質。

四、魏收「穢史」說

史家中被人非議最多者莫如魏收，正史中遭人詬病最甚者亦無如《魏書》。魏收修史，因得罪的人多，北齊亡後，其冢墓被掘，棄骨揚灰於外，殊為哀憐。

唐人李百藥撰《北齊書》，在《魏收傳》中，借時人之口，對魏收多加詆毀。如說他輕薄無行，「人號云『魏收驚蛺蝶』」；「人稱其才而鄙其行」。又說他阿諛權臣，「見當途貴遊，每以言色相悅」。還說他貪財好利，曾遣門客隨陳使封孝琰南行，「遇崑崙舶至，得奇貨猓然褥表、美玉盈尺等數十件，罪當流，以贖論。」並借「諸家子弟」之口，把《魏書》號為「穢史」，等等。稍後，唐李延壽撰《北史·魏收傳》，又因襲李百藥的某些說法。後世中的一些人不加深究，套用李氏舊說，不僅繼續責罵魏收，而且對「穢史」說深信不疑。如宋代學者劉攽、劉恕、范祖禹等撰《舊本魏書目錄序》，指斥魏收「黨齊毀魏，褒貶肆情，時論以為不平，……號為『穢史』」。直至清代，「穢史」說仍不絕於耳，趙翼說：「然則（魏）收之書趨附避諱，是非不公，真所謂穢史也！」[44]

魏收的人品如何？公正地說，他恃才自傲，輕忽同輩，不矜細行，性又褊急。每言：「何物小子，敢共魏收作色，舉之則使上天，按之當使入地。」[45]如此而已。無論怎樣說，魏收絕非輕薄無行的無聊文人。《北齊書》本傳指斥魏收「昔在京洛，輕薄尤甚」的例證，是在文襄帝出遊東山途中的一次宴會上，君臣之間的某些戲言。文襄說：「魏收恃才無宜適，須出其短。」魏收、楊愔等人相互戲弄，「往復數番」，楊愔從容地說：「我綽有餘暇，山立不動，若遇當途，恐翩翩遂逝。」當途者，魏也；翩翩者，蛺蝶也。楊愔譏笑魏收是只驚蛺蝶，文襄帝聽後大笑。這本來是相互揭短、嬉戲的話，是為了增添宴會的活躍氣氛，一笑

---

44 趙翼：《廿二史札記》卷十三《魏書多曲筆》條。
45 《北齊書·魏收傳》。

了之，未必真有其事。李百藥卻以此詆毀魏收輕薄無行，豈不可笑！其實，魏收在魏朝時，立身行事，頗以忠直自見。《北史》本傳稱他上《南狩賦》以諫孝武帝，「雖富言淫麗，而終歸雅正」。聘梁回朝，尚書右僕射高隆之向他索取南貨，不能如願，遂遭禁止，久之得釋。任高歡中外府主簿時，「以受旨乖忤，頻被嫌責，加以箠楚，久不得志」。觀此，魏收並非阿諛取容之輩。入北齊後，位太子少傅，文宣帝每次喝醉酒，便說太子性懦，須更易。收對楊愔說：「魏收既忝師傅，正當守之以死，但恐國家不安。」其委曲進諫被楊愔奏告文宣，太子遂得以保全。晚年著《枕中篇》以戒屬子姪，內多立身行道等勸誡之言。事實證明，魏收迥異於輕薄無行的文人。李延壽在《北史·魏收傳》中，雖襲用李百藥的某些說法，但又有自己的見解，他說：「（魏）收碩學大才，然性褊，不能達命體道。……然提獎後輩，以名行為先，浮華輕險之徒，雖有才能，弗重也。」這一評價還是比較客觀的。《北齊書》本傳詆毀魏收派門客入南陳搜求金寶事，在當時禁止南北互市的情況下，雙方使臣藉通聘以求利乃司空見慣，這比起那些貪墨成性的官僚來，又何足掛齒。

魏收博學多才，得到了文襄、文宣的信任和重用；但其恃才自傲、不矜細行，又引起一些同僚，特別是部分貴遊子弟的不滿和反感，他們便以為魏收必然「著史不平」、「妄有非毀」。《北齊書》本傳載：「時論既言收著史不平，文宣詔收於尚書省與諸家子孫共加論討，前後投訴百有餘人。云『遺其家世職位』，或云『其家不見記錄』，或云『妄有非毀』。收皆隨狀答之。」北朝自魏孝文帝推行門閥制度後，北齊相承，士家大族皆視修史為炫耀門第血統、維護家族特權之重要工具，稍不如意，便加詆毀。范陽盧氏、頓丘李氏、太原王氏等「諸家子孫」既薄魏收之為人，又聞文宣詔令共加論討，遂紛至沓來，希圖僥倖，其家世不見記錄者則求載之，已載於書者更欲褒美，全係家族利益所驅動，以逞一己之私慾，而非《魏書》「妄有非毀」、褒貶不平之過。觀魏收「皆隨狀答之」，是非曲直孰在可知。文宣鑒於「群口沸騰」，遂「敕魏史且勿施行，令群官博議。聽有家事者入署，不實者陳牒」。這幫「諸家子孫」得寸進尺，「於是眾口然，號為『穢史』」。此論一出，後世一些學者不加細察，迭相祖述，遂使「穢史」說流行至今。清代四庫館臣曾替魏收辯誣，指出：「魏、齊近世，著名史籍者並有

子孫，孰不欲顯榮其祖、父？既不能一一如志，遂譁然群起而攻。但互考諸書，證其所著，亦未甚遠於是非。『穢史』之說，無乃已甚之詞乎！」[46]王鳴盛在《十七史商榷》卷六十五《魏收魏書》條中，也對「穢史」說提出質疑，他說：「魏收手筆雖不高，亦未見必出諸史之下，而被謗獨甚；乃其後修改者甚多，而總不能廢收之書，千載之下，他家盡亡，收書巋然獨存，則又不可解。」近幾十年來，隨著史學研究的深入和發展，「穢史」說基本得到糾正，周一良先生著《魏收之史學》[47]一文，論之甚詳，對「穢史」說逐條批駁，充分肯定魏收其人其書，可資參考。

總之，魏收作為史學名家，其成就是主要的；《魏書》是一部有價值的史作，儘管存在一些明顯的缺陷，但全盤予以否定，把它說成「穢史」也是沒有根據的。

---

46 《四庫全書總目提要》卷四十五《魏書》提要。
47 周一良：《魏收之史學》，《魏晉南北朝史論集》，北京：中華書局，1963。

第十章

儷采百字之偶，爭價一句之奇——
魏晉南北朝時期的文學

第一節 ·

三曹鉅子
與建安文學

漢末喪亂，軍閥紛爭，曹操以其過人的政治膽略和軍事才能，遂滅群雄，統一北方，使這一地區的社會生產得以恢復，百姓生活趨於安定，而散在四方的文人於是也漸回中原。曹氏父子雅愛詩章，重視文學，優待文士。在他們的倡導下，形成了盛極一時的鄴下文風，文學創作進入到魏晉南北朝文學的最初階段，即建安文學，包括漢末魏初約四五十年的時間。

建安（即 190-220 年）是漢獻帝劉協的年號。這一時期是中國詩歌發展史上的光輝起點，在文學史上占有重要地位。其代表人物，主要是三曹和七子。

一、曹操和曹丕

曹操（西元 155-220 年），字孟德，沛國譙縣（今安徽亳縣）人。家世微賤，其父曹嵩是宦官曹騰的養子，這種特殊的家庭出身，使曹操很少受傳統倫理觀念與價值標準的束縛，他蔑視繁瑣的禮儀和虛偽的道德，並且具有與眾不同的性格特點。曹操為人機警多變，處事靈活通脫，從不固執、拘泥，個性表現和感情流露非常真切、率直。在文學創作上，這種思想與性格同樣得到了充分反映。

曹操的文學成就，主要表現在詩歌方面。他的詩現存二十餘首，都是樂府歌辭，數量雖不算多，內容卻頗為豐富。其中有不少是描寫漢末軍閥混戰給百姓帶來的苦難的。如《薤露》描繪何進誤國，董卓於西元一九〇年挾持漢獻帝從洛陽西遷長安，臨行時焚燬洛陽宮室，逼迫百姓同行時的慘狀：「賊臣持國柄，殺主滅宇京。蕩覆帝基業，宗廟以燔喪。播越西遷移，號泣而且行。瞻彼洛城郭，微子為哀傷。」一般來說，民歌反映現實，視野較為狹窄，對於重大政治事件，尤少涉及。但曹操作為一名傑出的政治家和軍事家，眼界卻要開闊得多。

曹操像

他的《蒿里行》，也直接反映漢末重大歷史事件，突破了民歌的傳統：

關東有義士，興兵討群凶。初期會孟津，乃心在咸陽。軍合力不齊，躊躇而雁行。勢利使人爭，嗣還自相戕。淮南弟稱號，刻璽於北方。鎧甲生蟣蝨，萬姓以死亡。白骨露於野，千里無雞鳴。生民百遺一，念之斷人腸。

全詩八十字，概括了關東豪傑興兵討伐董卓，因人心不齊導致失敗，然後袁紹、袁術兄弟野心膨脹，或謀欲擅行廢立，或公然自立為帝，遂致戰禍不斷，百姓死亡相繼的史實，猶如一幅歷史畫卷。語言簡潔，氣魄宏大，感情深切真摯，樂府詩中前所未見。由於這些詩作有著豐富的社會內容，因而被譽為「漢末實錄，真史詩也」。

曹操的另一部分詩歌抒發了個人情感，表達了自己的政治理想與抱負，具有更為鮮明的個性特點。如《短歌行》：

對酒當歌，人生幾何！譬如朝露，去日苦多。慨當以慷，憂思難忘。何以解憂？唯有杜康。

青青子衿，悠悠我心。但為君故，沉吟至今。呦呦鹿鳴，食野之苹。我有嘉賓，鼓瑟吹笙。

明明如月，何時可掇？憂從中來，不可斷絕。越陌度阡，枉用相存。契闊談宴，心念舊恩。

月明星稀，烏鵲南飛。繞樹三匝，何枝可依？山不厭高，海不厭深，周公吐哺，天下歸心。

這是一篇用於宴會的歌辭。全詩由兩個相互聯繫的主題構成：一是感嘆光陰易逝，人生苦短，一是渴慕賢才，冀得良佐，以實現平定天下的雄心壯志，辭斷而意屬。正因為生命短暫，所以才彌足珍貴。追求不朽的功業，不僅是一種社會責任感，而且也是為了使個人有限的生命獲得崇高的價值。從「人生幾何」發唱，以「天下歸心」收尾，通篇運用比興手法，以各種事物形象來表達作者複雜曲折的心情，非常耐人尋味。詩中瀰漫著的蒼涼慷慨、深沉雄渾情調，正是建安詩歌最為感人的地方。此外，《步出夏門行》也是一篇格調與《短歌行》相近的傑作，其中第一章和第四章特別值得注意：

東臨碣石，以觀滄海。水何澹澹，山島竦峙。樹木叢生，百草豐茂。秋風蕭瑟，洪波湧起。日月之行，若出其中。星漢燦爛，若出其裡。幸甚至哉，歌以詠志。

神龜雖壽；猶有竟時。騰蛇乘霧，終為土灰。老驥伏櫪，志在千里。烈士暮年，壯心不已。盈縮之期，不但在天。養怡之福，可得永年。幸甚至哉，歌以詠志。

第一章描繪大海無邊壯闊的自然景象，抒發了作者囊括四海、縱橫天下的豪邁氣概。第四章則直抒胸臆，表現了詩人對人生的積極態度與進取精神，給人以奮發之感，尤其是「老驥伏櫪，志在千里。烈士暮年，壯心不已」，成為歷代無數仁人志士擊節歌詠的千古名句。這首詩和《短歌行》都是四言詩。《詩經》以後，四言詩已經衰微，曹操的詩是不可多得的佳作。

在曹操的詩作中，遊仙詩也占有一定比例，內容大多是感嘆人生無常，企望長生，藝術成就不高。

除詩歌外，曹操的散文也較有特色，如令、書、表等。他的文章，不受任何陳規的約束，說話大膽，辭鋒犀利，一改漢儒文章動輒援引經義、迂闊不著邊際的習氣。如《讓縣自明本志令》，自述生平之志，略無掩飾做作之筆。作者自謂「設使國家無有孤，不知當幾人稱帝、幾人稱王」。雖是實話，但畢竟非一般人所敢言。解釋自己不能放棄兵權，既不虛偽掩飾，也不繞圈子談大道理，而是公然宣稱「恐己離兵為人所禍也」。又如《祭故太尉橋玄文》，居然記敘了橋玄生前與曹操開玩笑的話，看上去似乎有損祭文應有的莊重肅穆，但另一方面也很好地表達了對逝者的真切情感，獨具風格。

魯迅先生總結漢末魏初文章的特點是「清峻」與「通脫」。這兩點在曹操的散文中得到了典型的反映。「清峻」是指文章簡約嚴明。這與曹操作為一個屬行法治的政治家，長期戎馬生涯養成的果斷幹練的作風密切相關。他的《與荀彧書追傷郭嘉》一文，寥寥九十餘字，敘述了作者與郭嘉共事的經過，讚揚了郭嘉的為人與才華，表達了自己對亡者的深切追念。所謂「通脫」，是指文章的思想與形式不受傳統束縛，想說什麼就說什麼，絲毫不虛偽做作。如《求賢令》：「若必廉士而後可用，則齊桓何以霸世！今天下得無有被褐懷玉而釣於渭濱者乎？又得無盜嫂受金而未遇無知者乎？二三子其佐我明揚仄陋，唯才是舉，吾得而用之。」

曹操是一個叱吒風雲的亂世梟雄，審美情趣也異於一般文人。他的詩作絕少華美辭藻，結構也不算精細，多從大處落筆，語言古樸自然，氣勢宏偉，內涵凝重，抒發感情往往悲涼慷慨，跌宕起伏，顯示出鮮明的個性色彩。從曹操開始，樂府歌辭走上了新的發展道路。他的其他文學作品，在促進各類文章擺脫陳詞濫調，向貼近實際生活和真實情感方向發展方面，也起了重要作用[1]。

曹丕（西元 187-226 年），字子桓，曹操次子。西元二二〇年，代漢自立，為魏文帝，在位七年。曹丕博學多識，勤於著述，對文學創作也很重視。現存詩作四十餘首，大多為樂府歌辭，也有部分古詩。

1　章培恆等：《中國文學史》上卷，314~315 頁，上海，復旦大學出版社，1996。

作為建安作家之一，曹丕的詩也有少量關心社會現實，嚮往建功立業的內容，如《上留田行》：「居世一何不同？富人食稻與粱，貧子食糟與糠。」反映了當時貧富不均的現象。《至廣陵於馬上作》：「觀兵臨江水，水流何湯湯。戈矛成山林，玄甲耀日光。猛將懷暴怒，膽氣正縱橫。誰云江水廣，一葦可以航。」敘述的是軍旅生活。但由於宮廷生活的限制，以及政治和思想上趨於保守，因而內容同其他建安詩人包括他的父親曹操相比，感受較為膚淺，風格不如他們悲涼。在曹丕主要的生活年代裡，三國鼎立局面業已形成，社會相對安定，他可以在其父的庇護下過貴族公子的生活，對現實感受不是特別深刻，所以詩歌題材狹窄，缺乏氣魄。

曹丕的詩更多的是歌詠男女愛情和離愁別恨，描述遊子思鄉、思婦懷遠之情，表現最為出色。這些詩，情思婉轉悽楚，表現了詩人對不幸者的深切同情。如《燕歌行》第一首：

秋風蕭瑟天氣涼，草木搖落露為霜。群燕辭歸雁南翔，念君客遊多思腸。慊慊思歸戀故鄉，君何淹留寄他方？賤妾煢煢守空房，憂來思君不敢忘，不覺淚下沾衣裳。援琴鳴弦發清商，短歌微吟不能長。明月皎皎照我床，星漢西流夜未央。牽牛織女遙相望，爾獨何辜限河梁？

作者利用七言詩的長處，音節和諧舒緩，刻畫細緻生動，感情纏綿悱惻，語言清麗簡潔，運用一種如泣如訴的筆調，成功地表現了一位婦女在不眠的秋夜中思念丈夫的情態，既不脫離民歌的精神，又有自己的創造。這篇作品代表了曹丕詩歌的藝術風格。

曹丕在詩歌形式的改革上作過大膽嘗試。他的詩形式多樣，除五言詩與四言詩外，還有當時少見的六言詩，《燕歌行》是中國現存最早最完整的七言詩。其雜言詩篇幅長，句法參差多變，對後世也有一定影響。他詩歌語言的風格特點是不加修飾，近於口語。故鍾嶸《詩品》稱之為「率皆鄙直如偎語」。

曹丕的詔、令一類散文，風格與曹操相近。其他文學性較強的為兩篇《與吳質書》。本來，書信為實用文體，但魏晉南北朝時期，文人間的書信日益普遍地

用精美的文辭寫景、抒情，有意增強其文學色彩。曹丕在這一風氣中起了帶頭作用。

曹丕自己的創作成就不高，但他以太子、帝王身分大力提倡文學，對建安文學的發展起了推動作用。他的《典論·論文》，是中國文學史上第一篇文學批評專論。

二、曹植

曹植（西元 192-232 年），字子建，曹操第三子，是建安作家中最受人們推崇者。曾封陳王，死後謚「思」，故世稱陳思王。流傳至今的詩作共有八十餘首。另有完整和較完整的散文、辭賦約四十篇。

曹植雖然自稱生於亂世，長於軍中，但自幼聰穎，才華出眾，養成了倜儻不群、恃才傲物的作風。他的生平與創作，以西元二二〇年曹操去世為界，分為前、後兩個時期。反映在作品中，內容與風格均有明顯不同。前期，曹植在父親的蔭庇下，往來於鄴下文人之間，過著優裕閒適的貴族生活。這一時期的詩歌，大部分是「憐風月、狎池苑、述恩榮、敘酣宴」[2]的自狀，即宴飲唱和應答之作，社會意義不大。也有一些反映社會現實和吐露自己志趣與抱負的作品，情緒比較激昂，其中特別出色的是《送應氏》。其一為：

步登北芒阪，遙望洛陽山。洛陽何寂寞，宮室盡焚燒。垣牆皆頓擗，荊棘上參天。不見舊耆老，但睹新少年。側足無行徑，荒疇不復田。遊子久不歸，不識陌與阡。中野何蕭條，千里無人煙。念我平常居，氣結不能言。

詩成於建安十六年（西元 211 年），乃因送應瑒出行，就途中所見而寫。其時離董卓焚燬洛陽雖已二十餘年，但因連年戰爭，一度繁華無比的東漢都城，仍

2　《文心雕龍·明詩》。

是一派蕭條殘破的淒涼景象。詩中反映的漢末軍閥混戰對社會造成的破壞，與曹操《蒿里行》主題相同。不過，混戰最嚴重的時候，作者尚在童年，生活經驗不足，感受尚淺，故本詩反映漢末社會動亂的深刻程度，較之曹操等人的作品，略有遜色。

曹植後期，生活劇變：摯友被殺，身受曹丕、曹叡父子的猜忌，長期受到迫害，在高壓下忍辱偷生，心情極端悲憤苦悶。他的詩大部分都是在這一時期寫的，但內容與風格已發生了顯著變化，那種雍容華貴的詩作已極少再出現。一些表達自己不甘閒居，要求施展才華的願望的作品，也不像早期作品那般豪邁自信，而是顯得深沉悲涼。更多的作品，是集中抒寫對個人命運的失望，對曹丕政治集團的怨恨與恐懼。這些詩文中，充滿著受壓迫的痛苦，對自由生活的嚮往，以及預感到自己將在屈辱與碌碌無為中蹉跎歲月，失去人生價值的悲哀。最能代表曹植這一時期創作特色的作品是《贈白馬王彪》。其他較突出的還有《野田黃雀行》，《泰山梁甫行》、《美女篇》和《吁嗟篇》等。

曹植一生也寫了不少遊仙詩，流露出一種消極出世的思想，從根本上對人生表示懷疑和否定。這是現實與理想發生矛盾，而又無法解決的結果。

曹植的詩在藝術上有很大的獨創性。他是第一位大力寫五言詩的詩人，數量占傳世作品的半數以上。他的五言詩脫胎於漢樂府民歌，但有很大的創造與發展，表現之一是有了鮮明的個性，能靈活運用樂府的形式抒寫自己的感情，從而由樂府的以敘事為主轉向以抒情為主。各種感情如悲壯、熱烈、憤慨、哀怨等，曹植都能較出色地用五言詩表現出來。這是對樂府詩的一個重大發展。再一個表現是，曹植改變了樂府民歌古樸的語言風格，辭藻豐富華美，講求工整和刻畫的細緻，在運用比喻，安排警句以及對偶、煉字等方面，都反映出他在藝術技巧方面所作的努力。這對後代詩文有很大的影響。

曹植的散文和辭賦也有突出的成就。《與楊德祖書》、《與吳季重書》和《洛神賦》等，都是膾炙人口的名篇。

曹植是建安文學的傑出代表，又是五言詩的奠基人，在文學史上占有重要地

位。他雖是皇室成員，但那種懷才不遇之感與後來寒門出身的詩人是相通的。因此，他的詩歌創作在許多方面影響了整個魏晉南北朝詩歌的發展方向。

三、建安七子與蔡琰

曹丕在《典論·論文》中，評述當世文人，特別標舉孔融、陳琳、王粲、徐幹、阮瑀、應瑒、劉楨，謂「斯七子者，於學無所遺，於辭無所假，咸以自馳驥於千里，仰齊足而並馳」。

七子中，年齡最長者孔融，曾任漢北海相，世稱孔北海，是曹操的反對派，屢次攻擊曹操，終於被殺。成就最大者王粲，號稱「七子之冠冕」[3]。官至魏國侍中，故稱王侍中。陳琳與阮瑀擅長公牘文書，劉楨以五言詩見稱，徐幹長於辭賦，惟應瑒較為平淡，缺乏特色。「建安七子」的詩歌主要包括兩方面的內容：一是反映社會動亂和人民的苦難。如王粲《七哀》第一首描述西元一九二年董卓部將李傕、郭汜在長安作亂時，百姓流離失所的情形：

西京亂無象，豺虎方遘患。複棄中國去，委身適荊蠻。親戚對我悲，朋友相追攀。出門無所見，白骨蔽平原。路有饑婦人，抱子棄草間。顧聞號泣聲，揮涕獨不還。「未知身死處，何能兩相完？」驅馬棄之去，不忍聽此言。南登霸陵岸，回首望長安。悟彼下泉人，喟然傷心肝。

在社會動亂的廣闊背景下，作品突出地描寫了一個棄子的婦人。她表面上似乎冷酷無情，但內心悲痛已到極點。「未知身死處，何能兩相完？」有力地表現了她那無奈、絕望的處境，與上文「出門無所見，白骨蔽平原」前後呼應，深刻地揭露了軍閥混戰帶給百姓的苦難。

陳琳的《飲馬長城窟行》假託秦代修築長城的史事，運用民歌中常見的對話

3　《文心雕龍·才略》。

句式，深刻反映了無休止的徭役帶給百姓家破人亡的痛苦與災難。

二是抒寫個人的抱負與遭遇。較有代表性的是劉楨的《贈從弟》三首。作者分別以藻、松柏、鳳凰比喻堅貞高潔的性格，既是對從弟的讚美，也是詩人的自我寫照。

女詩人蔡琰，字文姬，東漢著名學者蔡邕之女。幼時受到良好的教育，曾嫁衛仲道。漢末大亂中，她被董卓部下所擄，後來輾轉流入南匈奴，居留十二年。嫁南匈奴左賢王，生有二子。建安十二年（西元 201 年）曹操將她贖回，再嫁董祀。這種痛苦的磨難、坎坷的經歷，使蔡琰的作品有著強烈的感染力。她傑出的作品五言《悲憤詩》長達五四〇字，共分三段。詩中記述了自己遭擄入胡直到被贖回國的全部經歷，將記事、抒情、議論密切結合，描寫了時代的動亂和胡兵的殘暴，筆端飽含辛酸血淚，作者通過自己的不幸遭遇，反映了戰亂中廣大人民特別是婦女的共同命運，泣訴了割據混戰給百姓帶來的苦難，猶如一幅血淚繪成的歷史畫卷。

總之，建安時期是中國文學史上一個輝煌的時代，湧現出了大批的作家和作品，其著名人物除上述諸家之外，尚有繁欽、繆襲、應璩、左延年、吳質、楊修等人，也都參加了文學活動。這一時期，儒學失去控制，思想界具有自由解放傾向，而經過巨大的社會變亂，到處是荒涼破敗的景象。動盪不安的環境，顛沛流離的生活，使作家們親眼目睹了山河的殘破，生民的艱辛，對社會現實有著真切的感受。因此，他們的作品能繼承漢樂府民歌反映現實的優良傳統，注重文學的社會政治內容，同時又能表現出作者要求建功立業，恢復國家統一的迫切願望和積極進取的精神，從而形成一種內容充實、語言簡練、意氣駿朗、風格剛健明快的文學風貌，稱為「建安風骨」，對後世文學創作有深遠的影響。當然，建安詩歌不只是繼承了樂府民歌的傳統，還加以發展、改造，使之向文人化的精緻華美轉變。

魏晉之際的詩風

一、正始文士

正始時期（西元 240-249 年）至曹魏末年，政治環境十分險惡。司馬懿及其子司馬師、司馬昭通過高平陵之變，誅殺曹爽集團，相繼執掌朝政。十餘年間，他們大肆殺戮異己分子，鎮壓所謂「淮南三叛」，醞釀改朝換代的巨變，造成了極為恐怖的政治氣氛，史稱「魏晉之際，天下多故，名士少有全者」[4]，許多著名文人就因捲入政治鬥爭而死於非命。

與此同時，司馬氏父子為了掩飾自己的篡權行為和屠殺政策，又以名教相號召，大力提倡儒家的禮法，這樣，標榜禮法與殘酷手段相映襯，就形成了一種十分矛盾的現象——道德虛偽。再者，這一時期學術思想上開始盛行清談玄理之風，產生了玄學。一些文人通過窮究事理，強調自然無為，追求精神自由，從而對社會現像有了較為理性的認識。因此，在這種背景下，文學發生了重大變化：建安文學中占主導地位的奮發昂揚、積極進取的精神已基本消失，代之以集中抒發個人在外部強大力量壓迫下的悲哀，隱晦曲折地抨擊不合理社會現象，深沉抑

---

4 《晉書·阮籍傳》。

鬱地懷疑一切事物，呈現出濃厚的哲理色彩。這就是正始文學的特點。

正始時期的文學作家不多，其中最能體現這一時期創作風格的代表人物是阮籍和嵇康。

阮籍（西元 210-263 年），字嗣宗，阮瑀之子，因曾任步兵校尉，故世稱阮步兵。阮籍早年，屢與嵇康，山濤、向秀、阮咸、王戎和劉伶等人一起，「常集於竹林之下，肆意酣暢」，所以時人謂之「竹林七賢」[5]。不過，儘管他們早年有著共同的生活旨趣，但政治態度卻有很大區別，山濤、向秀和王戎完全倒向司馬氏集團，獲得高官厚祿；嵇康抱著堅決反對的態度，結果為司馬昭所殺。阮籍本有濟世志，自視甚高，為時人所重，然而遭逢司馬氏集團的黑暗統治，被迫「不與世事」，「酣飲為常」，放棄以前的雄心壯志[6]。他對司馬氏的篡權行為極端不滿，但又不能公開反對，處境十分艱難。為了全身遠禍，他只好飲酒昏睡，遺落世事，發言玄遠，口不臧否人物。據說，司馬昭曾想娶籍女為媳，不料「籍醉六十日，不得言而止」，鍾會亦「屢以時事問之，欲因其可否而致之罪，皆以酣醉獲免」[7]。這種依靠醉酒佯狂的辦法，既可少做違心之事，維護個人形象，又能防止別人猜疑而招致殺身之禍。但是，這些對志氣高傲、思想敏銳、個性很強的阮籍來說，無疑是痛苦不堪的。《世說新語》注引《魏氏春秋》：「阮籍常率意獨駕，不由徑路，車跡所窮，輒慟哭而返。」可見他內心的悲憤與矛盾。

阮籍的文學成就，主要是八十二首五言《詠懷詩》，它不是一時一地的作品，在中國詩歌史上占有重要的地位。這些詩反映了作者的政治思想、生活態度，特別是對於人生問題的反覆思考，是整個人生思想感情的總匯。需要指出的是，由於特殊的處境，阮籍只能用隱蔽的象徵性語言來表達自己的思想感情，用筆曲折，言辭晦澀，形成隱約曲折的藝術風格。因而《詩品》謂籍「言在耳目之內，情寄八荒之表……厥旨淵放，歸趣難求」。不過，儘管《詠懷詩》所牽涉的具體人物與事件已無法探求，但並不是說這些詩是無法理解的。尤其是其中的許

5　《世說新語・任誕》。
6　《晉書・阮籍傳》。
7　同上。

多篇，雖然是從現實感受出發，但又往往超脫具體事實，推廣成為人生的根本問題，詩中所包含的哲理和抒發的感情，仍然可以追求、體味。從《詠懷詩》的具體內容而言，大致包括三個方面的內容：第一，表現自己的孤獨苦悶。如第一首：

夜中不能寐，起坐彈鳴琴。薄帷鑑明月，清風吹我襟。孤鴻號外野，翔鳥鳴北林。徘徊將何見，憂思獨傷心。

月色如水，寒風拂衣，孤鴻悲鳴，宿鳥驚飛，在一片冷漠孤寂氣氛中，詩人獨處空堂，徘徊憂思，籠罩著一種難以名狀的愁緒。其中，末尾兩句「徘徊將何見，憂思獨傷心」可說是整個八十二首《詠懷詩》的基調。再如第十七首：

獨坐空堂上，誰可與親者？出門臨永路，不見行車馬。登高望九州，悠悠分曠野。孤鳥西北飛，離獸東南下。日暮思親友，晤言用自寫。

該詩表達的意境是：獨坐無人、出門無人、登高無人；所見者，鳥為孤鳥，獸乃離獸，悽惶無主之情溢於紙上。在這種局面中，詩人進而感到壯志與理想都成了泡影，因此非常苦悶。

第二，揭發政治的黑暗。有的詩怨恨曹魏統治集團荒淫腐朽，並斷言其必然滅亡的命運。如第三十一首：

駕言發魏都，南向望吹臺。簫管有遺音，梁王安在哉！戰士食糟糠，賢者處蒿萊。歌舞曲未終，秦兵已復來。夾林非吾有，朱宮生塵埃。軍敗華陽下，身竟為土灰。

詩的內容是憑弔戰國時魏國都城遺址，表面上是懷古，真意卻在諷今。有的詩又指斥司馬氏的殘暴，惋惜曹魏統治者的衰敗。如第三首：

嘉樹下成蹊，東園桃與李。秋風吹飛藿，零落從此始。繁華有憔悴，堂上生荊杞。驅馬舍之去，去上西山趾。一身不自保，何況戀妻子。凝霜被野草，歲暮亦云已。

詩人把司馬氏比作秋風、嚴霜，把曹魏比作憔悴的桃李，表現了當時恐怖的政治局面，以及遠禍全身的思想。

第三，揭露禮法之士的虛偽。如第六十七首：

洪生資制度，被服正有常。尊卑設次序，事物齊紀綱。容飾整顏色，磬折執圭璋。堂上置玄酒，室中盛稻粱。外厲貞素談，戶內滅芬芳。放口從衷出，復說道義方。委曲周旋儀，姿態愁我腸。

作品中，詩人把封建統治者那種內一套外一套的虛偽醜態刻畫得淋漓盡致，司馬氏集團正是以那種嚴肅正經舉止，來掩飾他們荒淫腐朽的生活。

第四，表現作者不甘默默無聞、渴求建功立業的願望。如第三十九首「壯士何慷慨，志欲威八荒。驅車遠行役，受命念自忘」等，流露出與建安文學相同的激昂慷慨之志。只是這類作品在《詠懷詩》中內容太少。

《詠懷詩》在運用五言詩抒情和諷喻方面有較高的成就，給處於黑暗統治下的進步作家開拓了一條寫政治抒情詩的道路，它比前人的文學更為深刻地揭示了封建制度壓迫人性的本質。另一方面，阮籍對五言詩的發展也起了很大的推動作用。此前，詩歌的主體是民歌以及在民歌基礎上發展起來的文人詩，內涵較單純，表現的多為具體問題。阮籍則使五言詩完全脫離了模仿樂府民歌的階段。他把深刻的哲理引入詩歌，並巧妙地把它同許多藝術形象相結合，使詩歌顯得非常含蓄，呈現出廣闊的視野和深沉的內涵。從此，古代抒情詩變得明顯地厚重了。所以，阮籍的詩在魏晉之際詩風的轉變趨勢上，產生了重要的影響。

阮籍的散文作品最著名的是《大人先生傳》。這篇文章如同他的詩作一樣，流露出倜儻的性格和憤世嫉俗、反抗禮教的思想，表達了自己對社會歷史的看法，揭露了封建禮法的虛偽本質。他諷刺那些禮法之士說：

且汝獨不見夫蝨之處於褌中乎？深縫匿乎壞絮，自以為吉宅也。行不敢離縫際，動不敢出褌襠，自以為得繩墨也。飢則囓人，自以為無窮食也。然炎丘火流，焦邑滅都，群蝨死於褌中而不能出。汝君子之處區內，亦何異夫蝨之處褌中乎？

語言尖刻、筆鋒辛辣，宣洩了作者對偽善者的痛惡。但是，如同某些詩歌一樣，文中也含有虛無主義、厭世主義的消極成分。

嵇康（西元 223-262 年），字叔夜。生活在曹魏末年，與魏宗室有姻親關係，曾任中散大夫，故世稱嵇中散。嵇康學問淵博，既是著名文學家，又是哲學家，音樂才能也很卓越。他的政治態度與阮籍相同，但和阮籍對司馬氏集團虛與委蛇，表面上相周旋的態度完全不同，嵇康性格剛烈，公然拒絕與司馬氏合作。他主張「越名教而任自然」，反對虛偽的禮俗，希望打破兩漢以來傳統禮教的束縛，過一種符合自然原則，符合「人性」的生活。當毌丘儉在淮南起兵討伐司馬師時，嵇康甚至企圖率兵回應。由於其言論主張直接妨礙了司馬氏的統治，因此終於被司馬昭所殺。臨刑時，嵇康神氣不變，索琴彈奏《廣陵散》。太學生三千人上書，「請以為師，不許」[8]。

嵇康長於散文，他的文章以思想新穎，文字潑辣為特點，其代表作是《與山巨源絕交書》。山巨源即山濤，他企圖幫助司馬昭拉嵇康出來做官，被嵇康視作一種侮辱，遭到痛罵。嵇康在信中以滿腔憤慨之情攻擊了時政，突出個人意識，追求個性自由，公開宣布自己「非湯武而薄周孔」，命中了司馬氏揭舉虛偽禮教的要害，從政治上表明了自己不與司馬氏同流合污的堅定態度。文章嬉笑怒罵，鋒利深刻，很有分量。

此外，嵇康的《聲無哀樂論》、《難自然好學論》等，也是較有影響的作品。

嵇康的詩歌流傳下來的，約五十多首，其中成就最高的是四言詩，它占了全部詩作的大部分。嵇康的詩既有高潔的志趣和憤世嫉俗之情，又富有秀逸的風格，表現出清峻或峻切的特點。如著名的《幽憤詩》，述說的是詩人自己耿直性格養成的原因以及由此致禍的本末。詩名「幽憤」，即被幽囚而發的憤慨。詩中，作者雖然歸咎自己不善於處世，以致遭受囚禁，嘆慕人生自由生活難以重得，因而對自己任性有點後悔，但他仍然認為自己的主張完全正確，只不過因耿

8　《晉書·嵇康傳》。

直招禍而已。如「感悟思慾，怛若創痛。欲寡其過，謗議沸騰。性不傷物，頻致怨憎」等，就說明了這一點。詩言「窮達有命，亦又何求」，是說人各有命，政治迫害並不能改變自己的志趣；最後「採薇山阿，散髮岩岫」，仍是不與司馬氏合作之意。

《贈秀才從軍》十八首，也是嵇康的詩作中較重要的作品。詩的內容寫的雖是從軍的兄長嵇喜，但詩中的生活情調和人物風格完全是嵇康自己的，表達了作者的清高思想和憤世嫉俗之情。

二、太康文士

西晉武帝太康（西元 280-289 年）前後，文學創作十分繁榮，詩人眾多，名家輩出，在文壇上有一定影響的代表人物，晉初有傅玄、張華，太康年間有所謂「三張」（張載、張協、張亢）、「二陸」（陸機、陸雲），「兩潘」（潘岳、潘尼），「一左」（左思）。

西晉統一後，反對派已失去了存在的基礎。一般文士為了家族和個人利益，紛紛向統治集團靠攏，原來縱情任誕，對現實不滿或拒絕與權貴合作的士風這時發生了很大變化。與此同時，文學也在發生轉變。以前，無論是剛健明朗的建安文學，還是隱晦曲折的正始文學，都因作品富含內在熱情而充滿生氣。而太康時期，由於文士們的生活缺乏衝突和對抗，作品普遍顯得鬆弛和平緩，沒有激動人心的力量。這一時期，詩歌創作風格的總趨勢是追求形式技巧，思想性和藝術性之間呈現出較大的距離。這時的文士，繼承了建安時代文學形式中趨向精美的風氣，有條件和時間來追求藝術形式，以便同前人爭勝。因此，他們在藝術形式加工上不遺餘力，在語言上追求聲色之美，在句法上講求對仗工整，逐漸發展了文學創作的駢儷之風，而失去了建安時期所具有的民歌氣質。概括地說，陸機和潘岳是當時注重形式的代表詩人，左思則是建安詩風的繼承者。

陸機（西元 261-303 年），字士衡，出身江東世家大族，其祖遜、父抗均為

東吳重臣。吳亡，機年二十，乃閉戶讀書垂十年，於太康末年偕弟雲同赴洛陽，深得張華賞識。機自負才名，亟欲有所作為，遂投身於複雜混亂的政治鬥爭，最後被成都王司馬穎族誅。

陸機的文學創作，就數量來說，在西晉時期作家中最為豐富；就藝術技巧來說，無論是詩、文、辭賦，都達到了高度完美的藝術境界。他的傳世詩作有一百餘首，其中《赴洛道中作》和《猛虎行》等幾首頗為人們所稱道，前者表達了詩人行旅的艱難和對家鄉親友的思念，感情真切，語言豐美，對仗工整，顯然經過了藝術構思，而非信手寫來。後者敘寫志士感慨，反映了作者在當時政治鬥爭中進退維谷的苦悶心情。不過，陸機的詩作中像這類情文都很突出的作品實在太少。他的詩歌的顯著特點，第一，是語言上過分注重修辭，雕琢太重，加工的痕跡太深。如他的《擬古詩》十二首，是模仿《古詩十九首》而作，原詩「涉江采芙蓉，蘭澤多芳草」，陸機擬作為「上山采瓊蕊，窮谷饒芳蘭」。可以看出是語言上有意追求艱深。有時，陸機還把自己的思想借古人的成言來表達，如《君子行》：「天損未易辭，人益猶可歡」，而那些成言被用到詩中以後，所包含的內容，卻不是單從文字本身的含義就能完全理解，這就增加了他的語言的曲折性。這種文字極力求深的方式對後來文人的影響，就是用字必求有出處，導致語言失去了生動的形象性。

第二，著意追求辭句的整對。如《猛虎行》「崇雲臨岸駭，鳴條隨風吟」、《悲哉行》「和風飛清響，鮮雲垂薄陰」等，都說明了這一點，至於《苦寒行》和《招隱詩》，則已接近通篇對仗。嗣後文章駢儷風氣的盛行，同陸機在詩文上的這種傾向有著直接的聯繫，也就是說，它對南朝文學具有很大影響。

第三，由於陸機的創作含有標榜學問、誇耀文學才能的意思，因而他的作品不避辭贅，顯得繁冗乏力。如《猛虎行》「日歸功未建，時往歲載陰」、《赴洛道中作》第一首「永嘆遵北渚，遺思結南津」，為了求得辭句整對，人為地把一個意思展為兩句，因而文辭繁縟。《世說新語·文學》謂「陸文深而蕪」，是比較中肯的。在這種創作傾向下，文學風氣很容易走向形式主義的道路。南北朝時期，一般文學創作專重形式，主要原因固然在於文人生活腐化空虛，以及當時整

個文學發展的大勢所致，但陸機所產生的影響卻也是不可否認的。

除詩歌外，陸機的文章也取得了較高的成就，著名的有《弔魏武帝文》、《辯亡論》、《豪士賦序》等；《文賦》則是他用賦體形式寫的一篇文學理論文章，不僅很有文采，而且有不少精闢見解，是文學批評史上的重要文獻。

總體上說，陸機的作品所表現的思想意義一般都不高，其之所以還能為前人所稱道，並引起眾多讀者一定的興趣，原因主要在於作者善於在自己博學多才的基礎上，運用華麗的辭藻，將作品所具有的一定意義進行透澈精巧的闡發。因此，陸機在文學上的成就，主要在於他能以豐厚的學問和高度的藝術技巧，將作品的內涵充分地表現出來。這對以後文學創作極力追求形式完美有重大影響。

潘岳（西元 247-300 年），字安仁，少有才名，熱衷於仕進，因媚事權要楊駿和賈謐，被列為謐門下二十四友之一，故人品頗遭非議。不過，潘岳仕途並不得意，所以常覺苦惱，雖有避世退隱之念，卻又不能真正成行，最後被趙王司馬倫所殺。

潘岳工詩善賦，與陸機齊名。今存詩二十餘首，總的創作風格與陸機相似。其代表作《悼亡妻》三首，係詩人為亡妻服喪期滿後追寫。作者對亡妻的懷念，主要通過時節變易的感覺及日常生活瑣事進行抒發，從而加深對逝者生平的追念和想像。其中如「幃屏無彷彿，翰墨有餘跡，流芳未及歇，遺桂猶在壁」，「輾轉眄枕席，長簟竟床空。床空委清塵，虛室來悲風」等句，都確切地表現出物是人非的悲痛之感，而「寢興目存形，遺音猶在耳」則更微妙地形容了一個喪偶者的空虛感覺。組詩感情深厚真摯，婉轉纏綿，有較強的藝術感染力。與此詩內容相關的，還有《哀詩》和《內顧詩》共三首，也體現了作者與妻子的生死離別之情。

左思，字太沖，生卒年不詳。思出身寒門，官秘書郎。惠帝時，為權奸賈謐門下二十四友之一，謐伏誅後，思遂絕意仕進，專事典籍。

左思是西晉時期最有成就的詩人，現存詩十餘首，其中《詠史》八首是其代表作。此外，《招隱詩》和《嬌女詩》也堪稱佳作。《詠史》八首非一時寫就，

其名為詠史，實為詠懷，反映作者由積極爭取仕進發展到與仕宦生涯決裂的過程，從中可以看出在門閥士族制度統治下出身低微的知識分子的苦悶與憤慨。其中，「世冑躡高位，英俊沉下僚」是揭露門閥制度不合理性的強有力的千古名句。作品語言剛健質樸，風格雄渾豪邁，對於批判士族壟斷政治，富有強烈的激情與力度，可謂是深得建安文學的遺風。

《嬌女詩》描繪詩人的兩個女兒天真爛漫的情態，風格別緻，妙趣橫生，說明魏晉詩歌出現了脫離教化而深入日常生活的現象，在題材上是一個創舉。

「三張」中，詩歌創作最有成就的是張協。他的詩風介於潘岳和左思之間，如五言《雜詩》十首，形象生動，文字簡練，詞采華美，筆力遒勁。不光寫個人情緒，還把筆觸伸向百姓生活，因此具有現實性。

西晉後期有一定影響的詩人是劉琨和郭璞。他們的詩歌，內容與風格已有很大不同。劉琨於惠帝光熙元年（西元 306 年）任并州刺史，招撫流亡，抗擊匈奴，先敗於劉聰，再敗於石勒，卒被鮮卑段匹磾殺。他的詩現存《扶風歌》、《答盧諶》、《重贈盧諶》三首，表現了一個愛國志士的熱情與悲痛。作品氣概豪邁，既激昂慷慨，又無比沉重，充滿了英雄末路的情調，具有鮮明的時代特色。郭璞的詩以《遊仙》為題，蔑視權貴，反映了作者對現實的不滿和反抗情緒，歌頌隱居山林的精神，體現了當時動亂危難環境中士人不同的人生態度。

西晉末年，玄學清談已十分盛行，晉室南渡後，此風猶存。士人為了逃避慘痛現實，多將熱情貫注於哲學領域，對文學產生了嚴重影響。因此，東晉文學普遍採用抽象語言來談論哲理，使文學成了玄學的犧牲品，變得枯燥無味，而那些專述老莊哲理的詩，就叫玄言詩。玄言詩風行東晉詩壇達百年，重要代表是孫綽和許詢，其他有影響的詩人尚有袁宏、桓溫、庾亮等。

從寄性田園山水
到纏綿亡國之音

東晉時期，以談玄說理、品藻人物為主要內容的清談活動，成為士大夫階層的一種社交形式，並進而侵入文壇，產生了玄言詩。作為東晉詩歌創作主流的玄言詩，內容脫離實際生活，形式「理過其辭，淡乎寡味」[9]，本身是缺乏生命力的。但玄言詩的作者如孫綽、許詢等，多半寄居山林，他們常以山水為媒介來寄託玄理，這樣寫出來的作品比單純用概念來表達玄理的效果好。因此，也出現了一些玄理成分較淡而山水成分較濃的詩作，如孫綽的五言詩《秋日》、《遊天臺賦》等，對南朝山水文學的興起有一定影響。

東晉後期的陶淵明，是魏晉南北朝時期最有成就的詩人。他在談玄說理氣氛充斥文壇的情況下，能以樸素的語言和淡遠的筆調，描繪隱居生活情趣和田園風光，開創了中國詩歌創作上的田園詩派。陶淵明的詩文表現了他不與世俗同流合污的高貴情操、對農民的深厚友情、對門閥制度的批判和對安定幸福生活的嚮往，思想性和藝術性都有很高的成就。

劉宋元嘉時期（西元 424-453 年），以謝靈運為代表的一批詩人大量寫作山水詩，使之在中國詩歌發展史上卓然成派。謝靈運等人以描寫山水為主要對象，

---

9 《詩品‧序》。

努力用生動細緻的語言把自然界的美好形象刻畫出來，給人以新鮮的感覺與美的享受。山水詩開拓了詩歌創作的新題材，豐富了詩歌創作的語言和表現技巧。只是謝靈運的詩作生活面較狹窄，尚未脫盡玄言詩的習氣，影響了真實感情的表達。當時另一個與謝靈運齊名的詩人顏延之，寫詩嗜好堆砌辭章典故，開了「文章殆同書鈔」的不良風氣[10]。

元嘉詩人中的鮑照，出身寒門，仕途坎坷，對當時黑暗的社會現實有一定認識和感受。他的詩歌創作能繼承漢樂府民歌和建安詩風的優良傳統，反映生活面較廣，思想性較強。在藝術形式上講究錘鍊字句，語言遒麗，音節頓挫。其七言詩對後世有一定影響。其妹鮑令暉，是南朝宋齊兩代唯一有作品傳世的女詩人。

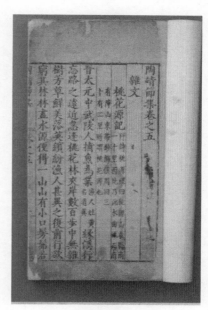

《陶淵明集》

齊朝永明年間（西元 483-493 年），沈約等人總結前人詩歌創作語言運用上的一些經驗，利用當時音韻學研究成果和借鑑佛經翻譯的「轉讀」方法，倡立了「四聲八病」說，對詩歌語言規定了聲律上的要求，從而出現了「永明體」新體詩。這類詩大多形式短小，用詞工麗，聲律上遵照一定的格式使之和諧動聽，盡量發揮詩歌語言的音樂美。新體詩的出現，使詩歌創作的藝術性又一次得到了提高，它是中國古典詩歌從形式比較自由的「古體詩」走向格律嚴整的「近體詩」的重要階段，對南北朝駢體文的創作也產生了直接的影響。「永明體」新體詩代表人物有王融、沈約和謝朓，創作成就以後者為最高，而沈約則是聲律論的主要理論家。

南朝梁、陳時期，流行「宮體詩」。它採用新體詩的手法，描繪女子的容

---

10 《詩品‧序》。

顏、體態、服飾、舞姿，有濃厚的色情意味，其作者多為梁、陳兩代的君主、貴族和文人。

北朝文壇總的來說比南朝蕭條，尤其是北魏初年，文學很不發達，僅胡叟、胡方回等少數幾人略有文采。隨著孝文帝的改革與漢化，文學也相應得到提倡，從北魏到北齊，相繼出現了袁翻、常景、孫彥舉、溫子昇、邢邵、魏收、祖鴻勳、李廣、顏之推、蕭愨、鄭公超等文人，而北周由於南朝文人庾信、王褒等的到來，文壇也大為活躍。

一、陶淵明

（一）家世與生平

陶淵明（西元 365-427 年），字元亮，後更名潛，潯陽柴桑（今江西九江）人。他生活在晉宋易代時期，這時的民族矛盾、階級矛盾和統治階級內部矛盾都很尖銳。

陶淵明出身一個沒落的官僚家庭。曾祖陶侃係東晉初年名將，握強兵鎮上流，都督八州軍事，封長沙郡公，聲威顯赫，死後追贈大司馬。祖父陶茂官至太守，父陶逸亦曾出仕，但很早就去世了，家境日漸敗落。

陶淵明二十九歲時開始做官，任江州祭酒，不久即棄官回家。後來陸續在桓玄、劉裕、劉敬宣手下做過一些地位不高的官職，時隱時仕。四十一歲時出任彭澤縣令，這是陶淵明最後一次做官。在官僅八十多天，便因不肯「為五斗米折腰向鄉里小兒」[11]，棄職而去，徹底脫離官場，過上了隱居生活。陶淵明在家鄉有自己的田舍和僮僕，所以開始一段時間，生活還算安定，有時也參加一些農業勞

---

11 《宋書・陶潛傳》。

動，怡然自得，樂在其中。後來家中失火，廬舍被毀，又屢遇災荒，生活逐漸艱難。陶淵明晚年，失去了勞動能力，因而窮困潦倒，饑寒交迫。當他還能走動時，曾經到潯陽小巷裡去「乞食」，最後在貧病交加中離開了人世，享年六十三歲。

（二）詩文與辭賦

陶淵明的文學創作，在詩歌、散文和辭賦等方面都有很高的成就。現存作品一四二篇，對後代影響最大的是詩歌，計一二二首，分為田園詩和詠懷詩兩類。其中，田園詩最有代表性，約占詩歌總數的三分之一，為中國的田園詩奠定了基礎：第一，他的田園詩反映了詩人在歸隱中的歡樂、痛苦和希望，從一個側面反映了晉末宋初中國南方農民的悲慘遭遇。陶淵明家住廬山腳下，靠廬山而臨長江，自然風景優美，對詩人具有極強的吸引力。如《歸園田居》其一：

少無適俗韻，性本愛丘山。誤落塵網中，一去三十年。羈鳥戀舊林，池魚思故淵。開荒南野際，守拙歸園田。方宅十餘畝，草屋八九間。榆柳蔭後簷，桃李羅堂前。曖曖遠人村，依依墟里煙。狗吠深巷中，雞鳴桑樹巔。戶庭無雜塵，虛室有餘閒。久在樊籠裡，復得返自然。

方宅、草屋、榆柳、桃李、遠村、近煙、狗吠、雞鳴，本都是極為平常的景物，但在詩人筆下，卻形象地表現了田園生活的優美和寧靜，具有無窮的情趣。隨著對農村見聞的增加，陶淵明逐漸描繪了一些淒涼的畫面：「徘徊丘壟間，依依昔人居。井灶有遺處，桑竹殘朽株。借問采薪者，此人皆焉如？薪者向我言，死沒無復餘。」[12] 潯陽農民這種悲慘生活，正是東晉末年農村殘破景象的一個縮影。

第二，陶淵明的田園詩中，有不少勞動實踐的內容，既表現參加勞動的喜悅，也表現農業勞動的艱辛。如《歸園田居》其三：

---

12 《歸園田居》其四。

種豆南山下，草盛豆苗稀。晨興理荒穢，帶月荷鋤歸。道狹草木長，夕露沾我衣。衣沾不足惜，但使願無違。

這實際上是在歌詠作者自己的理想，顯示出理想得以實現的愉快。

第三，描寫了陶淵明與農民的交往，一定程度上反映了農民的願望。如《歸園田居》其二：「時復墟曲中，披草共來往。相見無雜言，但道桑麻長。」表現了作者與農民生活上的接近影響到思想感情上的接近。又如《移居》：「過門更相呼，有酒斟酌之。農務各自歸，閒暇輒相思。相思則披衣，言笑無厭時……衣食當須記，力耕不吾欺。」

陶淵明詩歌有 2/3 是詠懷詩。從內容上看，主要包括了兩個方面：一是「論懷抱」，如《飲酒》其五：

結廬在人境，而無車馬喧。問君何能爾？心遠地自偏。采菊東籬下，悠然見南山。山氣日夕佳，飛鳥相與還。此中有真意，欲辨已忘言。

這首詩描寫詩人從大自然中參透出人生的真正意義，獲得恬靜的心境。暮嵐紫靄，歸鳥返飛，寓含著自己的出仕與歸隱。此外，有些詠懷詩還常探討人生問題，感嘆人生短暫，時間可貴。如《雜詩》其一：「盛年不重來，一日難再晨。及時當勉勵，歲月不待人。」

陶淵明詠懷詩另一方面的內容，是「語時事」，通過歌詠史事和敘寫時事，表達了歸隱後繼續關心政治的心懷。如《擬古》九首、《讀山海經》十三首。

陶淵明留存的散文和辭賦共約十餘篇，但幾乎每篇都很出色。散文中，最著名的是《桃花源記》。文中虛構的世外桃源，是作者依據自己的社會理想所作的美好想像，代表了那個動亂時代的廣大民眾對太平社會的嚮往，文章語言優美而樸素，語言、意境和主題高度統一。《五柳先生傳》也是一篇很有特色的散文。辭賦則以《歸去來兮辭》最為著名，它作於彭澤令任上，決心辭官歸隱之際。文中關於歸途景象及還鄉以後生活的描寫均出於想像。在當時辭賦講究華美的風氣下，本文卻寫得非常樸素，語言清新流利，抒情色彩濃厚，既有詩意，又富哲理，較為動人。

（三）成就與影響

陶淵明的詩文在藝術上取得了很高的成就。第一，他的詩歌創造了一種外表平淡而內含豐富的美學境界，這與詩人的生活經歷、思想發展及其追求真實自然的藝術境界密切相關。這種美學境界，在陶淵明大多數詩篇中都有反映，但隨著社會生活的變化、個人創作的發展，陶淵明後期詩歌也出現了豪放的風格，創作了一些情緒激昂、金剛怒目式的作品。

第二，陶淵明詩文中描寫的人格高潔的自我形象，在封建社會知識分子中具有典型意義。作者的這種形象，既有直接描寫出來的，也有用象徵手法描寫出來的，還有借古人以自況從而加以再現。

第三，陶詩的藝術成就還表現在詩人對田園景物、個人日常生活與感情描寫的高超技巧上。陶淵明善於從普通的景色中發現、捕捉自然美，形諸筆墨，使其成為典型畫面。如《和郭主簿》描寫夏天的庭院景色：「藹藹堂前林，中夏貯清陰。」而《飲酒》其五中的「采菊東籬下，悠然見南山」，更是傳誦千古的名句。假如沒有深刻的生活體驗，假如缺乏對鄉村景物的喜愛，是不可能將自然美如此傳神地描繪出來的。

第四，陶淵明的作品，雖然語言樸素自然，但實際上是經過很深的雕琢，不少詩句，看似通篇口語、質樸清新，如《責子》等，其實並非信手拈來，而是經過深入的思考和細緻的選擇，包含著作者的匠心。

概括起來，陶淵明詩文的思想內容和藝術成就，遠遠超出了同時代的許多詩人，在文學史上占有重要地位。他在晉末宋初以自己的創作實踐，反對玄言詩風，對詩歌發展起了促進作用。陶淵明的詩作取材於自己的日常生活，使作品與現實生活密切聯繫，一反玄言詩談玄說理、枯燥乏味的不良風氣，開創了田園詩，擴大了詩歌題材的範圍。他的詩作不同於《詩經》中的農事詩，不僅廣泛描繪優美的田園景色，還歌詠了各種農業生產勞動，形成了自己鮮明的風格。其散文、辭賦，文風樸素，一改漢賦堆砌辭藻和典故的毛病，走的是一條清新活潑、平淡自然的道路。

陶淵明的作品在晉宋之際及後來的南北朝時期，並未引起人們的普遍注意與足夠重視，僅蕭統和鍾嶸給予了較高的評價。到唐代，陶淵明開始受到了一些著名詩人的推崇，在文學史上的地位得到了初步的肯定。王維和孟浩然等人的創作明顯受到了陶詩的影響。宋代以後，陶淵明受到了普遍一致的推崇，完全確立了詩歌史上一流詩人的地位。

在充分肯定陶淵明創作方面藝術成就與影響的同時，也不應忽視其消極的一面。他為人及詩文中逃避現實的態度，曾給後代作家以不良的影響。有些詩人政治上失意後，常以陶詩自遣。如白居易《效陶潛體詩十六首》：「篇篇勸我飲，此外無所云。我從老大來，竊慕其為人。其他不可及，且效醉昏昏。」但與積極方面比起來，消極影響只居次要地位。

二、謝靈運和鮑照

謝靈運（西元 385-433 年），祖籍陳郡陽夏（今河南太康），生於會稽始寧（今浙江上虞）。祖父謝玄，東晉名將，曾組建北府兵，在淝水之戰中大破前秦軍。謝靈運十八歲襲封康樂公，世稱謝康樂，又因小時寄養在外，小名客兒，故又名謝客。

陳郡謝氏有愛好山水的傳統，對謝靈運有一定影響，他一直未嘗廢丘壑。劉宋永初三年（西元 422 年），謝靈運政治上受到排擠，出任永嘉太守，地當邊海。為排解失意情緒，遂縱情山水，肆意邀遊。民間聽訟，不復掛懷，開始大量創作山水詩。後來，乾脆辭官回會稽。宋文帝時，因謀反罪被收，誅於廣州。

謝靈運的山水詩用語工麗典雅，刻畫細緻逼真，能把大自然的美藝術地反映出來，令人賞心悅目。如《石壁精舍還湖中作》：

昏旦變氣候，山水含清暉。清暉能娛人，遊子憺忘歸。出谷日尚早，入舟陽已微。林壑斂暝色，雲霞收夕霏。芰荷迭映蔚，蒲稗相因依。披拂趨南徑，愉悅偃東扉。慮澹物自輕，意愜理無違。寄言攝生客，試用此道推。

劉宋文壇自從出現了謝靈運的山水詩後，頓時成為風尚，以致「每有一詩至都邑，貴賤莫不競寫，宿昔之間，士庶皆遍，遠近欽慕，名動京師」[13]。

　　謝靈運在詩歌語言的表現技巧上，有著重要貢獻。他那「儷采百字之偶，爭價一句之奇。情必極貌以寫物，辭必窮力而追新」的風格[14]，突出了詩歌的形象性，豐富了詩歌的詞彙，加強了詩句的錘鍊之功。因此，他開創的山水詩，是中國古典詩歌中最重要的流派之一。

　　謝詩的缺點是缺乏社會內容，全詩藝術結構呆板，通常是先敘事，再寫景，最後是對景物的感受。而感受又多半是對隱居離俗的嚮往或對長生不老的企求，這與作者一生熱衷仕途，並非真想隱居離俗相矛盾。所以感情表現得很不真實。陶淵明對自然山水採用白描手法，追求的是情景交融、物我合一，而謝靈運的山水詩中，情與景是割裂的，所以儘管詩中不乏名句，卻絕少佳篇。

　　鮑照（西元 414 ？-466 年），字明遠，東海（治今江蘇漣水）人。曾任臨海王劉子頊前參軍，故世稱鮑參軍。泰始元年（西元 465 年）子頊作亂。次年，照為亂兵所殺。

　　鮑照的文學成就主要體現在詩歌方面。現存詩約二百首，其中八十餘首是樂府。鮑照家世貧賤，出身寒門，受門閥制度排擠，一生很不得志，於是把對門閥制度的不滿與反抗、對被壓迫者的同情等，都反映在詩歌中。《擬行路難》十八首、《擬古》八首及《代出自薊北門行》等是其代表作。樂府古題中的《行路難》，以世路艱難和離情別緒為題材，鮑照《擬行路難》承襲這一題意，敘寫男女離別和門閥制度下寒士對世路艱難的憤慨，而尤以後者為表現重點。如《擬行路難》其四：

　　瀉水置平地，各自東西南北流。人生亦有命，安能行嘆復悲愁。酌酒以自寬，舉杯斷絕歌路難。心非木石豈無感，吞聲躑躅不敢言。

13 《宋書・謝靈運傳》。
14 《文心雕龍・明詩》。

鮑照的詩歌反映的生活面非常廣闊，《代出自薊北門行》一詩，寫邊塞將士衛國意志和英勇戰鬥的精神。詩中「疾風沖塞起，沙礫自飄揚。馬毛縮如蝟，角弓不可張」等句，描寫景象雄峻有力，渲染出悲壯的情調；末尾「時危見臣節，世亂識忠良。投軀報明主，身死為國殤」等句，既是對將士們英勇報國精神的讚揚，同時也流露出作者對參加戰鬥的嚮往。

鮑照的詩作，具有感情奔放、辭藻絢麗、音節抑揚頓挫、章法句法多變的獨特風格。從形式上看，他是第一個有意識致力於七言詩創作的詩人，並由每句用韻，一韻到底改為隔句用韻和自由轉韻，使其更適合於表達奔放的感情，對後來七言詩的發展有很大的影響。

三、謝朓與「永明體」新體詩

齊武帝蕭賾永明年間（西元 483-493 年），南朝文壇出現了一種刻意講求聲律對偶的詩，稱為「永明體」。同時，永明體詩人又以其講求對偶、聲律的手法，大量創作體制短小，近似於後來律詩、絕句的詩，所以被後世稱為「新體詩」。「永明體」新體詩創作最有成就的作家是謝朓。

謝朓（西元 464-499 年），字玄暉，出身貴族，世居京邑健康（今江蘇南京）。曾任宣城太守，故世稱謝宣城；又因與劉宋山水詩大家謝靈運同族，創作上也有繼承關係，所以又有「小謝」之稱。東昏侯蕭寶卷永元元年（西元 499年），被始安王蕭遙光誣陷，下獄致死，年三十六。

謝朓也以山水詩見長。他的山水詩吸收了謝靈運創作中刻畫山水景物細膩逼真的優點，又不停留在對山水景物的客觀描繪上，能把自己的身世之感、思鄉之懷與朋友之情和山水交織在一起，從而得到和諧的統一。詩的結構緊湊，語言清新秀麗，明白流暢，避免了謝靈運晦澀、呆板的弊病，擺脫了玄言的尾巴。如《晚登三山還望京邑》：

灞涘望長安，河陽視京縣。白日麗飛甍，參差皆可見。餘霞散成綺，澄江靜

如練。喧鳥覆春洲，雜英滿芳甸。去矣方滯淫，懷哉罷歡宴。佳時悵何許？淚下如流霰。有情知望鄉，誰能鬒不變？

此詩作於出任宣城太守前夕。當時，南齊統治集團內部矛盾激烈。作者為自己能獲得外任，暫時可以全身遠禍而感到慶倖。然而，京邑畢竟是詩人的故鄉，那裡有他的親朋故舊，此去宦海沉浮，歸期渺茫，不禁使他感到無限惆悵。謝朓的詩作還有不少為人稱道的山水名句，不過也有些詩是「有句無篇」的。鍾嶸在《詩品》中評價他「一章之中，自有玉石」，「善於發端，而末篇多躓」，顯得「意銳而才弱」。如《暫使下都夜發新林至京邑贈西府同僚》，開篇「大江流日夜，客心悲未央」，氣魄宏大，未嘗不是佳句，但再往後就氣短詞弱了。

謝朓還寫過一些小詩，雖無太大社會意義，然而語氣凝練，音節和諧，意境雋永，耐人尋味，對唐代律詩、絕句的形成有一定影響。如《玉階怨》：「夕殿下珠簾，流螢飛複息。長夜縫羅衣，思君此何極。」

四、南朝後期的詩風

梁陳時期，詩歌內容貧乏空虛。統治階級追求的是荒淫腐朽的生活以及彌補精神空虛的佛教經義，對國家安危和民生疾苦無所關心，因而在他們的作品中，很少有現實生活的反映。充塞在他們作品裡的內容，乃是一些日常生活事物。如歌、舞、風、雲、春、秋、花、柳、鏡、箏等，即便是這些東西，也絕少寓含一點有關人生意義的內容，幾乎完全是無聊的文字遊戲。內容輕豔，格調低下。梁簡文帝蕭綱為太子時，曾寫有大量此類作品，並下令群臣唱和，當時稱這類作品為「宮體」。宮體詩作者們把筆鋒圍繞在女子身上，把女子的晨妝、夜思、看畫、心情、睡眠神態乃至生活的一切，都作為用心刻畫的題材。號稱「一代文宗」的徐陵，還奉蕭綱之命，編集《玉臺新詠》一書，專收豔情詩，以示宮體詩的「源遠流長」。上起漢代，下迄於梁，凡略微涉及女性的詩篇，都被網羅其中。許多前代珍貴的珠玉，居然都與當時腐臭的泥土混積在一起。只是《古詩為焦仲卿妻作》最早見於此書，稍有保留這篇卓越民歌的功績。

陳後主陳叔寶也是一個大力提倡並制作宮體詩的君主。在他周圍，集中了大批文士，形成了一個文學集團，經常唱和遊宴。作為一個封建皇帝，陳叔寶並無可足稱道之處，但卻頗有文才。他所作的豔詩，深為後人所譏，而《玉樹後庭花》一曲，更被稱為「亡國之音」。

五、北朝詩文舉要

五胡十六國以來，中原地區戰火連綿，詩文創作十分寂寥，直到西元四三九年北魏統一北方後，社會才逐漸安定下來。此後，孝文帝遷都洛陽，實行漢化，文學事業才有較大起色，一時才子比肩，聲韻抑揚，洛陽之下，吟風成群，頗有南朝氣象。其中，最有代表性的人物是溫子升、邢邵、魏收三人，號稱「北地三才」。只是「學者如牛毛，成者如麟角」[15]，有成就的作家不太多。

溫子升係晉大將軍溫嶠之後，歷仕北魏和東魏，其詩作今存十一首，以樂府《擣衣詩》影響為大。文章傳世較多，但不重藻飾，內容有欠精彩。

邢邵少居洛陽，歷仕北魏、東魏和北齊。今存詩八首，風格頗類南朝齊梁，樂府《思公子》和詩《三月華林園公宴》是其代表作。

魏收由魏入齊，官至尚書左僕射，監修國史。曾奉詔撰《魏書》，曲筆諱飾，是非頗多，被人譏為「穢史」。收工詩善賦，今存詩十三首，多模仿南朝風格，浮豔淫靡，如《美女篇》、《永世樂》等，與宮體詩如出一轍。

北魏時期，兩部著名的學術性著作《水經注》和《洛陽伽藍記》，兼有文學性特徵，是優秀的散文作品。

《水經》原是古代一部地理書，記錄全國主要水道，文字非常簡單。酈道元為其作注，不僅說明原文，而且根據自己的見聞和其他資料，對它加以訂正、補

---

15 《魏書·文苑傳》。

充。《水經注》以河流為綱,對水道源流變遷、沿途山川地貌、歷史故事、名勝古蹟和民俗風情都作了詳盡的記載,內容超出原文二十倍。以下摘引兩段:

> 河水翼岸夾山,巍峰峻舉,群山疊秀,重嶺干霄。鄭玄案:「《地說》:『河水東流,貫砥柱,觸閼流。』今世所謂砥柱者,蓋乃閼流也。砥柱當在西河,未詳也。」余案,鄭玄所說非是,西河當無山以擬之。自砥柱以下,五戶以上,其間百二十里,河中竦石桀出,勢連襄陸,蓋亦禹鑿以通河,疑此閼流也。其山雖辟,尚梗湍流,激石雲回,澴波怒溢,合有十九灘。水流迅急,勢同三峽,破害舟船,自古所患。

> 自三峽七百里中,兩岸連山,略無闕處。重岩疊嶂,隱天蔽日,自非亭午夜分,不見曦月。至於夏水襄陵,沿溯阻絕,或王命急宣,有時朝發白帝,暮到江陵,其間千二百里,雖乘奔御風,不以疾也。春冬之時,則素湍綠潭,回清倒影,絕多生怪柏,懸泉瀑布,飛漱其間,清榮峻茂,良多趣味。每至晴初霜旦,林寒澗肅,常有高猿長嘯,屬引淒異,空谷傳響,哀轉久絕。故漁者歌曰:「巴東三峽巫峽長,猿鳴三聲淚沾裳」。

第一段出自《河水注》,描寫黃河三門峽的情景,短短數語,使人猶如身臨其境。第二段出自《江水注》,所描繪的長江三峽尤為膾炙人口。需要說明的是,酈道元一生足跡未及江南,此類文字,應是藉助了當時的其他資料。

楊衒之《洛陽伽藍記》以寺廟為綱,涉及北魏遷都洛陽後四十年間的政治事件、中外交通、人物傳記、市井萬象與民間習俗、傳說異聞等內容。北魏全盛時期,洛陽城內外佛寺多達千餘所,「金剎與靈臺比高,廣殿共阿房等狀,豈直木衣綈繡、土被朱紫而已哉」!其後則「城廓崩毀,宮室傾覆,寺觀灰燼,廟塔丘墟」。作者為記敘寺廟廢興,揭露統治者為佞佛而恣意濫用民力,抒發國家衰亡、京都傾毀的悲傷之情,而專門撰寫此書。書中寫永寧寺塔,「至於高風永夜,寶鐸和鳴,鏗鏘之聲,聞及十餘里」。顯得莊重肅穆。而寫景寧寺,則是「寺西有園,多饒奇果。春鳥秋蟬,鳴聲相續。中有禪房一所,內置祇洹精舍,形制雖小,巧構難比。加以禪閣虛靜,隱室凝邃,嘉樹夾牖,芳杜匝階,雖云朝市,想同岩谷。靜行之僧,繩坐其內,餐風服道,結跏數息」。又顯得幽靜脫

俗。該書還記載了一些日常的人物活動，不乏精彩內容。如《法雲寺》：

於時國家殷富，庫藏盈溢，錢絹露積於廊者，不可較數。及太后賜百官負絹，任意自取，群臣莫不稱力而去。唯（章武王元）融與陳留侯李崇負絹過任，蹶倒傷踝。太后即不與之，令其空出。時人笑焉。侍中崔光止取兩匹。太后問：「侍中何少？」對曰：「臣有兩手，唯堪兩匹，所獲多矣。」朝貴服其清廉。

用不同人物各自富有特徵的言語行動相對照，文筆簡潔雋永、幽默風趣，頗類《世說新語》。

第四節 ·
訓詁學、
聲韻學的成就

一、辭書的發展

曹魏初年，博士張揖著有《埤倉》、《廣雅》和《古今字詁》等三部訓詁學著作，其中成就最突出的是《廣雅》。《廣雅》又名《博雅》，是作者為增補訓詁學名著《爾雅》而撰寫的，「所謂擇撢群藝，文同義異，音轉失讀，八方殊語，庶物易名，不在《爾雅》者，詳錄品覈，以著於篇」[16]。因此是一部廣《爾雅》

---

16 張揖：《上廣雅表》。

之作。正由於此，所以《廣雅》在分別部類時，完全按照《爾雅》，全書共分十九篇，二三四三條，凡一八一五〇字。就價值來說，大概周秦兩漢時期古義仍存的，可據此書以證其得失，即「訓故言」；而其義散佚不傳的，則可藉以窺其端緒，解釋漢魏作品中的詞語，即「解今語」。可見，它是訓詁學上的一部重要著作，從漢以後迄於北魏，名物訓詁賴有此書才得以記錄、保存下來。

三國時，劉熙所撰《釋名》一書[17]，是一部釋事物之名的著作。該書二十七篇，篇目分類大體上仿照《爾雅》，但多有增刪、更改，共釋名物典禮一五〇二條，內容雖不盡完備，卻尚可藉以瞭解當時名物典禮之大概。從方法上說，《釋名》基本採用雙聲疊韻釋義，而尤以雙聲為甚，如「乾、健也」、「日，實也」等。書中的釋義，有些已見於經傳或《說文》，然而更多的釋義在這些著作、典籍中並無反映。在後一部分釋義內容中，有的屬於前代已在流傳但到劉熙時才予記錄的，有的則為當時所特有。所以，《釋名》在訓詁學上占有重要地位，其價值本來並不在《爾雅》和《方言》之下，不過，《釋名》取材不夠宏富，遺漏之處甚多，而且一概以音釋義，不免牽強，從而影響了書的價值。

《字林》是繼《說文》之後的一部重要字書，作者呂忱，晉人。《字林》的分部與《說文》相同，共收一二八二四字，比後者多三四七一字，釋義也略有差別，主要是改寫和加詳了內容。從南北朝一直到隋唐，《字林》的影響僅次於《說文》。

梁武帝大同年間，顧野王彙集魏晉以前的經疏註釋及字書、詞書等訓詁資料，編成《玉篇》一書。它在部首方面基本遵從《說文》，分為五四二部，但在內容方面則與《說文》大不相同。《玉篇》不分析字形結構，釋義務求全備，是一部真正供查檢用的常用字典。就這一點來說，它的實用性和普及性都優於《說文》，對後世字典的編纂工作產生過良好影響。

陳朝時期，陸德明的《經典釋文》總匯經典音義，是一部資料性質的工具

---

17 《釋名》作者劉熙，三國時人。參見胡樸安：《中國訓詁學史》，北京，中國書店，1983。

書。全書三十卷，是當時彙集反切資料最為豐富的著作。作者收集語音資料的原則，一是廣採博收，採集眾書音義達二百三十餘家。二是標舉正音。此外，他對舊注也進行了訓釋，即為注文作注。

魏晉南北朝是一個思想解放的時期，當時的學者在古書注解中表現出來的思想觀點，與前代大相逕庭，因而產生了大批古書注解方面的名著，如何晏的《論語集解》，王弼的《周易注》、《老子注》，杜預的《春秋左傳集解》，郭璞的《爾雅注》、《方言注》和《山海經注》等。至於裴松之的《三國志注》和酈道元的《水經注》，更是別開生面，具有很高的價值。

二、韻書的產生

根據文獻記載，中國古代最早的韻書是三國時期曹魏李登《聲類》和晉代呂靜的《韻集》。李登生平事蹟不見史傳，其《聲類》一書也久已不存。綜合有關記載，該書的大體情況是，收字一一五二〇個，比《說文》多二一六七字，按五音（宮、商、角、徵、羽）編排，共十卷，不分韻部。此外，《聲類》在訓詁學上也有不少貢獻，糾正了《說文》中的一些不準確的解釋。

《韻集》一書也已散佚失傳，綜合有關材料推斷，該書按五音（宮、商、角、徵、羽）共分為五篇，不分韻部，與《聲類》一樣，都運用了反切，且有了簡略的注釋。

南朝時期，文學創作普遍講求形式美，促使了韻書的大量出現，據統計，大略有以下十七種：

（1）周研《聲韻》，四十一卷；
（2）張諒《四聲韻林》，二十八卷；
（3）段弘《韻集》，八卷；
（4）無名氏《韻集》，十卷；
（5）王該《文章音韻》，二卷；

（6）王該《五音韻》，五卷；

（7）無名氏《群玉典韻》，五卷；

（8）陽休之《韻略》，一卷；

（9）李概《音譜》，四卷；

（10）無名氏《纂韻鈔》，十卷；

（11）劉善經《四聲指歸》，一卷；

（12）周彥倫《四聲切韻》；

（13）沈約《四聲譜》，一卷；

（14）夏侯《四聲韻略》，十三卷；

（15）潘徽《韻纂》，三十卷；

（16）釋靜洪《韻英》，三卷；

（17）杜台卿《韻略》。

這些韻書現均已失傳。它們收集提供了不少資料，是韻書發展史上的里程碑。在這些開拓性著作的基礎上，隋朝學者陸法言等人編著出了具有歷史意義的《切韻》一書。

這裡需要著重說明的是，南朝學者沈約在自己進行音韻研究的基礎上，結合前人的成果，創立了「四聲八病」等聲律理論。所謂「四聲」，即分字聲為平、上、去、入四類，所謂「八病」，是指把「四聲」用於詩歌格律時，應當避免的八種毛病，如平頭、上尾、蜂腰、鶴膝、大韻、小韻、旁紐、正紐等。聲律論形成後，一方面詩人們有意識地加以注意，大大增強了詩歌語言上的音樂性，提高了創作技巧，開創了「永明體」新體詩的創作，在理論與實踐方面為中國古典詩歌從古體轉為律體作了準備，所以對中國古代詩歌體制發展是一個重要貢獻。但另一方面，「四聲八病」之類理論過於苛嚴，在創作實踐中很難全部做到，按照這些原則去寫詩，必然會把詩歌創作引向重形式而輕內容的歧途。

吳歌北曲調不同

一、南朝民歌

　　南朝民歌產生於三國東吳，興盛於東晉以後，迄於陳，流傳至今的約五百首，共分為吳聲歌曲、西曲和神絃歌三類。由於神絃歌數量極少，僅十八首，內容也簡單，因此應以前兩類為主。吳歌產生於江南地區，以六朝都城建業（後改名建康，今江蘇南京）為中心地帶，是當時政治、經濟和文化中心，因習稱吳地，故其民間歌曲稱為吳歌。西曲產生於長江中游及漢水兩岸的城市——荊（今湖北江陵）、郢（今江陵附近）、樊（今湖北襄樊）、鄧（今河南鄧縣）等地。這些地區均為南朝西部軍事重鎮和經濟文化中心，所以也得以成為民歌興盛的重心之一。吳歌和西曲是原有名稱，宋人郭茂倩編纂《樂府詩集》，將其歸入「清商曲辭」，實際上就是當時的一種通俗樂曲。

　　南朝民歌興盛的原因，主要有四個方面：一是地理環境。產生南朝民歌的長江流域，氣候濕潤，物產豐富，山川明媚，花木繁滋，易於陶養當地居民熱烈浪漫的情思，對享樂生活的追求，以及豔麗優美為特徵的藝術趣味，民間歌舞一向

較為發達[18]。《南史‧循吏傳》記宋文帝元嘉年間，「凡百戶之鄉，有市之邑，歌謠舞蹈，觸處成群」；齊武帝永明中，「都邑之盛，士女昌逸，歌聲舞節，袨服華妝，桃花淥水之間，秋月春風之下，無往非適」。

二是經濟發展。六朝時期，南朝社會秩序相對穩定，加上北方流民大批南下，南方地區得到大規模開發，交通便利，商業發達，城市繁榮，經濟重心逐漸南移。

三是社會思想觀念的轉變。魏晉南北朝是一個思想較為開放的時代，傳統道德規範失去了約束力，追求人生快樂和感情滿足，成為當時一種普遍願望。在這種風氣下，不僅男子，而且婦女也常踰矩任情，於是專門歌詠男女相悅的民歌也就容易被人們所喜愛。

四是貴族的嗜好與風尚。六朝時期，世家大族在物質享受之外，對精神生活方面的追求，以及對藝術的興趣也是空前強烈的。當時上層社會流行的愛好中，既有書法、繪畫，更有活潑豔麗的江南民歌。據《宋略‧樂志》記載：「王侯將相，歌伎填室，鴻商富賈，舞女成群，競相誇大，互有爭奪。」這些情況必然給南朝民歌以極大的刺激。

從南朝民歌的題材和內容來看，都顯得比較狹窄，幾乎百分之九十以上都是描寫男女贈答之辭的情歌，而且基本上是以女性的口吻來表現對男子的相思與愛慕，另有少部分專門描寫女子體態、容貌的美麗。這與多方面反映社會生活的漢樂府民歌截然不同。究其原因，一方面，因為這些歌曲通常由歌女在宴會等有關場合演唱，因此以女性的口吻來寫較為合適。另一方面，這些民歌均採自城市都邑而非廣大農村，反映的生活本來就窄，再加上採集的目的又是為了滿足統治階級的聲色之娛，這就使得被採入樂府的民歌內容更趨單純。儘管如此，民歌中抒寫的感情仍然十分純真、質樸和健康，同描述統治階級腐朽生活的宮體詩尚有著本質區別。

---

18 參見章培恆等：《中國文學史》上卷，416 頁，上海：復旦大學出版社，1996。

南朝民歌的藝術特點表現為四個方面：第一，語言清新自然，委婉含蓄，豔麗柔弱，情意纏綿，具有「慷慨吐清音，明轉出自然」（《大子夜歌》）的特色。正是由於這一點，使得所有情歌總體上哀愁之音多於歡娛之詞。這種哀愁，或述說相思離別之情，或責怪男子負心背約，總之非常傷感。

第二，常用比喻或誇張等表現手法來抒情狀物。如《子夜歌》「儂作北辰星，千年無轉移」、《華山畿》「長江不應滿，是儂淚成許」等句，就是用「北辰星」來表示自己對待愛情堅貞不渝的態度，用「江水橫溢」的比興方式來形象說明自己的淚水之多和感情之深。這既反映出作者對客觀事物豐富的想像力，又具有濃厚的抒情氣氛。

第三，體裁多為五言四句、占總數的三分之二左右，另外有少量五言三句、四言四句或七言二句之類的格式。這種篇幅短小的詩歌，對於形式明快的詩風具有重要意義。南朝民歌中占主導地位的五言四句的詩歌形式，對唐代五言絕句的形成具有重大的影響。

第四，在修辭方面，南朝民歌特別是吳歌大量使用了一種諧音雙關的特殊形式來表達思想感情，獨具一格。

其具體運用方法有兩種：一是通過諧聲，把同一讀音的字由甲雙關到乙。常見的有：「絲」諧「思」、「籬」諧「離」，「蓮子」諧「憐子」、「棋」諧「期」等。如《讀曲歌》：「石闕生口中，銜碑不得語」，是以「碑」雙關「悲」，石闕則是碑的同義語。《子夜歌》「霧露隱芙蓉，見蓮不分明」，是以「芙蓉」雙關「夫容」、「蓮」諧「憐」，同時比喻男方的感情猶豫、含糊。

二是用一字包含多種意義。借甲來喻乙。如《三洲歌》「遙見千幅帆，知是逐風流」，「風流」本是「風吹流水」之意，但同時又暗喻男女之間的「風流情事」。《讀曲歌》：

音信闊弦朔，方悟千里遙。

朝霜語白日，知我為歡消。

「朝霜」比喻女子,「白日」比喻男子,「消」則借霜的消融來比喻人的消瘦。又《子夜變歌》:

> 人傳歡負情,我自未嘗見。
>
> 三更開門去,始知子夜變。

「子夜變」既是曲調名,又雙關情人的「半夜變心」,非常巧妙。總之,南朝民歌的雙關隱語修辭手法,加深了它纏綿含蓄的思想意境,突出了它的民歌特點,因而一直為後代民歌所繼承。

二、北朝民歌

北方地區由於各族人民長期雜居,特別是經過西晉末年的永嘉之亂,各少數民族入據中原,風俗習慣、地理環境和社會情況都與南方有所不同,所以民歌的內容及風格也迥然相異。北朝民歌題材廣泛,多方面、多角度地反映了當時的社會生活面貌,現實性與戰鬥性均較強,比南朝民歌更多地繼承了漢樂府詩的優良傳統。

北朝民歌主要保存在《樂府詩集·梁鼓角橫吹曲》中,另有少數收在《雜曲歌辭》和《雜歌謠辭》中,共約六十餘首。所謂「橫吹曲」,本是北方少數民族的樂曲,通常在馬上演奏,這裡是指軍樂。因為樂器有軍鼓有號角,於是叫「鼓角橫吹曲」。北朝民歌大部分是這種軍樂的歌辭,而且是北魏以後的作品,陸續傳到南方後,由梁朝的樂府機構保存下來,因而叫「梁鼓角橫吹曲」。也就是說,「梁鼓角橫吹曲」並非梁朝的民歌,而是北朝樂府。

北朝民歌最顯著的特色是質樸粗獷,豪邁雄壯。北方沒有南方那樣稠密多彩的植被,曲折蜿蜒的水網,景觀也缺乏細部的變化。然而,大自然在這種單調之中,充分顯示出它的冷峻、遼闊與崇高。生活在其中的人們一般不大注意細微的東西,目光總是被引向遙遠的天際,看到的是一望無垠的廣闊世界。久之,人的

心胸自然隨之擴展，形成粗獷豪邁的性格。北朝民歌有些是漢人作品，但更多的是出自當時的其他少數民族，其中最多的是鮮卑民歌，另外還有氐、羌等族的作品，正如《折楊柳歌辭》所謂「我本虜家兒，不解漢兒歌」。這些少數民族起初都以游牧生活為主，社會結構帶有軍事化性質。游牧生活不像農業定居生活那樣比較安定、社會秩序井然，收穫有很大保證，而是充滿了風險與變化。各部族之間，極少有文化禮儀的掩飾，誰力量大就進行軍事征服。他們在長期與大自然、與敵人的嚴酷鬥爭中，養成了部落成員強悍的氣質，不會喜愛南方人那種溫柔纏綿的詩歌。

因為北朝民歌產生的背景非常複雜，所以儘管數量不多，但反映的內容遠比南朝民歌廣泛，幾乎涉及社會的各個方面。大體上說，內容包括以下四個方面：第一，北方地區長期戰亂，社會動盪不安，把人們的性格磨煉得勇敢剛強，因此，北朝民歌中吟頌勇士健兒和激烈戰鬥的篇章比較多。如：

《企喻歌》：「男兒欲作健，結伴不須多。鷂子經天飛，群雀兩向波。」

《折楊柳歌》：「健兒須快馬，快馬須健兒。跋黃塵下，然後別雄雌。」

《琅邪王歌》：「新買五尺刀，懸著中梁柱。一日三摩娑，劇於十五女。」

著名的《隴上歌》屬《雜歌謠辭》，歌頌的是因為堅決抵抗匈奴貴族劉曜的侵略而壯烈犧牲的英雄人物陳安。此歌產生於民間，後來流傳很廣。「隴上」即隴城，在今甘肅清水縣。在這首歌中，人們讚揚陳安能與士兵同甘共苦，「軀幹雖小腹中寬，愛養將士同心肝」；描繪他特別勇敢，「丈八蛇矛左右盤，十蕩十決無當前」；對他最後在激戰中不幸犧牲表示深切哀悼，「西流之水東流河，一去不返奈子何」。全詩慷慨悲壯，聲調激昂，既流露出失去勇士的哀痛心情，又強烈表達了人們對英雄的無限懷念。

男子英勇無畏，巾幗也不讓鬚眉。如《李波小妹歌》：「李波小妹字雍容，褰裙逐馬如卷蓬。左射右射必疊雙。婦女尚如此，男子安可逢！」這種英姿颯爽、驅馳如飛、箭無虛發的巾幗形象，南朝民歌中是根本沒有的。

第二，以反映貧富懸殊的階級矛盾、封建徭役制度的罪惡為主要內容的歌，在北朝民歌中也占有一定比重。如《雀勞利歌》：「雨雪霏霏雀勞利，長嘴飽滿短嘴饑」，以長嘴鳥比喻腦滿腸肥的剝削者，以短嘴鳥象徵饑寒交迫的勞動者，貧富對立，十分鮮明。又如《隴頭歌辭》第三首：「隴頭流水，鳴聲嗚咽。遙望秦川，肝腸斷絕。」描寫了被官府徵調的役夫奔走於崎嶇艱險的山嶺間的辛苦。

第三，反映男女愛情與婚姻問題，這是北朝民歌中數量最多的一類。比如《捉搦歌》：「誰家女子能行步？反著裲襠後裙露。天生男女共一處，願得兩個成翁嫗。」它的主題是敘述一位姑娘對終身大事的關切，希望能夠早日同自己的心上人結成佳偶，以免月歲流逝青春不再，而最後兩句快人快語，直抒胸臆。這種質樸純真的表達方式，與南朝民歌的羞怯含蓄大相逕庭。又如《地驅樂歌》僅兩句：「月明光光星欲墮，欲來不來早語我！」詠唱戀人幽會，結果情人不來，但是毫無哀傷，只是直截了當地指責對方，與南朝民歌的委婉大異其趣。

北方民歌中那些反映女子埋怨家中不讓自己早日出嫁的歌，更是以口道心，毫無遮掩。如《地驅樂歌》：

驅羊入谷，白羊在前。

老女不嫁，蹋地喚天。

這種情況可能與連年混戰，壯丁大量死亡有關。又如《折楊柳枝歌》：

門前一株棗，歲歲不知老。阿婆不嫁女，哪得孫兒抱？

敕敕何力力，女子臨窗織。不聞機杼聲，只聞女嘆息。

問女何所思，問女何所憶？「阿婆許嫁女，今年無消息！」

這首詩反映了一位已過婚配之年的姑娘對自己婚姻問題未能及時解決的憂慮心情。全詩分三節：第一節以門前棗樹起興，綠樹成蔭，果實滿枝。令人遺憾的是，「阿婆」卻絲毫不考慮女兒的心事，以致年復一年，韶華空度，不禁滿腹怨望：「哪得孫兒抱？」第二節敘述了姑娘臨窗織布，非常勤勞，可是由於當嫁而

未嫁，忍不住憂從中來，停機嘆息。最後一節借用問答形式，由姑娘自己把心事和盤托出：阿婆本已允諾讓女兒出嫁，但今年又食言不再提起。由此可以看出，全詩確實語言自然，樸實無華。

第四，反映北方游牧生活和北國風光的歌，最著名的是《敕勒歌》：

敕勒川，陰山下。天似穹廬，籠蓋四野。

天蒼蒼，野茫茫，風吹草低見牛羊。

敕勒是當時北方的一個少數民族。這首歌前兩句點明地理位置，然後唱出北方大草原廣闊無垠的景象，勾勒出一幅蒼茫遼闊、雄渾壯觀的生動圖畫，表現了開闊的胸襟、豪邁的情懷。最後概述水草牛羊的豐茂繁盛，抓住游牧民族的生活特色，大筆如椽，充分體現了人對自然的無比自豪。這與山清水秀的江南相比，完全是另一種情調。

北朝民歌仍以五言四句為主要形式，也有一些四言四句或四言六句的作品。通過以上介紹可以看出，南北朝民歌的風格有很大差別。北朝民歌在語言上質樸剛健，富有力度，不似南朝民歌文辭華美，手法精緻，更不用雙關隱語。在內容上，南朝民歌多侷限於男女之間的柔情蜜意，悲歡離合，北朝民歌則慷慨悲壯地抒寫社會生活的各個方面。在感情表現上，北朝民歌直率粗獷，南朝民歌則婉轉纏綿。

三、《木蘭詩》

在北朝民歌中，《木蘭詩》是一首傑出的長篇敘事詩，共六十二句，由民間創作而成，又叫《木蘭歌》或《木蘭辭》。

《木蘭詩》中的主人公木蘭原是一位勤勞善良，熱愛勞動的姑娘：「唧唧復唧唧，木蘭當戶織。」在父老弟幼、無人應徵的情況下，她經過反覆、認真的考慮，毅然決定女扮男裝，代父從軍。在長達十年的戰鬥歷程中。木蘭「萬里赴戎

機，關山度若飛」，成長為一名堅強無比的戰士。她衝鋒陷陣，屢立奇功，終於打敗了敵人，凱旋而歸，受到親人們的熱烈歡迎。

《木蘭詩》具有很高的藝術成就。首先，它是中國詩歌中一篇現實主義與浪漫主義相結合的作品。它通過故事情節的發展變化，出色地塑造了一位令人喜愛的女英雄形象。木蘭來源於現實生活，但經過高度藝術概括與集中，成為典型化的人物和人們理想的化身。如「雄兔腳撲朔，雌兔眼迷離。雙兔傍地走，安能辨我是雄雌」！比喻詼諧幽默，暗寓男女才能並無高下之分，洋溢著廣大勞動婦女對自己具有無窮力量和智慧的一種興奮喜悅之情。

其次，《木蘭詩》是一首敘事詩，但抒情成分很重。敘事與抒情相結合，藝術上很有特色。作品著重寫了出征前、戰鬥中、歸家後三個時期內心活動的細微變化。出征前躍躍欲試迎接困難，「東市買駿馬，西市買鞍韉，南市買轡頭，北市買長鞭」，顯得異常忙碌，真實刻畫了木蘭當時的心情。在行軍與戰鬥中，突出表現她的思親與緊張，說明堅持十年戰鬥不易。歸家後，通過換裝描寫，表現木蘭欣然自得、略帶幽默的心情。這樣，木蘭感情的變化就很生動。同時，在反映她內心活動時，又總是緊扣「木蘭是女郎」來進行，使人物的身分、處境、心理結合得很好，形象栩栩如生。

再者，作品敘事繁簡得當，形成細膩與粗獷相結合的風格。如出征前本有許多準備工作要做，但詩中只提及置備鞍馬一事，非常簡單，但在敘述如何置備鞍馬時，又大事鋪陳，讓木蘭東西南北四處跑，特別詳細。再如木蘭回家，先不厭其煩地把全家人都列舉出來，造成一種喜氣盈門的效果，這是繁。然而木蘭如何與家人見面，場面如何等一概不寫。這種繁簡互見的處理方式，可以省卻許多次要情節，給讀者留下想像餘地。

此外，《木蘭詩》語言豐富多彩，既有樸素自然的口語，又有精妙恰當的律句。同時，長短句的交替出現、排比的運用等，都大大增強了它的藝術感染力。

經過一千多年的傳誦，《木蘭詩》已成為人們喜聞樂見的古典詩歌名篇之一。

第六節·

駢文風靡
與神怪入書

一、南北朝的駢文

　　駢文是中國文學史上特有的一種文體。這是由漢字為獨音體決定的。由於文字為獨音體，於是就有字數相等的並列偶句，並可在偶句中講求詞義的對稱。因此，駢文的特徵就是通篇以偶句為主，講究對仗、聲調、用典和藻飾。這種駢偶現象由來已久，如《尚書·大禹謨》「滿招損、謙受益」。不過，這些偶句在漢代以前的文章中只是偶爾出現，並非作者有意為之，主要用在意義緊要之處，以期收到警示動人之效。駢文並不一定要限定每句字數，但南北朝時駢體文逐漸多用四字句和六字句，而輔以三字句和五字句。

　　東漢時，《漢書》的傳贊在句法上已趨向整齊化。後來，蔡邕的散文開了六朝駢體文的先聲。魏晉時期，駢體文開始形成，如曹植的《與楊德祖書》，已有很多駢偶句子，且注意辭采華茂，少量用典。南北朝時期，一般文章，尤其是應用文，都向駢偶化、辭賦化方面發展。日常公文書信用駢文，沈約的《宋書》中有些傳論用駢文，文學批評專著《文心雕龍》也用駢文。劉宋時，駢文不僅辭藻

更綺麗，對仗更工整，而且用典也更頻繁，以致「文章殆同書鈔」[19]。由於用典太多，文章晦澀難讀。到齊梁時期，因受佛經轉讀影響，聲韻研究取得了進展，使駢文更進而注重平仄相對，追求音韻美。這樣，駢文在語言形式上的四個基本特徵更為顯著，即語句對偶、多用典故、辭藻華麗、聲調鏗鏘，使駢文達到了精美成熟的程度。

南北朝駢文的發展雖然有形式主義傾向，但其中也有一些內容較為充實、深刻的作品，不能一概否定，應當區別對待。南齊孔稚珪《北山移文》，是南朝思想性和藝術性都比較高的一篇駢文。北山指南京鐘山，移文係古代官府的一種文書。作者借鐘山神靈之口，斥責為謀取官職而曾在鐘山隱居過的周顒，尖銳地諷刺了周顒這類假隱士的虛偽情態。作者用擬人化手法對山水草木作了細緻的性格刻畫，文句精練而富有新意，特別是結尾一段，寫得最為精彩。

梁朝劉孝標的《廣絕交論》，也是一篇用駢文寫成的文章。文中對當時社會上趨炎附勢的情態作了深刻的揭露，對偶工整，辭藻華美豐富，充分發揮了駢文形式的長處，可與《北山移文》相提並論。梁代還有一些駢文短札，是精美的山水小品。如吳均的《與宋元思書》，用駢文寫短信，描繪了浙江富春江的山水景色。文章並不用典，只通過直敘白描，採用各種修辭手法，將山水特點描繪出來，文字明麗洗練，風格素雅清新，是山水文中的精品。此外，丘遲的駢文書信《與陳伯之書》也是為後人傳誦的名篇。作者考慮到收信人是位武將，因而用詞通俗易懂，駢散兼用，活潑自然，是一篇文情並茂的佳作。

如果說駢文在寫景、抒情及議論上尚有一定表達能力的話，那麼在敘事上則受到較大約束。因為過分講究形式，文辭浮豔、晦澀，影響了內容的自由表述，而且所表現的內容也非常狹窄。

---

19 《詩品·序》。

二、南北朝的駢賦

南北朝時期，在駢文繁榮的同時，辭賦也受到人們的重視。這時的賦是在魏晉小賦基礎上發展起來的駢賦。南朝詩文創作講究聲律，賦也與駢文一樣注重駢偶對仗，講究音韻諧美，運用典故成語，往往通篇四六成句，句句相對，形成俳賦，也叫駢體賦。駢賦內容主要是抒情、詠物，形式短小活潑。與漢賦相比，兩者都用韻，但駢賦用典，漢賦不用。駢賦予駢文相比，前者一般要用韻，是押韻的駢體文，後者可以不用韻，但兩者都具有駢偶和用典的特徵。

劉宋時期，賦的創作以鮑照成就最大。他的賦作現存十篇，代表作是《蕪城賦》。蕪城即廣陵城，在今江蘇揚州，自漢而歷魏晉，是東南地區一座繁華的城市。作品借用西漢曾在廣陵建都的吳王劉濞叛亂失敗的故事，諷刺劉宋大明年間竟陵王劉誕的割據叛亂，用誇張的筆法將廣陵城昔日的繁榮與它遭到兵禍後的荒涼景象相對照，抒發興亡感慨，富有現實意義，藝術性很高，但結尾過於消沉。

與鮑氏同時代的謝惠連和謝莊，分別撰有《雪賦》和《月賦》，是寫景詠物小賦的名篇。梁代，江淹早年在賦作上很有成就，其著名的抒情小賦《恨賦》和《別賦》都是典型的駢賦，樣式與一般駢文相近，區別僅在於用韻以及偶用辭賦中常見的「兮」字。二賦把人生普遍存在的死亡之恨與離別之情，用抒情筆調分別加以集中描述，富有獨特性，極易引起封建社會不得志的知識分子的共鳴，因而特別為人所傳誦。即使今天讀來，仍覺其概括性強、藝術性高，只是情調傷感，有偏限。江淹少孤而家貧，較為坎坷，所以詩賦能較深刻、概括地寫出許多貧賤士人的失意與痛苦心情，間接反映動亂的社會現實。但他晚年高官厚祿，生活環境起了變化，缺乏創作激情，寫不出好作品，史雲淹「晚年才思微退，時人謂之才盡」[20]。

梁陳之際，一些君主和貴族文人筆下還產生過為數不少的專寫貴族男女情思的抒情小賦，如庾信早年的《蕩子賦》、梁元帝蕭繹的《蕩婦秋思賦》和《採蓮

---

20 《梁書·江淹傳》。

賦》，內容與當時的宮體詩相應，猶如宮體賦。

北朝賦作中，庾信的作品占有重要的地位，無論是在思想性還是藝術形式的發展上，都達到了前所未有的高度，標誌著這一文體的最高成就。其中，《哀江南賦》最為著名，是一篇集中抒寫作者懷念故國、自痛身世的鴻篇鉅製。文中，庾信以自身經歷為線索，歷敘梁朝由興盛而衰亡的經過，具有史詩性質。文章頭緒紛繁，感情真摯、深沉，敘事和議論、抒情相結合，在古代賦作中罕見其例。作者對梁王朝深深眷懷，但對梁代政治的荒廢、混亂，對梁元帝及宗室諸王的忌刻自私，批判也很嚴屬：「宰衡以干戈為兒戲，縉紳以清談為廟略。乘漬水以膠船，馭奔駒以朽索。小人則將及水火，君子則方成猿鶴。」敘述江陵被西魏攻破後百姓慘遭擄掠，尤為感人：「冤霜夏零，憤泉秋沸。城崩杞婦之哭，竹染湘妃之淚」；「逢赴洛之陸機，見離家之王粲，莫不聞隴水而掩泣、向關山而長嘆」。全文對仗工整，用典繁密，給人們提供了豐富的歷史聯想，技巧高超，風格厚重，把豐富而複雜的內容生動地表達出來，是南北朝駢賦的壓軸之作。

三、志怪與軼事類的小說

「小說」一詞，最初是指卑瑣無價值的言談。《漢書‧藝文志》中，開始把小說列為一種著作類型，但並非指具有特點的文學形式，而是指那些街談巷語、道聽塗說者編造的價值不高的一類作品。後來，人們大都承襲班固對小說的看法，把瑣聞、雜說、考訂等零星瑣碎、無類可歸的筆記，一律稱為小說。

魏晉南北朝的小說，一方面，繼承神話傳說的傳統。在漢人小說的基礎上，演化出寫神仙鬼怪的「志怪」故事，如張華的《博物志》、干寶的《搜神記》等。另一方面，作為史傳的支流，廣泛受到先秦兩漢時期史書和諸子的影響，把寫人物言行片斷的「雜錄」發展成為一種獨創的小品體裁，即軼事小說，如裴啟的《語林》和劉義慶的《世說新語》等。

（一）《博物志》和《搜神記》

《博物志》現存十卷，是一部《山海經》式的誇示博物的志怪書，對山川地理、奇物異境、瑣聞雜事等以類相從，無所不記，著重宣揚的卻是神仙與方術。大體上說，該書以名山大川、外國奇境作為神所在的假想地，以鳳凰、麒麟、琪芝、神草作為仙宮所產珍異之物的代表。張華在《博物志》中，不僅對神仙方術、服藥長生之類東西饒有興味地加以敘述，而且還記錄了一些妖異的故事。如記載天門郡有個幽山峻谷，凡經過者都飛到天空而失蹤，別人認為這是成了仙，遂名該地為「仙谷」。後來發現山頂上有條巨蟒張口吸氣，所謂成仙者，實際上是被巨蟒吸氣吞吃了。這部書可取的內容不多，故事也很少。

在志怪小說中，《搜神記》是保存故事最多且具有代表性的一種。作者干寶（西元？-336 年），字令升，新蔡（今河南新蔡）人，是兩晉之際史學名家，著有《晉紀》二十卷，時人稱為「良史」。干寶性好陰陽術數，迷信鬼神，撰《搜神記》二十卷，意在「發明神道之不誣」。

《搜神記》的內容，一是「承於前載」，文字上予以某些加工；二是「採訪近世之事」，出自作者手筆。書中著力宣揚神仙迷信思想，也保留了不少內容較為健康的民間故事。著名的有：第一，《東海孝婦》，介紹一孝婦被官府枉殺，精誠感天，死時頸血依誓言緣旗竿而上，死後郡中三年不雨，為關漢卿名作《竇娥冤》藍本。

第二，《董永》，敘述董永家貧，父死後自賣為奴以辦喪事，天帝派織女下凡為其妻，織縑百匹償債，而後離去。《天仙配》由此演變而來。

第三，《韓憑夫婦》，描寫宋康王見韓憑妻何氏貌美，奪為己有，夫婦倆不甘屈服，雙雙自殺。死後二人墓上長出大樹，根相繞而枝相錯，又有一對鴛鴦棲於樹上，悲鳴不已。

第四，《吳王小女》，記載吳王夫差之女與韓重相戀，因父親反對而氣絕身亡，其鬼魂仍與韓重完成夫婦之禮。

第五，《李寄斬蛇》，記述越閩東部山區有大蛇危害人畜，當地官吏聽信巫師胡言，草菅人命，年年索取少女餵蛇。貧家少女李寄不顧個人安危，挺身而出，為民斬蛇除害。

第六，《干將莫邪》，寫干將莫邪為楚王鑄劍，三年乃成，被殺。其子赤比為父親報仇，構思奇妙，情節曲折，表現出百姓對暴君強烈的復仇精神。

（二）《世說新語》

《世說新語》作者劉義慶（西元 403-444 年），彭城（今江蘇徐州）人，宋武帝劉裕之侄，襲封臨川王。愛好文學，著述甚豐，今僅存《世說新語》一種。該書原名《世說》，梁劉孝標為其作注，引書達四百餘種，以博洽著稱。

《世說新語》按類書形式編排，從《德行》至《仇隙》，共計三十六篇。該書主要記述自東漢至東晉期間文人名士的舊聞軼事，雖然都是散記，但內容極為豐富，廣泛反映了士族階層多方面的生活面貌和思想情趣。具體地說，其內容主要有三個方面：一是許多條目表現了魏晉時期的黑暗政治和統治集團的荒淫殘暴。如《汰侈》：

石崇每要客燕集，常令美人行酒，客飲酒不盡者，使黃門交斬美人。王丞相與大將軍嘗共詣崇。丞相素不能飲，輒自勉強，至於沉醉。每至大將軍，固不飲，以觀其變；已斬三人，顏色如故，尚不肯飲。丞相讓之，大將軍曰：「自殺伊家人，何預卿事！」

石崇是晉代著名的豪富，窮奢極欲，妻妾成群。他以殺人勸酒為闊，其殘暴令人髮指。大將軍王敦以冷眼旁觀殺人為豪，連殺三人，毫不動心，冷酷滅絕人性至極。這種野蠻的豪奢行為，充分暴露了統治階級的凶殘本質。

二是《世說新語》有不少條目表現了魏晉黑暗統治下，知識分子慘遭迫害的現實，以及憤世嫉俗的讀書人精神上的苦悶。如《棲逸》篇記翟道淵與周子南共隱於潯陽，後來周子南做了官，翟道淵就不與他說話。《德行》篇謂嵇康立志不

與統治集團合作，與人相處了二十多年，未嘗見其表露出喜慍之色。又記載「晉文王謂阮嗣宗至慎，每與人言，言皆玄遠，未嘗臧否人物」。這些知識分子的態度和遭遇，間接反映了魏晉之際統治者隨意殺戮士人的恐怖局面。

三是《世說新語》用較多篇幅記述了魏晉時期名士們的奇異舉動和玄言清談。以下分別從《任誕》和《文學》摘錄兩則：

劉伶病酒，渴甚，從婦求酒。婦捐酒毀器，涕泣諫曰：「君飲太過，非攝生之道，必宜斷之。」伶曰：「甚善。我不能自禁，唯當祝鬼神，自誓斷之耳！便可具酒肉。」婦曰：「敬聞命。」供酒肉於神前，請伶祝誓。伶跪而祝曰：「天生劉伶，以酒為名，一飲一斛，五斗解酲。婦人之言，慎不可聽。」便引酒進肉，隗然已醉矣。

孫安國往殷中軍許共論，往反精苦，賓主無間。左右進食，冷而復暖者數四。彼我奮擲塵尾，悉脫落滿餐飯中。賓主遂至暮忘食。殷乃語孫曰：「卿莫作強口馬，我當穿卿鼻！」孫曰：「卿不見決鼻牛，人當穿卿頰。」

《世說新語》在記事和語言應用方面，具有明顯的藝術特色。它記事長則數行，短則數字，能在很短的篇幅中，抓住最能突出人物內心世界的片言隻語或一兩個細節，生動地表現了人物的性格特徵，沒有鋪敘過多的描寫，更絕少誇張之處。它記言清俊簡約、雋永含蓄，奇行趣語躍然紙上，如《忿狷》：

王藍田性急。嘗食雞子，以箸刺之，不得，便大怒，舉以擲地。雞子於地圓轉未止，仍下地以屐齒蹍之，又不得。瞋甚，復於地取納口中，齧破即吐之。

短短數語，就把王戎因吃不成雞蛋的性急情態生動形象地表現出來了。由於該書的這些藝術特色及有關內容，因而一向受到古代文士的特別喜愛，歷代模仿、續作者甚多。

第七節 ·

文選與文論

魏晉以前，人們對文學作品和學術著作還不能明確區分，因此在文學批評上探討得比較多的是文學的政治功能和道德教化一類問題，理論上也無法深入。建安以後，隨著儒家經學束縛的解脫和文學自身的發展，人們對文學的獨特性有了進一步的認識，於是文學批評進入到自覺發展階段。魏晉南北朝時期文學批評的內容，除繼續討論文學的政治、教化問題外，還接觸到許多新的問題。如文學的起源與發展、創作過程和寫作技巧；評論作家作品的原則、方法和態度；各種文體產生的淵源及特徵；作家個性對文學創作的關係等。人們在這些問題上不斷獲得新的認識，表示不同意見，進行激烈爭論，從而呈現出文學批評五彩繽紛的局面。

一、《典論 · 論文》和《文賦》

《典論》是曹丕的一部學術著作，全書已佚，《論文》是其中唯一完整保存下來的一篇。它是中國第一篇以多位作家和多種文體為研究對象的文學批評專論，著重論述了評論作家作品應抱何種態度的問題。而在論述過程中，又涉及文體、風格、文學的社會功能等重大問題，對中國的文學批評與文學創作具有積極影響。

《典論‧論文》的主要內容是：第一，肯定了文學的地位，「蓋文章，經國之大業，不朽之盛事」。第二，強調作家要有自己獨特的個性與風格，「文以氣為主」，「氣」即作家的氣質，由於作家的氣質不同，所以作品的風格也各異。第三，把文學體裁分為四類，並各指出其特點：「奏論宜雅，書論宜理，銘誄尚實，詩賦欲麗」。這種區別雖未必完善，但有開創之功。第四，討論了文學批評的態度，認為文學評論一直存在「各以所長，相輕所短」的通病，反對「貴遠賤近，向聲背實」、「文人相輕」的陋習、主張「審己以度人」，先檢查自己，看到短處，再衡量別人，發現長處。

　　曹丕以執政者身分對同時期作家作品做出較為公允的評論，實踐了他文中提出的「審己以度人」的主張，對當時文學批評的開展有一定指導意義和推動作用。《典論‧論文》雖然著重論述關於批評的態度問題，但在論述過程中涉及的其他一些問題在中國文學批評史上也有一定的影響。例如對文體「四科八類」的分析，是最早的文體論，其中「詩賦欲麗」的看法，指出了詩、賦之類文體的文學語言特徵，啟發人們從文學本身的特徵來認識文學，標誌著文學發展進入到了自覺階段。又如「文氣」問題的提出，是中國文學批評史上風格論的開端。

　　曹魏以後，文學特徵不斷為人們所認識，從事文學創作的人也日漸增多，人們迫切要求對前人文學創作經驗進行探討和總結，以指導創作實踐。西晉文學家陸機適應這一社會需要，根據自身的創作感受，結合前人的創作經驗，寫成《文賦》一文。該文以創作過程中構思謀篇問題為中心，闡述了有關文學創作上的許多問題，是文學批評史上的又一篇重要作品。它的主要內容包括了三個方面：

　　一是論述了文學創作的過程。作家在觀察客觀事物或閱讀古代典籍時有所感觸，於是產生創作衝動，並進入構思階段。陸機主張，構思時要發揮想像，捕捉形象，運用獨創精神，力求「意稱於物」。在寫作階段，要注意分段布局，遣辭命意，認為意為骨幹，文為枝條，應做到文以逮意。

　　二是探討了寫作技巧，總的原則是「其會意也尚巧，其遣言也貴妍。暨音聲之反覆運算，若五色之相宜」。也就是說，立意要巧，用辭要美，要注意聲律。從文學的藝術技巧角度來說，這三點無疑抓住了要害。其中聲律問題的提出，在

文學批評史上尚屬首次。關於修辭技巧，《文賦》涉及許多手法，如辭意雙關，運用警句突出主題，獨創新辭，以精美詞句彌補文章的平庸等。陸機強調，寫作時要防止五種弊病，即篇幅太小不足成文、文辭美醜不諧、辭浮情虛、為迎合時好降低格調、過於質樸而枯燥無味。

三是分析了文章的風格問題，將文體分為十類，並分別指出其特點：「詩緣情而綺靡，賦體物而瀏亮。碑披文以相質，誄纏綿而悽愴。銘博約而溫潤，箴頓挫而清壯。頌優游以彬蔚，論精微而朗暢。奏平徹以閒雅，說煒曄以譎誑。」

《文賦》提出了文學創作中的許多新問題，總結了不少創作經驗，是古代文學理論中一篇重要論著。但作者忽視文學作品的思想內容，把文學的形式問題作為主要論述對象，絕口不提與文學創作密切相關的社會生活，未免失於片面。

二、《文心雕龍》

《文心雕龍》作者劉勰，字彥和，生卒年不詳。東莞（今山東莒縣）人，世居京口（今江蘇鎮江），一生歷宋、齊、梁三朝。劉勰篤信佛教，早年家貧，未得婚娶，依附沙門僧祐生活十餘年，參加佛經翻譯，精通佛家經典，但《文心雕龍》的思想體系卻是儒家的。

《文心雕龍》共五十篇，包括總論五篇，文體論二十篇，創作論十九篇，批評論五篇，最後一篇《序志》是總結全書的自序。這部書是中國古代文學理論著作中最系統的一部。

《文心雕龍》的基本思想是「文原於道」。所謂「道」是指客觀存在著的，先天地而生，並且創造世界萬物的精神。文學根源於「道」，「道」又被聖人所發現和體現，通過聖人之手用文章予以表現，所以，聖人的「六經」就是「道」的文字表現和真理的淵藪，為後世文章確立了思想上和藝術上的準則，一切文章的本源都起於「六經」，文學的職能就在於闡述「六經」中所蘊含的「聖道」，即原道、徵聖和宗經。這些觀點強調文學的內容與作用，對反對形式主義文風有

一定進步意義，但也使劉勰的文學觀帶有經學氣息和某些神祕色彩。

《文心雕龍》分文體為三十五種，論述較為完整。作者對每類文體的說明，都是和文學發展歷史的敘述、作家作品的評論、寫作方法和要求的闡明等相結合，從而使文體論的內容顯得豐富充實。

《文心雕龍》

創作論是《文心雕龍》中最精彩和最值得重視的部分，書中對《文賦》涉及的一些問題，逐一分專篇予以深入探討。如《神思》論藝術構思，《體性》論作者個性與作品風格的關係，《養氣》論如何提高創作修養，《通變》論繼承和革新，《情采》論內容和形式的關係，《比興》論文學創作中兩種重要表現手段——比和興，《物色》論文學創作與自然環境的關係，《時序》論文學與社會環境的關係，《總術》論掌握藝術技巧的重要性，《知音》論如何著手開展批評，等等。總起來說，劉勰的創作理論主要牽涉到四個方面：一是在創作準備上，要廣泛觀察和熟悉各種事物，加強自身品德的修養，學習和繼承前人的創作經驗，熟練掌握藝術技巧。二是要求作者在創作中表達出充實飽滿的情態，使作品具有教育感化作用。同時，創作必須通過想像虛構，運用誇張、比興等藝術手法描繪出驚心動魄的情景，從而加強作品的感染力量。三是文章與文辭的安排、篇章結構的佈置、風格與作者的關係，以及剪裁取捨、修改潤色等。四是聲律、用典、對偶和字句的斟酌等。

劉勰的批評論，主要有兩個方面：一是批評的標準、態度和方法。認為批評文章一定要用儒家經典作標準，因為聖人著作內容充實、形式華美。具體地說，批評的標準有六條，即感情真摯而不欺詐，教化意義純正而不雜亂，所寫事物真實而不虛妄，意義正當而不歪曲，風格簡練而不繁雜，文辭華麗而不過分。這實際上也是創作的要求。劉勰認為，文學批評要克服秦漢以來存在的三種毛病：貴古賤今，崇己抑人和信偽迷真。為此，他還提出了三點看法：第一，批評者對文學批評的特點應有所認識，避免帶上個人主觀色彩。第二，要盡量實事求是，「無私於輕重，不偏於愛憎」，做到「平理若衡，照辭如鏡」。第三，加強批評者

的自我修養，「務先博觀」。

批評論的另一個方面是劉勰的批評實踐，如在作家論上，他評論作家所持的態度和方法：一是以簡要評語指出不同作家獨具的特點；二是堅持知人論世的方法，把作品的思想傾向與作家的生活遭遇聯繫起來研究；三是對部分作家的評論貫徹了內容與文辭並重的觀點。

《文心雕龍》是中國文學批評史上一部最重要的著作，它對後世的影響十分深遠。

三、《詩品》

《詩品》作者鍾嶸，生卒年不詳，字仲偉，潁川長社（今河南長葛）人。齊、梁兩朝曾做過參軍、記室一類小官，《詩品》撰畢，已是作者的晚年。

《詩品》是繼《文心雕龍》之後又一部傑出的文學批評名著。全書專以五言詩為評論對象，共品評了自漢至齊梁時期五言詩作家一二二人（另有無名氏《古詩》一組），分上、中、下三品，每品一卷，共三卷。三卷前各有序言，但今本把三序合而為一，總稱《詩品序》或《總序》。這樣，《詩品》又可分為「總論」和「正文」兩大組成部分：「總論」列舉作者對詩歌問題一些總的看法，是詩論；「正文」是運用「總論」中論詩的原則，具體品評詩人及詩作，是詩評，也是該書的主體部分。

就其「總論」而言，三卷的序言各有側重：上卷的序言著重敘述五言詩的起源和發展史，論述詩的產生、詩的作用和表現手法等問題，並說明其寫作背景及其起因。中卷的序言，說明了《詩品》的體例、特點以及品評的範圍，同時批評了南朝詩壇好用典故的不良風氣。下卷的序言論述了聲律論的流弊，最後選錄了五言詩名作的篇名附於後。在特點方面，以往的文論或通論創作，或僅談文體，或只集錄詩文，內容上都不對具體作家定品第，評風格，沒有探討風格和流派的起源，未能對他們詩作的優劣得失加以評判和總結，而這些正是鍾嶸用力甚勤之

處。在體例安排方面，《詩品》注意了四點：對同一品作者按照時代先後而不按其作品優劣來排列名次；對在世詩人不作評論；對「方今皇帝」蕭衍（梁武帝）及依附他的權貴不作評論；《詩品序》末尾附錄了歷代五言詩名作的篇目，係作者從眾多的詩作中精心選定的，這對瞭解鍾嶸的審美觀點和評詩標準很有幫助。

《詩品》正文的內容是溯流別、評風格、定品第。作者從漢魏六朝眾多的詩人中，選定一二二位堪稱「才子」的作家作為評論對象，辨別他們的源出和流派，分析他們的風格特色，評判他們的利弊得失，然後確定其品第之高下。總計上品十一人（另有《古詩》一組）、中品三十九人、下品七十二人。對其中三十六位作家的評論，從傳統的繼承關係來探索其詩作的源出，區分其流派，最後歸結為三個源頭，即《國風》、《小雅》和《楚辭》。

總之，《詩品》是一部很有價值的詩論專著。它對五言詩的肯定和對當時各種不正詩風的批判，反映了較為進步的文藝觀點。而對風格的評述、流派的區分和意境的探求以及對藝術美的鑑賞等，提出了一些較為符合藝術規律的見解，可給人們以有益的啟示。

四、《文選》

魏晉以後，文學家大批湧現，作品不斷積累，文體日益多樣化，於是人們對文學作品的需求也越來越迫切。各種詩文選本就在這種情況下應運而生了。編選者在編文選集時，往往面臨著一個標準問題，這裡就包含了若干文學批評見解。這些見解，或反映在選本序跋中，或體現在作品的取捨編排上，有的選本自身還兼有對所選文章的評論。因此，選文編集是中國文學批評的一種特殊形式。西晉末摯虞的《文章流別集》和東晉李充的《翰林論》，是當時兩種著名的文選。前者按體裁選集古代優秀作品，並對每種體裁加以敘論，後者按文體「褒貶古今，斟酌利病」[21]。可惜兩書均已亡佚，僅留殘篇，難窺全貌。今天完好保存下來的

---

21 《文鏡秘府論・四聲論》。

最早的詩文選本，是梁朝蕭統的《文選》。

蕭統（西元 501-531 年），字德施，南蘭陵（今江蘇常州市郊）人，梁武帝蕭衍長子。統二歲時被立為太子，未即位而卒，諡昭明。他愛好文學，博覽群書，與文士為友。《文選》是蕭統召集文士共同編選的，故又稱《昭明文選》。

《文選》共三十卷，選錄自先秦至梁朝間詩文共七百餘篇，分為三十七體。其選文標準是「事出於沉思、義歸於翰藻」，即引用典故和古人言論經過了仔細推敲，形式和辭藻華美的詩文。至於經典和子史，則不屬文學作品。蕭統雖然不很重視文學作品的教育作用，但對作品內容較為注意，對當時非常盛行但內容空虛的豔體詩與詠物詩一概不取。儘管他過於強調辭藻華美而忽視漢樂府等作品，對南北朝民歌居然一首不錄，但入選之作大體還屬精當。《文選》僅用三十卷篇幅，概括了當時各種文體的大致面貌和代表作品，對後人研究這一期間的文學史，學習前代優秀作品提供了便利。唐代以詩取士，《文選》是士子必讀的範本，乃至諺語有「《文選》爛、秀才半」之說。

第十一章

博大宏深的
藝術園囿

第一節 ·

「俳優歌舞雜奏」

音樂、舞蹈、雜技等藝術來源於人民群眾，來源於人民的生產、生活和鬥爭。魏晉南北朝是個社會大動盪、民族大融合的時代，各民族藝術在時代影響下也趨於大融合。它昭示著中國的音樂、舞蹈、雜技等藝術正醞釀著巨大的發展變化。這一時期，被稱為「清商樂」的新音樂發展起來，隨著「江南吳歌」和「荊楚西曲」的融入，其內容更加豐富多彩，並逐漸傳到北方。與此同時，西、北各民族的「胡戎樂」大量傳入中原，與傳統的漢族音樂交相融合，產生巨大的影響。這一時期的舞蹈也表現出多姿多彩的特點。至於雜技、幻術和村歌社戲更是種類繁多，異彩紛呈。

一、音樂機構和樂官

中國自周代起就有了正式的音樂機構和樂官，杜佑《通典·職官七》載：「《周官》有大司樂，掌成均之法，亦謂之樂尹，以樂舞教國子。」秦、漢設有太樂、樂府二機構，掌音樂及伎樂人。

三國至南北朝，音樂機構逐步完善。魏晉設協律校尉、太樂令、鼓吹令、清商令，屬太常。協律校尉，漢協律都尉之職，魏以杜夔為之；及晉，改為協律校尉，掌正定樂律之事。太樂令，掌習音樂與樂人簿籍，屬官有丞一人；鼓吹令，

掌百戲、鼓吹樂人等事，屬官有丞一人。東晉元帝時，省太樂並歸鼓吹；成帝咸和中，復置太樂官，哀帝又省鼓吹並太樂。清商令、丞各一人，主宮內音樂事。南朝宋、齊、梁、陳因之。梁武帝天監七年，乙太常為太常寺，其屬官有太樂、鼓吹令等，「又置協律校尉、總章校尉監、掌故、樂正之屬，以掌樂事」[1]。並增設清商署，管理清商樂。

北魏置太樂博士、太樂典錄、協律郎、協律中郎。「後齊置官，多循後魏」，置太樂署，令、丞各一人，掌諸樂及行禮節奏等事；鼓吹署，令、丞各一人，掌百戲、鼓吹樂人等事；又有協律郎二人，掌監調律呂音樂。北齊諸帝好「胡戎樂」，由中書省專司其事，中書省掌管伶官西涼部直長、伶官西涼四部、伶官龜茲四部、伶官清商部直長，伶官清商四部，這樣，中書省又同時具有執掌音樂的部分職能。北齊另有典書坊，「並統伶官西涼二部、伶官清商二部」[2]。北周有大司樂，掌成均之法，後改為樂部，有上士、中士。隋唐承襲齊、周，變化不大。

二、音樂文化的大融合

中國古代音樂分兩大類：一為雅樂，二為鄭、衛之音。雅樂是指供帝王祭祀宴享的音樂，又稱「中原正聲」；鄭、衛之音本指鄭、衛兩國的地方音樂，因為它較為放任而不合禮所要求的中和的準則，故《論語‧衛靈公》有「鄭聲淫」之語；《禮‧樂記》說：「鄭、衛之音，亂世之音也。」後來便以鄭、衛之音通指放任的民間樂歌了。周代的雅樂其實就是《詩》三百篇，《詩》中的「雅」是貴族宴享的應酬詩章，「頌」是歌頌上蒼與祖先的廟堂詩，它們都是非民間的東西，只有「風」來自民間，經樂師採集、整理和加工，配合鐘鼓進行演奏，也就成為雅樂了。東周王室衰微，禮崩樂壞，「於是淫聲熾而雅音廢矣」[3]！兩漢雅樂有所謂五方之樂：一是祭祀先祖的宗廟之樂，二是「以迓田祖」的社稷之樂，三

1　《隋書‧百官上》。
2　《隋書‧百官中》。
3　《宋書‧樂志》。

是移風易俗的辟雍之樂，四是宴樂群臣的黃門之樂，五是「王師大捷，令軍中凱歌」的短簫之樂。

漢末大亂，樂章亡缺，雅樂蕩盡。直至建安初年，曹操平定荊州，獲善八音的漢雅樂郎杜夔，才使雅樂粗備，但杜夔只能傳舊雅樂四曲，即《鹿鳴》、《騶虞》、《伐檀》、《文王》。至魏明帝太和（西元 227-233 年）中，「妙善鄭聲」的左延年改《騶虞》、《伐檀》、《文王》三曲，雅樂所存就只有《鹿鳴》一曲了。西晉末年發生「永嘉大亂」，《鹿鳴》也隨之失傳。至此，舊雅樂幾亡佚殆盡。

西晉淪亡後，中原大亂，出現民族大遷移、大流動的浪潮。一方面是中原漢族人民流向四方，更多的渡江南來，漢魏舊樂相繼傳到南方；另一方面是周邊各族人民如潮水般地湧入中原，西域、漠北的音樂大量輸入黃河流域。與此同時，東晉政權立足江左後，南方的民歌如《子夜歌》、《阿子歌》、《歡聞歌》、《桃葉歌》、《前溪歌》、《團扇歌》、《讀曲歌》、《烏夜啼》、《石城樂》等也大大發展起來，並被樂府蒐集整理。在南北政權相互交聘和各族人民的頻繁交往中，南方的音樂又給北方以重大的影響。可以說，當時的樂壇呈現出大融合的局面，故《通典・樂典三》稱：「陳、梁舊樂，雜用吳楚之音；周、齊舊樂，多涉胡戎之伎。」

三、新音樂的發展

魏晉時，在《相和歌》的基礎上，新的音樂發展起來，稱為《清商三調》或《清商樂》（簡稱《清樂》），是流行於東晉南朝的音樂。《相和歌》的樂律主要有「平調、清調、瑟調」，漢世謂之「三調」。《清商三調》表明它繼承了《相和歌》的樂律而舉清商調為代表。

《相和歌》本漢代舊歌，皆街陌謳謠之詞，屬民歌一類，其最初形式是沒有伴奏的「徒歌」。漢魏之際發展為「一人唱（領唱），三人和」的「但歌」。魏武帝曹操尤好之，其後宮「有宋容華者，清澈好音，善唱此曲，當時特妙」。曹魏

時，它進一步發展為「絲竹更相和，執節者歌」[4]。領唱者手執小鼓，打著拍子唱歌，並有樂器伴奏，《相和歌》的名稱便由此確立。當時流行的《相和歌》有十七曲，樂師朱生、宋識、列和等人將其合併為十三曲。「魏晉之世，有孫氏善弘舊曲，宋識善擊節倡和，陳左善清歌，列和善吹笛，郝善善彈箏，朱生善琵琶，尤發新聲。」[5]這六位樂師和歌唱家對《清商樂》的形成作出了貢獻，對東晉南朝新音樂的發展產生了重大影響。西晉末，中原大亂，《清商樂》隨著人民的流徙而南渡，又不斷吸收「江南吳歌」和「荊楚西曲」等大量南方民歌，內容日益豐富。南朝時，《清商樂》極為流行，不少歌唱家因善唱《清商樂》而垂名後世，如齊代的朱顧仙、朱尚，梁代的吳安泰、吳弟、韓法秀等，宮人王金珠「善歌《吳聲》、《西曲》，又制《江南歌》，當時妙絕」[6]。梁朝政府又令斯宣達「選樂府少年好手，進內習學」[7]。梁武帝還親自挑選

橫吹畫像磚（南朝）1957 年河南鄧縣出土

後宮《吳聲》、《西曲》女伎各一部，賜與大臣徐勉。陳後主更愛之如痴如醉，「於清樂中造《黃鸝留》及《玉樹後庭花》、《金釵兩臂垂》等曲，與倖臣等

4　《宋書‧樂志三》。
5　《宋書‧樂志一》。
6　《通典‧樂典五》。
7　同上。

制其歌詞，倚豔相高，極於輕薄。男女唱和，其音甚哀」[8]。其風靡之狀，由此可見一斑。北魏孝文帝南伐淮、漢，宣武帝定壽春，收其聲伎，江左所傳中原舊曲及江南《吳歌》、《西曲》開始流播到北方，總稱為《清商樂》。北齊皇帝所用御樂則有清商二部、清商四部等。隋文帝滅陳後，得南朝《清商樂》，愛其節奏，讚歎說：「此華夏正聲也！」特置清商署，專司其事；並將《清商樂》列為七部樂之一，稱為《清商伎》。「其歌曲有《陽伴》，舞曲有《明君》、《並契》。其樂器有鐘、磬、琴、瑟、擊琴、琵琶、築、箏、節鼓、笙、笛、簫、篪、塤等十五種，為一部。工二十五人。」[9]唐朝武后時，《清樂》猶有六十三曲。

四、北方的鼓角橫吹曲與胡戎樂

十六國北朝時期的北方民歌稱鼓角橫吹曲。「橫吹」是西漢武帝時，樂師李延年根據張騫從西域帶回的樂曲改編而成；鼓吹本軍樂，馬上奏之。鼓角橫吹曲就是以曲調配合鼓吹，在馬上演奏的民歌。這些民歌大多來自鮮卑、氐、羌等民族，其中也有漢族的。《鮮卑樂》又稱《北歌》，北魏時稱為《代真人歌》。北魏建都平城（今大同市）時，命掖庭宮女晨夕歌之，其內容「上敘祖宗開業所由，下及君臣興廢之跡，凡有百五十章」[10]。北周、隋朝時，與《西涼樂》雜奏。因其歌詞多係少數民族語，難以理解，故流傳下來的不多。

現存的十六國北朝民歌數量雖不如南方民歌，但題材比南歌廣泛得多，反映的社會面寬得多。「鼓角橫吹曲」是在馬上演奏的，帶有軍歌性質，故戰爭題材占有最重要的地位，如《慕容垂歌》三首出自前秦，是嘲笑慕容垂打敗仗的歌；《企喻歌》生動地描繪了出征健兒視死如歸的豪邁氣概，同時也揭示了戰爭的殘酷性：「屍喪狹谷中，白骨無人收。」也有些民歌深刻地揭示了在戰爭環境中，北方各族人民被迫遷徙逃亡、飽受饑寒貧困的痛苦情景，如《紫騮馬歌》寫道：

8　《隋書·音樂志上》。
9　《隋書·音樂志下》。
10　《通典·樂典二》。

高高山頭樹，風吹葉落去，一去數千里，何當還故處？

《雀勞利歌辭》道：「雨雪菲菲雀勞利，長咀飽滿短咀饑。」《鼓角橫吹曲》的《木蘭辭》是北方民歌中第一名作，它通過木蘭女扮男裝、代父從軍的故事，成功地塑造了一個戰鬥女英雄的光輝形象，反映了北方人民強悍好武、不畏艱難、敢於自我犧牲的精神。北齊民歌《敕勒歌》則表現了北方草原那蒼涼無垠的景象，反映了游牧民族的生活環境。

北方民歌也有用簫鼓演奏的，簫鼓是鼓吹的別名。大約東晉後，《鼓角橫吹曲》傳到南方，梁、陳兩代有很大發展，陳後主曾派遣宮女去北方學習簫鼓，謂之《代北》，酒酣則奏之。

除民歌外，十六國北朝最盛行的音樂是胡戎樂，這些音樂大都從西域、漠北傳來，主要有下列幾種：

擊鼓陶俑（北魏）
一九五三年陝西西安出土

《西涼樂》：前秦末，呂光、沮渠蒙遜等占據涼州（今甘肅、寧夏及青海湟水流域）時，在中原舊樂中摻入龜茲（古西域國名，今新疆庫車一帶）樂而成，號為《秦漢伎》。北魏太武帝平定河西，得之，謂之《西涼樂》。魏、周之際稱之為《國伎》，自北魏至隋皆重之。「其曲項琵琶、豎頭箜篌之徒，並出自西域，非華夏舊器。」[11]其歌曲有《永世樂》，解曲（歌曲之間的「過門」曲）有《萬代豐》，舞曲有《于闐佛典》。其樂器有鐘、磬、彈箏、搊箏、臥箜篌、豎箜篌、琵琶、五弦琵琶、笙、簫、大篳篥、小篳篥、長笛、橫笛、腰鼓、齊鼓、擔鼓、貝、銅鈸十九種，為一部。

《龜茲樂》：後涼呂光滅龜茲，得其聲樂，廣泛傳播於中原地區。其聲後來

---

11 《通典·樂典六》。

多有變易，隋朝有《西國龜茲》、《齊朝龜茲》、《土龜茲》等，凡三部。《龜茲樂》的歌曲有《善善摩尼》，解曲有《婆伽兒》，舞曲有《小天》、《疏勒鹽》，樂器有豎箜篌、琵琶、五弦、笙、笛、簫、篳篥、毛員鼓、都曇鼓、答臘鼓、腰鼓、羯鼓、雞婁鼓、銅鈸、貝十五種，為一部。《龜茲樂》大受北朝統治者青睞，北魏自宣武帝元恪以後，「始愛胡聲。洎於遷都（東魏都鄴），屈茨（龜茲）琵琶、五弦、箜篌、胡箏、胡鼓、銅鈸、打沙鑼、胡舞，鏗鏘鏜，洪心駭耳。撫箏新靡絕麗，歌響全是吟哭，聽之者無不悽愴」[12]。北齊「自文襄以來，皆所愛好。至河清以後，傳習尤盛。後主唯賞胡戎樂，耽愛無已。……亦能自度曲，親執樂器，悅玩無倦，倚弦而歌。別采新聲，為《無愁曲》，音韻窈窕，極於哀思，使胡兒閹官之輩，齊鳴和之，曲終樂闋，莫不殞涕。雖行幸道路，或時馬上奏之，樂往哀來，竟以亡國」[13]。時有曹妙達、安未弱、安馬駒之徒，皆善此樂，至有封王開府者。北周武帝時，龜茲人蘇祇婆隨突厥皇后來到長安，把龜茲樂七調也傳到中原。

《疏勒樂》：疏勒，古西域國名，今新疆喀什市一帶。北魏通西域後，疏勒樂傳來中原。其歌曲有《元利死讓歌》，舞曲有《遠服》，解曲有《鹽曲》，樂器有豎箜篌、琵琶、五弦、笛、簫、篳篥、答臘鼓、腰鼓、羯鼓、雞婁鼓十種，為一部。

《高昌樂》：西魏與高昌（古西域國名，今新疆吐魯番東）通使，始有高昌樂。隋初，高昌獻《聖明樂典》，內容逐漸豐富。

《天竺樂》：前涼張重華時，隨佛教傳來中國。其歌曲有《沙石疆》，舞曲有《天曲》，樂器有鳳首箜篌等九種，為一部。另有《扶南樂》（扶南即

陶女樂俑（北魏）
一九五三年陝西西安出土

---

12 《通典·樂典二》。
13 《隋書·音樂志中》。

今柬埔寨），與《天竺樂》屬於同一系統，隋時併入《天竺樂》。

《康國樂》：康國，古西域國名，故地在今烏茲別克斯坦撒馬爾罕一帶。天和三年（西元 568 年），北周與西突厥聯姻，周武帝聘突厥公主為皇后，《康國樂》隨之傳入中國。其歌曲有《戢殿農和正》，舞曲有《賀蘭鉢鼻始》、《末溪波地》、《農惠鉢鼻始》、《前拔地惠地》四曲。樂器有笛、正鼓、加鼓、銅鈸四種，為一部。

《安國樂》：安國，古國名，故地在今烏茲別克斯坦布哈拉一帶。北魏時，《安國樂》傳入中國。其歌曲有《附薩單時》，舞曲有《末奚》，解曲有《居和祇》。樂器有箜篌、琵琶、五弦、雙篳篥等十種，為一部。

《高麗樂》：高麗故地在今朝鮮北部。北魏滅北燕馮氏時，高麗樂傳入。其歌曲有《芝棲》、舞曲有《歌芝棲》。樂器有彈箏、臥箜篌、桃皮篳篥、腰鼓、齊鼓等十四種，為一部。同時傳入的還有《百濟樂》（百濟在今朝鮮南部）。

以上音樂有南方的、北方的、國內的，還有不少國外的，充分體現了該時期音樂藝術的豐富性和多樣性，為唐代音樂的繁榮創造了條件。唐代十部樂中，除《燕樂》以外，其他九部即《清樂》、《龜茲》、《疏勒》、《西涼》、《高昌》、《康國》、《安國》、《高麗》、《天竺》，都是魏晉南北朝時期的，不過內容更加豐富了。

五、佛教音樂的發展與豐富

佛教作為外來宗教，要在中國植根並得到廣泛傳播，除了與傳統的儒家文化緊密結合外，還必須利用藝術的力量。音樂、舞蹈為人民大眾所喜聞樂見，佛教加以利用，使之成為重要的傳播工具。為了便於宣傳，宗教音樂還必須迎合人民的趣味，於是它便利用民間音樂接近人民的特點而創立起來，這就出現了「改梵為秦」的佛教音樂。

自三國起，佛教音樂得到逐步發展。《法苑珠林》說：時「關內關外，吳蜀唄辭，各隨所好，唄讚多種」。唄辭、唄讚都是佛教音樂，但初期沒能很好地與中國的民間音樂結合，以致「漢梵既殊，音韻不可互用」。至曹魏時，陳思王曹植「遂制轉讚七聲，升降曲折之響，世之諷誦，咸憲章焉」。南北朝是佛教盛行的時代，佛教音樂也不斷髮展和豐富。梁武帝是著名的佞佛皇帝，為宣揚佛教，親自製作十篇佛教音樂，並將它們列入正樂。《隋書·音樂志》說：「（梁武帝）篤信佛法，又制《善哉》、《大樂》、《大歡》、《天道》、《仙道》、《神王》、《龍王》、《滅過惡》、《除愛水》、《斷苦輪》等十篇，名為正樂，皆述佛法。又有法樂童子伎，童子伎歌梵唄，設無遮大會則為之。」由此不難想見梁代佛教音樂之盛況。北朝也不例外，北魏神龜元年（西元 518 年），任城王元澄上奏明帝說：「今之僧寺，無處不有」，「梵唱屠音，連簷接響」[14]。幾乎到處可以聽到佛教音樂了。為宣揚佛教，北魏統治者還大量利用雜技、幻術。《洛陽伽藍記·城內》長秋寺條記載說：「四月四日，此（釋迦）像常出，闢邪獅子，導引其前。吞刀吐火，騰驤一面；彩幢上索，詭譎不常。奇伎異服，冠於都市。停象之處，觀者如堵，迭相踐躍，常有死人。」同書《城南》景明寺條說：「四月七日，京師諸象，皆來此寺……百戲騰驤，所在駢比」，「車騎填咽，繁衍相傾」。在進行雜技、幻術表演的同時，自然離不開音樂的演奏，所謂「絲竹雜技，皆由旨給」[15]。佛教音樂的主觀意圖在於宣傳佛教，但客觀上卻為推廣音樂、提高人民的音樂水準起了一定的作用。

六、新樂器的出現和律學新成就

在中外音樂藝術頻繁交往中，一批新樂器相繼出現，其中主要有：[16]

曲項琵琶：曲頸，四弦，音箱如梨形。約在西元三五〇年左右由印度傳入中

---

14 《魏書·釋老志》。
15 《洛陽伽藍記》卷二《城東景興寺》。
16 參見廖輔叔：《中國古代音樂簡史》，48 頁，北京，人民音樂出版社，1982。

國北方，大約在侯景亂梁時又傳到南方。西元五五一年十月侯景害梁簡文帝，曾使王偉送去酒餚和曲項琵琶，可資佐證。

五弦琵琶：梨形，五弦，略小於曲項琵琶，與之同時從印度傳入。

篳篥：又稱觱篥、悲篥、笳管。以竹為管，上開按口，管口插蘆哨，以笳為首，狀似胡笳，其聲悲。本出龜茲，呂光據涼州時，隨龜茲樂傳入內地。

方響：用十六塊定音的鐵片做成，每塊長九寸，寬二寸，上圓下方，倚於木架上以代鐘磬。最初見於北周。

鑼：北魏後期出現銅鑼，稱為打沙鑼，來源不明，可能由西域或印度傳入。

鈸：一種銅製打擊樂器，圓形，面稍突，以繩貫之，相擊以和樂。《通典·樂典》說：「銅鈸，亦謂之銅盤，出西域或南蠻」，「南蠻國大者圓數尺」。看來這是南、北少數民族製造的樂器，南北朝時十分流行。

星：即碰鈴或碰鐘，狀如兩杯，銅質，相碰發聲，北魏時已經流行。

達蔔：一種單面鼓，開始出現於北魏。

擊琴：南朝齊、梁間著名音樂家柳惲創制。其製法是以管承弦，又以片竹約而束之，使弦繃緊而聲亮，舉竹擊之，以為節曲。《南史·柳惲傳》說：「嘗賦詩未就，以筆捶琴，坐客過，以筋扣之，惲驚其哀韻，乃製為雅音。後傳擊琴自此始。」

在樂律方面也有不少發展和創新，如西晉荀勖改進了當時流行的七個孔位平均排列，不合樂律準確要求的笛子，設計出發音準確的十二笛（即簫）：劉宋科學家何承天提出十二律，《宋書·樂志》稱之為「新律」。這些新成就對後世音樂理論產生了一定影響。

七、五彩繽紛的舞蹈藝術

各民族文化大融合和中外文化大交流的結果，使魏晉南北朝的舞蹈藝術也呈現出婀娜多姿、五彩繽紛的繁榮景象。由於各地民風民俗不同，所受影響各異，南北舞蹈藝術也表現出各自不同的風格特色。大體說來，江南士人尚文輕武，多以「優舞」為主，舞人手執巾、拂塵、杯盤等道具，輕歌曼舞；北方民族剽悍尚武，則以「武舞」、「胡舞」為主，舞蹈中常有擊劍打鬥等場面。

當時流行於東晉南朝的主要舞蹈有：

《鞞舞》：亦稱《鼙舞》，流傳久遠，漢代時已用於宮廷宴享。鼙是戰鼓，鼙舞起初應屬於「武舞」。舞者手執帶柄的小鼓，邊搖邊舞，舞時歌唱。這是一種規模較大的集體舞蹈，原為十六人，桓玄稱帝前，增至六十四人。劉宋時舞者手中逐漸改執團扇，故又稱為《扇舞》或《鼙扇舞》。

《巾舞》：原名《公莫舞》，相傳項羽擺鴻門宴，宴會上項莊舞劍，欲殺漢王劉邦，項伯用衣袖隔開，對項莊說：「公莫。」意思是你不要害漢王。該舞在漢晉間屬劍舞，劉宋時改稱《巾舞》，舞者著碧輕紗衣，裙襦大袖，畫雲鳳之狀，髮髻上飾以金銅雜花，狀如雀釵、錦履；手執舞巾，象徵項伯的衣袖。舞容閒婉，曲有姿態。梁以前，舞者十二人，梁武帝裁減為八人。

「胡舞登蓮圖」（北齊）
河南安陽范粹墓出土黃釉瓷扁壺

《拂舞》：起自東吳，又名《白符舞》、《白鳧鳩舞》。舞者手揮拂塵，邊舞邊唱，歌有《白鳩篇》、《濟濟篇》、《碣石篇》等五首。

《白紵舞》：本吳舞，流行於東晉南朝。是一種女子獨舞，舞者著白紵長袖舞衣，清歌徐舞，羅裙飄飄，紅袖飛揚，歌聲繞梁，有很高的藝術水準。

《杯盤舞》：原名《盤舞》，起自漢代，舞者著長袖舞衣，手執七個小木盤起舞，鮑照曾作詩曰：「七盤起長袖。」西晉時，在盤上再加一個杯子，改名《杯盤舞》。高超的藝人在舞蹈時，杯盤反覆而不掉落。梁代稱為《舞盤伎》，已具有雜技的性質了。

此外，還有《巴渝舞》、《鐸舞》、《鶴舞》、《前溪舞》等，各具特色，難以盡言。

流行於北朝的主要舞蹈有：

《大面舞》：一種戴假面具（即「大面」或「代面」）的武舞，流行於北齊。據說北齊蘭陵王高長恭貌美而武藝高強，勇冠三軍，陣前常戴假面具，屢敗周師，建立奇功。武士們歌頌他，乃作《蘭陵王入陣曲》，並模仿其指揮擊刺的形象編成舞蹈。舞者戴著假面具，紫衣金帶，手執金枰，作指揮衝殺之狀。這種舞蹈開戲劇臉譜之先河，對後世產生一定影響。

《城舞》：北周武帝滅北齊後所作。因舞蹈時「行列方正，像城廓」，故名。是一種化裝的超大型舞蹈，「舞者八十人，刻木為面，狗喙獸耳，以金飾之；垂線為發，畫襖皮帽，舞蹈姿制猶作羌胡狀」[17]。可見這是一種典型的「胡舞」。

另外還有從天竺、獅子國（今斯里蘭卡）傳入的《五方獅子舞》、從西域傳入的《撥頭舞》等。

八、百戲競爭新

隋以前，各種雜伎、幻術總稱「百戲」。《通典·樂典六》說：「如是雜變，總名百戲。」隋以後，將「百戲」歸入「散樂」。魏晉南北朝的百戲，既保持了大量的優秀傳統節目，也有不少是從國外輸入的。由於統治階級上層的喜愛和提

---

17 《通典·樂典六》。

倡，加之佛教宣傳的需要，百戲種類繁多，花樣日新，異彩紛呈。不論宮廷朝賀宴享，寺院迎送佛像，抑或民間節日喜慶，莫不競演百戲，藝人們大顯身手，各展其能，觀者如堵，目亂睛迷。

據杜佑《通典‧樂典六》散樂條載，時江左有《高紫鹿》、《跂行鼈食》、《齊王卷衣》、《笮鼠》、《夏育扛鼎》、《巨象行乳》、《神龜抃戲》、《背負靈嶽》、《桂樹白雪》、《畫地成川》之伎；梁又設《跳鈴》、《跳劍》、《擲倒》、《獼猴幢》、《青紫鹿》、《緣高》、《變黃龍弄龜》等伎，陳代因之。北魏道武帝拓跋珪時，造五兵、角觝、麒麟、鳳凰、仙人、長蛇、白象、白武及諸畏獸、魚龍、辟邪、鹿馬仙人車、高百尺、長趫、緣幢、跳丸，以備百戲。大享設之於殿前。北齊有魚龍爛漫、俳優、侏儒、山車、巨象、拔井、種瓜、殺馬、剝驢等伎，「奇怪異端，百有餘物」。北周皇帝「廣召雜伎，增修百戲，魚龍漫衍之伎常陳於殿前，累日繼夜，不知休息」。北魏寺院每逢迎送佛像，莫不大演角觝、彩幢上索、吞刀吐火、剝驢投井、植棗種瓜等百戲，異端奇術，總萃其中。圍觀士女人山人海，至有迭相踐踏而死者。宋、齊、梁三朝，又增設鳳凰含書伎。以上所舉，僅部分節目而已，茲不備述。百戲種類雖極繁多，但依其內容和特點，大致可分角力、雜耍、技巧、幻術四大類。現各舉數例分述於後：

角觝：或稱角抵、觝角。始於戰國，秦代正式命名角抵，是一種較量力氣、技藝的習武戲樂。《漢書‧武帝紀》文穎注曰：「名此樂為角抵者，兩兩相當，角力，角技藝射御，故名角抵，蓋雜技樂也。」北朝頗具尚武精神，角抵十分盛行。《洛陽伽藍記》卷五《城北‧禪虛寺》記載有北魏武士表演擲刀、戟的角抵：「有羽林馬僧相善觝角戲，擲戟與百尺樹齊等，虎賁張車渠，擲刀出樓一丈。（孝明）帝亦觀戲在樓，恆令二人對為角戲。」

《夏育扛鼎》：夏育是春秋時期的大力士。以他的名字命名，表明節目表演者都是大力士。表演時，藝人將一個車輪、石臼或大甕擲弄於手中，反覆運轉；或拋向空中，再輕輕接住。這是一種膂力超人的驚險技巧，兩晉南北朝都較流行。

以上屬角力類百戲。

《魚龍爛漫之伎》：這是漢代以來的傳統雜伎節目，也是規模最大的一種。《宋書·樂志》稱：「後漢正月旦，天子臨德陽殿受朝賀，舍利（獸名）從西方來，戲於殿前，激水化成比目魚，跳躍漱水，作霧翳日；畢，又化成黃龍，長八九丈，出水游戲，炫耀日光。」王仲犖先生認為，這個雜伎劇碼，很像今天雜技中的獅子舞、龍舞。[18]南北朝時較為盛行，梁稱之為《變黃龍弄龜伎》，北魏稱之為《魚龍》，北齊稱之為《魚龍爛漫》，北周稱之為《魚龍漫衍之伎》。

《山車伎》：始於漢代，規模也較大。它是把一輛大車裝飾成神山，由抃舞的靈龜馱著，山上由演員扮成蒼龍、白虎、豹、羆等動物，或嬉戲，或鼓琴、吹簫、歌舞，場面壯觀，氣氛熱烈。當演出到一個段落時，忽然大雪紛飛，滿山遍樹都是白雪。故魏晉南朝稱之為「神龜抃舞，背負靈嶽，掛樹白雪」，北齊則稱之為《山車》。

《巨象行乳》：源於漢代的《白象行孕》，東晉南朝稱《巨象行乳》，北朝稱《白象》或《巨象》。它是由兩個演員扮演，飾演的大白象扭動鼻子走著，途中產下一頭小白象，小象依偎母象，一邊吸奶，一邊淘氣地蹦跳著，顯得活潑逗人。

其他如《白虎伎》、《闢邪伎》、《青紫鹿伎》、《麒麟伎》、《長蛇伎》等皆屬雜耍類雜伎。

繩伎：又稱「走索」、「履索」或「高之戲」，梁謂之《青絲幢伎》，北魏稱《高百尺》，今謂之走軟繩或走鋼絲。它主要是由年輕女子表演的傳統雜技節目，其方法是「以兩大絲繩繫兩柱頭，相去數丈，兩倡女對舞，行於繩上，相逢切肩而不傾」[19]。如果演員手執一柄傘表演，則稱之為《一傘花幢伎》。北魏中書博士甄琛作詩說：「吳兒浮水自雲工，妓兒擲繩在虛空。」這大概是由女子表演的另一種繩技。

---

18 王仲犖：《魏晉南北朝史》下冊，1010 頁，上海，上海人民出版社，1980。
19 《宋書·樂志》。

《緣橦》：這是一種古老的傳統雜伎節目。春秋、戰國時稱《扶盧》，漢代稱《都盧》、《尋橦》，南朝稱《獼猴橦伎》，北魏叫做《緣橦》，相當於今天的「頂竿」。晉代的頂竿已發展到很高的水準，藝人能將竿頂在額上或口齒上，少年男女童伎緣竿上下，影隨形變，或凌空飛舞，左右盤旋；或雙腿倒掛，若墜復升，表演各種優美輕盈而又驚險的動作。南朝梁代進一步發展，又出現了《設雷橦伎》、《金輪橦伎》、《白獸橦伎》、《啄木橦伎》等新節目，其具體內容就難以確知了。

《跳鈴伎》、《跳劍伎》：這是南朝雜技中常見的節目，北朝有《跳丸伎》，也是漢代以來的傳統節目。表演者手持丸、鈴或劍，向空中連續拋接，丸鈴少則三個，多則六七個，飛劍也有一至四把，但見丸、鈴、劍在空中翻飛，令人目不暇接。

《笮鼠》：或稱《笮兒》、《笮鼠》，類似漢代的《沖狹》。表演者引頸側身，矯健如燕，迅疾地向著四邊插有刀刃的草環衝去，人躍過草環而髮膚無傷。這是一種驚險的雜技表演，藝人需技藝高超、膽大心細方能完成。

以上屬技巧類雜伎。此類雜伎節目數量多，技藝高，難度大，驚險而扣人心弦。例如《擲倒伎》、《擲倒案伎》、《逆行連倒伎》，即在幾層桌上翻觔斗或連續翻觔斗；《舞盤伎》，就是現代的耍盤子；以及《長伎》、《鳳凰銜書伎》等皆屬此類。

幻術類節目也很多，如魏晉南朝的《畫地成川》、《拔刀破舌》、《吞刀吐火》，北朝的拔井、種瓜、殺馬、剝驢、投井等，奇怪異端，難以盡言。

在大量優秀的雜伎藝人中，不乏出類拔萃的民間女藝人。如梁代著名女雜伎演員孫荊玉有一手絕活，她能「反腰貼地，銜得席上玉簪」[20]。晉代章丹、陳珠「並有國色」，她倆不僅善歌舞，雜技表演也相當出色，「飛觸挑桴（盤），酬酢

---

20 《梁書·羊侃傳》。

翩翩」，表演「拔刀破舌，吞刀吐火」時，「雲霧杳冥，流火電發」[21]，令人叫絕。而繩伎則主要由年輕女子擔當。

九、戲劇的雛形

近代著名戲劇史家王國維在論及中國戲劇起源時說：「古之俳優，但以歌舞及戲謔為事。自漢以後，則間演故事；而合歌舞以演一事者，實始於北齊。顧其事至簡，與其謂戲，不若謂之武之為當也。然後世戲劇之源，實自此始。」[22]依王國維所說，中國古代戲劇當自漢代「間演故事」起，這一說法為戲劇史界多數人所認可。一般認為，漢代的《東海黃公》故事為中國戲劇之最初原型。《西京雜記》對之記述甚詳：

有東海人黃公，少時為術能制蛇御虎，佩亦金刀，以絳繒束髮，立興雲霧，坐成山河。及衰老，氣力羸憊，飲酒過度，不能復行其術。秦末有白虎於東海，黃公乃以赤刀往厭之。術既不行，遂為虎所殺。三輔人俗用以為戲。漢帝亦取以為角抵之戲焉。

這個故事講的是人與虎的搏鬥，雖不出角抵的競技範圍，但已具有簡單的故事情節、特定的服飾與化妝，而且由民間編為角抵戲，將角抵戲劇化了。

三國以後，以戲謔諷刺為主的滑稽戲逐漸多了起來。劉備定蜀後，以許慈、胡潛並為學士，典掌舊文。但兩人各矜其能，互不團結，常謗毀忿爭，形於聲色，甚至大打出手。劉備十分惱火，於是利用群僚大會，「使倡家假為二子之容，效其訟閱之狀，酒酣樂作，以為嬉戲，初以辭義相難，終以刀杖相屈，用感切之」[23]。這是一齣內容生動感人的早期滑稽戲，其情節雖然簡單，但已開編劇、演員、演戲之新聲。繼而有後趙石勒利用俳優戲謔參軍之事：「石勒參軍周

---

21 《晉書‧隱逸夏統傳》。
22 王國維：《宋元戲劇考》。
23 《三國志‧蜀書‧許慈傳》。

延，為館陶令，斷官絹數百匹，下獄，以八議宥之。後每大會，使俳優著介幘、黃絹單衣。優問：『汝為何官，在我輩中？』曰：『我本為館陶令。』斗數單衣曰：『政坐取是，故入汝輩中。』以為笑。」[24]東魏時，又有高歡利用優人嘲謔貪官尉景之事，其情節、內容與上述故事大致相同。自此以後，這種滑稽戲逐漸形成一種固定程序，即其中一個扮演「犯官」、被嘲弄的對象稱「參軍」，另一個嘲謔犯官的演員叫「蒼鶻」。「參軍戲」的名稱也因此而來。唐代「參軍戲」興盛，顯然是魏晉南北朝影響的結果。

北朝後期，民間在競演雜伎的同時，化妝的村歌社戲也頗為盛行。仕於周、隋的柳或曾上表隋文帝，曰：「竊見京邑，爰及外州，每以正月望日，充街塞巷，鳴鼓聒天，燎炬照地，人戴獸面，男為女服，倡優雜伎，詭狀異形。外內共觀，曾不相避。竭貲破產，競此一時。盡室並孥，無問貴賤，男女混雜，緇素不分。」他認為這樣做「非益於時，實損於人」[25]。要求加以禁斷。正月十五鬧元宵，是中國民間隆重的傳統節日，其熱鬧固不待言，雜伎節目自不可少，至於「人戴獸面，男為女服」的化妝演出，則不一定全是雜伎，更多的可能是民間自編自演的「村歌社戲」了。北朝後期如此盛行，在此之前必有相當的發展。

此外，自三國曹魏起，木偶戲逐漸得到推廣。木偶戲即傀儡戲，起源甚早。《通典·樂典六》記載說：「《窟儡子》亦曰《傀磊子》，作偶人以為戲，善歌舞。本喪樂也，漢末始用之於嘉會。」三國時期大發明家馬鈞「設為女樂舞象，至令木人擊鼓吹簫，作山嶽，使木人跳丸擲劍，緣倒立，出入自在；百官行署，舂磨鬥雞，變巧百端」[26]。從而將古代木偶戲推進到新階段。北齊後主高緯尤好之，木偶戲漸次由宮廷流向民間；至唐代，民間便十分盛行了。

魏晉南北朝的雛形戲劇，為唐宋「參軍戲」、雜戲的發展創造了條件。

---

24 《太平御覽》卷五六九引《趙書》。
25 《北史·柳彧傳》。
26 《三國志·魏書·杜夔傳》注。

第二節·
傳神寫照，
極參神妙

　　魏晉南北朝繪畫藝術在繼承秦漢豐富遺產的基礎上，取得了令人矚目的新成就，名家輩出，碩果纍纍，整個畫壇呈現出一派欣欣向榮的萬千氣象，為唐宋繪畫高潮的到來奠定了厚實的基礎。

一、超邁前代的繪畫成就

　　魏晉南北朝稱為亂世，同時卻又是一個思想極為活躍、社會相當開放的新時代，這就為文化藝術的繁盛創造了寬鬆的社會環境。特別是隨著漢帝國的崩潰，儒家經學正統地位的喪失，玄學代之而起，進而成為新時代的思想潮流。玄學在政治觀念上崇尚自然，追求通脫；在行為上不拘禮法，放蕩曠達。其發展流布又直接影響到當時藝術園囿的創作風貌。與此同時，由於長期戰亂，給佛教的滋生和蔓延提供了肥沃的土壤。飽經戰亂之苦的人民無法跳出人間的苦海，只好「把希望寄託在天國的恩賜上」，幻想來生到達幸福的彼岸；而上層統治者也需要利用宗教「廉價地為他們的整個剝削生活辯護，廉價地售給他們享受天國幸福生活的門票」。於是，佛教很快地瀰漫於整個社會，到南北朝時趨於極盛，幾乎人持佛號，家燃佛燈。佛教的盛行又必然為佛教文化藝術傳入中國大開了方便之門。

自三國時起，大批天竺僧人陸續東來，如康僧會、維祇難、竺律炎、鳩摩羅什、曇無讖、僧伽跋摩、求那跋陀羅等，他們或越蔥嶺、渡流沙而至中原，或渡海泛舟而抵江南，帶來了大批的佛經、佛像，到處立寺建塔，傳經佈道；中土的法顯、慧景、道景、慧應、慧嵬等一批高僧也甘冒風險，歷經磨難而西行取經，無不持經攜像而歸。佛教文化藝術之東漸，並很快與中國傳統藝術交相融合，使佛畫風靡當世，從而開闢了該時期繪畫藝術的新園地。

繪畫與書法、音樂、工藝美術、園林建築等姊妹藝術一樣，其發展興盛還有一個不可忽視的重要原因，即離不開上層統治者的喜愛和提倡。整個魏晉南北朝繪畫藝術之發展總趨勢是：兩晉超越三國而遜於南北朝，南朝則勝於北朝。南朝繪畫稍領風騷與封建帝王對繪畫的偏愛和大力提倡息息相關。唐代張彥遠《歷代名畫記》稱：「宋齊梁陳之君，雅有好尚。」如宋武帝劉裕雅好書畫，既滅桓玄，遂命臧喜入宮收玄所藏法書名畫，盡歸己有。宋明帝劉彧命大畫家陸探微常侍從左右，為其作畫，探微之子綏、弘肅皆工畫，陸氏一家以繪畫見稱於世。齊高帝蕭道成不僅性好書畫，而且是位名畫鑑賞家，即位之後，將劉宋內府所藏之畫，自陸探微至范惟賢四十二人之畫作分為四十二等，聽政之暇，旦夕披玩。梁武帝藝能博學，對繪畫亦情有獨鍾，除珍藏齊室之所有法書名畫外，還多方在民間蒐求，所積甚多，故其子孫皆善畫；加之他在位日久，性又佞佛，遂使梁代佛教、佛畫極一時之盛。梁元帝蕭繹承乃父之遺風，書、畫、贊無所不能。《歷代名畫記》說：「元帝雅有才藝，自善丹青，古之珍奇，充內府。」及侯景之亂平，「所有畫皆載入江陵」。他蒐集的名畫法書及典籍竟達二十四萬餘卷。元帝周圍還聚集了一批繪畫英才，如「吳縣顧士瑞出身湘東王國侍郎，後為鎮南府刑獄參軍。有子曰庭，西朝中書舍人，父子並有琴書之藝，尤妙丹青，常被元帝所使」[27]。元帝長子蕭方等善畫人物，生動傳神。南陳文帝對名畫肆意搜求，不遺餘力，所得亦數百卷。在上層統治者的大力提倡下，南朝畫壇一派生機盎然，名家迭出，佳作不斷，給後世留下一份珍貴的藝術遺產。

---

27 《顏氏家訓·雜藝篇》。

由於時代的巨變，社會的開放和思想的自由，加之佛教、玄學的深刻影響，魏晉南北朝繪畫出現了許多新特點：

其一，繪畫題材日益廣泛，不斷開拓。兩漢時期以經史、孝子、列女、神話之類為主要內容的題材已降至次要地位，風俗畫、肖像畫趨於興盛，山水畫已成為一門獨立的畫科，取材於文藝作品的繪畫日益增多。

其二，道佛畫大盛，中國傳統繪畫與外來佛教藝術相結合，內容日漸豐富，畫技不斷提高。其突出表現是佛像人物畫和寺觀壁畫大量湧現，「暈染法」、「沒骨法」等畫技相繼出現。

其三，繪畫隊伍擴大，一批大師級畫家出現。這時，除少數宮廷畫師和大量民間畫工外，一支頗具規模的文人專業畫家隊伍形成，其中不乏佼佼者，如曹不興、顧愷之、陸探微、張僧繇等大師級畫家，在中國古代畫壇上占有重要的一席之地。

其四，中國最早的一批畫論、畫評等繪畫理論著作相繼問世，標誌著繪畫藝術已上升到較高的理論水準。

可以說，魏晉南北朝繪畫取得了超越前代的輝煌成就，是中國繪畫史上承前啟後的重要轉折時期。此後，中國繪畫藝術逐漸進入唐宋高峰期。

二、三國佛教畫的興起與山水畫的開端

三國繪畫藝術，在內容上開始突破宮廷畫的藩籬，在思想上逐漸擺脫了政教的束縛，隨著佛教藝術的傳入而受其影響，中國古代繪畫藝術從此進入了一個新時代。三國繪畫最突出的特點，一是佛教畫的興起，二是山水畫的開端。曹不興、孫權趙夫人可作為三國畫壇的傑出代表。

1.佛畫之祖曹不興　曹不興，又名弗興，三國東吳吳興（今浙江湖州）人。以工畫名冠當世，善畫人物龍虎。據唐代許嵩《建康實錄》載，他能在五十尺長

的絹面上作人像畫幅，「心敏手運，須臾立成，頭面、手足、胸臆、肩背，亡遺尺度」。孫權命他畫屏風，「誤落筆點，因以為蠅，帝以生蠅，舉手彈之」。這就是「誤墨成蠅」的故事。嘗過青溪，「見青龍出水上，寫獻孫皓，皓送秘府」。宋文帝時久旱不雨，乃取不興所畫之龍置水上，「應時蓄水成霧」，大雨如注。所謂「蓄水成霧」一類的話過於神化，不可信，但不興畫技之高超卻是事實。南齊著名書畫評論家謝赫曾在秘閣見不興所畫龍頭，以為若見真龍，故在其《古畫品錄》中評述說：「不興之跡，殆莫復傳，惟秘閣之內一龍而已。觀其風骨，擅名不虛，在第一品。」當時在東吳文化藝術領域出了八個大能人：皇象善書法，嚴武善圍棋，宋壽占夢，吳範治曆數，劉惇明星變，趙達精算術，鄭嫗能相人，曹不興善畫，「世皆稱妙，謂之八絕」[28]。可見曹不興在六朝畫壇上的崇高地位。

赤烏十年（西元 247 年），天竺僧人康僧會渡海東來，遠遊於吳，居建業（今南京市）。孫權為之建塔立寺，以江南始有佛寺，故號建初寺。康僧會在寺中譯經、設像傳道。曹不興見到印度傳來的佛像，興致盎然，予以摹寫，盛傳天下。他因此而成為中國佛像畫的始祖，故《歷代名畫記》稱：「曹創佛事畫。」隨著佛教的廣泛傳播，兩晉南北朝時期，道佛畫盛極一時，並給隋唐繪畫藝術以重大影響。

2. 開山水畫之端的趙夫人　孫權趙夫人，東吳著名算學家趙達之妹，河內（今河南洛陽市西）人，六朝時期唯一著名的女畫家。

夫人身懷三絕：能在手指間以彩絲織出雲霞龍蛇之錦，大則盈尺，小則方寸，宮中謂之機絕；析髮絲以神膠接續，織為羅縠，裁成帳幔，時人謂之絲絕。孫權常嘆息蜀、魏未平，思得善畫者圖山川地形，夫人乃進所畫江湖、九州、山嶽圖；又於方帛之上繡作五嶽列國地形，時人號為針絕。趙夫人所畫的江湖、九州、山嶽圖無疑是中國古代繪畫史上第一幅絕妙的山水畫。

趙夫人開後世山水畫之端，功不可沒，她不愧為中國古代最早的女畫家。唐

---

28 《三國志·吳書·趙達傳》注引《吳錄》。

張彥遠《歷代名畫記》將趙夫人與曹不興並列為東吳兩大畫家，稱道她「善書畫，巧妙無雙」。當代英國著名學者李約瑟也沒有忘記中國這位女畫家，在其所著《中國科學技術史》第五卷第二十二章中，讚揚趙夫人是一位有經驗的畫家，充分肯定其藝術成就。

三國時期曹魏畫家則以魏帝曹髦、侍中徐邈較為著名。曹髦能書善畫，主要畫作有《祖二疏圖》、《盜跖圖》、《黃河流勢圖》、《新豐放雞犬圖》，唐張彥遠稱「曹髦之跡，獨高魏代」。徐邈嗜酒善畫，據說魏明帝曾遊洛水，見白獺，愛之而不可得。邈曰：「獺嗜魚，乃不避死。」遂於板上畫魚，懸於岸邊，群獺竸來，一時執得。明帝讚歎說：「卿畫何其神也！」由此不難看出徐邈畫技之高超。

三、虎頭「三絕」與兩晉繪畫

兩晉較之三國，繪畫藝術有長足的進步。不僅表現為名畫家增多，精品之作迭出，顧愷之等一批繪畫大師及其畫作為後世所景仰，而且不少文人士大夫涉足其間，競寫丹青，使畫壇更顯春意融融，如西晉荀勗、嵇康、張收，東晉明帝、溫嶠、王廙、王羲之、王獻之、謝安、王濛、史道碩、戴逵等，無不以書畫見長，頗有成就。荀勗的畫作被謝赫《古畫品錄》列為第一品，王書畫為晉室南渡後的第一人。其時畫風、畫技亦大為改觀，日漸融合兩漢勾勒古拙之畫法，而注重風範氣韻；士大夫競尚清談，追求思想自由與個性解放，使畫風日呈瀟灑豪邁之氣。繪畫內容也日臻豐富，道釋畫轉盛，山水畫獨立，風俗畫大增。兩晉畫壇成就最著者，當首推衛協、張墨、顧愷之等人，以下予以重點敘述。

1. 西晉兩畫聖——衛協與張墨 衛協、張墨同為曹不興弟子，俱工人物，兼善佛畫，並稱「畫聖」。他們的作品很多，可惜都沒有流傳下來。衛協繪有《上林苑圖》、《七佛圖》、《醉客圖》、《刺虎圖》、《伍子胥圖》、《吳王舟師圖》、《穆天子宴瑤池圖》、《毛詩北風圖》等。傳說他的《七佛圖》畫好後，多年不敢點眼睛，怕點好眼睛佛會飛去。張墨則畫有《維摩詰像》、《搗練圖》等。後世畫

壇給予衛、張二人以很高評價，東晉顧愷之著《畫評》，稱衛協之畫「偉而有氣勢」，「密而精思」，「美麗之形，尺寸之制，陰陽之數，纖紗之跡，世所並貴」。南齊謝赫《古畫品錄》列衛協為第一品，評之曰：「古畫皆略，至協始精，六法之中，迫為兼善。雖不該備形似，頗得壯氣，凌跨群雄，曠代絕筆。」意思是說，衛協以前，畫法古拙，未脫兩漢勾勒遺風，至協始加以精緻描寫，以求形象逼真；他兼善繪畫六法，雖形神未能皆備，但氣勢不凡，稱得上超越眾多畫家而成曠代絕筆。謝赫又稱道張墨的畫「風範氣韻，極參神妙」，「但取精靈，遺其骨法，……可謂微妙也」。與衛協並列第一品。

2. 虎頭「三絕」　顧愷之（約西元 346-407 年），字長康，小名虎頭，東晉晉陵無錫（今江蘇無錫市）人。歷仕大司馬桓溫參軍、荊州刺史參軍、散騎常侍等職。愷之「博學有才氣」，是晉代第一大畫家，又是著名文學家，故《晉書》將其列入《文苑傳》。他與南朝畫家陸探微、張僧繇並稱六朝三大家而位居其首，後世畫壇還有人尊顧、陸、張、吳（道子）為畫家四祖，顧愷之在中國繪畫史上的崇高地位不言而喻。

顧愷之一生有三絕：才絕、畫絕、痴絕，人稱「虎頭三絕」。三絕之中尤以畫絕最為突出，《晉書》本傳稱他「尤善丹青，圖寫特妙」。他從小拜「畫聖」衛協為師，功底厚實，又深受外來佛教藝術的影響，境界開闊。其繪畫題材廣泛，除宗教、風俗畫外，旁及山水、花卉、飛禽、走獸、龍魚等內容，尤以人物畫最為擅長。他畫人物注重點睛傳神和描繪人物的相貌特徵，曾為嵇康四言詩作畫，對人說：「手揮五弦易，目送歸雁難。」意思是說，畫人物動作容易，點睛傳神就難了。他每次將人畫好後，常數年不點目睛，人問其故，答曰：「四體妍蚩，本無關於妙處。傳神寫照，正在阿堵中。」他為清談名士裴楷畫像，特意在其面頰上添加三毛，以突出人物的相貌特徵。顧愷之的「阿堵傳神」與「頰上三毛」實為中國人物畫千古不傳之秘。宋代大詩人兼書畫家蘇軾特著《傳神論》說：「傳神之難在於目。顧虎頭雲：傳神寫照，都在阿堵中。其次在顴頰……目與顴頰似，餘無不似者。」又說：「凡人意思（謂人之相貌特徵），各有所在，或在眉目，或在鼻頭。虎頭雲：頰上加三毛，覺神彩殊勝。則此人意思，蓋在鬚頰間也。」並作詩曰：「論畫以形似，見與兒童鄰；作詩必此詩，定知非詩人。」

此言畫貴神，詩貴韻也。愷之作畫，還能堅持寫實態度，他提出要給荊州刺史殷仲堪畫像，殷仲堪因一目失明推辭說：「我形惡，不煩耳。」愷之勸說道：「明府正為眼耳，若明點瞳子，飛白拂上，使如輕雲之蔽月，豈不美乎！」殷仲堪愉快地接受了建議。顧愷之的畫作在當時就產生了轟動效應，宰相謝安大加讚賞，以為「有蒼生以來，未之有也。」興寧二年（西元 364 年），建康瓦官寺初建，眾僧設會化緣，士大夫們佈施都不滿十萬，愷之素貧，竟認捐百萬，眾人以為大言。後寺成，眾僧請他兌現。愷之命備一壁，遂閉戶百餘日，在壁上畫維摩詰一幅，「謂眾僧曰：『第一日開，見者責施十萬；第二日開，可五萬；第三日可任例責施。』及開戶，光照一寺，施者填咽，俄而果百萬錢也。」[29]這幅畫一直保留到唐代，杜甫觀瞻後寫詩讚道：「看畫曾饑渴，追縱恨森芒。虎頭金粟影，神妙最難忘。」[30]虎頭乃顧愷之小名，「金粟影」謂維摩詰像。張彥遠評價說：「顧生首創維摩詰像，有清羸示病之容，隱幾忘言之狀。陸（探微）與張（僧繇）皆效之，終不及矣！」[31]

顧愷之的繪畫深受後世推崇，得到極高評價。南陳姚最著《續畫品》，稱「長康之美，擅高往策，矯然獨步，終始無雙。有若神明，非庸識之所能效；如負日月，豈末學之所能窺？荀（勖）、衛（協）、曹（不興）、張（僧繇）、方之蔑矣。分庭抗禮，未見其人。」南齊謝赫貶愷之畫為第三品，姚最嚴肅批評謝氏「聲過於實」、「列於下品，尤所未安」。張彥遠謂愷之用筆「緊勁聯綿，循環超忽，格調逸易，風趨電疾，意存筆先，畫盡意在，所以全神氣也」[32]！元朝湯垕著《古今畫鑑》，稱道「顧愷之畫，如春蠶吐絲，初見甚於易，且形似，時或有失；細視之，六法兼備，有不可以語言文字形容者。曾見《初平起石圖》、《夏禹治水》、《洛神賦》、《小身天王》，其筆意如春雲浮空，流水行地，皆出自然。傅染人物容貌，以濃色微加點綴，不求藻飾……覽者不可不察也」。愷之被尊為畫家之祖，當之無愧。

---

29 《建康實錄》卷八注引《京師寺記》。
30 見杜甫詩《送許八拾遺江南觀省》。
31 《歷代名畫記》卷二。
32 《歷代名畫記》卷二。

顧愷之一生畫作甚多，僅被桓玄竊去的繪畫珍品便有一大櫥，一些名作一直保留到元代。《歷代名畫記》、《宣和畫譜》、《古今畫鑑》等畫籍所載亦不下六十餘幅，如《雪霽望五老峰圖》、《女史箴圖》、《祖二疏圖》、《洛神賦圖》、《初平起石圖》、《夏禹治水圖》等皆為不朽之作，可惜大都亡佚，流傳至今的僅有唐人摹本《女史箴圖》、《洛神賦圖》、《列女仁智圖》三卷。

《女史箴圖》為絹本設色，原藏清宮內府，一九○○年八國聯軍入侵北京時被英軍竊走，現藏倫敦大英博物館。它取材於西晉文學家張華所撰《女史箴》一文，採取繪畫與題字相結合的形式而作的長卷。原文列舉樊姬、馮媛、班婕妤等古代列女為例，是勸誡婦女的道德箴言，意在諷刺當時晉惠帝皇后賈南風。原畫共十二段，現存九段，第四段繪有兩名婦女對鏡梳妝，另一婦女對鏡端詳，畫的右邊有三豎行題字：「人咸知修其容，莫知飾其性；性之不飾，或愆禮正；斧之藻之，克唸作聖。」其意是告誡婦女，道德的修養要比容貌的修飾更重要。整個畫面人物逼真傳神，用筆生動，線條極為纖細，有如春蠶吐絲。

《洛神賦圖》絹本設色，現藏故宮博物院。它以三國曹植的文學作品《洛神賦》（又名《感甄賦》）為題材，極富浪漫主義色彩。原賦中所敘甄氏本袁熙之妻，顏色非凡，曹軍攻破鄴城後，袁熙敗亡，甄氏被擄；曹植非常愛慕她，但甄氏卻被曹丕奪去，並立為皇后，不久失意，受讒賜死。曹植無限思念，一次從京師東歸封國，途經洛水時，便假託夢見洛水女神，藉以抒發自己對甄氏的思念之情。顧愷之根據賦的內容，採用浪漫主義的手法，以連環畫的形式進行描繪。畫面將人物與寫景緊密結合，通過對空中鴻雁、水波游龍、睡蓮荷花及朝霞明月的生動描寫，以襯托出鮮明的人物形象，尤

《洛神賦圖》局部

其對洛神那衣帶飄忽、楚楚動人之姿表現得淋漓盡致，令人讚歎不已，無怪後人評價該畫是神采煥發，筆墨千古。

《列女仁智圖》則取材於漢代劉向《列女傳》，主要描繪一些以母儀、賢明、仁智、節義稱著的古代列女，意在說明女子善惡可致興亡，以勸戒天子而利王政。

四、人才濟濟的南朝畫壇

南朝承魏晉之遺風，封建士大夫又多尚文輕武，醉心於文學藝術，加之各代帝王的大力提倡，故繪畫藝術呈現獨領風騷的局面。其時，書畫盛行，不僅大小畫家迭興，畫法新奇絕妙，而且繪畫理論家也嶄露頭角，相繼創作出了一批較有影響的畫評、畫論等繪畫理論著作，從而使繪畫昇華到新的理論高度，標誌著南朝繪畫方面的巨大進步。但由於佛教的盛行和宗教迷信籠罩，佛教人物畫和寺院壁畫仍占有舉足輕重的地位。

南朝畫壇人才濟濟，成就卓著，見諸史籍者即達七十餘人。其中較為稱著者如劉宋時的顧景秀善畫人物、鳥雀，陸探微等皆嘆其巧絕，時稱畫手；袁倩師於陸探微，善畫人物士女，繪《維摩詰變》一卷，百有餘事，運思高妙，六法皆備，令人嘆絕；其子袁質，不墜家風，繪有《莊周木雁圖》、《卞和抱璞圖》等，筆勢勁健，堪與其父比肩。江僧寶長於畫人，謝靈運工寺院壁畫，謝約善畫山水。隱士宗炳「妙善琴棋書畫」，「凡所遊履，皆圖之於室，謂之『撫琴動操，欲令眾山皆響』」[33]。其孫宗測亦善畫，曾繪《阮籍遇隱士蘇門圖》，又畫永業佛影台，皆為妙作。劉胤祖妙善蟬雀畫，筆跡超群，爽俊不凡；其弟紹祖「善於傳寫，不閑其思，至於雀鼠，筆跡歷落，往往出群，時人謂之語，號曰移畫」。胤祖之子璞「少習門風，……體韻精研，亞於其父」[34]。

---

33 《南史》卷七十五《隱逸宗少文傳》。
34 謝赫：《古畫品錄》。

《列女仁智圖》局部（宋摹本）

南齊畫壇高手有劉瑱、毛惠遠、殷蒨、蘧道湣、姚曇度諸人。劉瑱「少有行業、文藻、篆隸、丹青並為當世所稱」[35]。毛惠遠師事顧愷之，筆跡頗類愷之風格，擅長人物列女，尤善畫馬。時劉瑱善畫婦人，毛惠遠善畫馬，並為當世第一。惠遠之子稜「善於佈置，略不煩草」[36]，對畫面布局造詣很深；惠遠弟惠秀則善畫佛像人物故事，「遒勁不及惠遠，委曲有過於稜」[37]，殷蒨善寫人面，與真無別；蘧道湣善寺院壁畫，兼工畫扇，所畫人馬，毫釐不失。姚曇度畫有逸才，巧於變化，稱為妙絕。

梁世畫家亦不乏其人，除張僧繇外，尚有梁元帝蕭繹、焦寶願、解倩、蕭賁等人。梁元帝乃梁武帝第七子，字世誠，始封湘東王，工書畫。他是中國歷史上第一位真正精於繪畫的君主，曾自圖《宣尼像》，並為之贊而書之，時人謂之三絕。南陳著名畫評家姚最對其畫技備加讚譽，稱「湘東殿下，天挺命世，幼稟生知，學窮性表，心師造化，非復景行所能希涉。……王於象人，特盡神妙，心敏手運，不加點治，斯乃聽訟部領之隙，文談眾藝之餘。時復遇物援豪，造次驚絕，足使荀、衛閣筆，袁、陸韜翰」[38]。其畫跡甚多，《職貢圖》堪稱代表作，圖中繪有各國使者來京朝貢的情景，人物逼真，形態生動，每個使者後面都有簡短的題記，記敘這些國家或地區的情況與歷來朝貢之事實。此畫傳至梁元帝曾孫唐監察御史蕭翼，後佚失，現藏南京博物院的《職貢圖》是宋摹本殘卷，僅存十二國使者，是瞭解當時各國與各民族歷史、風俗及友好往來的寶貴資料。此外

35 《南史》卷三十九《劉瑱傳》。
36 姚最：《續畫品》。
37 同上。
38 同上。

還有《蕃客入朝圖》、《鹿圖》、《師利圖》、《鵜鶴陂澤圖》等，並有題記，可惜都未留存下來。蕭繹世子蕭方等也是個小有名氣的畫家，「尤能寫真，坐上賓客，隨意點染，即成數人，問兒童皆識之」[39]。後死於戰亂，年僅二十二歲。焦寶願以畫仕女人物見長，「衣文樹色，時表新意，點黛施朱，輕重不失」[40]。解倩工人物仕女及鬼神故事，「通變巧捷，寺壁最長」[41]。蕭賁，齊竟陵王蕭子良之孫，形不滿六尺，自幼聰明好學，「有文才，能書善畫，於扇上畫山水，咫尺之內，便覺萬里之遙」[42]。齊梁時期，宮體詩盛行，一批騷人墨客描寫美女豔婦成一時之風氣，文壇之變直接影響畫壇，故齊梁不少畫家垂青於寫真，特別注重對美人形象的描繪，梁簡文帝有《詠美人看畫詩》云：「可憐俱是畫，誰能辨寫真！」大概就反映了當時的真實情況。

陳代除繪畫理論繼續有所突破外，繪畫成就不甚突出，既缺乏名家大師，佳作亦不多見，見諸史籍之畫家僅顧野王、杜緁、袁彥數人而已。顧野王善丹青，畫草木尤工。梁宣城王於東府起齋，令野王畫古賢，王褒作贊，時人稱為二絕。梁亡入陳，歷仕黃門侍郎、光祿卿等，御府所藏有草蟲圖一。杜緁、袁彥皆以人物畫見長。

在南朝眾多畫家中，唯陸探微、張僧繇獨占鰲頭，影響甚巨，堪稱巨擘。

1. 陸探微的一筆劃　陸探微，宋齊間吳（今江蘇蘇州市）人，師事顧愷之，宋明帝時常侍從左右，丹青之妙，最推工者。善畫佛像、人物，參靈酌妙，動與神會，兼善山水草木。宋明帝劉彧曾使探微畫嵇康像以賜伏曼容。他繪畫有自己獨特的風格，筆跡連綿不斷，勁利如錐刀，《歷代名畫記》稱其為「一筆劃」。其畫作不下數十種，至唐代猶存，其中主要有《宋孝武帝像》、《巴陵王像》、《宋明帝像》、《王悅像》、《蟬雀圖》、《五白馬圖》、《阿難維摩圖》、《蔡姬盪舟圖》等。南齊謝赫對之推崇備至，在《古畫品錄》中稱他「窮理盡性，事絕言象，包

39 《歷代名畫記》卷七。
40 姚最：《續畫品》。
41 同上。
42 《南史‧竟陵王子良傳》。

前孕後，古今獨立，非復激揚所能稱讚」。將其畫列為上上品。唐朝張懷瓘《畫斷》評之說：「夫像人風骨，張僧繇得其肉，陸探微得其骨，顧愷之得其神，俱為古今獨絕。」唐朝張彥遠《歷代名畫記》則稱「陸探微精利潤媚，新奇妙絕，名高宋代，時無等倫」。元朝湯垕《古今畫鑑》認為：「陸探微與愷之齊名」，觀其《文殊降靈真跡》，「行筆緊細，無纖毫遺恨，望之神彩動人，真希世之寶也」。

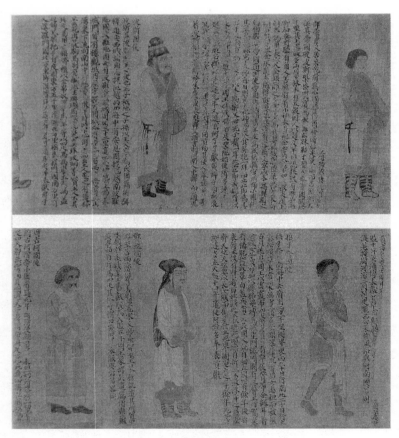

《職貢圖》（南朝）

陸探微一家皆工畫，其子陸綏享譽畫壇，「體運遒舉，風采飄然，一點一

拂，動筆皆奇」[43]。時有畫聖之稱。綏之弟弘肅受父兄薰陶，猶有名家之法。

2. 張僧繇與「張家樣」　張僧繇，吳人，梁武帝時歷任武陵王國侍郎、直秘閣知畫事、右軍將軍、吳興太守等職。他是梁代最傑出的繪畫大師，與顧愷之、陸探微並稱六朝三大家，後世尊他與顧愷之、陸探微及唐代吳道子為畫家四祖。

張僧繇善畫山水、人物、鳥獸，尤以佛道畫著稱。梁武帝崇飾佛寺，多命僧繇畫之，曾為金陵安樂寺畫四白龍，不點眼睛，每說：「點睛即飛去。」人們不信，以為妄誕，堅持讓他點睛，須臾，雷電破壁，兩龍乘雲騰去上天，二龍未點睛者見在。這些傳說近於神話，但張僧繇畫技高明乃是事實，故陳代畫評家姚最稱他「善畫塔廟，超越群工」。《歷代名畫記》稱他「點曳斫拂，依衛夫人《筆陣圖》，一點一畫，別是一巧，鉤戟利劍森森然」。

張僧繇繪畫頗具創新精神，在畫技上有許多獨到之處。他首先突破了顧愷之、陸探微的密體畫法，開創疏體畫法，但取精神而不注重形理，《歷代名畫記》評其用筆云：「顧、陸之神，不可見其眄際，所謂筆跡周密也；張、吳之妙，筆才一二，像已應焉，離披點畫，時見缺落，此雖筆不周而意周也。若如畫有疏密二體，方可議乎畫。」據傳，吳道子初見張僧繇的畫不以為然，後察知其精妙而佩服之至，明代楊慎《畫品》卷一載：「吳道子始見張僧繇畫曰：『浪得名耳』，已而坐臥其下，三日不能去。」他畫山水不用輪廓線，直接著色，後世稱為「沒骨法」。在設色方法上，他又採用印度佛教藝術中的陰影法，利用深淺顏色顯出畫面的陰陽面，從而成為中國畫法參用外國畫法的第一人。據《建康實錄》載，他曾為建康一乘寺作壁畫，「寺門遍畫凹凸花，稱張僧繇手跡。其花乃天竺遺法，朱及青綠所造，遠望眼暈如凹凸，就視即平，世咸異之，乃名凹凸寺云」。此法亦名暈染法。張僧繇大膽地將中國傳統畫法與外來繪畫藝術有機地融合於一起，開創了中國畫法的新園地。這種獨特的繪畫風格，很受後世推崇，被稱為「張家樣」。它與北齊曹仲達所創「曹家樣」、唐代吳道子所創的「吳家樣」，一併成為中國古代寺廟壁畫中影響最大的三種樣式。

---

43 謝赫：《古畫品錄》。

張僧繇一生作畫異常勤奮，「俾晝作夜，未嘗厭怠，惟公及私，手不停筆，但數紀之內，無須臾之閒」[44]。加之「思若湧泉」的天資，因而創作了大量的名作，如《維摩詰像》、《梁武帝像》、《漢武射蛟圖》、《吳生格虎圖》、《橫泉鬥龍圖》、《水怪圖》、《詠梅圖》、《醉僧圖》等，可惜散佚無遺。傳張僧繇《雪山江樹圖》，絹本設色，藏臺灣故宮博物院。

張僧繇之子善果、儒童皆以善畫知名。唐李嗣真稱善果「猶是名家之駒，摽置點拂，殊多佳至；時有合作，亂真於父」[45]。善果弟儒童之畫亦在中品上。

五、曹仲達與北朝繪畫

北朝承五胡十六國之變亂，前有北魏拓跋氏以武力征服中原，中經北魏分裂，東西魏對峙，後有北齊、北周之相互兼併，戰事連綿，朝野不遑寧息；而北朝各代皆係胡族政權，民性強悍，雖受漢文化之影響，但尚武舊習依然，對文學藝術頗為輕視；北朝佛教空前盛行，但統治者熱衷於開窟造像，一般藝術家多舍繪畫而就雕塑。由於上述原因，故北朝繪畫藝術遠遜色於南朝。其時，畫家既少，畫跡亦不多見，而足為後世楷模之名師大家僅北齊曹仲達一人而已。

據《魏書》、《歷代名畫記》等古籍記載，北魏畫家有蔣少游、高遵、楊乞德、祖班等數人，北周有田僧亮、袁子昂、馮提伽等人。北齊因武成帝高湛對繪畫的嗜好和提倡，故出現了一些知名畫家，繪畫成就也較為突出。名畫家主要有楊子華、劉殺鬼、曹仲達三人。

楊子華，北齊武成帝時曾任直閣將軍、員外散騎常侍等職，善畫龍馬、人物。他曾畫馬於壁上，「夜聽啼齧長鳴，如索水草」；畫龍於素絹上，「舒捲則雲氣縈集」；畫人物「曲盡其妙，簡易標美。多不可減，少不可踰」。武成帝甚重

---

44 姚最：《續畫品》。
45 《歷代名畫記》卷七。

之，常使居禁中，天下號為「畫聖」，非有詔不得與外人畫。其畫跡主要有《北齊校書圖》、《斛律金像》、《北齊貴戚游苑圖》、《鄴中百戲圖》、《獅猛圖》等。

劉殺鬼，北齊武成帝時官拜梁州刺史，以善畫鬥雀知名，曾「畫鬥雀於壁間，（武成）帝見之以為生，拂之方覺」。常在禁中，賞賜巨萬。

曹仲達，本曹國（古西域國名，故地在今中亞撒馬爾罕一帶）人，官至朝散大夫，是北齊最著名的大畫家。工畫梵像，繪龍蛇能致風雨。人物畫有自己獨特的風格，「其體稠迭，而衣服緊窄」，好像剛從水裡出來一樣。唐代吳道子畫人物，「其勢圓轉，而衣服飄舉」。曹、吳齊名，故後輩譽之為「曹衣出水，吳帶當風」。曹仲達所創的繪畫風格被稱為「曹家樣」，對後世影響甚大。其畫作主要有《盧思道像》、《慕容紹宗像》、《弋獵圖》、《齊武臨軒對武騎名馬圖》等，惜其作品不傳，後人難知其詳。

六、畫論與畫評

中國繪畫藝術真正昇華到理論的高度當始自晉代的顧愷之，經南朝宗炳、王微、謝赫、姚最等人的不斷發展和豐富，而逐漸形成較系統的繪畫理論。其時，一批畫論、畫評佳作相繼問世，從不同角度對繪畫藝術提出了許多獨到的主張和見解，對唐宋繪畫產生了直接的影響。

1. 顧愷之的繪畫理論著作　顧愷之不僅是位大畫家，還是中國繪畫史上最早的繪畫理論家。其繪畫理論著作保存在《歷代名畫記》中尚有《畫評》、《魏晉勝流畫贊》、《畫雲臺山記》三篇，在畫評、畫法、畫論等方面均有極精闢的見解。

他在《畫評》中首先指出：「凡畫人最難，次山水，次狗馬，臺榭一定器耳。」並提出「遷想妙得」之說，是講繪畫要富於浪漫主義的想像，這樣往往會收到意想不到的效果。他認為畫女子要「尤麗衣髻，俯仰中一點一畫皆相與成其豔姿，且尊卑貴賤之形，覺然易了」。畫醉容要先「作人形」，「骨成而製衣服幔

之」，這樣才能「助神醉耳」；畫壯士既要「有奔騰大勢」，還要有「激揚之態」；畫馬需「雋骨天奇」，有「騰罩虛空」之勢，才算盡善。對此，他總結說：「美麗之形，尺寸之制，陰陽之數，纖妙之跡，世所並貴。」

其《畫雲臺山記》一文提出了山水畫「三法」：「山有面則背向有影」，是為陰影法；「清天中凡天及水色盡有空青竟素上下」，謂畫天空與水皆用青色填滿，是為畫天、水法；「下為澗，物景皆倒」，此為倒影法。此「三法」是對古代山水畫理論的最早闡發，對後世頗具啟迪作用。

此外，他還詳細論述了臨摹、絹素、色彩、構圖、筆墨等方法，實是對古代畫法的極好總結，足資後代借鑑。

木板漆畫（北魏）
1966 年山西大同出土

2. 宗炳《畫山水序》與王微《敘畫》

宗炳（西元 375-443 年），字少文，南陽涅陽（今河南鄧縣）人，劉宋時著名隱士。他「妙善琴書，精於言理」，學問淵博；性「好山水，愛遠遊，西陟荊、巫，南登衡嶽」，足跡遍及南方的名山大川，「凡所遊履，皆圖之於室，謂人曰：『撫琴動操，欲令眾山皆響』」[46]。由於對山水情有獨鍾，故在山水畫及繪畫理論方面均有很高造詣。

宗炳的畫作有《孔子弟子像》、《獅子擊象圖》、《永嘉邑屋圖》、《秋山圖》等。並擅長一筆劃，蘇軾為之賦詩云：「宛轉迴紋錦，縈盈連理花，何須郭忠恕（宋朝人，好山水，善畫），匹素畫繰車。」他撰寫的《畫山水序》是中國最早

---

46 《宋書‧隱逸‧宗炳傳》。

的一部山水畫理論專著，全文雖不足五百字，但卻闡發了山水畫的基本方法與最高原理。其基本方法有兩點值得注意：其一，畫像布色要採取寫實主義，所謂「以形寫形，以色貌色也」。其二，寫生時要「構茲雲嶺」，描寫大自然景物於尺幅之內而不能失其大小比例，「今張綃素以遠映，則崑閬之形可圍於方寸之內。豎劃三寸，當千仞之高；橫墨數尺，體百里之迴。是以觀畫圖者，徒患類之不巧，不以制小而累其似，此自然之勢」。他強調作畫時要「應目會心」、「應會感神，神超理得」、「理入影跡，誠能妙得」。其具體做法是「閒居理氣，拂觴鳴琴，披圖幽對，坐究四荒」，認為這樣才能「萬趣融其神思」，達到很高的精神境界，以寫胸中之逸氣。

王微（西元 415-453 年），字景玄，琅邪臨沂（今山東臨沂）人。出身高門大族，但素無宦情，僅年輕時做過司徒祭酒、主簿、功曹、記室參軍、太子中舍人等官。他多才多藝，「善屬文，能書畫，兼解音律、藥方、陰陽術數」[47]。其所作《敘畫》一文極為簡略，僅二百餘字，卻不乏獨到見解。他首先認為作畫並非為了實用，而是心靈之表現，「靈無所見，故所託不動，目有所極，故所見不周」。接著指出，作畫要注意事物的變化，且不離規矩，才能使畫面生動，心靈才得以體現，「橫變縱化而動生焉，前矩後方而靈出焉」。他還特別強調，作畫不僅是「運諸指掌」，重要的是要有激情和富於想像，「望秋雲，神飛揚；臨春風，思浩蕩」，這就稱作「畫情」。可見，王微的山水畫理論又得到進一步的發展和提高。

3. 謝赫《古畫品錄》與姚最《續畫品》　謝赫，南齊畫家和著名畫評家，以人物肖像畫稱著，「寫貌人物，不俟對看。所須一覽，便歸操筆。點刷研精，意在切似。目想毫髮，皆無遺失。麗服靚妝，隨時變改。直眉曲鬢，與世時新」[48]。由於他畫技高超，故時人紛紛仿效。《安期先生圖》、《晉時帝步輦圖》是其主要代表作。謝赫的《古畫品錄》實為中國畫品開山之作，全文共分兩部分：前為總論，後為評畫。總論系統地總結了繪畫六法：

---

47 《宋書・王微傳》。
48 姚最：《續畫品》。

（1）氣韻生動。畫面中的人物要生動形象，富有生命力。

（2）骨法用筆。作畫要講究輪廓、線條。

（3）應物象形。選擇題材要合適，描繪形像要精確。

（4）隨類賦彩。根據不同題材設色。

（5）經營位置。作畫要講究布局和結構。

（6）傳移摹寫。要多看多臨摹先賢名作，取其所長，不斷創新。

謝赫總結的六法是繪畫創作最基本的重要方法和原則，極富科學性，其置「氣韻生動」於首位，尤具真知灼見。儘管後世畫風不斷變遷，但無不奉此為萬古不移之準繩，其影響遠至今日，無疑這是謝赫對中國繪畫理論最傑出的貢獻。

該文的後半部分將二十七位畫家分為六品進行品評，每人均詳加評語，不無精當之處，亦為後世評畫所仿效。但其定評和評語也有不當之處，如將顧愷之歸為第三品，說他「跡不逮意，聲過其實」。未免有失偏頗，因而遭後世畫家的嚴肅批評。

姚最，陳代吳興（今浙江吳興）人。其畫跡史籍無載，大約是位書畫鑑賞家。他繼謝赫之後而作《續畫品》，因不滿謝氏之品目，故文中不給畫家劃品定等，而僅作評語而已，雖名之曰續，卻立意不同。他認為「丹青妙極，未易言尺」，要正確品評，決非易事；如果不是「淵識博見」，就難以究其精粗，因而主張畫之優劣只「可以意求」。他給予大畫家顧愷之以極高的評價（見前），直斥謝赫之誣，對其他畫家之品評也頗為中肯，加之語句簡潔、文辭雋永，讀後令人信服。

諸體皆備，
書家迭起

　　魏晉南北朝的書法在繼承商周秦漢豐富遺產的基礎上，將藝術水準推進到新的高度。尤其是魏晉書法，被世人譽為中國書法史上的一個黃金時代。這一時期，不僅崛起了如鍾繇、王羲之等享譽千古的第一流大書法家，而且書壇人才濟濟，翰墨之妙而入流品者摩肩接踵，至於留跡於廟塔寺宇、碑碣石刻之間的無名書家更難以計數。他們共同創造了書法藝術的輝煌：名作薈萃，書體創新，論撰繁富，給後世留下一大批不朽的珍貴藝術遺產。可以說，整個魏晉南北朝書壇春色滿園，姹紫嫣紅，爭奇鬥豔，一派生機盎然。

一、諸體皆備的時代

　　唐代張懷瓘《書斷》說：「書有十體源流，學有三品優劣。」這是說，書體以筆劃特點而言有十種：古文（科鬥文）、大篆、籀文（與大篆小異）、小篆、八分、隸書、章書（章草）、行書、飛白、草書。前三種書體因筆劃曲折繁雜，不便書寫，秦代始以小篆、隸書代之。秦人王次仲又造八分書，由小篆演變而來，其筆勢波挑翩翻，字方八分，故謂之。至漢代，章草、行書、飛白、草書相繼問世。西漢史游始作草書，「至（東漢）建初中，杜度善草，見稱於章帝，上

貴其跡，詔使草書上事，魏文帝亦令劉廣通草書上事。蓋因章奏，後世謂之章草」[49]。史游乃章草之祖。後漢劉德升創行書，即行書之祖。飛白者，謂字宜輕微不滿，筆劃中留有空白，此漢末左中郎將蔡邕所創，蔡邕即飛白之祖。東漢張芝改革章草而為今草，故張芝為草書之祖。以上乃書體源流之梗概。

魏晉以降，不僅諸體皆備，而且通過不斷的改革與創新而使之日臻成熟和完善。魏晉南北朝的書法大師大都兼善諸體，如曹魏鍾繇除真書絕世外，兼善隸、行、草八分諸體；東吳皇象「章草入神，八分入妙，小篆入能」；西晉索靖草書絕世，又善八分；衛瓘善章草、小篆、隸、行、草諸書；東晉王羲之更是諸體兼備，凡草、隸、八分、飛白、章、行，莫不自成一家法。就是被唐人品目為第三流的書法家也莫不如是，如晉代杜預善行、草，王導行、草兼妙，劉宋范曄工草、隸、小篆，梁代陶弘景以真書、行、隸見長。如此等等，不勝枚舉。

三體石經（三國魏）
一九二二年河南洛陽出土

這一時期對書體的最大貢獻莫過於對楷書的發展和對草、隸、飛白的創新。楷書亦稱真書、正書，以減省隸書的波磔而成，字體方正，筆劃平直。鍾繇以楷書著稱，常用之書寫碑碣石刻，故又稱「銘石書」。南齊王僧虔《論書》云：鍾公「銘石書，最妙者也」。張懷瓘稱鍾繇「真書絕世」、「秦漢以來，一人而已」。近人多以為鍾繇發展了秦漢以來所未有的楷法，為漢字的定型作出了重大貢獻，這是符合史實的。

書聖王羲之、王獻之父子則對草、隸、行草有重要的創新。王羲之博採眾家之所長，一改漢魏古樸之風，發展草楷相結合的行書，它便捷易識，是書法的實用性和藝術完美性的結合。張懷瓘稱：羲之「割析張公（張芝）之草，而穠纖折

---

49 張懷瓘：《書斷》，本節引文未標明出處者皆見此書，不另注。

衷，乃塊其精熟；損益鍾君（鍾繇）之隸（指隸楷），雖運用增華，古雅不逮」。這種草楷相結合的行書遂成為隋唐以來書法發展的主流。王獻之則在行、草的基礎上，另闢蹊徑，創造了一種「非草非行」的新書體。此體兼具行、草二體的特點，筆劃簡易流暢，字形飄逸灑脫，極為優美。張懷瓘稱：「子敬才高遠識，行草之外，更開一門。」指的就是這種新字體。他又說：「子敬之法，非草非行，流便於行草，又處其中間，無籍因循，寧拘制則。挺然秀出，務於簡易，情馳神縱，超逸優游……有若風行雨散，潤色開花，筆法體勢之中，最為風流者也。」[50]

飛白作為一種特殊書體，實為民間所創，蔡邕受到啟發，歸而書之。張懷瓘《書斷》稱：「漢靈帝熹平中，詔蔡邕作聖皇篇，篇成，詣鴻都門上。時方修飾鴻都門，伯喈待詔門下，見役人以堊帚成字，心有悅焉，歸而為飛白之書。」因這種書體「淺如流霧，濃若屯雲」，華艷飄蕩，逸越可觀，故問世之後，大受書家青睞，常用以題署宮閣。東吳張弘，晉王羲之、王獻之並造其極，梁代蕭子雲又創小篆飛白，「意趣飄然，點畫之間，若有鶱舉，妍妙至極，難與比肩」。從而將這一書體推向新的峰巔。

二、書家迭起，翰墨流芳

魏晉南北朝書家之多，成就之大，影響之深，歷朝難與為比。

唐人竇臮撰《述書賦》，根據前後所親見墨寶者，列舉自周秦至唐乾元初（西元 758 年），翰墨之妙可入流品者共二一四人，現列表於下：

| 朝代 | 周 | 秦 | 漢 | 魏晉南北朝 | | | | | | | | 隋 | 唐 |
				魏	吳	晉	宋	齊	梁	陳	北齊		
人數（共 214 人）	1	1	2	5	2	63	25	15	21	21	1	5	52

---

50 張懷瓘：《書議》，載張彥遠：《法書要錄》卷四。

從表中看出，**魏晉南北朝時期可入流品的書家共達一五三人**，約占總人數百分之七十一，僅晉代便超出唐代十一人。儘管竇氏統計的數字未必十分準確，但可觀其全貌。

張懷瓘在《書斷》中，將周秦至唐的書法名家列為三品，其中神品二十五人，妙品九十八人，能品一〇七人。各朝分布情況如下表：

朝代		周	秦	漢	魏晉南北朝								隋	唐
					魏	吳	晉	宋	齊	梁	陳	北周		
品級及人數	神品（25人）	2	1	7	2	1	12							
	妙品（98人）		2	14	20	2	26	12	4	4	3			11
	能品（107人）			13	3	4	34	7	3	10	1	1	3	27

表中清晰反映，魏晉時代不僅神品、妙品獨占鰲頭，即便能品亦非漢唐所能及，如果將魏晉南北朝各代入三品的書法名家加在一起，漢唐就更難望其項背了。

唐代李嗣真撰《書品後》，也開列了自秦代至唐世的書法家八十一人，分為十等。最高稱逸品，共五人，其中秦一人、漢一人、魏晉三人；上上品二人，秦漢各一人；上中品七人，其中後漢二人、魏晉五人；上下品十二人，除漢一人、唐一人外，餘皆為晉宋人。可見，魏晉南北朝書法名家之多，成就之大，幾乎是唐人一致的看法。

在大批書家中，不少封建帝王躋身其中，他們嗜書成癖，且造詣頗深，構成了當時書壇的一大特色。北朝人顏之推說：「晉宋以來，多能書者，故其時俗，遞相染尚。」[51]好尚書法能成為一種社會風氣，無疑與帝王的積極參與和提倡關

---

51 《顏氏家訓·雜藝篇》。

係密切。魏武帝曹操不僅是位大詩人，亦善音樂、圍棋、解方藥，「尤工章草，雄逸絕倫」。晉張華《博物志》稱：「漢世，安平崔瑗、瑗子寔，弘農張芝、芝弟昶並善草書，而太祖亞之。」[52]曹操的章草被張懷瓘列為妙品。東晉元帝「天然俊傑，毫翰英異」、「用筆可觀」；晉成帝「生知草意」、「勁力外爽、古風內含」。[53]宋文帝善隸書，次及行、草，「規模大令（王獻之），自謂不減於師」；其「隸書入妙，行、草入能」。齊高帝祖述獻之，「善草書，篤好不已」。嘗與書法名家王僧虔睹書，書畢謂曰：「誰為第一？」對曰：「臣書臣中第一，陛下書帝中第一。」帝大笑，曰：「卿可謂善自謀矣。」他還收藏了大批名家書跡，一次就向王僧虔出示古蹟十一卷，並求能書人名；僧虔蒐集民間所有、卷中所無者十一卷奏之，又上羊欣所撰《能書人名》一卷，足見齊高帝酷愛書法之甚。高帝之子齊武帝亦善行、草書。梁武帝「好草書，狀貌亦古」。據竇泉《述書賦》載，兩晉南北朝帝王翰墨之妙可入流品者計十八帝，除上述各帝外，尚有司馬師、司馬昭、晉康帝、晉孝武帝、宋明帝、梁簡文帝、梁元帝、陳武帝、文帝、後主等。竇氏所述未必皆妥，但不致有大的出入。

上之所好，下必效焉。於是帝冑王室，士族名流，后妃貴婦，乃至民間，無不以善書為榮。故當時江南諺曰：「書疏尺牘，千里面目也。」以帝冑而言，能書者不乏其人，如齊高帝第三子蕭映「善騎射，解聲律，工左右書、左右射」[54]。梁武帝第六子蕭倫「尤工尺牘」，倫長子堅「亦善草隸」，堅弟確「尤工楷隸，公家碑碣皆使書之」[55]。陳文帝第二子伯茂「大工草隸書，甚得右軍法」[56]。而南齊宗室蕭子雲諸體兼備，是稱一代名家。

至於紹繼家學，祖孫父子世代相傳，名家輩出之例更難以盡舉，此乃當時書壇的第二大特色。如魏太傅鍾繇獨步三國書壇，其子鍾會書有父風，「美兼行草，尤工隸書，遂逸致飄然，有凌雲之志」。其隸、行、草、章皆入妙。魏尚書

---

52 《三國志‧魏書‧武帝紀》注引張華《博物志》。
53 竇泉：《述書賦》，載《法書要錄》卷五。
54 《南史‧齊高帝諸子下》。
55 《南史‧梁武帝諸子》。
56 《南史‧陳宗室諸王》。

衛「好古文，鳥篆、隸書無所不善」[57]。其子衛瓘「采張芝法，取父書參之，遂至神妙」。善諸書，章草入神，小篆、隸、行、草入妙，終成晉代書法大師。瓘子恆「古文、章草入妙，隸入能」。並撰《四體書勢》。恆弟宣，善篆及草，名亞父兄；宣弟庭，亦工書。庭子仲寶、叔寶，俱有書名。衛氏一家四代家風不墜。晉代庾氏、郗氏、謝氏、王氏皆為書史留名的書法世家。庾亮，官拜太尉，善草書；弟翼，歷官征西將軍、荊州刺史，善草隸，書名亞於羲之。據說庾翼年輕時，書法與羲之齊名，後來羲之超過了他，庾氏子弟皆學羲之書，庾翼大感不平，特從荊州任上寄回家書，斥責道：「小兒輩乃賤家雞，皆學逸少書，須吾還，當比之。」[58]故史書上有庾翼「家雞野鶩」之逸事趣談。後來，他見了羲之書，乃大服。翼弟懌、亮孫准，亦工書。郗氏自太尉郗鑒始，「著書卓絕，古而且勁」；其子愔、曇，並工書。郗愔善諸書，隸書可比羲之，「尤長於章草，纖能得中，意態無窮，筋骨亦勝」。愔子超，曇子儉、恢，皆善書。謝安乃東晉名相，尤善行書，海內所瞻；其兄尚、弟萬，並工書。王氏家族更是享譽書壇，王導為晉中興名相，「行、草兼妙」，「見貴於世」；其子恬、洽之書皆知名，恬「工於草隸，當世難與為比」。洽「書兼諸體，於草尤工，落簡揮毫，有郢匠乘風之勢」。洽子王珉，「工隸及行、草，金劍霜斬，嶔崎歷落」，時謂小王（獻之）之亞也。珉兄珣，亦善書。羲之叔父王廙「工於草隸、飛白，祖述張（芝）、衛（瓘）遺法」。其飛白「志氣極古」，乃右軍之亞。王氏家族尤以羲之、獻之為最，此暫不述，留待後論。自王導致王珉，三世善書，代出名家。唐人竇臮盛讚道：「博矣四庾，茂矣六郗，三謝之盛，八王之奇。」[59]以上略舉數例，足見當時書壇之盛況。

在時風的影響下，不少知識女性不讓鬚眉，也大膽揮毫落簡，馳騁書壇，更使書法藝術增姿添彩，成為當時書壇的又一特色。西晉衛鑠（西元 272-349 年），世稱衛夫人，是中國書法史上第一位著名的女書法家。夫人字茂猗，廷尉衛展之妹，大書法家衛恆之從女，汝陰太守李矩之妻。在父祖的薰陶下，她從小

57 《三國志・魏書・衛覬傳》
58 王僧虔：《論書》，載唐張彥遠：《法書要錄》卷一。
59 竇臮：《述書賦》。

酷愛書法，尤喜鍾繇的作品，「規摹鍾繇，遂歷多載」，「兼善諸體，精於草隸，年二十，著詩論草隸通解」[60]，將書法藝術昇華到理論高度。她不但培育出了「書聖」王羲之這樣的高徒，而且撰寫了一部書法理論傑作《筆陣圖》，給後世以極大的影響。此外，漢魏之際的著名女詩人蔡文姬亦擅長書法，真、草皆造詣極深；王羲之之妻郗氏是位小有名氣的書法家，某些王羲之署名的書箋往往是她代筆的；王凝之妻謝道韞亦工書，與郗氏齊名，唐李嗣真《書品後》稱其書體「雍容和雅，芬馥可玩」。王洽妻荀氏、王珉妻汪氏、郗愔妻傅氏皆因善書而垂名後世。又晉安帝王皇后名神愛，獻之女，亦善書；梁武帝德皇后善隸書。如此等等，茲不細舉。婦女在書法上的突出成就，大大豐富了中國書法藝術寶庫，魏晉時期之能成為中國書法史上的第一高峰，婦女的作用毋容低估。

魏晉南北朝書法名家燦若繁星，而影響最大、成就最著者當推鍾繇、皇象、索靖、王羲之、王獻之、蕭子雲等人，以下分而述之。

三、鍾繇和索靖

鍾繇（西元 151-230 年），字元常，潁川長社（今河南長葛東）人。累官至尚書僕射，魏初遷相國、太尉，明帝朝進封定陵侯，加太傅，人稱鍾太傅，享年八十。鍾繇學書異常勤奮刻苦，據說十六年未嘗窺戶，他曾與其子鍾會論書說：「吾精思學書三十年，若與人居，畫地廣數步；臥，畫被穿過表裡；如廁忘返，附膚盡青，每見萬類，則而象之。」[61]

這就是鍾繇「居則畫地，臥則畫被，入廁忘返，撫膚盡青」，勤學苦練書法的故事。他既師法曹喜、蔡邕、劉德升等漢代書法名家，又不落前人窠臼，而有自己獨特的藝術風格。其真書「剛柔備焉。點畫之間，多有異趣，可謂幽深無際，古雅有餘。秦漢以來，一人而已」。作為一代書法大師，他兼精諸體，凡

---

60 衛鑠：《與釋某書》，載《全晉文》卷一四四。
61 朱建新：《孫過庭書譜箋證》，98 頁，北京，中華書局，1963。

真、行、草、隸、八分等莫不皆能，而尤擅長真、行、八分三體。南齊王僧虔《論書》曰：「鍾公之書，謂之盡妙。鍾有三體：一曰銘石書（真書），最妙者也；二曰章程書（八分書），世傳秘書教小學者也；三曰行押書，行書是也。三法皆世人所善。」[62]三法之中，又以真書絕世，常用以書寫表章碑碣，所謂「妙盡許昌之碑，窮極鄴下之牘」。

鍾繇的書法享譽後世，備受推崇，足為百代楷模。凡晉唐間之書評，莫不列之為逸品、神品或上上品，讚譽之聲不絕於耳。王羲之論書云：「鍾、張（芝）信為絕倫，其餘不足觀。」劉宋羊欣稱張芝、鍾繇、王羲之「貴越群品，古今莫二，兼撮眾法，備成一家，若孔門之書，三子入室矣。允為上之上」。梁武帝謂「張芝、鍾繇，巧趣精細，殆同機神」。唐李嗣真《書品

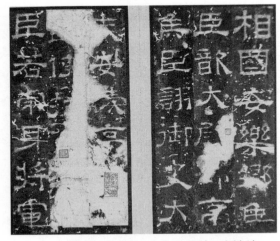

上尊號碑（局部拓片）（三國魏，鍾繇）

後》評曰：「元常每點多異，羲之萬字不同，後學者恐徒傷筋臂耳。」[63]這些評價反映書壇後學對一代名學大師的推崇和景仰，其影響之深遠無待多論。

索靖（西元 239-303 年），字幼安，敦煌龍勒（今甘肅敦煌西南）人，張芝妹之子。少有逸群之量，馳名海內，與鄉人氾衷等五人號稱「敦煌五龍」。因才藝絕人，被西晉武帝擢為尚書郎，後歷官雁門、酒泉太守，拜游擊將軍等。晉惠帝太安二年（西元 303 年），死於「八王之亂」，時年六十五。

索靖師法前賢而不拘泥，傳張芝之草而形異，學韋誕之書而險峻過之，兼善草、隸、八分、章草諸體，尤以草書知名，常以自己的字勢自負，曰：「銀鉤蠆

62 張彥遠：《法書要錄》卷一。
63 張彥遠：《法書要錄》卷二。

尾。」他的草書與張芝不相上下，各有千秋，時人云：「精熟之極，索不及張；妙有餘姿，張不及索。」其章草以險峻著稱，「有若山形中裂，水勢懸流，雪嶺孤松，冰河危石，其堅峻則古今不逮」。晉王隱說：「靖草書絕世，學者如雲。」其楷法多雄勇之勢，過於衛瓘；其八分則稱韋誕、鍾繇之亞。

後代書家對索靖評價甚高，梁代袁昂《古今書評》曰：「索靖書，如飄風忽舉，鷙鳥乍飛。」唐李嗣真《書品後》稱：「索有月儀三章，觀其趣狀，大為遒竦，無愧珪璋特達，猶夫聶政、相如，千歲凜凜，為不亡矣；風華豔麗，古今冠絕。」

四、皇象、張弘書冠東吳

皇象，字休明，東吳廣陵江都（今江蘇揚州市）人。官至青州刺史、侍中。自幼工書，師法漢代杜度。「時有張子並、陳梁甫能書，然陳恨瘦，張恨峻，休明斟酌其間，甚得其妙。」[64]他與大畫家曹不興、圍棋高手嚴武等八人齊名，時稱「八絕」。其書體雅勁多力，揮灑淋漓，世稱「沉著痛快」。梁代袁昂《古今書評》曰：「皇象書，如歌聲繞梁，琴人舍徽。」他以章草稱首，次八分，次小篆。其章草堪與王羲之的隸書相抗，八分書僅次於蔡邕，唐張懷瓘「以為右軍隸書，以一形而眾相，萬字皆別；休明章草，雖眾相而形一，萬字皆同。各造其極。則實而不樸，文而不華。其寫春秋，最為絕妙；八分雄才逸力，乃相亞於蔡邕，而妖冶不逮，通議傷於多肉矣」。故評其章草為神品，八分為妙品，小篆為能品。

皇象被後世尊為「書聖」。晉葛洪《抱朴子》稱：「書聖者皇象。」劉宋羊欣說：「張芝、皇象、鍾繇、索靖，時並號書聖。」[65]皇象能得此殊榮，足見其書法造詣之深。

---

64 《三國志·吳書·趙達傳》注引《吳錄》。
65 羊欣：《古今書評》，載張彥遠：《法書要錄》卷二。

與皇象同時代的還有東吳另一位大書法家張弘，字敬禮，吳郡（今江蘇蘇州市）人。他一生篤學不仕，常頭戴烏巾，時稱張烏巾，「並善篆隸，其飛白妙絕當時，飄若雲遊，激如驚電，飛仙舞鶴之態，有類焉。自作飛白序勢，備說其美也」。宗羊欣說：「此人特善飛白，能書者鮮不好之。」[66] 唐歐陽詢稱道說：「飛白張烏巾冠世，其後逸少、子敬亦稱絕妙。」

五、父子書聖

　　王羲之（西元 303-361 年），字逸少，曾任右軍將軍，故世稱王右軍。原籍琅邪臨沂（今山東臨沂），南渡後居建康（今南京市）。起家秘書郎，歷官江州刺史、會稽內史等，因不滿官場的黑暗和爭鬥，於永和十一年三月以生病為由，辭去會稽內史，發誓不再做官，遂舉家定居會稽山陰（今浙江紹興），與東土士人盡山水之遊，弋釣為娛，終年五十九。

　　琅邪王氏是晉代最顯赫的大士族，也是晉室南渡後的第一高門。王氏家族向以書法著稱，王羲之從小就受到良好的家庭教育和藝術薰陶，他七歲開始學習書法，啟蒙老師就是其叔父王。王工於草、隸、飛白，是東晉初的書法大家。十三歲時，羲之已小有名氣，又拜衛夫人為師，潛心學書。長大後，北遊名山，至許昌、洛陽，先後見到秦漢書法名家李斯的《嶧山碑》、蔡邕的石經三體書、張昶《華嶽碑》及曹喜、梁鵠、鍾繇書法真跡，頓時眼界大開，遂改本師，博採眾家之長，創造出自己的書法風格。中青年時，羲之的書法尚無奇特之處，甚至比不上庾翼、郗愔；經多年的勤學苦練，潛心研究，迨及中晚年，終於熔各家為一爐，集書法之大成，以致達到出神入化、登峰造極的地步，一躍而成為「書名蓋世，獨映將來」的一代宗師。他曾以草書答庾亮，亮以示庾翼，翼歎服，因與羲之書曰：「吾昔有伯英（張芝）章草十紙，過江亡失，常痛妙跡永絕。忽見足下

---

66 張彥遠：《法書要錄》卷一。

答家兄書，煥若神明，頓還舊觀。」[67]

　　王羲之在書法上的突出成就主要有三：一是備精諸體，自成一家法。凡草、隸、八分、章、行、飛白莫不皆精，無所不工，唐代張懷瓘評其草、隸、行、章草、飛白皆入神，八分入妙。二是對書體多所創新，不但發展了草隸結合的行書，而且在草書、飛白創作上頗有建樹，使之日臻完美，故唐人李嗣真盛讚羲之為「書之聖也」、「草之聖也」、「飛白之仙也」。三是創造了遒媚勁健、飄逸灑脫、變化萬千的筆法體勢，使書法藝術達到盡善盡美的境界。晉唐書家幾乎眾口一詞，稱道羲之書體「筆力鮮媚」、「姿儀雅麗」、「粉黛無施」，乃古今之獨絕也。

　　王羲之以自己卓越的藝術成就贏得了人們對其書法的偏愛和珍惜。東晉桓玄愛之「不能釋手，乃撰二王紙跡，雜有縑素正行之尤美者，各為一帙，常置左右；及南奔，雖甚狼狽，猶以自隨」。民間無論士庶，都欣慕羲之書法風采，「人無長幼，翕然尚之，家餘金幣，競遠尋求，於是京師三吳之跡，頗散四方」[68]。一次，羲之在戢山下遇見一位賣六角竹扇的老嫗，問一扇值幾錢，嫗答：「值二十許。」羲之取筆在每把扇上各寫五字，老嫗生氣地責問道：「舉家朝餐，惟仰於此，何乃書壞？」羲之答曰：「但言王右軍書，字索百錢。」老嫗半信半疑，按他的話去做，果然一上市，人們競相購買，十幾把竹扇頃刻間被搶購一空。第二天，老嫗又持扇來，羲之笑而不答。又一次，羲之去門生家作客，受到熱情款待，深為感動，欲以書相報答。見門生家中有一新做的棐木茶几，光滑明亮，乃書之，真草各半；待門生送羲之歸郡。回到家中一看，其父已將書跡刮去，「生失書，驚懊累日」。羲之性愛鵝，聽說會稽有位老者家養了一隻善鳴叫的鵝，想買不能得，遂攜帶親友前往觀看，不料老者為了得到羲之的字，竟把鵝宰殺做成佳餚款待他，羲之為此嘆惜好幾天。又山陰曇村有一道士養了十幾隻好鵝，羲之於清晨乘小船前往觀看，大悅，再三請求購買；道士不肯，最後提出交換條件：「為寫《道德經》，當舉群相贈耳。」羲之乃留住半日，寫畢，籠鵝而

67 張彥遠：《法書要錄》卷二。
68 虞和：《論書表》，載《法書要錄》卷二。

歸，甚以為樂。[69]

　　唐代以後，王羲之的書法更身價百倍，人皆視若珍寶。唐太宗對羲之推崇備至，特為《晉書‧王羲之傳》作後論，稱其書法盡善盡美，「觀其點曳之工，裁成之妙，煙霏露結，狀若斷而還連；鳳翥龍蟠，勢如斜而反直。玩之不覺為倦，覽之莫識其端，心摹手追，此人而已」。為蒐羅右軍墨寶，不惜重金，下旨高價購求。貞觀十三年（西元 639 年），得右軍書凡二二九○紙，裝為十三帙一二八卷，其中真書五十紙，一帙八紙；行書二四○紙，四帙四十卷；草書二○○○紙，八帙八十卷。皆以「貞觀」字印印縫，並以金寶裝飾。在唐代，右軍真跡向為帝王所專有，朝中大臣若能一飽眼福便覺無上榮耀，偶得賞賜更感身價百倍。武則天曾拿出二王真跡二十卷以示諸宰相，看罷立即收回。中宗曾賜給嬖臣、中書令宗楚客二王真跡二十卷，大小各十軸；楚客遂裝作十二扇屏風，並大會朝貴，廣為炫耀。觀者皆廢食嘆美，無心宴樂。時駙馬武延秀在座，極為妒忌，歸告安樂公主，公主口出怨言，中宗無奈，乃下令打開庫藏，傾庫賜與。武延秀亦大會賓客，舉令看，更加趾高氣揚。由此可見，唐代君臣對羲之墨寶是何等傾倒。張懷瓘《書斷》說：「但聞二王，莫不心醉。」此言並不過分。

王羲之《蘭亭序》摹本局部

　　王羲之一生作書甚多，但其真跡未能留存至今，存世的僅是一些摹刻本。其代表作主要有《蘭亭集序》、《黃庭經》、《樂毅論》、《萬歲通天帖》、《喪亂帖》、

69　《晉書‧王羲之傳》，另參見張彥遠：《法書要錄》卷二。

《快雪時晴帖》、《十七帖》等。

《蘭亭集序》是王羲之最負盛名的作品之一，被後世譽為天下第一行書。它寫於東晉穆帝永和三年（西元 353 年）暮春三月初三日。這天，王羲之邀集當時名流謝安、郗曇、孫綽及子凝之、徽之、操之等四十一人，於山陰蘭亭修祓禊之禮。與會者興致盎然，宴飲賦詩，留下許多詩作。王羲之揮毫制序，興樂而作，是為《蘭亭集序》。序文用蠶繭紙、鼠須筆寫成，筆跡「遒媚勁健，絕代更無」，全文共二十八行三二四字。羲之視此書為最得意之作，特加珍愛，留付子孫傳掌，一直傳之第七代孫釋智永，智永又傳弟子辯才，辯才密藏於會稽永興寺房梁上。貞觀年間，唐太宗訪知此寶下落，費盡心機而不能得。後由宰相房玄齡設計，派監察御史蕭翼微服入寺，從辯才手中騙而取之。太宗得寶，龍顏大悅，重賞兩大臣，並命供奉拓書人趙模等四人，各拓數本，以賜皇太子、諸王及近臣。據傳，唐太宗駕崩後，《蘭亭集序》隨其遺骸殉葬昭陵。傳世的各種《蘭亭集序》摹本，字體和藝術風格都不盡一致。其真偽如何？它們能否體現王羲之《蘭亭集序》的真跡？學術界圍繞這些問題曾展開了長期的爭論，直到目前為止，並未取得一致看法。[70]現存唐摹本《蘭亭集序》藏故宮博物院。

《樂毅論》是王羲之為幼子獻之初學書時所作，號稱楷書第一名作。全文共四十四行六〇〇字，「筆勢精妙，備盡楷則」。梁代即有摹本，莫不臨學。貞觀十三年，唐太宗又令馮承素摹寫數本，分賜大臣長孫無忌、房玄齡等六人，於是有六本在外，傳於後世。

《十七帖》是王羲之的草書傳神之作。它是羲之所書信札，因開頭有「十七日」三字，故名。唐太宗曾命弘文館學習書法，遂出內庫法書作範本，其中有《十七帖》，故又有館本之稱。該帖長一丈二尺，共一〇七行，九四二字，即貞觀中內本。唐張彥遠稱之為「烜赫著名帖也」[71]。

王羲之作為一代書法宗師，千百年來，一直受到人們的深深愛戴和無限敬

70 關於爭論詳情，可參見《蘭亭論辯》，北京，文物出版社，1977。
71 張彥遠：《法書要錄》卷十《右軍書記》。

仰，其大名及其藝術成就將永垂後昆，光耀千古。

王羲之共七子，皆善書，而以幼子獻之的成就最大，與父齊名，人稱「二王」。

獻之（西元 344-386 年），字子敬，少有盛名，風流為一時之冠。多才多藝，能書善畫。桓溫曾讓他書扇，誤落筆於上，因畫作烏駮母牛，甚妙。起家州主簿、秘書郎，累官至尚書令；其族弟王珉代為中書令，亦善書，故世稱獻之為大令，王珉為小令。

獻之七歲練字，以父為師，次學張芝書。一次，羲之趁其練字時，悄悄地從背後突然奪他手中的筆，竟然奪不掉，不禁感嘆道：「此兒後當復有大名。」他曾在牆壁上書寫方丈大字，圍觀者數百人。為幫助他練習書法，羲之特精心書寫《樂毅論》送給他臨摹，學完後，居然能寫出一筆極妙的小楷字。

獻之學書從不因循守舊、循規蹈矩，而往往改變制度，別創新法，如將行草結合起來，創造一種「非草非行」、流便秀逸的新書體，寫出來的字「有若風行雨散，潤色開花」。唐張懷瓘《書議》說：「逸少秉真、行之要，子敬執行、草之權，父之靈和，子之神駿，皆古今之獨絕也。」[72]王羲之的草書字字獨立，獻之則變父體，一筆而成，氣脈通連，隔行不斷，世謂之「一筆書」，如《十二月帖》一氣貫通，筆勢奔放，其後經唐人張旭、懷素加以發展而成狂草一體，這正是王獻之超越其父之處。

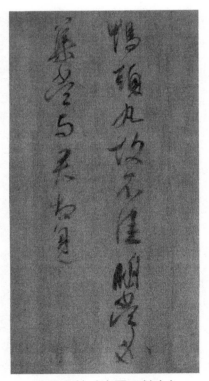

鴨頭丸帖（東晉王獻之）

---

72 張彥遠：《法書要錄》卷四載。

二王書體各有特色，獻之雖也精於隸、行、草、章草、飛白、八分諸體，而不及父，然僅季孟之差耳。羲之筆多骨力，獻之則媚趣過之，行、草尤為突出。他們都對中國書法藝術作出了極其傑出的貢獻，真所謂「父子聯鑣，軌範後昆」。

六、蕭子雲突破飛白古法

蕭子雲（西元 487-549 年），字景喬，蘭陵（今江蘇常州市西北）人。南齊豫章王蕭嶷第十一子，仕於梁，歷官秘書郎、太子舍人、尚書左丞、侍中等。勤學有文采，年二十六著《晉書》，尤善書法。在梁末侯景之亂中，子雲逃往民間；太清三年（西元 549 年）三月，宮城失守，東奔晉陵（今常州市），餓死於顯靈寺僧房，年六十三。

蕭子雲少習二王，晚學鍾繇，取法前賢，而「微變字體」，多所創意。善草、行、小篆、楷、隸、章草，諸體兼備，又創小篆飛白。「及其暮年，筋骨亦備，名蓋當世，舉朝效之。」梁武帝論其書曰：「筆力勁駿，心手相應，巧窬杜度，美過崔寔，當與元常並驅爭先。」[73]甚至稱其書堪與「二王並跡」。梁代袁昂盛讚其書「如上林春花，遠近瞻望，無處不發」[74]。

蕭子雲對書法藝術的最大貢獻，是改變蔡邕、張敬禮、王羲之、王獻之等人的飛白古法，另創小篆飛白。它「輕濃得中」，有若「蟬翼掩素，遊霧崩雲」，筆勢「意趣飄然」、「妍妙之極，難與為比」。從而將飛白之書發展到新的最佳境界。惜其書湮沒無存，唯建康佛寺古壁上余一飛白「蕭」字，一直保留到唐代，使後世得以睹其真容。唐代「鑑古善書」名家韓滉在浙西為官時，於建康佛寺發現此「蕭」字，嗟嘆異常，遂遷之於南徐官舍，置於海榴堂座右之壁，不時俯瞰賞玩。韓滉卒後，書畫家李約得之，又將此「蕭」字載還洛陽仁風里第，專為之

---

73 《梁書》卷三十五《蕭子恪傳弟子云附傳》。
74 袁昂：《古今書評》，載《法書要錄》卷三。

建立精舍，陳列於壁，名之曰「蕭齋」。李氏視若珍寶，自稱「每閱玩此跡，而圖書之光，如逢古人，似得良友。……知者相賀，比獲蘭亭之書」。並為之作贊曰：「子雲臣梁，『蕭』字逾貴，點畫均平，姿形端異；跡絕爾素，名空傳記，明徵褒貶，惟此一字。」唐張宏靖特撰《蕭齋記》，稱「壁字（指「蕭」字）奇縱，乃為希寶」[75]。由此不難看出，蕭子雲的小篆飛白之藝術價值與深遠影響。

蕭子雲的書法成就蜚聲海內外，就連百濟國（今朝鮮半島西南部）也慕其大名，不遠千里派遣使臣向他求書。梁大同七年（西元 541 年），子雲出為東陽（今浙江金華）太守，百濟國派人至建康求書。適逢子雲為郡，即將乘舟出發，使臣在岸邊恭候，見離船三十餘步，且行且拜。行至船前，子雲遣人相問，答曰：「侍中尺牘之美，遠劉海外，今日所求，唯在名蹟。」子雲乃停船三日，「書三十紙與之，獲金貨數百萬」[76]。真乃一字千金。蕭子雲為人吝嗇，當時向他求書的人很多，他卻從來不用好紙書寫；人們為得到其真跡，常常要送以重金厚禮。蕭子雲視書法為謀利手段，賺得大批錢財，最後卻活活餓死，這或許能給後世一些有益的啟示。

七、北朝書家與碑碣刻石

北朝書學深受魏晉之影響，一些世家大族多具家學淵源，當北魏之初，此等大族仍保持工書傳統，故亦不乏書法名家。如范陽盧氏，自盧志、盧諶父子起，師法鍾繇，又習索靖之草，皆盡其妙；諶傳子偃，偃傳子邈，自邈以上，兼善草書。邈第三代孫盧淵仕北魏，「習家法，代京（平城）宮殿，多其所題」。盧氏「子孫傳業，累世有能名」[77]。清河崔氏與范陽盧氏並以博藝齊名，崔悅習衛瓘、索靖體，甚妙；悅傳子潛，潛傳子宏；宏於北魏初封白馬公，「尤善草隸，為世摹楷，行押特盡精妙」。其子崔浩，因工書而被道武帝拓跋珪「常置左右」，後

---

75 《法書要錄》卷三・李約《壁書飛白蕭字贊》、高平公《蕭齋記》。
76 《南史・齊高帝諸子上》。
77 《北史・盧玄傳》。

位至宰相，「浩書體勢及其先人，而巧妙不如也。世寶其跡，多裁割綴連，以為摹楷」[78]。史稱「魏初工書者，崔、盧二門」。至於陳留江氏、博陵崔氏之善書者也代不乏人。江式六世祖瓊，晉馮翊太守，受學於衛覬，善蟲篆詁訓；永嘉大亂，瓊棄官投張軌，「子孫因居涼土，世傳家業」；北魏平涼州，江氏內徙平城，江式祖強「上書三十餘法，各有體例」，官拜中書博士；江式少傳家業，「篆體尤工，洛京宮殿諸門板題，皆式書也」[79]。式兄子順和，亦工篆書。博崔中的崔挺、崔季舒等皆以尺牘、碑銘見稱於世。此外，北齊、北周的張景仁、冀俊、趙文深、王褒等人，或以楷隸見長，或以草隸知名。而王褒之草隸名亞南朝蕭子雲，見重於世。「及（西魏）平江陵之後，王褒入關，貴遊等翕然並學褒書。」[80] 然而，北朝自鮮卑拓跋部入主中原後，忙於戰爭，無暇致力於文化事業；其本身原較落後，又遠不如魏晉南朝統治者那樣熱衷於書畫，更談不上大力提倡，加之民族隔閡等諸多政治因素，故北朝雖不乏書法名家，但既無遺文，也不見遺跡，其成就難為後世知曉。因此，北朝書法家之知名度及其影響也就無法與南朝蕭子雲等大師級人物相提並論。

北朝書法的最大成就主要表現在碑碣刻石方面，它包括石窟造像題記、墓碑、墓誌、塔銘、摩崖石刻等，這些遺跡多係無名書家與民間石工的作品，其書體繁多，風格各異，既有骨力雄勁、筆風粗獷的真書，也有一碑篆隸相雜或篆、真、分書兼施的現象，色彩紛呈，蔚為大觀。但多數碑刻以真書為主，受鍾繇影響甚深，其「書藝特色是崇自然，尚天趣，由此開創一代書風，並形成各種流派」[81]。這就是馳名後世的「魏碑」。魏碑是珍貴的歷史文物，也是當時書家對中國書壇的一大貢獻，其影響甚為深遠，康有為《廣藝舟雙楫》說：「南北朝之碑，無體不備，唐人名家，皆從此出。」

---

78 《北史·崔宏傳》。
79 《北史·江式傳》。
80 《北史·儒林趙文深傳》。
81 侯鏡昶：《書學論集·北朝真書流派評述》，上海，華東師範大學出版社，1982。

八、論撰繁富，成就卓著

魏晉南北朝書法藝術的發展和繁榮，又直接促進了書法理論體系的建立。漢代雖有趙一《非草書》和蔡邕《九勢》、《筆論》等書作，但嚴格說來，這些都算不上書法理論專著，而趙一《非草書》只不過是一篇非難學草書者的遊戲文章而已。中國書法理論體系之真正建立應始於魏晉南北朝時期，其時論撰之繁富，理論之精闢都是空前的。唐張彥遠《法書要錄》著錄漢唐間人論書之作凡三十有八，其中後漢一，兩晉南北朝十六，唐二十一。這十六種論書之作是：晉衛夫人《筆陣圖》，王羲之《論書》、《題筆陣圖後》，宋羊欣《采能書人名》，王愔《文字志目》，齊王僧虔《答太祖書》、《論書》，梁蕭子雲《論書》，虞和《論書表》，梁

李賢墓誌銘（北周）寧夏固原出土

武帝《論鍾書十二意》，陶弘景《與梁武帝論書啟九首》，庾元威《論書》，庾肩吾《書品論》，袁昂《古今書評》，陳釋智永《題右軍樂毅論後》，後魏江式《論書》。此外，尚有未收錄的重要論書之作，如晉索靖《草書狀》、衛恆《四體書勢》等。在這些書作中，既有向初學者傳授執筆、用筆方法的理論專著，如衛夫人《筆陣圖》；也有對書法理論的專門探討，如王羲之《題筆陣圖後》、庾元威《論書》等；還有詳述書體歷史的，如衛恆《四體書勢》；而更多的則是書品、書評並結合進行理論探討的，如梁武帝《論鍾書十二意》、庾肩吾《書品論》、袁昂《古今書評》等。對於書法理論探討，不乏精闢見解，如王羲之在《題筆陣圖後》一文中，提出了「意在筆前」的重要觀點。他指出：「欲書者，先乾研墨，凝神靜思，預想字形大小偃仰，平直振動，令骨筋相連，意在筆前，然後作字。」此法猶如作文而先打「腹稿」，關係重大，極富科學性，為歷來書家所重視。他還將練習書法形象地比喻為戰鬥：「夫紙者陣也，筆者刀矟也，墨者鍪甲也，水硯者城池也，心意者將軍也，本領者副將也，結構者謀略也，颺筆者吉凶

也，出入者號令也，屈折者斬戮也。」

在他看來，寫字如同作戰，要以「心意」這位將軍來指揮，要善於利用作戰武器，還要講究謀略，才能出奇制勝。這無疑是一代宗師的經驗之談，足資人們學習和借鑑。

魏晉南北朝書法理論體系的建立及其突出成就，為唐宋以後書法理論的日臻成熟和完善奠定了基礎。

第四節 ·
絢麗誘人
的石窟藝術

石窟寺是世界重要的佛教遺跡，也是中國珍貴的歷史文物和巨大的民族藝術寶庫。佛教自東漢初傳入中國後，至魏晉南北朝時期，由於長期戰亂的社會環境和封建統治者的大力提倡，得以迅速傳播和發展。十六國北朝的統治者在重視書畫的同時，又熱衷於大興佛寺和鑿窟造像，從而開石窟藝術之端並使之走向興盛，其影響所及至於明清。

一、風格獨特的克孜爾石窟

新疆地區有著中國最早的一批石窟群。在天山南麓的古龜茲（今庫車、拜城一帶）、焉耆和高昌（今吐魯番）沿線上，石窟寺遺址十分豐富。一九六〇年全

國重點文物普查時，發現的石窟寺達十六處，洞窟六〇〇餘個，如脫庫孔薩米石窟、克孜爾石窟、庫木吐拉石窟、森木塞姆石窟、雅爾湖石窟、吐峪溝石窟等。

克孜爾石窟位於拜城縣克孜爾鎮東南約七公里的戈壁懸崖間。在已編號的二三六個洞窟中，有七十五個洞窟保存著內容豐富、瑰麗多彩的壁畫。其類型大體可分為中心柱窟、大像窟、僧房窟和方形窟四種。壁畫最早者始於三世紀，最晚者為元代作品，北朝至隋唐的作品約占三分之一。克孜爾壁畫有其獨特的藝術風格，即在窟頂遍畫須彌山（佛教傳說山名）景，並以菱形方格的形式排列，生動而富於變化；每個方格內分別畫著不同內容的佛本生故事、千佛故事、菩薩故事、因緣故事及供養故事等，而且都以單幅的形式表現出一個完整的故事情節。這種獨特的藝術風格，在中國所有石窟中僅見於此，對敦煌早期壁畫也產生了一定的影響。除宗教內容外，還有反映古代新疆人民勞動、生活的游獵耕作圖畫等，畫面上的人物與服飾，既具有鮮明的龜茲特色，又吸收了天竺畫法，是當時中外文化藝術交流的結晶。

二、完備的佛教美術館 —— 敦煌莫高窟

從甘肅河西走廊西端的敦煌縣起，沿著「絲綢之路」古道向東南方向延伸，分布著許多石窟群，有敦煌莫高窟、安西榆林窟、玉門昌馬石窟、酒泉文殊山石窟、肅南馬蹄寺石窟、武威天梯山石窟等，其中尤以敦煌莫高窟聞名於世。

莫高窟又稱千佛洞，是中國三大石窟群之一，位於敦煌縣城南二十二點五公里的鳴沙山東麓的石崖上。洞窟形似蜂窩，大小相間，鱗次櫛比，上下共三層，綿延約一六〇〇多米。這裡岩石鬆脆，不宜雕刻，故造像全係泥塑彩裝，窟內飾以壁畫，窟外採用木結構的懸空閣道和簷廊，整個洞窟群藝術形式多樣，內容絢麗多彩。敦煌文物研究所自一九六四年以來進行全面複查，一九八二年正式出版《敦煌莫高窟內容總錄》一書，據此得知，它共有四九二個洞窟，壁畫四五〇〇〇平方米，塑像二〇〇〇餘尊。莫高窟始創於前秦建元二年（西元 366 年），止於元朝至正二十八年（1368 年），中經北魏、西魏、北周、隋、唐、五

代、宋、西夏至元代約十一個朝代的持續營建，歷時千餘年之久。在現存的四九二個洞窟中，十六國時期七窟，北魏、西魏十八窟，北周十五窟，其他為後世各朝開鑿或重修。其藝術內容在大類上包容了經、律、論、史四大部分，其表現形式有塑像、壁畫、裝飾圖案等。

十六國北朝時期開鑿的為早期洞窟。洞窟形制大多是：前部人字披頂，後部平棋頂，有中心塔柱，塔柱向東、西、南、北四面各開佛龕，每面分兩層，每層龕數不等，或一、二龕，或三、四龕，也有少數為覆斗形頂或圓券龕的。覆斗形頂又稱藻井，類似中國宮殿建築內部屋頂結構，藻井畫蓮花井心，飾以精美的彩畫圖案花紋。窟內布局特點以塑像為主，統攝每一窟內容。

早期洞窟內容異常豐富，洞內各龕塑有大小不同、形態各異的佛、菩薩、苦修像、弟子等；他們大都寬額高鼻，細眉長目，方頤長項，薄嘴唇，嘴角微翹，面部清臞端正，表情嚴肅；衣著富有「曹衣出水」的特徵，衣褶紋飾既有傳統的陰刻線條，也有犍陀羅（今巴基斯坦一帶）式的突起線條，將中外藝術風格緊密結合於一起。各種浮塑更是琳瑯滿目，如雙樹龕楣、束帛龕柱、忍冬龕梁、摩尼珠寶、蓮花寶瓶、纏枝蓮花等，難以盡數，美不勝收。現略舉數例於下：第二七五窟為十六國晚期開鑿，洞內有中心塔柱，四壁開龕，以彌勒為主像。西側塑大型彌勒一身，交腳揚掌，浮塑項光，三角背靠，座下兩側塑二獅子；彌勒上身半裸，瓔珞下垂至腹，下身著綠色長裙，衣服緊貼身體，好像剛從水裡出來的樣子，稱為「曹衣出水」；南壁東側龕內塑思惟菩薩一身，西側二闕形龕內各塑交腳菩薩一身，神態安詳，衣飾特點頗類彌勒。洞內浮塑除彌勒項光外，還有雙樹龕楣。第二四八窟為北魏時修建，主室中心塔柱東向面圓券龕內塑跌坐說法佛一身，著貼身通肩袈裟，花紋細密，神態逼真；龕外兩側塑脅侍菩薩各一身。浮雕有龍首龕梁，束帛龕柱，忍冬龕梁，蓮花寶瓶，雙樹龕楣，蓮花摩尼珠，摩尼寶珠等。

壁畫是莫高窟藝術的主體和精華，不僅數量驚人，而且品質和藝術成就也堪稱舉世無雙，不愧為中國古代巨大的民族藝術寶庫。早期壁畫內容以說法圖和佛本生故事為主。說法圖布局相對比較簡單，一般都是一主佛坐在中間，向兩側的

脅侍菩薩說法，龕壁畫佛光、供養天人，龕楣畫火焰，並點綴散花奏樂的飛天在

敦煌第 257 號窟九色鹿本生圖局部（北魏）

空中飛翔。所謂佛本生故事，就是佛祖釋迦牟尼「前生」行菩薩道、利生受苦的故事，常見的故事如第二五七窟西壁畫的《九色鹿王本生》，它描繪九色鹿王曾救起一個溺水之人，後來此人竟恩將仇報，帶領摩因光國王的人馬捉拿九色鹿，鹿道出事情原委，國王受到感動，下令今後誰也不能捕殺鹿，被救的溺人因此落得滿身生癩和口發惡臭的下場。全圖用一長卷形畫面表達連續情節，故事從左右兩端開始，逐漸向中間匯攏，構思巧妙，情節生動。第二五四窟南壁龕下畫的《薩埵那太子本生》，描寫薩埵那太子出獵遇餓虎，自刺出血，投身虎前，讓虎吞食的故事。該窟北壁龕東下又畫《尸毗王本生》，描寫尸毗王為了營救餓鷹爪底下的鴿子而把自己身上的肉割下餵鷹的故事。故事中的九色鹿王、薩埵那太子、尸毗王都是釋迦的前生，這些故事的共同主題是宣揚忍受苦難、屈辱，要人們放棄鬥爭，作出自我犧牲，因此，這些畫面都充滿恐怖和悲慘的氣氛。屬於宗教畫的還有佛傳和經變故事畫。佛傳是指佛從投胎降生、修行成佛直至涅槃，整個一生的連環畫，如第四二八窟《五塔變》（樹下誕生），第四三一窟《乘象入胎》、《夜半逾城》，第二六三窟《鹿野苑初轉法輪》，第二九四窟《佛傳》等。

經變是經義的形象化，即把佛經裡的故事用連環畫的形式表達出來，其內容無非是宣揚佛法無邊，勸人為善而已，如第二五四、二六○窟中的《降魔變》和第四二八窟中的《涅槃變》等。此外，壁畫中還有數量可觀的供養人像，即那些出錢修窟者的畫像，其中有男有女，也有供養比丘等；儘管這些畫像大都畫在不顯眼的甬道兩側，且人體畫得瘦小，但其衣飾面容仍清晰可辨，其中不少畫像著北魏流行的折領胡服，女的著窄袖裙，肩搭披帛，表現了當時北方各族人民的衣著風貌，具有一定的藝術價值和史料價值。

值得注意的是，在大量的宗教故事畫中，還不時穿插有現實生活的畫幅。當時的畫師們以自己的智慧和才能，將人民的勞動、生活情景及對封建統治者的反抗鬥爭，巧妙地以繪畫方式表達出來，更豐富了壁畫的內容。如耕作、收穫、狩獵、放牧、行船、屠沽等畫幅，表現了人民群眾的辛勤勞作；行旅、宴享、遊樂、雜技、戰爭等畫幅，則表現了各族人民的生活和鬥爭。北魏第二五七窟《九色鹿王本生》故事畫中，畫有一幅車馬圖，馬匹矯健逼真，車輛為當時北方流行的樣式；西魏第二八五窟、北周第二九六窟南壁中畫《得眼林》故事一鋪，又名《五百強盜成佛圖》，它描寫了五百「強盜」英勇地反抗官軍，結果被打敗俘虜，官府對他們予以嚴懲，剝去衣服，剜掉雙眼，丟棄於深山中悔過，其狀慘不忍睹。這是一幅反映北魏末期各族人民大起義而遭到統治階級殘酷鎮壓的生動畫卷。

圖案裝飾畫是壁畫的重要組成部分。圖案種類有動物、植物、無生物等，形式多樣，構圖新穎別緻，如團花、棋格團花、山花、蕉葉帳頂、蓮花、忍冬、火焰、佛光、飛天、雲氣及虎、猴、馬、青龍、怪獸、鸚鵡、鳳鳥、鴿子、長尾鳥等飛禽走獸；沿邊飾以迴紋、雲頭紋、彩帛紋、聯珠紋、對馬聯珠紋等。在千姿百態的裝飾圖案中，尤以飛天引人注目，畫師們妙筆生花，只用幾條簡單的彩色線條，便將她們那凌空飛舞、娜多姿的形態勾勒出來，或散花，或奏樂，一個個美若天仙，惟妙惟肖，給人以呼之欲出之感，令人歎為觀止。

三、雄偉壯觀的雲岡石窟[82]

　　雲岡石窟是中國三大石窟群之一，位於山西大同市西郊武州山南麓、武州川北岸。武州山古稱武州塞，地處內外長城之間。皇始元年（西元 396 年），北魏拓跋部入主中原；二年後的天興元年（西元 398 年），道武帝拓跋珪從盛樂（今內蒙和林格爾境內）遷都平城（今大同市），從此兩地間往來頻繁，武州塞正當交通要衝。自明元帝拓跋嗣起，北魏皇帝曾先後七次到武州山祈禱，這裡便成為鮮卑拓跋貴族祈福的「神山」；接著，於此山開鑿造像，建寺，而形成雲岡石窟。

雲岡第二十號窟佛龕全貌（北魏）

　　雲岡石窟依山開鑿，東西綿延一公里，可分為東、中、西三部分。現存主要洞窟五十三個，另有許多小窟，共計一一〇〇多龕，大小造像五一〇〇〇多尊。石窟創建於北魏文成帝和平年間（西元 460-465 年），至孝文帝遷洛前的太和八年（西元 494 年）處於極盛階段，現存主要洞窟都是在這三十多年間開鑿的。

---

82 參見山西省文物工作委員會、山西云岡石窟文物保管所編：《云岡石窟》，北京，文物出版社，1977。

《水經‧漯水注》描繪當時的盛況說：「武川水又東南流，水側有石祇洹舍並諸窟室，比五尼所居也。其水又東轉逕靈岩（即雲岡石窟）南，因岩結構，真容巨壯，世法所希，山堂水殿，煙寺相望。」孝明帝正光年間（西元 520-525 年）走向衰落，只開鑿了一些小型窟龕。唐五代以後仍陸續修建，但規模較小。

雲岡石窟按其形制、造像內容與形式可分為三期：第一期是和平初年（西元 460 年）由沙門統（僧官，掌全國僧尼事務）曇曜主持開鑿的五窟（編號第十六至二十窟）。其形制特點為平面橢圓形，穹隆頂，類似草廬；窟內造像主要是三世佛，即過去、未來和現在佛，外壁雕滿千佛。主佛形體高大，占據了窟內的大部分面積，「高者七十尺，次六十尺，雕飾奇偉，冠於一時」[83]。這些大佛都是仿照皇帝的形體和身樣來雕造的，第十六至二十窟中的主佛分別代表當時的文成帝、景穆帝、太武帝、明元帝和道武帝。其服飾特點是頭戴寶冠，衣服右袒或通肩，有些呈突起式花紋，飾以瓔珞，臂上帶釧，明顯表現出鮮卑游牧民族與犍陀羅服裝相結合的特點。第二期是文成帝死後至孝文帝遷洛前（西元 465-494 年）開鑿的五組石窟，即第七、八窟，九、十窟，五、六窟，一、二窟和十一、十二、十三窟。該期石窟呈平面方形，多具前後室，有的窟中部立塔柱，也有的在後壁開鑿隧道式禮拜道；造像變小，但形變趨於多樣化，並出現供養人像；衣裝也逐漸換成中原的傳統服式，並受到南朝士大夫服飾的影響，如第五、六窟中的佛像被雕成褒衣博帶，上著披帛，下著大裙的樣式，這是鮮卑拓跋部日益漢化的表現。第三期是孝文帝遷洛以後至正光五年（西元 494-524 年）開鑿的，以中小窟和小龕居多。洞窟內部趨於方整，塔洞、四壁三龕和重龕式的洞窟較為流行；佛像面容瘦削，服飾多為褒衣博帶式，衣下褶紋重疊，龕圍雕飾繁縟。

雲岡石窟內容豐富，窟龕內除雕滿各種大小佛像、菩薩、千佛外，還有許多佛本生故事和佛傳故事浮雕；不少窟頂和龕楣雕有飛天、平棋飛天及伎樂天，伎樂天手持笛、鼓、塤、排簫、琵琶等樂器進行演奏，神韻生動，是研究古代音樂史的重要資料；第五十窟北壁是「幢倒樂神」的浮雕，刻畫了一批雜技藝人緣橦表演的情景，是研究古代雜技史的實物例證；至於一些動植物浮雕則比比皆是，

---

83 《魏書‧釋老志》。

如參天的森林、盛開的蓮花、競奔的白鹿、飄動的水藻、翔集的沙鷗、跳躍的魚兒，等等，畫面生動而形象，充滿生活氣息。這批宏偉精巧的藝術品，具有很高的雕刻技巧，北魏的優秀工匠們匠心獨運，在繼承秦漢傳統雕刻藝術的基礎上，廣泛地吸收國內各地、各民族的長處和學習外來佛教藝術，創造出具有新的風格特色的石雕藝術。雲岡石窟中的許多大佛像，便繼承了漢代的大面積雕鑿並保持完整統一效果的手法，使作品顯出鮮明、奇偉和柔中有剛的特色；許多小像採用高浮雕手法，能嫻熟自如地處理造像的不同角度或衣褶的重疊層次；並巧妙地運用身光、動植物形象作背景的裝飾性處理方法，以襯托造像的面部形象，達到了新的藝術水準。某些裝飾性邊紋雕刻，已採用類似後代「易地突起」或「壓地隱起」的手法，不僅起到裝飾作用，而且動靜結合，富有新意。雲岡石刻藝術的發展，為後來的隋唐石刻藝術奠定了基礎。

四、窟龕、造像居首的龍門石窟[84]

　　龍門石窟位於洛陽市南郊十二點五公里的龍門山，這裡有一座東西走向的山巒，山奇林鬱，中有一大豁口若闕塞洞開，西為龍門山，東為香山，伊水自南而北流經其間，馳名中外的龍門石窟就開鑿在伊水兩岸的東、西山崖上。北魏稱龍門為伊闕，故龍門石窟又稱伊闕石窟，是中國三大著名石窟寺之一。

　　龍門石窟是繼雲岡石窟之後開鑿的，始創於北魏遷都洛陽前後，歷經東魏、西魏、北齊、北周、隋、唐、五代至北宋，其中以北魏和初唐營造規模最大，歷時一百五十餘年。龍門石窟群像蜂窩一般密佈於伊水兩岸的東、西二山峭壁上，現存窟龕二一○○多個，佛像十萬餘軀，碑刻題記三六○○多塊。北魏窟龕約占三分之一。以窟龕、佛像數量而言，龍門石窟居中國各大石窟群之首。在北魏窟龕中，以古陽洞、賓陽中洞、蓮花洞最為著名，號稱龍門北魏三大窟。

---

84 參見宮大中：《龍門石窟藝術》，上海，上海人民出版社，1981。

1. **古陽洞** 又名老君洞或撈金洞，位於龍門西山南部，是龍門石窟群中開鑿時間最早的石窟。其規模宏大，洞深十三點五米，高十一點一米，寬六點九米；形制為穹隆頂，平面呈馬蹄形。洞後壁中央雕鑿主佛釋迦牟尼坐像，袈裟下垂，頰豐滿而面帶微笑；佛兩旁為脅從菩薩，皆寶冠長裙，飾以瓔珞寶珠，儀態文靜端莊；左菩薩手捏淨瓶，右菩薩手持摩尼寶珠。洞南北兩壁各有上下三層大龕和許多小龕及千佛，大小列龕多達數百計；龕內刻以釋迦、交腳彌勒、多寶佛、菩薩、力士等像，形態各異。

龍門石窟賓陽中洞主佛像（北魏）

除精美的造像外，古陽洞內還有不少的禮佛圖浮雕、佛本生和佛傳故事浮雕，以及豐富多彩的裝飾圖案與邊飾。洞北壁的貴族婦女禮佛圖是件珍貴的藝術品，畫面長五十三釐米，高二十一釐米，由一披袈裟的比丘尼前導，二貴族婦女長裙曳地緊隨其後，一人捧香爐，一人提香袋；後面依次跟隨的是雙手擎寶蓋的雙髻侍女和拱手的雙髻侍女九人，皆長裙曳地，魚貫而行。畫面合理運用近大遠小的透視法，將人物大小、遠近、疏密相間關係雕琢得十分得體；人物形象顯得虔誠而肅穆，造成了一個禮佛的典型環境。佛本生和佛傳故事內容與敦煌莫高窟北魏壁畫相同。至於龕楣的浮雕裝飾圖案則形式多樣，常見的有小坐佛、千佛、飛天、火焰、鋪首（即饕餮）、蓮花、忍冬等，再加上各式邊飾，顯得精美而華麗。

2. **賓陽中洞** 宣武帝景明元年（西元 501 年）至孝明帝正光四年（西元 523 年）間，大規模開鑿著名的賓陽三洞，歷時二十三年，但只完成了賓陽中洞，南北二洞半途而廢。賓陽中洞位於龍門西山北部，是北魏晚期最具代表性的洞窟。

洞內雕刻有十一座大佛與菩薩，正壁列釋迦一佛，左右是摩訶迦葉、阿難陀二弟子，外為文殊、普賢二菩薩；南北二壁各立一佛、二菩薩。其服飾皆頭戴寶冠，身披瓔珞珠寶。大像的周身崖壁，均飾以華麗的背光和頭光，間以影雕千佛。窟頂中部為蓮花藻井，環以流蘇，構成蓮花寶蓋。環繞蓮花的是凌空翱翔、彈琴奏樂的伎樂天，形成了一幅和諧、歡快的景象。窟口內壁崖面上飾以「維摩變」、佛本生故事和帝后禮佛圖浮雕。整個賓陽中洞雕作完整，壁面滿是雕刻品，而且都敷以鮮豔色彩，顯得富麗堂皇，堪稱藝術傑作。

　　3. 蓮花洞　位於龍門西山中部偏南，開鑿於孝明帝孝昌年間（西元 525-527 年）前後。洞深九點六米，高六點一米，寬六點一五米，是北魏後期大型洞窟。窟平面呈長方形，窟頂為平圓，因頂部藻井雕有精美的大型蓮花浮雕圖案，故名蓮花洞。

　　蓮花洞主佛為圓雕釋迦牟尼立像，兩側為二弟子、二菩薩。該洞以高浮雕寶蓮藻井和豐富精細的佛龕裝飾馳名，其蓮花藻井不同於其他窟寺，藻井上的高浮雕蓮花圖案不僅碩大無比、精美異常，且高低層次分明，

龍門石窟蓮花洞說法維摩詰（北魏）

圖案中央是凸起的蓮蓬，四周是盛開的雙層蓮花，圍繞蓮花的是由忍冬紋飾組成的圓盤，蓮花圖案周圍又飾以六個供養飛天。飛天衣帶飄舞，凌空飛翔，蓮花盛開，忍冬相稱，動靜結合，相映成趣，構成了一幅精美的圖畫。佛龕裝飾異彩紛呈，琳瑯滿目，既有許多佛傳故事和飛天浮雕畫面，還有大量的裝飾圖案，如昂首騰空之龍，翹尾蹲臥的雄獅，熠熠發光的摩尼寶珠，盛開的蓮花托盤以及葡萄、石榴、蓮花、忍冬等花草紋飾，令人目不暇接。它們與整個窟龕內容有機地融合於一起，相得益彰，共同組成了精美的藝術寶庫。

　　除上述三大窟外，北魏末期開鑿的還有火燒洞、石窟寺、普泰洞、魏字洞、唐字洞、藥方洞、趙客師洞等，這些都屬於中小型洞窟，然亦各有特色。東魏、

西魏、北齊、北周也陸續有開窟造像活動，但規模顯著變小，數量也不多，無法與北魏相比。

總的說來，龍門北朝造像有共同的藝術特點，窟形較為單純，題材內容趨於簡明集中，大都突出主像；造像藝術日趨中國化、世俗化；碑刻題記增多，出現許多造像記。這些都對後世石窟藝術產生了一定的影響。

五、麥積山石窟及其他石窟藝術

麥積山第 44 號窟主佛坐像（西魏）

散佈於甘肅隴東、寧夏固原地區尚有二十餘處石窟群，其中較著名的有天水麥積山石窟、永靖炳靈寺石窟、固原須彌山石窟等；南方地區的石窟寺則以四川居多，如千佛崖石窟、皇澤寺石窟等；江蘇境內僅見南京棲霞山石窟。

1. 麥積山石窟[85]　位於天水市東南四十五公里處的麥積山石窟，是甘肅境內僅次於敦煌莫高窟的第二大石窟群。洞窟依崖而建，分東崖、西崖兩部分，現存窟龕和摩崖雕刻共一九四個，其中東崖五十四窟。大窟龕有涅槃窟、千佛廊、散花樓上七佛閣、牛兒堂、中七佛閣等，屬於形制特殊的「崖閣」類，即在崖壁上先鑿出簷柱，外有木構建築，裡面再造龕室。西崖一四○窟，最大的洞窟是萬佛堂（編號第 33 號）和天堂洞（編號為第 135 號），兩窟地勢險峻，形制高大奇偉，窟頂有複斗藻井，飾以飛天彩繪，四壁綴滿影塑小千佛。東、西崖兩部分保存歷代石塑、泥塑像共七八○○多尊，壁

---

85 參見郭厚安、陳忠守：《甘肅古代史》第三編第九章，蘭州，蘭州大學出版社，1989。

畫九〇〇多平方米。麥積山石窟創建於何時，史籍記載不詳，據有關專家考證，大約始於後秦，歷西秦、北魏、西魏、隋諸代開鑿。唐代以後，因地震而使洞窟大面積崩毀，無法繼續興建，只在原龕內重新雕塑了一些佛像。現存的洞窟、造像和壁畫主要是北朝時期的作品。

麥積山石窟造像同樣豐富多彩，如北魏第六十窟的脅侍菩薩，第一六九號窟的交腳菩薩與脅侍，第六十四號窟的坐佛與雙手合十的比丘，皆表情生動，形態安詳。所存壁畫也不乏佳作精品，如北魏第一二七號窟內，藻井中央繪有滿天飛騰的乘龍天人，四周繪有殿閣城樓、赴會的人群車馬及狩獵的壯觀場面；左壁「維摩變」中繪王者出行，傘蓋相接，車從甚盛。其他窟內也多有飛天、寶蓮、火珠等精美畫圖。

麥積山第 123 號窟
女侍童像頭部（西魏）

2. 炳靈寺石窟　位於甘肅永靖縣西南四十公里處的黃河北岸小積石山上，洞窟分布在上寺、下寺和兩寺間的洞溝等處。它始創於十六國西秦建弘元年（西元 420 年），歷經北魏、北周、隋、唐、西夏、元、明諸朝。現存窟龕一六九個，大小石雕造像六九四軀，泥塑八十二軀，殘存壁畫九〇〇多平方米。第一六九窟是西秦時開鑿的早期大型洞窟，洞口離地面三十餘米，洞深十九米，高十四米，寬二十七米，是利用天然洞穴加工整理而成。窟中內容非常豐富，雕像有三世立佛、無量壽佛、大勢至菩薩、觀世音菩薩等，雕像旁皆有題記，題記下彩畫供養人，均面側向佛，虔誠備至。北魏第一二五窟是個小窟龕，龕中雕有釋迦、多寶佛並坐說法圖，圖像清晰，佛像面容慈祥，略帶微笑，十分生動。雕像雖小，但足以與雲岡、龍門的大型造像相媲美。

3. 須彌山石窟　位於寧夏固原縣西北約五十五公里處，窟龕沿東南向崖面綿延，南北長一八〇〇米，東西寬七〇〇米。始建於北魏，興盛於北周、唐代，因

自然風化等原因而遭嚴重破壞。現存有北魏四窟，北周五窟；其形制特點為中心柱窟，每面開龕，四壁亦開龕，題材以三佛為主，建築與造像風格類似麥積山同期窟龕。

4. 南方地區石窟　以四川境內石窟和摩崖造像遺址最為豐富。據四川文物考古工作者調查，全省有比較集中的石窟、摩崖造像的縣市近五十個，窟龕在十個以上的有一二〇多處。[86]其中最著名的是位於廣元市近郊嘉陵江東、西兩岸的千佛寺石窟和皇澤寺石窟，兩窟隔江相望，均屬中原系統。千佛寺窟始鑿於北魏後期，歷西魏、北周、隋、唐、宋諸代，現存五十四窟、八一九龕和大小造像七〇〇〇餘軀，其中的第七、第二十一窟是典型的北朝窟龕。皇澤寺開鑿時間稍晚，始於西魏，經北周而至隋唐；現在窟龕五十六個，大小造像一二〇三軀。

目前所見南朝石窟僅有南京市東北約二十公里處的棲霞山，開鑿於南朝齊、梁二代，但規模不大，窟龕、佛身都較小，一般每龕僅五、六尊或七、八尊小佛，無法與其他窟群相比。

---

86 譚洛非：《四川石刻——尚待開發的藝術寶庫》，載《四川文物‧石刻研究專輯》，1986 年。

第十二章

科學技術
的碩果

第一節 ·

數學和天文學
突出的成就

　　中國是世界上最早進入農耕社會的國家之一。由於農業生產與天文氣候關係最為密切，所以中國古代的天文學發展較快。由於天文工作者必須兼通數學，所以天文學的進步，同時也促進著數學的發展。魏晉南北朝時期的天文學和數學較之前代有了巨大的進步，湧現出許多「搜練古今，博采沈奧」的數學天才和天文學大師，並出現了如祖沖之這樣兼通數學和天文學的古代科學巨匠。由於統治者的重視，政府還設立了天文觀測和研究機構。這一時期數學的發展，不但能夠注意做到理論結合實際，而且具有中外文化交流的特點。

一、數學天才和天文學大師祖沖之

　　祖沖之（西元 429-500 年），字文遠，祖籍范陽逎縣（今河北省淶源縣），後來舉族南遷，他本人生長在南朝建康城。其祖父祖昌曾任劉宋大匠卿，其父祖朔之宦至奉朝請，沖之歷仕宋、齊兩朝，官至長水校尉。他是南北朝時期一位傑出的科學家，在天文曆法、數學、機械製造等方面都有重大成就。甚至在音樂領

域內，他也是一時之秀，史載「沖之解鐘律博塞，當時獨絕，莫能對者」[1]，真不愧為一位博學多能、多才多藝的古代科學巨匠。

祖沖之在數學方面最主要的成就，首推圓周率的計算。他應用劉徽的割圓術，在劉徽的基礎上繼續推算，求出了精確到第七位有效數字的圓周率。史載「祖沖之更開密法，以圓徑一億為一丈，圓周盈數三丈一尺四寸一分五釐九毫二秒七忽，朒數三丈一尺四寸一分五釐九毫二秒六忽，正數在盈朒二限之間」[2]。這相當於算得了圓周率在 3.1415926 和 3.1415927 之間。在西元五世紀時就取得如此成就，是很了不起的。用這個數值計算直徑為一千米的大圓周長時產生的誤差不超過一釐米。在國外，直到一四二七年，阿拉伯數學家阿爾·凱西才求出更精確的數值，把圓周率推算到第十七位有效數字，但這已經是祖沖之逝世之後近一千年的事了。

為了計算的方便，祖沖之還求出用分數表示的兩個圓周率數值，一個是 355/113，稱密率，一個是 22/7，稱約率。其中密率是表示圓周率的最佳漸近分數。在歐洲直到一五七三年，德國數學家鄂圖才得到了這一數值。約率雖僅精確到第三位有效數字，但因數目簡約，實際生產生活中使用起來很方便。

關於球體的體積計算，是祖沖之在數學領域作出的另一傑出貢獻。古代的數學著作如《九章算術》，是按外切圓柱體與球體體積之比，等於正方形與其內切圓面積之比進行計算的。劉徽首先指出這種計算方法是錯誤的，他正確地提出「牟合方蓋」（垂直相交二圓柱體的共同部分）與球體體積之比，才等於正方形與其內切圓面積之比。但是，劉徽沒能求出「牟合方蓋」的體積公式。此問題被祖沖之天才地解決了。祖氏巧妙地應用「等高處橫截面面積常相等的兩個立體，它們的體積必定相等」這一原理，根據實際模型，算出「牟合方蓋」的體積等於 $2/3D^3$（D 為球體直徑），從而求出球體體積公式為 $V=\pi/6D^3$。這一公式被當作是其子祖暅的成果而記載於李淳風《九章算術》注中，我們可以把這一成就看成

1　《南史·祖沖之傳》。

2　《隋書·律曆志上》。

是祖氏父子共同的貢獻，習慣上稱之為「祖暅公理」。在西歐直到十七世紀才由義大利數學家卡瓦列利推導出來。

　　祖沖之在數學方面的研究成果，記載在他的數學著作《綴術》裡。《綴術》是唐代算學學生必讀書籍之一，由於其內容較深奧，需要學習四年。可惜此書在宋代即已失傳，直到現在，對《綴術》內容的探討仍然是國內外許多學者很感興趣的一個問題。

　　在天文學領域中，祖沖之也取得了輝煌的成就，其中又首推在曆法計算中考慮歲差的影響。歲差現象是晉人虞喜首先發現的，但當時仍停留在臆說階段，沒有運用到曆法中去。劉宋大明六年（西元 462 年），年僅三十三歲的祖沖之編成《大明曆》。《大明曆》首次考慮每年改變冬至日躔的位置，這對曆法推算精度的提高有重要的作用。雖然祖沖之所用的歲差常數比較粗略，但從此回歸年和恆星年兩個概念漸為人們所接受，成為制定曆法時所必須考慮的因素之一。《大明曆》對閏率也作了改變，採用 391 年設一四四個閏月的閏率，得到更為精確的結果。《大明曆》以一年為 $365\frac{9589}{39491}$ 日，和今推值僅差四十六秒，以一朔望月為 $29\frac{2090}{3939}$ 日，與今推值相差一秒左右，由此可見其精密度之一斑。祖沖之還在中國天文學史上第一次明確指出交點月的長度為 27.21223 日，誤差僅為一秒。由於日、月食都是在黃、白道交點附近發生的，所以，交點月的引入便利了日、月食的推算和預測。

　　《大明曆》編成後，由於權臣戴法興的反對，終祖沖之一生並未頒行，直到他死後十年才在其子祖暅的請求下，於梁天監九年（西元 510 年）正式使用，到隋開皇九年（西元 589 年）陳亡止，前後共施行了八十年。

　　祖沖之不僅在學術上取得了卓越的成就，而且在為人處事中也表現出不畏權貴、實事求是的科學精神。在對《大明曆》進行討論的時候，新的曆法遭到宋孝武帝寵信的權臣戴法興的反對。朝中官員，或保守因循，反對變革天文曆法，或懼怕戴的權勢，多所附會。祖沖之勇敢地進行辯論，寫了一篇非常有名的《駁

議》。他寫道:「願聞顯據,以竅理實」,「浮詞虛貶,竅非所懼」[3],充分顯示了他那不畏權勢,敢於堅持真理的鬥爭精神。

二、劉徽和《九章算術注》

《九章算術》是中國最古老的數學經典著作,大致成書於西元一世紀。它的出現標誌著中國古代數學開始形成自己的體系,後世學者十分重視這本書,不少人為之作注。他們在注文往往記錄了自己獨到之見和新的發現,從而利用這種方式來推動中國古代數學的進步。而首先對《九章算術》註釋具有獨創性見解的數學家正是魏晉時期的一代數學宗師——劉徽。

關於劉徽的籍貫、生平事蹟和生卒年代,由於缺乏史料而知之甚少。據有關資料可以推斷劉徽當是魏晉時人。他在《九章算術注·自序》中說:「徽幼習《九章》,長更詳覽,觀陰陽之割裂,總算術之根源,探賾之暇,遂悟其意。是以敢竭頑魯,采其所見為之作注。」又說,「輒造重差,並為註解,以究古人之意,綴於勾股之下」,表明了其寫作目的。《隋書·經籍志三》載:劉徽撰《九章算術》十卷、《九章重差圖》一卷。唐以後,《九章重差圖》失傳,《九章算術注·重差》一卷改名為《海島算經》,與其他九卷分為二書並行於世,流傳至今。

《九章算術注》對於中國歷代數學家而言,其重要意義絕不亞於《九章算術》本身,是中國最可寶貴的數學遺產。劉徽在《九章算術注》中反映出來的學術成就主要表現在兩個方面。首先,他系統地整理了各項解題方法,從而提高了《九章算術》的學術水準。更為重要的是,劉徽創立了許多新方法,開闢了數學發展的新道路。

《九章算術》原書過於簡略,僅引出問題以及演算法的法則,對於為何要採取如此的計算和演算法正確與否缺少必要的說明。劉徽在其注文的自序中說:

3　《宋書·律歷志下》。

「事類相推各有攸歸。故枝條雖分而同本幹者，知發其一端而已，」這是數學研究中的至理名言。在實際操作中，他堅持「析理以詞，解體用圖」的思想，總結整理了齊同術、今有術、圖驗法、棋驗法等解題方法。其中，齊同術解決了不同分母的分數相加減的計算問題；今有術解決了比例類型的計算問題；圖驗法主要是指用圖註解，達到「解體用圖，庶亦約而能周，通而不黷，覽之者思過半矣」[4]的目的；棋驗法則是指用特製的立體模型來計算各種物體體積和開立方、開立圓等問題的數學方法。

劉徽在《九章算術注》中的創見主要包括關於圓周率與圓面積的計算，圓錐體體積與球體體積的計算、十進分數表示平方根和立方根的近似值，以及以互乘相消法解多元方程等內容。其中最值得稱道的是創立割圓術求解圓周率。《九章算術》對圓面積的計算方法一律採取古法的「周三徑一」（圓周率為 3），顯然誤差較大。在劉徽之前，東漢的張衡在《靈憲》一書中取用圓周率為 $\frac{730}{232}$（π =3.1466），比較接近真值，但他沒有從理論上論述這個數值從何而來。劉徽在《九章算術・方田》章圓田術注中，創立了用割圓術計算圓周率的方法，開創了中國數學史中圓周率研究的新紀元。他首先肯定圓內接正多邊形的面積小於圓面積，但將邊數屢次加倍，從而面積增大，邊數愈多，正多邊形面積愈接近於圓面積，這實際是利用極限的概念來解決求圓周率的問題。劉徽算至正一九二邊形，求得圓周率為 $\frac{157}{50}$（即 3.14），比張衡求出的數值更接近真值。以後，祖沖之計算出精確至小數點後第七位有效數字的圓周率，用的也是劉徽發明的割圓術。

劉徽治學嚴謹踏實，當他計算球體體積取得了階段性成果但又無力再推進一步時，便採取了存疑審慎的態度，他說：「欲陋形措意，懼失正理，敢不闕疑，以俟能言者？」[5]正是具備這種科學精神，劉徽才能夠糾正前人的錯誤，並且創立了許多新方法，成為一代數學巨匠。

4　《九章算術注・自序》。
5　《九章算術・商功章》注。

三、多產的數學家甄鸞

中國古代數學在秦漢時代初步形成體系，經過魏晉南北朝數百年的發展已經很完備了，並形成以十部古典數學著作為中心內容的完整的體系。這十部著作合稱「算經十書」，是隋唐時國子監算學科學生的指定教材。在十部算經中，有四部是北周時大數學家甄鸞編撰和註解、整理的，包括《周髀算經》、《五曹算經》、《五經算術》和《數學記遺》。

甄鸞，字叔遵，北周中山無極（今河北省無極縣）人，官至司隸校尉，漢中郡守。精於數學，兼通天文曆法，曾經編撰過《天和曆》，並於周武帝天和元年（566年）起被採用頒行。

甄鸞是位勤奮多產的數學家，所著幾部數學著作重點各異，學術價值也高低不等，其中最重要的當數《五曹算經》。這是一本為地方行政人員所寫的應用算術書，全書共五卷，用田曹、兵曹、集曹、倉曹、金曹五類官名作標題，所有的算術問題都很切合實際，解題方法也很淺顯易懂。其中，田曹卷是關於各種田畝面積計算的問題；兵曹卷是關於部隊配給、軍需等軍事數學問題；集曹卷是關於交換貿易的問題；倉曹卷的主題是糧食的徵收、運輸和儲藏等問題；金曹卷則解決紡織品交易和錢財收支等問題，還包括了簡單的比例問題。《五曹算經》提到的演算法大都不超過《九章算術》的範圍，但值得一提的是，此書對於十進位小數的概念有了新的發展。如兵曹第九題以「八斗七升」作為斛以下的十進位小數，金曹最後一題以「奇足錢四分四釐」表示不足一文錢的餘數。這在中國數學史上具有相當大的意義，應予重視。

《五經算術》全書共二卷，對《尚書》、《詩經》、《周易》、《禮記》、《論語》等古代經籍有需要運用數學知識或計算技能的地方，都作了詳細的注解和討論，其數學意義不是很大。《數學記遺》一卷，卷首題「漢徐岳撰，北周漢中郡守、前司隸臣甄鸞注」。經學者考證，此書不是徐岳的原著，而是甄鸞偽託其名撰寫並自注的書。書中統一了萬以上的進位制度及名稱，「言萬萬曰億，億億曰兆，萬萬兆曰京也」。此後直到宋元時代，數學家多用此進位方法。《數學記遺》還

有籌算和心算的內容，並介紹了其他十二種計數方法。其一曰「珠算」，即在一塊木板上刻三排溝槽，上槽置一珠，每珠以一當五，下槽置四珠，每珠以一當一，中槽為定位之用。這很像是後世算盤的雛形。另外一法曰「九宮算」，即把從一至九的九個數填入九個方格之中，並使每行、每列之和與對角線上三個數之和都等於十五，這是最早的「幻方」，也稱「縱橫圖」，它在後世得到了較大的發展。其他計數法還有太一算、兩儀算、八卦算、運籌算和龜算等。甄鸞提出這些方法主要是想簡化計數法，由於不是從實踐中產生出來的，它們對實際計算工作沒有起到什麼作用。不過，從這些計數法中我們可以看出甄鸞有著卓越的數學才能，而且其中的珠算、心算、九宮算等內容對後世數學有著巨大的影響。

甄鸞還為其他幾部數學經典著做作了註釋。《舊唐書·經籍志》載：「《三等數》一卷，董泉撰，甄鸞注。」《三等數》是唐朝國子監算學館學生必讀之書，惜今已無傳本，其內容難以考證了。甄鸞還重撰過《周髀算經》，它本來是一部古代的數學書，漢代以前的「蓋天說」就出於該書，今天的傳刻本共兩卷，題「（漢）趙君卿注，甄鸞重述，（唐）李淳風等註釋」[6]。如果沒有甄鸞所做的重述工作，這本古書很可能就要散佚了。此外，《隋書·經籍志》載：「《九章算術》二卷，徐岳注，甄鸞重述」，「《九章算術》二十九卷，徐岳、甄鸞等撰」。又《舊唐書·經籍志》載：「《夏侯伯算經》三卷，甄鸞注。」現傳本算經十書之一《張邱建算經》在各卷的第一頁上都有「漢中郡守、前司隸臣甄鸞注經」一行文字。不過，書中並不見甄鸞的注解，可能是在傳刻的過程中散佚了。

甄鸞窮其一生的時間，整理、撰注了近十部數學著作，對保存中國古代數學研究成果作出了很大的貢獻，對推動數學的普及工作也起了不小的作用，真不愧為一代多產的數學大師。

6　《舊唐書·經籍志》。

四、觀天察法，群星閃耀

魏晉南北朝時期，在眾多天文學家中，除祖沖之外，成就比較突出的還有東吳陳卓、晉人虞喜、北涼趙歐、南朝人何承天和北齊民間天文學家張子信。其他如姜岌、束晳、祖暅、晁崇、錢樂之、王蕃等人亦有可稱道之成就，可謂群星閃耀，一時爭輝。

提高星圖的繪製技術和品質一直為天文學家所重視，魏晉時對於實測星象很有成就，多為後世所引用。孫吳、西晉時太史令陳卓是其中的佼佼者。陳卓星圖是圓形蓋天式星圖，這種星圖在漢代已初具規模。隨著對天空星象的長期觀察，人們對全天星象的認識得到不斷的發展，星圖所記錄的星辰數目亦逐漸增多，至陳卓星圖發展到一個高峰。陳卓的工作成果一直為後人所沿用。劉宋元嘉年間，太史令錢樂之鑄渾天銅儀，「以朱黑白三色，用殊三家（甘、石、巫咸三家），而合陳卓之數」[7]，採用的就是陳卓星圖。

虞喜（西元 281-356 年），字仲寧，東晉會稽餘姚（今浙江省餘姚縣）人。其家族成員對天文多有研究，族祖河間相虞聳曾撰《穹天論》，有一定的知名度。虞喜「博聞強識，鑽堅研微，有弗及之勤」[8]。約在東晉成帝咸康年間（西元 335-342 年）發現了歲差現象，所謂「歲差」是指每年冬至太陽所在位置不是恆定不變的。虞喜通過同一時節星辰出沒時刻與古代記錄的比較，發現恆星的出沒比古代提前了，這說明二分（春分、秋分）點與二至（冬至、夏至）點已向西移動。由此他推斷出：太陽每年視運動一週天，並非就是冬至一周歲。由於冬至點西移，太陽從一年冬至到第二年冬至，並沒有回到原來在恆星間的位置。他根據歷史記錄推算出太陽冬至點位置每五十年裡向西移動一度。這個數字只是概略值，比現代天文學所知道的精密值約短了二十多年。查歲差是黃赤交點在黃道上逆行的現象，和太陽運動沒有直接關係，由於中國古代天文學用赤道座標表示太陽的位置，因而冬至點也用二十八宿的相對位置來決定。這樣，只要檢查過去的

7　《隋書·天文志上》。
8　《晉書·虞喜傳》。

記錄，就能看出冬至點位置有系統的移動，即歲差現象。所以虞喜不是從理論上推斷歲差的出現，更不可能真正瞭解和解釋歲差的成因，但是作為中國天文學史上第一次對歲差規律的探索，虞喜的發現是很可貴的，其意義重大，並對以後修正曆法、提高推算精度有重要的作用。此外，虞喜還發揚了古代的宣夜說，撰《安天論》，其中不乏卓越之見。

何承天（西元 370-447 年），東海郯（今山東省郯城縣）人。劉宋時曆官尚書左丞、衡陽內史、著作佐郎、太子率更令，領國子博士等職。他博通經史，尤精天文律曆，在天文學上最大的貢獻是制定了定朔法。中國古曆法都用平朔法，或稱經朔法，即大月、小月輪流交換，有時接連兩個大月，使每個平均朔望月為二十九點五三〇六日。由於日月運動不均勻，所以用平朔法就會發生曆法與月相盈虧不一致的現象。何承天通過精確計算日月的實際位置，從它們的關係來定朔日及月的大小，此所謂定朔法。由於遭到當時保守大臣的反對，此法未能施行，但它得到進步天文學家的支持，對後世有較大影響。何承天還編撰了《元嘉曆》，於劉宋元嘉二十一年（西元 445 年）正月頒行。過去的曆法都以上元時候作為推算五行星的起點，而《元嘉曆》則五行星各有其起點而且都不一樣，這是它進步的地方。

何承天在計算技術方面亦作出了一些改革，頗有功績。中國古代計數，一以下的小數都用分數表示，而用分數表示實測數值時，未必能夠正確表示出來，往往誤差很大，何承天想出了一種全新的演算法叫做調日法，用此法演算可以得出與實測值完全一致的分數，對後世曆家影響很大。

東晉南朝的天文曆法頗多創造，而北朝大體沿襲漢魏舊法。北朝天文學家取得的成就集中表現在採用破章法和日行盈縮的發現。破章法是指改變曆法中置閏月的方法。過去的曆法以一九年為一章，一章中設七個閏月。北涼天文學家趙撰《元始曆》，第一次打破舊閏法，改為六〇〇年設置二二一個閏月，使回歸年和朔望月之間的關係得到調整，從而縮小了朔望月長度值的誤差。北朝曆家一直沿用破章法，不過因曆法的不同，置閏的頻率也略有不同。後來南朝的祖沖之在《大明曆》中提出了每三九一年設一四四個閏月的閏周，得到了更為精密的結

果，誤差在一秒左右，後世曆法朔望月長度值的精度大抵也保持在這個水準上，這反映了南北朝時代天文觀測技術和推算方法的巨大進步。

北齊時，民間天文學家張子信發現了日行盈縮現象，即太陽、五行星運動不均勻現象。張子信，清河（今河北省清河縣）人，「學藝博通，尤精曆數」[9]。為避葛榮之亂，隱居在一個海島上，經過三十餘年的觀測，發現了日行盈縮現象。在他之前，天文學家都採用太陽每天運行一度的平均值，有時這和太陽的實際位置相差頗大。張子信指出：「日月交道，有表裡遲速，五星見伏，有感召向背。」「日行在春分後則遲，秋分後則速。」[10]雖然他對日行遲速的具體測定不十分正確，對這種天文現象的描述和解釋還很幼稚，但卻是中國古代關於太陽和五星視運動不均勻性的最早描述。他的這一發現，與東漢末月行中心差現象的發現，在中國天文學史上都具有劃時代的意義，並對後世曆法的改進產生了深遠的影響。史載「後張胄玄、劉孝孫、劉焯等，依此差度，為定入交食分及五星定見定行，與天密會，皆古人所未得也」[11]。

第二節 ·
集一代農學之大成
——《齊民要術》

中國是世界農業文明發源最早的國家之一，而北魏人賈思勰著述的《齊民要

9 《隋書·天文志中》。
10 同上。
11 同上。

術》則是確立中國農業大國地位的「第一農書」，也是世界上現存最早、最系統的關於古代人民日用科學的著作。全書共分十卷、九十二篇，正文約七萬字，註釋約四萬字，總計十一萬餘字。此外，卷首還有作者自序和「雜說」各一篇。《齊民要術》內容宏富，「起自耕農，終於醯醢，資生之業，靡不畢書」[12]，涉及農作物栽培和耕作技術，農具的製作，畜牧獸醫，野生植物的利用，家畜、家禽和魚、蠶的飼養方法，釀造和食品加工，乃至文具、日用品的生產等各個領域，幾乎對所有的農業和手工業活動都作了詳細的論述。

《齊民要術》對後世農學有著巨大而深遠的影響，元代司農司編輯的《農桑輯要》、王禎的《農書》，明代徐光啟的《農政全書》和清人的《授時通考》四部大型綜合性農書，不論從體例，還是從取材來看，基本上都是採自《齊民要術》。可以說，此書是中國古代農學的奠基之作。

《齊民要術》的影響並不僅僅侷限於國內，它在國外也備受讚譽，成書後曾被譯成多國文字，並得到普遍的關注和研究。總之，《齊民要術》是一部總結中國古代農業、手工業生產經驗的傑作，是一部有著很高科學價值和實用價值的「農業百科全書」，是世界科學文化寶庫中的珍貴典籍。

一、賈思勰其人與其書

《齊民要術》的作者是北魏末傑出的農學家賈思勰。他的詳細經歷，由於缺乏文獻記載，今天已無從查考了。我們僅知道賈思勰是山東益都（今山東省壽光縣）人，生活於西元五世紀末到六世紀中葉，曾擔任過高陽郡（今山東臨淄）太守，到過山西、河北、河南等地，後來回到家鄉經營農牧業，大約在北魏永熙二年（533年）到東魏武定二年（544年）間寫成此書。

賈思勰生活在北魏政權由盛轉衰的時代，他深切感受到了北魏的沒落。為

---

12 《齊民要術·序》。

此，他總結了歷史上的重農思想，引證歷史經驗，希望通過發展農業生產來求得社會穩定和國家富強，這是其寫作目的。賈思勰在自序中說：「殷周之盛，詩書所述，要在安民，富而教之。」他極力推崇「富國以農」的思想，主張實行重視農耕的政策。在自序中，他還大量引用前人的言論和事蹟，來說明發展生產的重要性。在正文中，對於「商賈之事，缺而不錄；花草之流，可以悅目，徒有春花而無秋實，匹諸浮偽，蓋不足存」，而對於那些有利於國計民生的農業、手工業等生產經驗和技術，則詳加敘述，「丁寧周至，言提其耳」。

賈思勰是一位治學嚴謹的科學家，他不僅刻苦鑽研，博覽群書，總結和繼承了中國古代農學的寶貴遺產，而且十分重視勞動人民的生產經驗。他注意向有經驗的老農學習，並親自參加農業生產實踐，從而更加豐富和發展了中國的農學體系。在撰著《齊民要術》的過程中，賈思勰始終堅持「采捃經傳，爰及歌謠，詢之老成，驗之行事」[13]的原則。在書中，他引用了大量文獻資料，據統計，《齊民要術》共引用了前人著作達一百五十多種，包括了漢代的《氾勝之書》和《四民月令》等重要農書。這些古籍大多早已亡佚，所以賈思勰在保存中國古代農書上也是作出了寶貴貢獻的。此外，書中還記載了三十多條農諺，都是作者收錄的古代勞動人民代代相傳、行之有效的農事歌謠。這些農諺包含了豐富的經驗和深刻的道理，賈思勰將它們收錄至書中，成為中國珍貴的農學遺產。

在文風上，賈思勰講求實際，「每事指斥，不尚浮辭」[14]，寫作態度十分嚴肅認真。書中所述內容，包括引自古籍者，均通過作者親身觀察和實踐，因此其記述十分準確而翔實。其中除少數因年代久遠變異或絕跡不可考者外，都具有很強的精確性和可操作性。全書文字簡潔樸實，諸法利弊優劣的比較條理清晰，不厭其煩。書中介紹的日常生活食物的製作方法，大多數在今天仍具有實際操作價值。

在《齊民要術》各篇中，賈思勰都著意介紹和評述如何合理地利用人力、物

13　《齊民要術・序》。
14　《齊民要術・序》。

力，做好經營管理的重要性。《齊民要術》的中心思想就是在農業生產中發揮天時、地利、人力三要素的作用，強調因時、因地、因作物制宜，精耕細作，合理經營的原則。這種農學思想對中國古代農學和農業生產都有著深遠的影響。由於時代的侷限，《齊民要術》中有些地方不可避免地收錄了唯心主義和怪誕迷信的無稽之談。例如，卷四「種棗篇」引《雜五行書》說：「舍南種棗九株，辟縣官，宜蠶桑，服棗核中人二七枚，辟病疫，能常服棗核中人及其刺，百邪不復干矣。」「種茱萸篇」復引此書說：「舍東種白楊、茱萸三根，增年益壽，除患害也。」其他如引《師曠占》、《玄中記》等處比比皆是。這些糟粕部分與當時的社會生產力和科學水準有著密切的關係，也是受當時環境的侷限性所致。但是，瑕不掩瑜，這些缺點同賈思勰的主要成就相比，畢竟是次要的。《齊民要術》不愧為中國古代科學文化寶庫中一顆璀璨奪目的明珠。

二、耕農之術，靡不畢書

《齊民要術》最主要的部分是講述農耕種植之術，占了全書一半以上的篇幅。卷首「雜說篇」匯聚了最主要的耕種方法，起一個總綱的作用。正文前五卷則分別詳述了糧食、油料、纖維、染料作物、蔬菜、果樹、桑樹等種植栽培技術，基本上反映了北魏時期中國北方農業科學和技術的水平。

首先，《齊民要術》對北方抗旱保墒問題進行了深入的探討。自古以來，中國北方廣大地區氣候乾旱，多風少雨，因此合理地整地中耕，保持土壤的水分，對於保證農作物的生長是關鍵的一環。古代人民在長期同乾旱作鬥爭的過程中，積累了不少成功經驗，賈思勰將這些經驗進行了比較完整的總結和提要，並上升到了理論的高度。他提出了一系列耕作的技術原則和要求，強調必須按照不同的季節、氣候和土壤特性，來進行不同作物的栽培和管理。對於土壤的乾濕程度，賈思勰指出，必須燥濕適宜，如遇水旱不調的時候，則「寧燥不濕」。他還進一步指出：不要在土壤潮濕的時候耕地，秋耕宜深翻，春夏須淺耕的耕作原則。這些都是符合現代科學原理的。

在耕作制度方面，《齊民要術》提出了一套完整的、可恢復土壤肥力的輪作制。賈思勰十分重視豆類作物在恢復和提高土壤肥力中的重要作用。不僅把它作為綠肥作物納入輪作周期，而且還比較鑑定出幾種主要豆類作物的肥效和不同的輪作方式對穀物產量的影響。此外，他還確定了適宜的耕翻期和輪作茬口，書中把前茬作物分為三類，「凡美田之法，綠豆為上，小豆、胡麻次之」[15]。輪作之法雖然在中國很早就已出現，但對此法進行總結卻始於《齊民要術》，賈思勰對綠肥作物的栽培和輪作套種的科學總結是世界上最早的。

魏晉墓壁畫耕種

《齊民要術》在開闢肥料來源上，也有了新的突破。書中第一次提出了製造秸稈肥料和使用舊牆土肥料的方法。這兩種肥料不僅量多，而且肥效也好，對改良土壤結構，提高地力，很有功效。

選優汰劣，適時播種，在中國農業生產中有著豐富的經驗。在人工選種方面，賈思勰也作出了卓越的貢獻。《齊民要術》強調指出：種子優劣、播種時間遲早，與作物的產量、品質和病蟲害的防治有著密切的關係。書中收錄了許多作物品種，僅粟的品種就列舉了八十六種之多，並且按其成熟期、植株高度、產量品質、抗逆性等作了比較科學的分類。書中精闢地論述了品種保純防雜的重要

---

15 《齊民要術·耕田第一》。

性，總結出一套完整的單收、單打、單藏、單種的良種繁育制度。書中還具體地記述了水選、拌種、曬種等種子的處理辦法，並最早記錄了中國水稻的催芽技術。

《齊民要術》還初步揭示了生物與環境的相互聯繫，對農作物的遺傳性與環境的統一性，也有正確的敘述。賈思勰注意到了培育品種時所需要的自然條件，他引用自己觀察到的事實，說明由於「土地之異」，同一植物的形態習性可能會有很大的差別，並進一步介紹了許多改變舊的遺傳性、創造新品種的經驗，涉及人工選擇、人工雜交和定向培育等育種原理，說明中國早在西元六世紀就已經在遺傳育種的理論和實踐方面取得了很大的成就。其中不少經驗對於指導現代農業生產仍具有現實意義。

《齊民要術》用了許多篇幅介紹蔬菜種植，果樹和林木的扡插、壓條和嫁接等育苗方法以及幼樹撫育等方面的技術，反映了中國古代已具備豐富的生物學知識。《齊民要術》總結出樹木有性繁殖法和無性繁殖法。有性繁殖是種子繁殖，如棗樹、桃樹、桑樹等。播種後，長出幼苗，有的樹種必須移栽，移栽可以促使果樹提前結實和提高果品品質。書中詳細指出了移栽時的注意事項，農民照其法操作，可以提高幼苗的成活率。無性繁殖法則包括扡插、壓條和嫁接三種，樹種不同，所用之法也各異，柳樹、安石榴等用扡插法；桑樹、李樹等用壓條法；梨樹、柿樹等用嫁接法。其中嫁接法講得最詳細，已從《氾勝之書》所講的同一作物嫁接發展到不同樹木的嫁接，從單純追求結大的果實發展到以提前結實並改良、提高果品的品質為目的。書中提到的這些方法，至今山西、山東有些地方仍在沿用。

在農作物管理和植物保護方面，《齊民要術》提出了許多防治病蟲害的措施，包括合理安排輪作，火燎和陽光曝曬種子，選擇和培育抗病品種等，都是行之有效的防病措施。書中還記述了果樹的熏煙防霜法：「天雨初晴，北風寒切，是夜必霜。此時放火作熅，少得煙氣，則免於霜矣。」[16]用短短的二十七個字就

---

16 《齊民要術·栽樹第三十二》。

說明了中國古代勞動人民看天氣判斷降霜的經驗和防霜方法，此法直到今天仍然具有重大的實踐意義。

漢魏以來，農業生產工具得到不斷改進，陸續出現了一些省力、使用方便，而且效率較高的新農具。《齊民要術》詳細記載了當時通用的各種農具，據統計有三十多種。其中有一些是前所未見的，如控制播種密度的農具窈瓠，用於整地的鋒和耩，都是首次見諸文獻。另據書中記載，此時陸軸也已出現。陸軸主要由石滾及木製框架等部分組成，用於碎土、壓實和穀物脫粒。生產工具是生產力的重要構成因素，《齊民要術》對各種農具的詳盡記述有利於新農具的推廣使用，對促進當時農業生產的發展不無作用。

三、對禽畜飼養經驗的總結

自古以來，漢民族就是以農耕為業的民族，畜牧業在經濟生活中只占次要的地位。直到魏晉南北朝時期，由於北方游牧民族大批進入內地，使中原地區的畜牧業得到了空前的發展。再加上頻繁的戰爭摧毀了中原地區的農業生產，造成千里無人煙的局面，為畜牧業的發展提供了廣闊的牧場，畜牧業的地位進一步提高。當時各族人民在從事畜牧業生產過程中，積累起豐富的經驗，包括牲畜的選種、品種改良、繁殖和管理，以及一些常見的獸醫藥方等，這些都被賈思勰總結到了《齊民要術》一書中。

甘肅嘉峪關新城四號墓室磚畫縱鷹獵兔圖（西晉）

《齊民要術》卷六記載了飼養牛、馬、驢、騾、羊、豬、雞、鵝、鴨、魚等家禽、家畜的方法，尤其重視種畜的人工選育，書中指出：種禽畜軀體的大小，羽毛的深淺對其後代的優劣有著直接的關係。以選雞種為例，要選秋冬生的雞作種，這種雞「形小，淺毛，腳細短者是也，守窠，少聲，善育雛子」[17]。而春夏生的雞，形狀大，羽毛光澤，腳粗長，「遊蕩饒聲，產乳易厭，既不守窠，則無緣蓄息也」[18]。

同時，《齊民要術》已經認識到了母畜孕期的環境條件以及幼畜生長地的生態條件和環境，對於動物的發育和生長有著巨大的影響。以選羊種為例，書中指出最好是留臘月和正月裡生的羊羔作種。不在這幾個月裡出生的羊羔，毛是焦卷的，骨骼也細小，這是因為天氣或寒或熱的緣故。秋季生的羊羔，母羊雖然肥壯，但是到了冬天，母乳已竭，而青草還未生長，小羊發育不佳；夏季生的羊羔，此時雖然青草茂美，但是羊羔還小，不能吃草，經常飲的是熱乳，發育亦不佳。而「其十一月及二月生者，母（羊）既含重，膚軀充滿，草雖枯，亦不羸瘦；母乳過盡，即得春草，是以極佳也」[19]。在這裡，賈思勰充分地考察了氣候、環境對動物生長發育的影響，提出了注意孕期環境、留取優良品種的方法。此外，《齊民要術》對馬、驢雜交所生出的騾的生物優勢，以及禽獸去勢可催肥的認識亦較以前更加深入。書中還輯錄了獸醫處方四十八例，涉及外科、內科、傳染病、寄生蟲病等各種病症，是中國現存最早的獸醫藥學知識的記載。《齊民要術》提出了對病畜要及早發現、預防隔離、注意衛生和積極治療等正確主張，並介紹了直腸掏結術和疥癬病的治療方法。這些方法歷經一千四百多年，至今仍在沿用，是中國古代畜牧科學的寶貴遺產。

《齊民要術》卷五《種桑》詳細記錄了養蠶之法，並提及了當時南方在蠶桑

---

17 《齊民要術‧養雞第五十九》。
18 同上。
19 《齊民要術‧養羊第五十七》。

生產技術上的新成就。中國古代人民很早就知道飼養夏蠶和秋蠶，為了能在一年裡養出多批蠶蛾，古代農民一般是利用多化性蠶自然傳種。《齊民要術》引《永嘉記》詳錄了人工低溫催青制取生種的方法。此法係利用低溫抑制蠶卵，使它延期孵化，這樣，一種蠶就可以在一年裡連續不斷孵化幾代。一年裡能養出多批蠶是養蠶技術史上一項重要的創造。

《齊民要術》在相牛、馬方面，亦作了生動翔實的記述，尤以相馬之法為最詳。書中全面論述了馬的各部分形態與其優劣的關係，並特別指出：「服牛乘馬，量其力能；寒溫飲飼，適其天性；如不肥充繁息者，未之有也。」[20]這是賈思勰對歷代畜牧業進行總結的經驗之談。

四、一部實用百科全書

《齊民要術》不僅在農藝、畜牧等方面有突出的成就，而且對於農副產品加工和儲藏，也有相當的貢獻。書中第七卷到第九卷詳細記載了包括釀造、醃製、果品加工、烹飪、餅餌、飲漿、製糖，乃至煮膠和製筆墨等內容的農副產品加工技術，從而提供了一整套民生日用所必備的知識和方法。

其中特別值得一提的是，《齊民要術》是中國最早記錄釀酒發酵技術理論的古籍，對中國釀酒業和酒文化的發展有著重大的貢獻。中國在釀酒發酵方面有悠久的歷史和獨特的技術，既不同於古埃及的麥芽啤酒生產方法，又有別於地中海歐洲葡萄酒釀造技術。但是，在賈思勰之前還沒有人比較系統地整理過釀酒發酵的理論，可以說，《齊民要術》是中國最早論釀酒的著作。它論述了什麼是發酵，發酵的條件以及如何評判酒的品質等問題。書中說，釀酒時有「曲勢」的現象，即發酵，「沸未息者，曲勢未盡」，「酒薄霍霍者，是曲勢盛也」，「酒冷沸止，米有不消者，便是曲勢盡」[21]。這就是說，「曲勢」是一種內在發酵潛力，

20　《齊民要術・養牛、馬、驢、騾第五十六》。
21　《齊民要術・造神麴并酒第六十四》。

醪液在翻騰，發出霍霍聲，是「曲勢」的表現；當原料米被留下並不再翻滾出氣泡，就是發酵結束。根據現代微生物學知識，「曲勢」就是釀酒微生物酶的動力。在西方，發酵的概念直到一八五七年才由法國科學家巴斯德提出來，比賈思勰晚了一千三百多年。

發酵條件主要包括原料和原料處理、溫度控制以及用水比例等。書中指出，釀酒原料不論粗糧、細糧均可。首先要將原料淘洗乾淨，以淘汰雜質，保留糖化酶利用的澱粉。然後將原料分批裝入甕中，開始發酵。發酵的過程中，要注意調整和控制發酵溫度，當溫度過高時，須將原料「舒使極冷，然後納之」[22]。這是一個要求十分精細的工作，不能疏忽大意。至於發酵用水和比例，則明確要求用中性水，書中指出：「收水法，河水第一好；遠河者取極甘井水，水鹹則不佳」，取水時間以「十月桑落初凍則收水釀者為上時」[23]，因為此時水流漲落比較穩定，水質清潔，污濁少。投水量根據麴酒的種類來調節，品質好的神麴投水量大，差曲則要少一些，如造神麴黍米酒，「曲一斗，水九斗，米三石。須多作者，率以此加之」[24]，而造笨曲春酒用「一斗曲，殺米七斗，用水四斗，率以此加減之」[25]。用現代微生物學知識來評價，上述工藝都是很合乎科學道理的。

《齊民要術》全面概括了品評酒的品質標準。書中記載的各類麴酒有四十多種，主要通過四種辦法來評判優劣。第一是聞，好酒「芳香醇烈，輕雋遒爽，超然獨異」[26]；第二是品，好酒「酒甘如乳」，「薑辛、桂辣、蜜甜、膽苦，悉在其中」[27]；第三是觀其色澤，好酒「酒色漂漂，與銀光一體」[28]；第四是將手插入酒甕中感覺冷熱，好酒偏冷，無熱氣。這四種評酒方法至今仍在沿用。

除釀酒製曲之外，《齊民要術》中還有中國獨特的製醬、作醋、煮餳（糖稀）

---

22 同上。
23 同上。
24 同上。
25 同上。
26 《齊民要術・笨曲并酒第六十六》。
27 同上。
28 同上。

的翔實記錄，其中許多是現存最早的資料。從書中記錄的各項操作規程可以看出，賈思勰對微生物在釀造過程中的作用已經有初步的認識，並且掌握了一些微生物生命活動的規律和促進有益微生物生長繁殖，抑制雜菌滋生的許多有效措施，這些在當時都是極其先進的認識。

此外，在農產品的貯藏和保管方面，《齊民要術》總結了過去的經驗，提出了至今仍被廣泛沿用的幾種方法，包括用熱進倉法防止倉庫蟲害，用窖藏法保藏新鮮水果、蔬菜，用火乾或水泡法防止木材生蟲，用乾藏法使水果、蔬菜曬乾或烘乾，加以保藏。

總之，《齊民要術》匯集了各種當時所知的農副產品加工、儲藏的技術，幾乎涉及人們日常生活中所有不可或缺的組成部分，堪稱是一部最古老的生活實用百科全書。

第三節 ·
名醫療百疾

魏晉南北朝時期，南北長期分裂，政權更替頻繁，戰亂不息，再加上不時發生的水旱災害，造成癘疫空前流行。正是在這種情況下，許多以救死扶傷為己任的名醫，孜孜不倦地收集整理醫學文獻和民間治病用藥的寶貴經驗，同時又有所創新，從而推動了醫藥學的長足進步。這一時期，不但名醫輩出，而且由於統治者的重視，醫事制度也較秦漢時期更加完備。

一、外科鼻祖華佗

華佗，一名旉，字元化，沛國譙（今安徽省亳縣）人，史書中沒有記載其生卒年代，只說他「年且百歲而猶有壯容，時人以為仙」[29]。華佗大約生活在漢沖帝永嘉元年（西元 145 年）到漢獻帝建安十三年（西元 208 年）間，曾遊學徐州，通曉各種經書，喜愛醫術和養生之學。他一生致力於醫療實踐，對內、外、婦、兒等各科均有很高的造詣，在疾病的診斷、治療和體育保健等方面都有卓越的成就。尤其值得稱道的是，他是世界上第一個應用全身麻醉進行腹腔手術的醫生，堪稱外科鼻祖。華佗一生曾為許多人施行過手術。《三國志·魏志·方技傳》載，華佗行醫，「當須刳割者，便飲其麻沸散……因破取。病若在腸中，便斷腸湔洗，縫腹膏摩，四五日差，不痛，人亦不自寤，一月之間，即平復矣」。為了減輕和消除病人的劇烈疼痛，使手術能夠順利進行和取得良好的效果，華佗在總結前人經驗的基礎上，並結合對酒醉現象的觀察，發明了麻醉術。《後漢書·華佗傳》記載華佗「乃令（病人）先以酒服麻沸散，即醉無所覺」。可見其麻醉效果還是不錯的。麻醉術的發明使原本難以進行的大型外科手術成為可能，從而擴大了外科手術治療的範圍，為人類戰勝疾病和痛苦提供了新的手段，對世界醫藥的發展有著重大的貢獻。麻沸散的藥方雖早已失傳，但這種思想卻深深影響了後代醫家。宋人竇材的《扁鵲心書》中記有睡聖散可做麻醉之用，元代危亦林用草烏散解決骨傷科復位時的疼痛問題，這種方法無疑要比西方早期所用的機械性壓迫、單純飲酒、放血的方法進步得多。

華佗對疾病的診斷方法亦有可貴的貢獻，他擅長察言望色，並通過對病人的面目、形色、病狀進行觀察來判斷疾病的輕重和能否治療。正確的診斷對於救治病人具有重要意義，華佗善於透過現象，抓住本質，根據不同情況，辨證施治，對症下藥，因而他能在治療中取得令人滿意的效果。

華佗還是醫療體育的創始者。他對弟子吳普說：「人體欲得勞動，但不當使

---

29 《後漢書·華佗傳》。

極爾。動搖則谷氣得消，血脈流通，病不得生，譬猶戶樞不朽是也。」[30]為此，他發明了模仿虎、鹿、熊、猿、鳥五種禽獸動作姿態的保健體操「五禽戲」。當「體中不快，起作一禽之戲，沾濡汗出，因上著粉，身體輕便，腹中欲食」[31]。吳普遵照華佗的教誨，每天堅持鍛鍊，「年九十餘，耳目聰明，齒牙完堅」[32]。

華佗因醫術成名，也因醫術而招禍。曹操患頭風病，屢治不癒，聽說華佗醫術高超，便差人請他為自己治病。華佗只扎一針便不疼了，曹操便要強留他做侍醫，但華佗不慕名利，不肯只為一人治病，因而託詞歸家，延期不返。曹操大怒，便將華佗殺害了。華佗生前著有醫書，臨死前他把書交給獄吏，告之曰：「此可以活人。」獄吏畏法不受，只好將它付之一炬。華佗的醫書沒能流傳下來，實為祖國醫學的一大損失。

二、王叔和與皇甫謐

王叔和，名熙，西晉太醫令，生卒年代不詳。他對中國醫學的主要貢獻是總結脈學，編撰《脈經》和整理張仲景《傷寒雜病論》，使之得以流傳。《脈經》全書約十萬字，計十卷，是按照仲景論脈第一，扁鵲陰陽脈法第二，扁鵲脈法第三，扁鵲、華佗察聲色要訣第四和扁鵲診諸反逆死脈要訣第五等篇章順序撰寫成書的。書中把脈象歸納為二十四種，對每種脈象的性狀作了明確而詳盡的描述。為了便於理解，王叔和還把脈象分為八類相似的脈，進行排列比較。這些脈象基本符合現代醫學對血液循環系統特性的認識，包括對心臟搏出量、動脈管的韌性和彈性、血液在動脈中流動的情況、血液黏稠度、心臟跳動的頻率和節律、血管充盈度等內容。此外，《脈經》中還有關於寸、關、尺三部脈定位診斷的內容，首次明確提出了手腕部橈側動脈（寸口脈）與五臟六腑相互配屬的關係，使其能與中醫傳統的臟腑辨證施治結合起來，更有效地指導臨床實踐。

---

30 《三國志‧魏志‧方技傳》。
31 同上。
32 《後漢書‧華佗傳》。

《脈經》是中國現存最早的脈學專著，它不但推動了中醫學的進步，而且對世界醫學也產生了一定的影響。阿拉伯醫聖阿維森納（西元 980-1037 年）所著的《醫典》中關於脈學方面的內容，有許多資料就來源於《脈經》。西元十四，波斯醫生拉什德·阿爾丁·阿爾哈姆丹尼用波斯文編寫了一部關於中國醫學的百科全書，其中特別提到王叔和的名字，並附有切脈的部點陣圖。

重新編整張仲景的《傷寒雜病論》是王叔和做出的另一大貢獻。儘管一千多年以來，對王氏將原書割裂並摻雜己見的整理方法褒貶不一，但是該書經過三國時兵荒戰亂，已錯簡散亂，如果沒有王叔和做一番整理加工工作，恐怕自此便要亡佚了。所以，後世多數醫家都認為王氏在整理古代醫籍方面是有功績的，其功不可沒。

西晉時與王叔和齊名的另一位名醫是長於針灸術、著有《針灸甲乙經》的皇甫謐。

皇甫謐（西元 215-282 年），字士安，幼名靜，自號元晏先生，甘肅靈臺人，為人「沉靜寡慾」，「有高尚之志，以著述為務」[33]，後來不幸身患嚴重的風痺疾。為了戰勝疾病，他致力研讀針灸書籍，並著手整理，撰成《黃帝三部針灸甲乙經》（簡稱《針灸甲乙經》或《甲乙經》）一書，它是中國現存最早的針灸學專著也是中醫針灸學的經典著作。

針灸術是祖國醫學寶庫中最有價值、歷史最悠久的遺產之一，傳說起源於伏羲氏時代。戰國以來的名醫如扁鵲、淳于意、張仲景、華佗、王叔和等都精於此道，流傳下來的針灸術著作亦不少。如《針經》、《素問》、《論病精微》、《明堂孔穴針灸治要》等。皇甫謐發現上述醫書「文多重複，錯互非一」[34]，於是便著手整理，「使事類相從，刪其浮辭，除其重複，論其精要，至為十二卷」[35]。《針灸甲乙經》全書分為一一八篇，包括腑臟、經絡、腧穴、病機、診斷、治療等多

---

33 《晉書·皇甫謐傳》。
34 《針灸甲乙經·序》。
35 同上。

方面的內容，記述了單穴四十九個，雙穴三〇〇個，共三四九個穴位，並具體指明了針刺深度、留針時間和艾灸時間。《針灸甲乙經》還詳細記述了各部穴位的適應症和禁忌症，對前人記述穴位有誤之處，亦詳加考證，並將全身穴位按解剖部位進行了重新排列，方便了人們辨認和掌握。自該書問世後，歷代針灸家多以此為藍本，至今仍是針灸教學、科研、治療的主要參考書之一。

三、葛洪和《肘後方》

葛洪（西元 281-341 年），字稚川，自號抱朴子，西晉丹陽句容（今江蘇省句容縣）人，中國古代著名的醫學學家和煉丹家，其父祖都在孫吳政權做過官。他自幼好學，「為人木訥，不好榮利，閉門卻掃，未嘗交遊」[36]。後師從南海太守鮑玄，「玄亦內學，見洪深重，以女妻洪」[37]。他還曾向鄭隱學習過《九丹》、《金銀液經》及《黃白中經》等煉丹術。晚年，葛洪一直在廣州羅浮山修道煉丹，從事著述，直到逝世。在古代，煉丹術與醫學有著密切的聯繫，許多煉丹家同時又是醫學家。葛洪不但長於煉丹，而且對醫學也作出了很大的貢獻，他編撰有多種醫書，現僅存《肘後備急要方》。該書原名《肘後卒救方》，後經南朝名醫陶弘景整理補充，得一〇一方，所以又叫做《肘後百一方》。所謂「肘後」，就是居家外出常備的意思。葛洪著述這部書的動機，據其自序稱「諸家各作備急，既不能窮諸病狀，兼多珍貴之藥，豈貧家野居所能立辦；又使人用針，自非究習醫方，素識明堂流注者，則身中榮衛尚不知其所在，安能用針以治之哉」？這種情況，對於大多數人來說，「雖有其方，猶不免殘害之疾」，故而編撰此書。方中「率多易得之藥」，即使須購買者，「亦皆賤價草石，所在皆有」。此外，他還介紹了許多簡易的外治法，包括針法、灸法、角法（拔罐）、推拿、鼻、蒸、熨等，文字簡練，記述灸法時只談具體部位，不談孔穴名稱，務使「凡人覽之，可了其所用」。所以，書中記述的這些方藥和外治法都特別適合於偏僻農村和窮

---

36 《晉書·葛洪傳》。
37 同上。

苦百姓的需要，是一部具有普及推廣意義的實用醫書。

《肘後方》全書共八卷，內容涉及急性傳染病、各臟器急慢性病、外科、兒科、眼科和六畜病的治療法。其特點是，對每種疾病都講到病狀、病源、治法和藥方。值得注意的是，葛洪對許多傳染性疾病比前人有了進一步的認識，包括傷寒、瘧疾、痢疾、瘟疫、狾犬齧人（狂犬病）、骨蒸屍注（結核病）、丹毒病以及馬鼻疽等。其中，有關天花的流行情況和症狀的描述，尤為詳盡，葛洪是中國最早詳細記述天花的人。此外，《肘後方》提到的治瘋狗咬傷方，已經初步體現了近代免疫學的思想。書中寫道：「療狾犬咬方：仍殺所咬犬，取腦傅之，後不復發。」用瘋狗腦漿治療瘋狗咬傷，可見中國醫學家很早就已掌握了免疫的方法。

葛洪通過長期煉丹的觀察實驗，瞭解到許多礦物的性質和用途，這就擴大了礦物藥的使用範圍，推動了製藥化學的發展。在《肘後方》中，他提出用麻黃治咳嗽，用大黃做瀉劑，密陀僧（氧化鉛）做防腐劑，用赤石脂收斂，用松節油治關節炎，銅青（氫氧化銅、碳酸銅）治皮膚病，用雄黃、硃砂、艾草做消毒劑。這些都是符合現代科學的。

《肘後方》也有糟粕部分，因葛洪篤信道教，書中不免有畫符唸咒語可以治好疾病的內容，這顯然是不科學的東西。儘管如此，這本書仍然具有很大的實用價值，是中國醫學的寶貴文獻，一直為後世醫家所重。

四、陶弘景對藥物學的總結和發展

藥物是醫生治療疾病的主要物質材料，它的發展和整個醫學的發展有著極其密切的關係，因此，歷代醫家對藥物的研究都很重視。魏晉南北朝時期，藥物學研究有了新的進展，這反映在藥物學著作的大量出現上。據《隋書·經籍志》載，這一時期大約出現了近三十種共一五〇卷的藥物學專著。其中，對後世影響最大的著作首推南朝名醫陶弘景撰著的《神農本草經集注》。

陶弘景（西元 456-536 年），字通明，丹陽秣陵（今南京）人。自幼酷愛學習，「讀書萬餘卷，一事不知，以為深恥」[38]，一生對「陰陽五行，風角星算，山川地理，方圖產物，醫術本草」[39]都深有研究，著述多達數百卷。

　　魏晉以來，禍亂頻仍，古籍多有散佚，最早的藥物學專著《神農本草經》流傳至南朝時僅存三卷，並且因為輾轉傳抄，藥味時有增減，產生了不少錯誤，正如陶弘景所云：「魏晉以來……更復損益，或五百九十五，或四百四十一，或三百一十九，或三品混糅，冷熱舛錯，草石不分，蟲樹無辨，醫家不能備見。」[40]因此，他對《神農本草經》進行了整理，撰成《神農本草經集注》七卷。同時，又匯集了漢魏以來醫家新發現的三六五種藥物，寫成《名醫別錄》一書，也作為《本草經集注》的一部分。《本草經集注》在流傳過程中不幸散佚了，但從敦煌石窟的殘卷和後代著作所摘引的內容來看，此書具有很高的學術水準和實用價值。書中共收藥物七三〇種，比之《神農本草經》增加了一倍。為了區別原書記載的藥味和新加入的藥味，陶弘景用朱紅色字書寫原藥味，而用黑色字書寫新加入的藥味。這種方法不僅新穎醒目，而且反映了他對新增內容的態度是十分慎重的。

　　陶弘景在藥物的分類方面也獨創一格。《神農本草經》僅依藥物的性質分成上、中、下三品，這是一種很原始的分類方法，既不容易掌握藥物的特性又難於尋檢。陶弘景則按照藥物的天然來源將其分成玉石、草木、蟲魚、禽獸、果菜、米食及有名無用七大類。這種分類方法比較科學，在中國藥物學史上有著深遠的影響，中國第一部國家藥典《唐新修本草》基本上是按照這個方法來分類的，甚至明代李時珍的《本草綱目》也沒有脫離這種分類方法的範圍。此外，陶弘景還首創了按疾病進行藥物分類的方法，他把這種分類法稱為「諸病通用藥」法。在書中，他把藥物依病分成八十多類，為醫家臨床開方提供了便利，也有利於醫藥的普及推廣。

---

38 《南史·隱逸傳下》。
39 《本草經集注·序》。
40 同上。

《本草經集注》在藥物的性味、效用及形態、採集、鑑別等方面也有諸多新論述。按當時的說法，藥有五味：酸、鹹、甘、苦、辛，但因此說勉強和陰陽五行說硬性聯繫，故出現了許多不符合實際的情況。陶氏主張以臨床經驗為主，重視藥性而不盲從藥味，他把藥物的藥性更細緻地分為寒、微寒、大寒、平、溫、微溫、大溫和大熱八種，使人們對藥性的認識前進了一大步。他還在書中明確指出：藥物的療效和採集的季節、產地等有關係，並考訂了古今藥用的度量衡，規定了湯、酒、膏藥及丸散的製作規程，這在藥劑學上也有著巨大的價值。

第四節 ·
煉丹爐中
的化學知識

　　煉丹術在中國有著悠久的歷史。魏晉南北朝時期，煉丹術得到了空前的發展。煉丹術的根本目的是希望製取出令人長生不死的仙丹。雖然這個目的根本無法達到，但是煉丹家經過長期的奮鬥，親身從事大量的化學實驗，無意中對早期化學作出了重大貢獻，取得了豐碩的成果。其中某些成果堪稱世界古代文化史中的佼佼者。從某種意義上來說，這一時期煉丹術是化學的原始形式，煉丹士們應算是最早研究化學的先驅者。他們留下的丹書，反映了當時煉丹術所達到的最高水準，堪稱中國古代化學史上的瑰麗篇章。

一、煉丹術的指導思想和操作方法

中國古代煉丹術分為內丹、外丹兩種。「道家以烹煉金石為外丹，龍虎胎息吐故納新為內丹。」[41]也就是說，內丹是以靜功和氣功修練精氣神的方法煉製，外丹是以煉製藥石來求取丹藥。與早期化學關係密切的是煉外丹之術，我們在這裡所說的煉丹術僅指外丹而言。

煉丹術的基本理論是：認為一切物質都可以變化，所謂「變化者，乃天地之自然」[42]。在誠心的要求和適當的條件下，就可以變出「金丹」、「仙藥」來。在對煉丹過程中出現的現象、所得結果以及丹藥生理效應作具體解釋時，煉丹家基本上是根據陰陽五行學說。雖然這種理論有其合理性和一定的物質基礎，但是煉丹家往往把它任意演繹，加之各種宗教迷信、神仙思想充斥其間，就使得煉丹術的指導思想和理論基礎十分牽強附會。由此可見，煉丹術實質上是一門偽科學。不過，由於煉丹本身是一種實踐活動，煉丹術的基礎理論在其逐漸形成過程中，不自覺地吸取了當時採礦、冶金以及藥物學等方面的科學知識，在某些方面具有不少合理因素，一些觀念的提出還表明中國在化學的某些領域中走在了世界的前列。

首先，煉丹家們認識到物質變化是自然界的普遍規律，煉丹術是順從「自然之所為」[43]，從而不自覺地產生了樸素唯物論和樸素辯證法思想。煉丹家們能以發展和變化的眼光觀察周圍的事物，葛洪指出：泥，很容易散碎，但是用泥燒成的瓦卻不容易破碎，壽命很長；樹枝，很容易腐壞，但是把樹枝燒成炭，用來寫字，卻可以保存很久。他又說：「變化者，乃天地之自然」，在一定範圍內堅持了唯物論的見解。

其次，煉丹家們認為宇宙間萬物各有陰陽屬性，陰陽負抱相配，互相制約，方成大藥，同時又認為陰中有陽，陽中有陰。這是一種辯證的一元論物質觀，它

---

41 蘇軾：《分類東坡詩・送蹇道士歸廬山》注文。
42 《抱朴子・內篇・黃白》。
43 魏伯陽：《周易參同契》。

概括了煉丹家們對各種化學反應的總體見解，與 十九世紀初在歐洲化學界盛行的「電化二元性」頗有相似之處，具有合理的因素。不過，煉丹家們對藥物陰陽屬性的劃分往往很含混籠統，具有很大的任意性，所以至今科學家對各種丹方的配伍及制伏關係仍總結不出一個完整的解釋。同時，因為陰陽學說對於眾多複雜的化學變化來說過於簡單，所以，這種具有創造性的學說在煉丹活動的實踐中未能得到科學的發展。

最後，煉丹家們已經注意到自然界中礦物的共生關係，並且衍生出一種關於金石物質自然變化規律的認識，他們認為：天然金石物質隨著時間的推移會自然地朝著更加精美完善的方向提高自己。《管子·地數篇》提出「上有丹砂者，下有黃金；上有磁石者，下有銅金；上有陵石者，下有鉛錫、赤銅；上有赭者，下有鐵」。後世丹家推論說：「黃埃五百歲生黃，黃五百歲生黃金。……白礜九百歲生白，白九百歲生白金。」[44]煉丹家們認為：在丹鼎中靠著其他藥物的作用，仿照天地陰陽造化的原理，輔之以水火相濟的促進，就可以加快這些變化的過程。這種關於物質變化的觀點具有一定的科學性，也比較合乎人們的認識規律。

儘管煉丹術的指導思想中有上述合理部分，遺憾的是，經過無數實踐，煉丹家們既沒有從成功或失敗的千萬條記錄中總結出經驗教訓，又沒有深入研究物質變化的規律，因此也未能提出科學的化學元素觀點，導致了煉丹術發明多而進步少，能創造卻缺乏改進，不能發展到近代化學科學。

較之煉丹術的理論，中國古代煉丹的方法和設備為早期化學的發展作出了更大的貢獻。煉丹的方法有火法和水法兩種。火法煉丹主要是帶有冶金性質的無水加熱法，具體包括煆（長時間高溫加熱）、點（加少量藥劑使較大量別的物質起化學反應）、伏（加熱使藥石變性）、飛（高溫下昇華）、煉（乾燥物質的加熱）、炙（局部烘烤）、抽（蒸餾）等方法。火法煉丹的主要設備有丹爐、丹鼎、石榴罐、坩堝子、抽汞器等。丹爐也稱丹灶，燃燒木柴或木炭作加熱用，內置丹鼎，起著反應室的作用，藥石在丹鼎內受熱熔化起化學變化或直接昇華。丹鼎，最早

---

44 《淮南子·墜形訓》。

用土釜，後用砂合子鑄造，亦有用金屬器鼎的。石榴罐和坩堝子是蒸餾器的上下兩部分。抽汞器則是一種用於從硃砂中提取丹汞的蒸餾器。水法煉丹是應用溶解的方法使藥物起化學反應，其主要設備是華池，起溶解槽的作用。煉丹所用的實驗器具都是化學發展初期所必須的儀器。至於煉丹所用的藥物，據不完全統計，大約包括六十餘種礦石和一百多味草木藥。煉丹家們通過反覆的實驗和研究，對這些藥物的性質已經有了比較深刻的認識。

二、「窮九丹之秘術」的大煉丹家葛洪

在中國歷代煉丹家當中，最著名的要數晉朝的葛洪了。他承襲早期的煉丹理論，並結合儒家和道家的思想，留下了完整的煉丹術著作，是中國煉丹史上承前啟後的人物。葛洪的生平在前文中已經詳細敘述過了，在這裡需要強調指出的是，他不僅對中國古代醫學的發展作出了巨大的貢獻，而且在中國化學科學史上也占有重要地位，他所掌握的化學知識之豐富，在當時是無人能及的，其富於鼓動性的文筆也替煉丹術做了大量的宣傳，我們要研究煉丹術中的化學知識，就不得不提到葛洪及其著作。

《抱朴子》是葛洪最主要的煉丹著作，分內篇和外篇。內篇言神仙方藥和煉丹術，外篇則完全講的是儒家應世之道，與煉丹沒有關係。《抱朴子·內篇》共二十卷，其中有數卷講所謂「道」的基本理論，有數卷反覆說明神仙的存在，還有幾卷講遊山玩水和畫符驅鬼的事情，講到煉丹方法的只有「金丹」、「仙藥」和「黃白」三卷。其中，「仙藥」卷主要是談植物藥物，其他二卷專論煉丹的理論和方法，是研究古代煉丹術的主要資料之一。

在「金丹」卷中葛洪寫道：「丹砂燒之成水銀，積變又還成丹砂」，表明他已經注意到硫化汞加熱後發生的化學變化，他大概自己做過這樣的實驗。由硫化汞製水銀，中國最晚於戰國末期就已經知道了，但葛洪才是最早詳細記錄這種化學反應的人。此外，他在書中所用的「積變」二字也具有很重要的意義，說明他已清楚地認識到丹砂分解反應的可逆性。在「金丹」卷中葛洪還寫道：「取雌

黃、雄黃，燒下，其中銅鑄為器復之。……百日此器皆生赤乳，長數分。」雌黃和雄黃都是砷的硫化物，加熱後都能昇華，赤乳即是昇華後得到的晶體。由此可見，葛洪曾經做過物質昇華的試驗，並得出了正確的結論。

關於單質砷的煉製，在「仙藥」卷中，葛洪提出了幾種辦法：

又雄黃……餌服之法，或以蒸煮之；或以酒餌；或先以硝石化為水乃凝之；或以玄胴腸裹蒸之於赤土下；或以松脂和之；或以三物煉之，引之如布，自如冰。

在這一段文字中，並沒有針對單質砷的描述，但是科學家們通過模擬實驗已經證明了通過上述方法的確可以煉製出單質砷。西方化學史專家一般認為，最早從砷化合物中分離出單質砷的人是十三世紀日爾曼煉金家阿爾伯特·馬格努斯（西元 1207？—1280 年），而葛洪所記載的方法比馬格努斯的方法還要早九〇〇年以上。

葛洪對鉛的化學性質已有比較全面的認識。「黃白」卷中有這樣的話：「鉛性白，而赤之以為丹；丹性赤也，而白之以為鉛。」鉛加熱，先變成氧化鉛，再變成四氧化三鉛，後者呈橘紅色，所以叫做黃丹，而黃丹再與炭反應，就能還原為鉛。葛洪對這些變化十分清楚，他還在《抱朴子·內篇·論仙》卷中說：「黃丹及胡粉是化鉛所作。」由此可見，葛洪不僅對鉛的化學性質比較瞭解，而且對鉛粉（鹼性碳酸鉛）的製法，也是很熟悉的。

葛洪已經觀察到鐵與銅鹽的置換反應，「黃白」卷中提到：「以曾青塗鐵，鐵赤色如銅。」曾青就是膽礬（五水硫酸銅），能溶於水。用曾青塗鐵，就是鐵和溶解的硫酸銅起反應而生成銅和硫酸鐵。這種現象早在西漢的《淮南萬畢術》裡已有記載，但是葛洪觀察到用敷塗的方法來處理，由於溶液只是一薄層，鐵和膽礬的作用是有限的，所以他在下面補上了一句「外變而內不化」。可見，他在觀察和記錄實驗現象時比前人更仔細、更精確。此外，「黃白」卷中還有關於製造黃色銅砷合金的方法，這是葛洪對早期化學的另一大貢獻，是文獻中關於製作黃色銅砷合金最早的記載。

我們從《抱朴子》中可以看到，葛洪煉丹時所用的原料已相當多了，僅「黃白」卷中所列舉的礦物就有丹砂、雄黃、戎鹽、錫、白礬、雲母、硫黃等十六種，連「金丹」卷在內則有二十多種，這比東漢末煉丹家魏伯陽撰著的《周易參同契》所列的藥物增加了一倍。通過煉丹的實驗活動，他進一步認識到物質的性質和變化時產生的現象，從而擴大了礦物的應用範圍。

三、黃白之術和古代合金學

中國古代煉丹術中很重要的一部分是黃白術，即人工製造「黃金」和「白銀」。方士們用某些藥劑（稱作點化藥）與汞、銅、鉛、錫等金屬合煉，使之成為金黃色和銀白色的合金，分別稱作「藥金」和「藥銀」，認為服之可令人長生不死，所謂「化作之金，乃是諸藥之精，勝於自然者也」[45]。黃白術早在西漢初就已興起，漢武帝時，著名方士李少君上書云：「丹砂可化為黃金，黃金成，以為飲食器，則益壽。」[46]到了東晉，煉丹家們已有《神仙經・黃白之方》二十五卷共一千多方。在古代的技術條件下實現金屬元素之間的轉化當然是不可能的，但是黃白術的確為古代合金學作出了卓越的貢獻。

砷白銅是中國古代黃白術取得的一項重大成就，是中國古代自成體系的一類白銅，它的源流始終與煉丹術的發生和發展緊密聯繫在一起。現代冶金學告訴我們，常見的白銅有兩類，一是鎳白銅，即銅鎳合金；另一種是砷白銅，即含砷量在百分之十以上的銅砷合金。鎳白銅中國很早就開始生產，而砷銅合金的煉製則源於煉丹術興起之後。砷銅合金又分砷黃銅和砷白銅兩種。含砷在百分之十以下的砷黃銅呈金黃色，煉製較易，故而出現得較早，煉丹家們稱之為藥金或金。葛洪在《抱朴子・內篇・黃白》卷中記載了用雄黃點化銅為「黃金」（砷黃銅）的方法。之後，陶弘景在《名醫別錄》中亦云雄黃「得銅可作金」，「煉服之法皆

---

45 《抱朴子・內篇・黃白》。
46 《史記・孝武本紀》。

在仙經中，以銅為金亦出黃白術中。晉末以來，氏羌中紛擾，此物絕，不復通人間，時有三五兩其價如金」。雄黃的化學成分是二硫化二砷，它與銅礦石經火煆加熱處理後可成為銅砷合金這種新物質。東晉末，由於點化技術的提高，煉丹家們又逐步掌握了點化砷白銅的技術。成書於後趙時期的丹書《神仙養生祕術》載：

其四點白：硇砂四兩，膽礬四兩，雄黃四兩，雌黃四兩；硝石四兩，黏礬四兩，山澤四兩；青鹽四兩，各自制度。右為細末如粉，作匱；用樟柳銀、鹽、酒、醋調和為一升。用坩堝一個，裝雲南銅四兩，入爐，用風匣扇，又瓦蓋。熔開，下硇砂二錢攪勻，次下前藥二兩，山澤一兩，再扇，混茸一處，住火。青如（傾入）滑池內冷定，成至寶也。任意細軟使用。

這段文字是關於煉製砷白銅的最早記載，文中所說的「至寶」指的就是砷白銅，丹家又稱之為藥銀或上等白銀。砷白銅的煉製和出現，反映了中國古代合金學的高度發展，是中國古代煉丹家對早期化學的重要貢獻。

此外，在煉製藥用金銀的活動中，煉丹家們還致力於探尋溶化金銀的方法，並取得了一定的成就。金銀的溶化是很不容易的，尤其是黃金，它是一種性質很不活潑的金屬，熔點高，不易與其他元素化合，即使是現在，溶解黃金的方法也不是很多。通過長期的實驗，煉丹家們發明了兩種溶解黃金的方法。其一是利用汞把黃金溶化為金汞齊。汞的一個重要性質是它能溶解多種金屬，形成液態汞齊。汞的這一性質中國很早就已發現並加以利用，煉丹家們對此現象更為重視，製造汞齊成為煉丹活動的一項重要內容。魏晉間成書的《三十六水法》就記述有利用汞溶解三十四種礦物和二種非礦物的五十四個方子。東晉南朝時，金銀汞齊已在生產中得到了應用和推廣，它們主要是被用來作裝飾器物之用。陶弘景在其著作中就曾提到，汞「能消化金銀使成泥，人以鍍物也」。漢魏時的煉丹家狐剛子還發明了一種很巧妙的製作金銀的方法，久為後世所沿用。其原理是：先使黃金成為液態汞齊，再與鹽共研，使黃金分散，附於鹽末表面，然後加熱使水銀揮發，再用水溶去鹽末，便得到了極細的金粉。這種方法堪稱絕妙之法，一直為後世煉丹家奉為經典之術。

煉丹家除了利用汞來溶解金銀外，還發明了一種用藥物溶化黃金的方法。在葛洪的《抱朴子·內篇·金丹》卷中記載有一種「金液方」，方中最主要的藥物叫「玄明龍膏」，它是水銀的別稱，亦可指醋和覆盆子。未成熟的覆盆子果實中含有氫氰酸，它與其他藥物中的鉀、鈉離子化合，可生成鹼金屬氰化物，在醋浸液中能夠把黃金慢慢地溶化。這種溶解黃金的方法是化學史上很傑出的成就，是煉丹家對合金學的另一重要貢獻。

四、「中國雪」和無機酸、無機鹼的提煉

硝石，也稱消石，主要成分是硝酸鉀，其水溶液中含硝酸根，能夠溶解多種礦物。對於硝石，煉丹家們進行了大量的研究，取得了許多成就。唐宋時期，硝石傳到阿拉伯，被稱為「中國雪」或「中國鹽」。關於硝石的記載，最早見於《史記·扁鵲倉公列傳》，其文曰：「臊者有餘病，即飲以消石一齊，出血，血如豆比五六枚。」漢代成書的《神農本草經》記載了硝石的具體性質：「消石，味苦寒，主五臟積熱，胃脹閉，滌去蓄結飲食，推陳致新，除邪氣。煉之如膏，久服輕身」，「能化七十二種石。煉餌服之，輕身神仙」。這些記載反映了當時的煉丹家已用它來溶解其他礦石，煉取丹藥。南朝煉丹家陶弘景在《本草經集注》中記述了鉀鹽的火焰試法，這為中國古代化學史增色不少。他寫道：

先時有人得一物，其色理與樸消大同小異，朏朏如握鹽雪不冰。強燒之，紫青煙起，仍成灰，不停沸，如樸消，雲是真消石也。

這一記載是世界化學史上鉀鹽鑑定的最早記錄，也是關於火焰鑑別法的最早記錄。硝石是黑色火藥的重要成分，由於煉丹家們掌握了火焰試驗法，因此他們在實踐中堅持以硝酸鉀為硝石，為火藥的發明做了許多先行工作，甚至火藥的發明很可能就產生於多次重複的火焰試驗之中。

漢魏時大煉丹家令狐剛子在研究金銀礦的過程中發明了從石膽（五水硫酸銅）中提取硫酸的方法，這是人類最早合成無機酸。令狐剛子在談到提取黃金所

用藥物時曾指出：「其藥分中金精、曾青、硃砂、雄黃若不煉殺，用之者徒費千金，無閏金之分毫也。石膽亦須煉取精華用之。」[47]在其「出金礦法」中載有「煉石膽取精華法」，這種方法實際上是乾餾石膽，其乾餾液就是硫酸。令狐剛子沒有提及硫酸的性質，不過在製取過程中，他指出要用銅盤接取「石膽之精華」，可見他已經認識到硫酸的強腐蝕性。並且，令狐剛子還用石膽之精華「入萬藥，藥皆神」[48]，這表明他使用硫酸的經驗已相當豐富，很可能另有記錄，可惜皆已散佚，至今無考。西學化學史家一般認為，最早的硫酸製取方法源於八世紀阿拉伯煉金家哥伯（西元 702-765 年），據說此人曾通過加熱明礬而蒸餾出一種「礬精」（即硫酸），具有較強的溶解力。到十三世紀歐洲煉金家阿爾伯特·馬格努斯才又借乾餾膽礬而得到礬精。可見，令狐剛子製取硫酸比阿拉伯和西方至少要早五百年，而且記錄如此完整翔實，也是古代科技史料中極為罕見的。中國古代煉丹家製取無機酸的事實再一次表明，中國古代化學在許多領域都走在世界的前列。

此外，在無機鹼的製取方面，中國古代煉丹家們也取得了很大的成就。在中國，很早就出現了利用天然碳酸鈉和草木灰作洗滌劑。《周禮·考工記》記載了人們用草木灰和蜃灰（貝殼灰）漂洗絲綢的方法，其文曰：「涷帛，以爛為灰，渥淳其帛，實諸澤器，淫之以蜃。」後來由於醫藥上的需要，出現了製取膏狀氫氧化鉀的方法。葛洪在《肘後備急方》卷五中載有「食（蝕）肉方」：「取白炭灰、荻灰，等分，煎令如膏。此不宜預作，十日則歇，並可去黑子，此大毒。」這段文字表明，遲至東晉中國醫家已經知道製造氫氧化鉀作為供外科使用的腐蝕劑了。南北朝時期成書的《集驗方》記載了製取純度較高氫氧化鉀的方法，其法甚巧，後世一直在沿用。而歐洲人遲至西元十二世紀才由馬格努斯以植物灰與六倍量的石灰作用，製取了氫氧化鉀。

總之，在製取和應用無機酸、無機鹼方面，中國均早於西方。但是由於在醫藥和煉丹中的需求量不大，所以製取方法長期沒有得到提高。中國古代的化學成就很多，但大多沒能深入發展下去，這或許也是重要的原因之一。

---

47 《黃帝九鼎神丹經訣》，見《道藏》溫字號總，584-585 冊。
48 同上。

第五節 ·
園林與建築

　　魏晉南北朝時期，隨著各民族文化藝術和建築形式的日益融合，中國古代建築的規模和工藝進入了新階段，木構建築已達到了相當成熟的程度。當時的建築師和工匠們在繼承中華民族傳統建築藝術的基礎上，大量吸收各民族和外來文化的優秀成分，創造了光輝燦爛的建築藝術，並為唐代建築工藝的進一步發展奠定了基礎。此外，隨著佛教的傳入和傳播，寺院建築也在中國大量出現，幾乎遍布全國各地，成為中國古代建築中一個具有獨特風格的支派。

一、洛陽的規模與布局

　　洛陽地處河南西部的伊洛盆地，南面伊水，北依邙山，四周群山環抱，伊、洛、澗、澗四水貫穿其間，是建立都市的理想之地，繼東周、東漢之後，曹魏、西晉和北魏都在此建立過都城。魏晉洛陽城是在東漢洛陽城的舊址上修建起來的。由於漢末董卓之亂以後，洛陽城破壞得過於嚴重，魏明帝青龍三年（西元235 年），曹魏徵發民丁，「大治洛陽宮，起洛陽、太極殿，築總章觀」[49]。從這時起，中國各封建王朝的皇宮正殿都稱作太極殿。太極殿前的總章觀高達十餘

---

49 《三國志‧魏志‧明帝紀》。

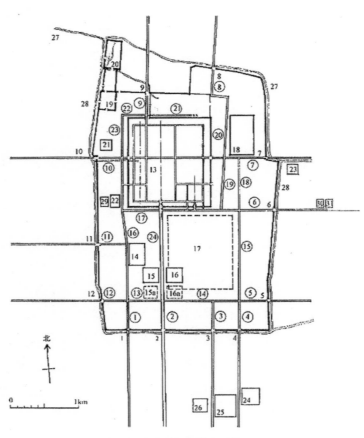

魏晉洛陽城平面圖

1.津陽門	10.閶闔門	16a.西晉新太廟	24.東漢辟雍址
2.宣陽門	11.西明門	17.東漢南宮址	25.東漢明堂址
3.平昌門	12.廣陽門	18.東宮	26.東漢靈臺址
4.開陽門	13.宮城	19.金墉城	27.谷水
5.青明門	（東漢北宮）	（西宮）	28.陽渠水
6.東陽門	14.曹爽宅	20.洛陽小城	29.司馬昭宅
7.建春門	15.太社	21.金市	30.劉禪宅
8.廣莫門	15a.西晉新太社	22.武庫	31.孫皓宅
9.大廈門	16.太廟	23.馬市	

①至㉔ 城內幹道二十四街

丈，堪稱當時世界上最高的建築物之一。此外，曹魏在修復洛陽的過程中，特別注意加強防禦設施，在城的西北部修建了由三個城堡組成的金墉城，三個城堡之間有門道復通。金墉城緊靠邙山，地勢較高，可以俯瞰洛陽全城，成為對防禦守城十分有利的制高點。曹魏還特別加厚了洛陽城西、城北兩面的城牆，並在金墉城的北面加修了壕溝。整個洛陽城東西長六里，南北長九里，在三國時算得上是防禦堅固的大城市了。

西晉永嘉之亂時，洛陽城再次化為廢墟。直到西元四九四年，在銳意改革的北魏孝文帝把都城遷到洛陽之後，古都洛陽才又重新興盛起來。比起魏晉洛陽城來，北魏洛陽在城市的形制和布局上都出現了許多變革。首先是建築了單一的宮城，廢除了東漢以來分南北兩宮的制度。北魏洛陽城外廓東西長二十里，南北寬十五里，內有城垣兩重，內重是宮城，外重是魏晉故城。宮城位於都城中央偏北位置，面積約占全城總面積的十分之一。宮城中建有諸多宮殿台觀，見於記載的著名建築就有凌雲臺、宣光殿、嘉福殿、九龍殿、涼風觀、宣慈觀、靈芝釣臺等，都很豪華壯麗。特別是宣光、嘉福和九龍諸殿前築有九龍吐水，形成一池。三殿都有飛廊和靈芝釣臺相連，形成一組十分壯觀的建築。宮城北面是北魏宮廷的御花園華林園。

北魏洛陽城共有十三個城門，城西的西陽門與城東的東陽門遙遙相對，兩門之間修建了一條橫貫全城的東西向大街。此外，在東牆北面的建春門和西牆北面的閶闔門之間也開了一條橫貫全城的大街，這條大街正好從宮城的東門和西門穿過，把宮城分為兩部分，南部為朝會之所，北部是寢宮所在。宮城的閶闔門與洛陽城的南門宣陽門對直，形成一條南北向的大街銅駝街，它是城市的中軸線，其東有太廟、國子學和司徒府，其西有太社、太尉府等官署。外城南面偏東處則設有靈臺、明堂和太學村。

北魏洛陽城較之前代在城市的布局上更加合理和成熟。漢魏洛陽城宮城與閭裡相混雜，分區不明確，而且宮城面積過大，作為一個都市，這種布局和構成是不平衡的。而北魏洛陽城集前代城市布局之長，形成了一個布局合理，方便生活又利於管理的都城。洛陽城內市場集中設置，城西有大市，城東有小市，城南有

四通市，四通市附近是外國商人聚居的四夷里。大市是最重要的商業區，主要進行手工業產品的交易，小市是農牧產品市場，四通市則以交易貴重貨物和外國商品為主。洛陽城內道路系統規整，以各門御街為幹道，形成方格網狀的道路網。城市劃分為三二〇個坊里，每坊呈正方形，每邊長三〇〇步，坊外築有圍牆，四面設門，猶如城中之城。大坊住四、五百戶居民，小坊住六、七十家。每坊設里正二人，吏四人，門士八人管理。坊里內的家居建築多為四合院住宅，其建制，依社會經濟地位的不同和家庭的大小在規模上有所區別。標準的民居四周有高牆，正中有門房、正樓，院內由上房、側房、下房及附屬房屋如廚房、倉庫、廁所等組成。院內設照壁和二進門，把庭院分成前後兩部分，正房設在後院，長輩住上房，晚輩住側房。家境差的人家，住宅雖不致如此完備，但風格亦相似。

北魏洛陽城的規劃和布局對後代城市建設有著巨大而深遠的影響，這從北宋東京城、元大都和明清北京城的布局中，都可以看到。此外，北魏洛陽城還有一個顯著的特點，是其他任何城市所不具備的，那就是佛教寺院遍布全城，其數量和品質都令人歎為觀止。關於佛教寺院的建築風格和結構特點，後文另述。

二、繁華的六朝帝都

建康城西沿長江，北據玄武湖，東枕鐘山，南臨秦淮河，地勢十分險要。在漢末軍閥大混戰中，兩大古都長安和洛陽都受到嚴重的破壞，只有建康在江東於安定中繼續得到發展，在當時可算得上是全國最繁華的城市了。從西元二二九年孫吳遷都建業始，直到西元五八九年陳亡，其間除西晉定都洛陽外，南方的六個王朝都以建康為都城。六朝在此定都的時間長達三二二年。

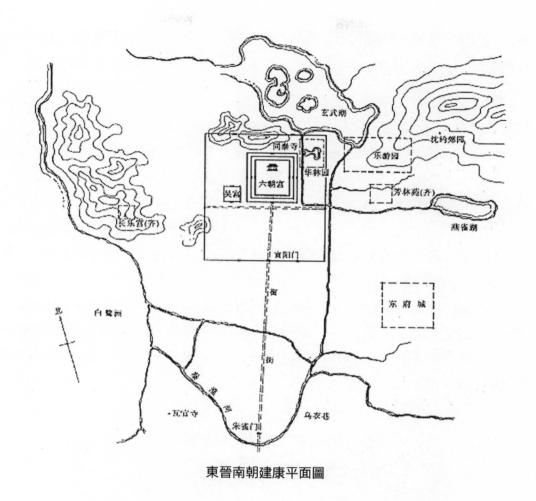

東晉南朝建康平面圖

　　東晉南朝的建康城基本上保持了東吳建業的舊貌，只在原有的基礎上改土牆為磚牆。城垣形制為南北稍長，東西略窄，周圍二十里。建康城共有六個城門，南面正中為宣陽門，宮城正南為大司馬門。從大司馬門至宣陽門二里，出宣陽門到朱雀航五里，這條南北御道全長七里，是貫穿全城的中軸線。又從城東的建春門（劉宋時改稱建陽門）到城西的西陽門修建了一條東西橫街，它與南北御道構成了丁字形的道路網。東晉成帝咸和年間（西元 326-334 年），又營建了新宮。新宮城的位置在都城中部偏北處，呈長方形，築有二道城牆，外城周八里，內城周五里，皆繞以城壕。宮城前設橫街和御街，御街東西散佈著民居和佛寺，布局大體依魏晉洛陽城。梁武帝天監十年（西元 511 年），又增建了第三層宮城。這種宮城重重的現象在中國歷代宮城建築布局中是罕見的，反映了當時南朝統治集

團內部鬥爭往往從「變起蕭下」發展到改朝換代，而封建帝王對此嚴加防範的政局特點。

西晉末年以來，隨著南渡人口的不斷增加，建康城內人滿為患。為了便於對居民的控制，里坊制度建立起來，里坊的區劃和排列日益規整。建康城內還設有大市、東市、北市和秣陵鬥場市四個商業區。東晉時在建康城東南修築了東府城，城周三里十九步，又在西南修建西州城，作為官員辦公的場所；並於城北修築白下城，城西修築石頭城，城南修建苑治城，皆為駐軍之所，歷來都有重兵屯守。東晉孝武帝太元三年（西元 378 年），宮城進行了大規模擴建，不僅把建康宮造得富麗堂皇，還修築了大小殿宇三五〇〇間，成為建康城最大的建築群。劉宋孝武帝大明年間重修建康宮，起玉燭殿，宋明帝又造紫極殿，史稱「珠簾綺柱，飾以金玉，江左所未有」[50]。南齊東昏侯在位時更是大興土木，「起仙華、神仙、玉壽諸殿，刻畫雕彩，青茹金口帶，麝香塗壁，錦幔珠簾，窮極綺麗」[51]。梁武帝好佛，所以蕭梁宮城中還有許多供養佛事的殿堂，南朝統治者奢華之風由此可見一斑。

河南洛陽白馬寺

---

50 《南史・王曇首傳王儉附傳》。
51 《南齊書・東昏侯紀》。

由於人口的增長太猛，在建康城外也興建了大量居民區，城南秦淮河兩岸日益繁華。居民區持續向東向南發展，東到淮青大橋，南到石子岡，都是鱗次櫛比的街市。豪門士族的高級住宅也遍布在這裡，朱雀航東面的烏衣巷就是東晉最大的士族王、謝兩家的府邸。城外有市廛，是建康城布局的一大特點。

六朝建康城的另一布局特點是園林苑囿眾多，分布廣泛，不僅有大型的皇家花園和遊獵場所，還建有大量私家園林。六朝時盛行興造私家園林之風，在面積並不算很大的都城內外，士族貴戚建築了許多邸宅園林。從東府城到建康城清明門外的青溪沿岸，是個景色優美的風景區，集中建有不少園林。東晉太傅司馬道子執政後就在此地大開府第，「築山穿池，列樹竹木，功用巨萬」[52]。關於六朝園林建築的風格和布局特點，還將在後文中予以詳述。

三、佛教寺塔和石窟建築

東漢初年，佛教傳入東土，佛教建築也隨之出現，東漢明帝永平十年（西元 67 年）建成的洛陽白馬寺便是中國現知最早的佛教寺院。魏晉南北朝時期，佛教的傳播越來越廣泛，佛教建築也隨之大增。

佛教建築的主要類型包括寺、塔和石窟寺三種。當時，寺院建築發展十分迅速，成為中國古代重要建築形式之一。三國時期僅建業一地就有寺院六八〇餘所；北魏末年洛陽城有佛寺一三〇〇多所，整個北方更多達三萬餘所。這些寺院建築基本上仿照西周以來的宮室布局，只多了一個佛塔建

河南登豐嵩嶽寺塔（北魏）

---

52 《晉書·簡文三子傳》。

築。據文獻記載，中國佛寺的平面布局早期與印度式寺廟「浮屠祠」大致相同，以佛塔為主體建築，一般都把佛塔修建在寺院正中。塔內藏舍利（佛的遺骨），作為信徒崇拜的對象。稍後在塔的四周修築佛殿供奉佛像，供信徒膜拜。這時塔與殿並重，出現了塔、殿並列的布局。

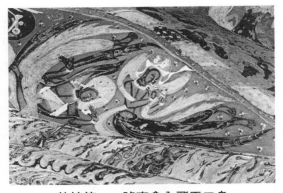

敦煌第 249 號窟龕內飛天二身

《洛陽伽藍記》記述了北魏洛陽城四十多所重要佛寺，其中以永寧寺規模最大，其布局堪稱該時期佛寺布局的典型代表。永寧寺是北魏孝明帝熙平元年（西元 516 年）胡靈太后所建，平面為長方形，採用在中軸線上佈置主要建築的布局，前寺門，門內建塔，塔後建佛殿，佛塔是永寧寺諸建築的核心。此外，院內還建有僧房樓觀一千多間。寺內各種建築均採用中國傳統的民族建築形式。大殿形如太極殿，由立柱、斗栱、梁枋組成梁柱式構造，內外柱列和梁枋互相聯結，成為一個穩固的整體。大殿的外簷斗栱使用下昂和栱，屋簷的翼角翹起以中心柱向角柱逐漸增高的方式構成，是典型的廡殿頂。佛殿模仿宮殿的形制是北魏佛寺的建築特點之一。永寧寺的院牆與宮牆也很類似，牆上皆施以短椽，覆以瓦。寺院南門有門樓三層，通道三條，東西門樓各二層，北門則為烏頭門。整個寺院顯得莊嚴而又堂皇，清靜而又肅穆。

這一時期，許多貴族官僚舍宅為寺，造成一些寺院沒有佛塔的現象。貴族住宅是由若干大型廳堂和庭院迴廊組成，一般以前廳作為佛殿供養佛像，以後堂作為講堂。由於融合了府邸和民居的建築形式，故而佛寺多有樓閣苑囿，環境幽雅宜人。

在寺院裡建造佛塔源於印度，塔即「stupa」，音譯為「窣屠波」。它的原形呈半球體，由臺座、覆鉢、寶匣和相輪四部分組成，是一種實心建築。佛塔的作用是藏置佛的舍利和遺物。塔式建築傳入中國以後，很快便與中國樓閣式建築相結合，成為中國特有的樓閣式塔。大型的塔都是空心的，可以登高遠眺。原來的

「窣屠波」被縮小，置於塔頂，稱作「剎」，在宗教意義之外還起裝飾作用。魏晉南北朝時期的佛塔主要有兩種形式：一種是木結構的樓閣式塔，另一種是密簷式磚塔。其中又以前者為主流，唐以後在其基礎上還發展為樓閣式的磚石塔。永寧寺塔是當時最大的樓閣式佛塔，共九層，「舉高九十丈。有剎復高十丈，合去地一千尺」[53]。塔頂的剎上有金寶瓶，瓶下置承露金盤三十重，四周懸掛金鐸，塔的每層外簷也都懸有金鐸，上下共一二〇個，「至於高風永夜，金鐸和鳴，鏗鏘之聲，聞及十餘里」[54]。永寧寺塔平面為方形，每面開三門六窗。整座塔造作精巧，「殫土木之功，窮造形之巧」，時人讚歎「不可思議」[55]！

磚造密簷式塔的形制一般是底層較高，上築密簷五至十五層，這種塔一般不能登高眺覽。現存最早的密簷式磚塔是河南登封縣的嵩嶽寺塔，它建於北魏孝明帝正光元年（西元 520 年），塔高四十一米，外形平面呈十二邊形，其邊數之多在中國現有佛塔中是僅見的。塔的內部平面則為正八邊形，塔內構造採用空筒式木板樓層結構。整座塔座落在不足一米的磚砌基座上，底層直徑約十點六米，內部空間直徑約五米，壁體厚二點五米。塔的底層特別高大，成為塔身，高度為塔高的三分之一，

河南洛陽龍門石窟

其上三分之二的高度為十五層密簷和塔剎。在這十五層密簷之間建有四九二個裝

53 《洛陽伽藍記》卷一《城內》。
54 同上。
55 《洛陽伽藍記》卷一《城內》。

飾性的門窗，各層密簷層層向上收縮，形成剛勁有力的拋物線形外廓。嵩嶽寺塔的結構、造型和裝飾是中國古代磚塔建造的一種開創性嘗試，它的成功對以後磚塔的建造產生了極大的影響。

石窟寺建築是另一種類型的佛教建築，起源於印度，隨同佛教傳入中國。中國石窟寺的開鑿大約開始於西元三世紀，北朝及隋唐時最為興盛。現存的大型石窟寺大部分建於十六國和北朝時期，包括雲岡石窟、敦煌莫高窟、麥積山石窟、龍門石窟、響堂山石窟等。石窟寺繼承了中國傳統建築的特點和手法，同時也大量吸收外來文化藝術的優秀成分，成為一種獨具特色的建築。石窟寺形式多樣，以雲岡石窟為例，它長約一公里，現存大小石窟五十多個，全部洞窟可分為三種類型：早期開鑿的石窟都是平面呈橢圓形的大山洞，洞頂雕成穹隆頂，窟前部開一門，門上有窗，窟內四壁小佛簇擁著中央高大的主佛，空間顯得十分狹小；中期開鑿的石窟，平面呈長方形，分前後兩室，窟的四壁滿是精美的雕像和壁畫，主佛像不追求體積高大，故內部空間顯得開闊；後期開鑿的石窟是方形窟室，中央有刻滿浮雕的方形塔柱，四壁刻有佛像、龕座等。小龕的形制呈現多樣化的特點，並出現了民族形式的屋形龕，這表明石窟寺這種外來建築已經走上了漢化的道路。雲岡石窟建築形式的前後變化從一個側面反映了當時民族融合的過程。

四、「雖由人造，宛若天成」的園林建築

從魏晉開始，園林已經拋棄了前代以宮室樓閣為主、禽獸充滿圃中的形式，而發展了古代「三山一池」的傳統。這時園林的基礎是穿池構山形成的自然山水。南北朝時期又盛行起興建私家園林之風，官僚貴族和豪富人家都建有園宅或別墅。某些文人名士的私家園林影響很大，全國聞名。劉宋名士謝靈運辭官之後，「移籍會稽，修營別業，傍山帶江，盡幽居之美」[56]，並作《山居賦》以言其事。《世說新語·簡傲篇》載：「王子敬（獻之）自會稽經吳，聞顧闢疆有名

---

56 《宋書·謝靈運傳》。

園。」劉孝標注引《吳郡志》云：「顧闢疆園，自西晉以來傳之，池館林泉之盛，號吳中第一。」

根據園林規模大小的不同，魏晉南北朝時期的園林可分為大型和小型兩類。這兩類園林具有一些共同特點。第一個特點是它們都講究因地制宜，講求自然，布局靈活而變化有致。園林不論大小，在湖山景色的佈置上都以模仿大自然為主題，設計構思爭取做到「雖由人造，宛若天成」，以不顯人工斧鑿痕跡為傑作。謝靈運的山居別墅「阡陌縱橫，塍埒交經。導渠引流，脈散溝並」[57]。完全是一派田園風光。即使是雍容華貴的皇家園林也多採用不規則的平面布局方式，空間疏密相間而景緻連綿不斷，樓臺亭閣皆傍水而就，於水上設小橋，置小島，頗得自然和諧之趣。如北齊鄴城的玄武苑，「苑以玄武，陪以幽林，繚垣開囿，觀宇相臨。碩果灌叢，圍木竦尋，篁篠懷風，蒲萄結陰」[58]。環苑則鑿有玄武池，池中有魚梁釣臺，湖光山色融為一體，實為古代園林建築之佳作。

魏晉南北朝園林建築的第二個特點是空間對比講求變化，園林中山、石、池、樹、亭、臺、樓、榭等景物錯落有致，形成眾多的風景點，它們相對獨立，卻又與其他景物群相通，組合於一起顯得十分和諧，極富韻味。西晉名士陸機在其《洛陽記》中這樣描繪皇家園林芳林苑的景緻：

九谷八溪，芙蓉覆水，秋蘭被崖。今也山則塊阜獨立，江無復彷彿矣。……又瑤華宮南，歷景陽山北，山有都亭。堂上結方湖，湖中起御坐石也，御坐前建蓬萊山，曲池接筵，飛沼拂席，南面射侯夾席，武崎背山。堂上則石路崎嶇，嶂峻嶺，雲颼風觀，縈巒帶阜。其中引水，飛象傾瀾，瀑布或枉渚，聲溜潺潺不斷。柏竹蔭於層石，薄叢於泉側，微飆暫拂，則芳溢於六空，入為神居矣。

讀罷此文，令人恍如置身其中。芳林苑的景緻安排十分巧妙，各種景物渾然一體，詩情畫意盡收其中，不愧「神居」之稱。

---

57 同上。
58 顧炎武：《歷代宅京記·鄴下》引《魏都賦》。

魏晉南北朝園林建築的第三個特點是建築物旁多配以花鳥蟲魚，以增添自然美趣，而且依建築風格的不同，配以不同的花草樹木和動物。湖池周圍配以修竹垂柳；小亭配以纖草小花；池中飼養金魚鰲蝦。這種安排可使遊人愉悅身心，在視覺、嗅覺、聽覺等方面都得到享受。北魏人茹皓是華林諸作中的高手，他「性微工巧，多所興立。為山於天淵池西，採掘北邙及南山佳石，徙竹汝、穎，羅蒔其間，經構樓館，列於上下。樹草栽木，頗有野致。世宗心悅之，以時臨幸」[59]。

除了上述特點以外，大型和小型園林都各具韻味，於風格上有一些不同。大型園林主要包括皇家園林和一些大官僚的山林別業。其主要特點是水多於陸，廣闊的水面一般占總面積的三分之二以上。為了襯托湖水，往往堆造高達幾十米的山丘，並在湖濱山麓建造風景點。以南朝皇家園林為例，劉宋元嘉二十二年（西元 446 年），建康令張永在玄武湖中立方丈、蓬萊、瀛洲三神山。又在華林園內築景陽山，並將玄武湖水引入華林園的天淵池，從東西掖門下注入宮城南塹，使宮內的溝水縈迴不息。南齊永元三年（西元 501 年），又「於閱武堂起芳林苑，山石皆塗以五彩，跨池水立紫閣諸樓觀」[60]。到梁武帝時候，華林園內天淵池旁已建有景陽樓、琴堂、靈曜殿、芳香堂、日觀臺、興華殿、風光殿、重閣等建築。

小型園林主要包括官僚貴族的園宅和別墅，其設計精巧，布局細膩，疏密得當，尤以清幽秀麗，玲瓏剔透見長，具有「小中見大」的特點。值得一提的是，南北朝時期幾乎每一座寺觀都是一座小型園林，且風格獨特。園林的培護會使寺觀顯得更加典雅清幽，成為人們嚮往的勝地。北魏洛陽城東的平等寺「堂宇宏美，林木蕭森。平臺複道，獨顯當世」[61]。城南的景明寺更是「複殿重房，交疏對溜。青臺紫閣，浮道相通；雖外有四時，而內無寒暑。房簷之外，皆是山池。松竹蘭芷，垂列堦墀。含風團露，流香吐馥」[62]。絲毫也不遜色於私家園林。「借

---

59 《魏書·茹皓傳》。
60 《南史·齊本紀》。
61 《洛陽伽藍記》卷二《城東》。
62 《洛陽伽藍記》卷三《城南》。

景」技法在小型園林建造中得到了充分的運用。建築師在設計園林時除注意園內人工景物的配合外，還將園外周圍的景色融合到園裡，從而擴大園林的空間，收到風景重疊、畫面迷濛的效果。還以景明寺為例，它「前望嵩山、少室，卻負帝城」[63]，將山形城影「借」入園內，倒映於山池綠水之中，池邊「青林垂影，綠水為文」[64]，詩情畫意盡在其中。

第六節 ·
機械發明
與冶鐵技術

冶鐵業是古代社會最重要的手工業生產部門之一。魏晉以來，由於戰爭頻仍，對鐵質武器的數量和品質有了更高的要求，因此各族統治者都十分重視冶鐵業的發展。而自先秦以來，在長期的生產實踐中中國古代勞動人民已經積累了豐富的冶鐵鍊鋼知識和經驗，這些都為冶鐵技術的迅速發展提供了條件。這一時期出現了百鍊鋼和灌鋼等冶鐵方法，特別是灌鋼冶煉法的發明和推廣，對於增加鋼的產量，改善兵器、農具和手工業工具的品質，促進社會生產力的發展，都起了積極的作用，對後世的煉鋼生產也有著深遠的影響。冶鐵技術的進步為各種機械的發明和創新提供了條件。這一時期出現了許多重大的機械發明和革新，並湧現出許多的機械發明家。

---

63 《洛陽伽藍記》卷三《城南》。
64 同上。

一、百辟千灌,精煉成鋼

中國是世界上最早生產鋼的國家之一。西漢後期中國已發明了「炒鋼」技術。炒鋼法發明以後,使百煉鋼技術發展到成熟階段。魏晉南北朝時期,最精良的鋼就稱為「百煉精鋼」或「百煉鋼」。當時用百煉鋼製成的刀,十分鋒利,能夠斫斷用頭髮絲懸掛起來捆成一束的十三根芒草,可見百煉鋼品質很高。百煉鋼技術具體說來就是將鋼鐵反覆加熱鍛打,這可以使鋼的組織更加緻密,成分更加均勻,夾雜物減少和細化,從而顯著提高鋼的品質。在煉製百煉鋼產品時,需要工匠千錘百煉,這是一項十分艱苦的勞動,耗工費時。據記載,曹操曾命工匠為他自己和兒子們鍊製寶刀五把,花了三年時間才造成。這種寶刀叫做「百辟刀」,在曹操的《內誡令》中稱為「百煉利器」。曹植還寫了一首《寶刀賦》,對煉製寶刀的生產場面進行了生動的描繪:「熾火炎爐,融鐵挺英。烏獲奮椎,歐冶是營。」就是說,當時滿庭爐火熊熊,鋼花四濺,鍛工們奮錘猛擊,像古代傳說中的大力士烏獲那樣剛勁有力,像冶鑄大師歐冶子那樣老練高明。這一時期湧現了許多煉製這種寶刀寶劍的著名冶煉家,如晉代永嘉年間的劉晝和南朝齊、梁時的黃文慶,都是當時最有名的刀劍冶煉家。當時「煉」的工藝有「三十煉」、「五十煉」、「七十二煉」、「八十煉」、「百煉」等區別,它們分別代表著不同的品質標準,百煉鋼就是經過一百次左右的加熱和反覆摺疊鍛打的精鋼,代表了當時煉製優質鋼鐵利器工藝的最高水準。

百煉鋼雖然品質很高,但是因為太費時費力,所以成本高昂,不可能大量生產。為了解決社會對鋼鐵的供需矛盾,北魏著名工匠綦毋懷文經過不斷研究和反覆實踐,發明了一種新的煉鋼工藝——灌鋼法。據史書記載,綦毋懷文的煉鋼方法是:「燒生鐵精以重柔鋌,數宿則成鋼。以柔鐵為刀脊,浴以五牲之溺,淬以五牲之脂,斬甲過三十札。」[65]這種冶煉方法利用生鐵的鐵液灌入未經鍛打的熟鐵,能使碳能較快、均勻地滲入。只要掌握好生鐵和熟鐵的比例,再經反覆鍛打,就可以煉成質地均勻、品質較好的鋼鐵。綦毋懷文煉造的產品稱「宿鐵

---

65 《北史·術藝傳》。

刀」，至於「灌鋼」一詞最早見於宋人沈括的《夢溪筆談》，其冶煉方法與宿鐵的煉製方法非常相似，可見，宿鐵就是後世所說的灌鋼。

灌鋼法是中國煉鋼技術發展史上一個重大的成就。它同百煉法和炒煉法相比，具有很多十分突出的優點。首先，灌鋼法在古代各種煉鋼方法中是效率最高的方法，煉製時間短，適於大量生產；其次，在高溫下，熟鐵中的雜質會被強烈氧化而揮發掉，因而煉造後的鋼可以減少鍛打次數，降低冶鐵工匠們的勞動強度；另外，工匠們還可以通過調整生鐵和熟鐵的比例，獲得不同含碳量的鋼，這是前代諸法所不能比擬的。總之，灌鋼冶煉法的顯著優點是成本低、工藝簡便，容易推廣應用，而且比較能保證品質。值得注意的是，綦毋懷文對鋼的熱處理技術也有很大的創新。淬火是中國古代對鋼鐵進行熱處理最重要的方法，就是將已經鍛好的鋼鐵燒紅，達到一定的溫度，然後迅速浸入冷卻劑中冷卻，使其獲得較高的硬度和一定的物理機械性能。在綦毋懷文之前，工匠們單純採用一種淬火介質（一般是用水）淬火，這容易導致工件的變形和開裂。綦毋懷文在用灌鋼冶煉法製成「宿鐵刀」之後，便「浴以五牲之溺，淬以五牲之脂」，這樣依次運用兩種不同的液體淬火可以使鋼鐵得到比水淬火更堅韌的性能，還可以減少淬火過程中的開裂和變形。綦毋懷文懂得使用雙液淬火法說明當時的熟練工匠通過長期實踐，對淬火工藝的功能已經有了更深刻的認識。

隨著灌鋼冶煉法的發明和推廣，南北朝各地的鋼產量有了大幅度的提高，農具、兵器和手工業工具得以用鋼來製造，從而提高了工具的品質，促進了社會生產力的進一步發展。同時，灌鋼法對後世的煉鋼生產也有著深遠的影響。

這一時期，工匠們還發明了鍛製固體脫碳鋼的技術。這種使用生鐵鑄件在固體狀態下脫碳制鋼的方法，是在鑄鐵柔化處理工藝的基礎上發展起來的。秦漢以後，煉鋼技術雖已發展到相當高的水準，有了多種煉鋼方法，但畢竟還不能冶煉出液體鋼來，因此不可能鑄成鋼件。魏晉以後，工匠們參考生鐵鑄造技術將白口生鐵的鑄件脫炭退火，在這一過程中適當地控制時間和溫度，使之析出石墨，從而使生鐵中多餘的碳被氧化成氣體揮發掉，成為全鋼組織。在不能煉出液體鋼的古代，用這種巧妙的方法得到鑄造成型的鋼件，充分表現了中國勞動人民善於創

造條件、攻破技術難關的首創精神。當然，這種制鋼方法也有侷限性，它不能用以製造較大和較厚的鋼件，現在出土的這種鋼件都是比較薄的，一般在一釐米以下。

二、巧思絕世的機械發明家馬鈞

馬鈞，字德衡，曹魏扶風（今陝西扶風縣）人，官至博士、給事中。他一生刻苦好學，對機械製造有著濃厚的興趣，並專心致志地進行研究和製造，終於成為一代「巧思絕世」的機械發明家。時人稱讚道：「馬先生，天下之名巧也。……雖古公輸般、墨翟、王爾，近漢世張平子，不能過也。」[66]

馬鈞最重要的機械發明是一種新式的引水工具──翻車。翻車，即水車，又叫做龍骨車。在馬鈞發明它之前，農業生產常用的灌溉工具是橰橰和轆轤，農夫用它們從水井裡汲水，然後手提肩挑著去澆灌農田。東漢靈帝中平年間，掖庭令畢嵐發明了一種結構簡單的灑水車，也稱翻車。《後漢書·張讓傳》載：「（畢嵐）又作翻車渴烏，施於橋西，用灑南北郊路，以

指南車模型

省百姓灑道之費。」李賢注曰：「翻車，設機車以引水。渴烏，為曲筒（虹吸管），以氣引水上也。」畢嵐發明的翻車是否就是龍骨水車，由於缺乏資料，現在已經無法得知了。而馬鈞所造的翻車就是後世傳用的龍骨水車，卻是沒有疑問的。史載，馬鈞居住在魏都洛陽時，有一次他看到城內有一片土地可以闢為園圃，但因地勢較高，灌溉困難。於是，他便發明了高效率的引水工具──翻車。

---

66 《三國志·魏志·方技傳》注。

這種翻車結構十分巧妙，可以連續提水，而且非常輕便，「令童子轉之，而灌水自覆，更入更出，其巧百倍於常」[67]。翻車發明後不久便得到推廣使用，並沿用了一千六百多年，一直是中國古代勞動人民最常用的水利灌溉機械之一，在農業生產中發揮了極其重要的作用。

馬鈞另一重要創造是對織機的改進。

中國很早就發明了織機來織造提花織物，從文獻記載和考古發現來看，早在先秦時代就已經有了多綜提花腰機，遲至漢代已有了可以織造精美織物的多綜多躡的腳踏織機，但其構造十分複雜，操縱不便，效率亦不高。據《西京雜記》記載，西漢一位最善織造蒲桃錦、散花綾的婦女，所用的織機上有綜、躡各達一二〇個之多，織成一匹綾錦需要六十天。東漢時，織機雖經逐漸改進和簡化，但仍需五十個綜躡，操作仍然很複雜。馬鈞「患其喪功費日，乃皆易以十二躡」[68]，把躡數減少了四五倍。新織機不僅操作大為簡化，工效大為提高，而且所織出的花紋圖案更加精美，「其奇文異變，因感而作者，猶自然之成形，陰陽之無窮」[69]。新型織機以其優良性能對曹魏紡織生產的發展起了重要的作用。晉人左思《魏都賦》說：「錦繡襄邑，羅綺朝歌，綿纊房子，縑總清河。」反映的便是中原地區紡織業生產日益發達的情景。

馬鈞還製造了一輛指南車，這是他的另一重大創造。指南車是中國歷史上一項傑出的機械發明，相傳為周公所作，「以送荒外遠使。地域平漫，迷於東西，造立此車，使常知南北」[70]。但這僅是傳說而已，事實上，從先秦到西漢一直沒有人製造過指南

記里鼓車模型

67 《三國志·魏志·方技傳》注。
68 同上。
69 同上。
70 《宋書·禮志五》。

車。東漢大發明家張衡首先試製了此車，但因漢末喪亂，其器不存，也沒有留下任何資料。魏明帝青龍年間，馬鈞奉詔更造指南車，很快就試製成功。由於他是在毫無前人資料的情況下製造出來的，因此其工作完全可以說是一種發明創造。《晉書‧輿服志》記載了指南車的具體型制：「駕四馬，其下制如樓，三級；四角金龍銜羽葆；刻木為仙人，衣羽衣，立車上，車雖回運而手常南指。大駕出行，為先啟之乘。」指南車之所以能指示方向，關鍵就在於車中設置有可自動離合的齒輪傳動機構，能夠抵消車子向左右轉動的影響，使木人的手臂永遠指示正南方。整座車結構簡單，構思靈巧，說明馬鈞對齒輪系統的傳動原理已經有了十分深刻的認識。晉代工匠在指南車工作原理的基礎上又創造了指南舟，後趙人解飛、後秦人令狐生、北魏人馬岳和南朝人祖沖之先後根據馬鈞製作指南車的方法複製過此車。

馬鈞還製造過一套「水轉百戲」的機械裝置。魏明帝青龍中，有人獻給明帝一種木製玩具，「能設而不能動」，明帝便問馬鈞能否使它動起來，並更添精巧。馬鈞對曰：「可。」於是，魏明帝便命令他加以改造。馬鈞「以大木雕構，使其形若輪，平地施之，潛以水發」[71]，製成了「水轉百戲」。其上「設為女樂舞象，至令木人擊鼓吹；作山嶽，使木人跳丸擲劍，緣倒立，出入自在；百官行署，舂磨鬥雞，變巧百端」[72]，堪稱一絕。「水轉百戲」的具體構造雖然不見於史籍，但從這一段文字來看，其內部一定是運用了一套複雜的齒輪、凸輪、連桿等機械傳動裝置。這進一步表明馬鈞已經掌握了豐富的機械學知識和具有相當高的工藝製造水準。

三、各顯神通的水力機械

這一時期，隨著農田水利灌溉事業的發展，各種水力機械也被廣泛使用。兩

---

71 《三國志‧魏志‧方技傳》注。
72 同上。

漢之際就已發明的水排、水碓和南北朝時期出現的水磨、水碾等機械在人們的日常生活中逐漸占據了相當重要的地位，發揮了巨大的作用。同時，許多能工巧匠對這些水力機械進行了革新改造，使其功效成倍地增加，如韓暨改進了水排，杜預創製了連機碓，劉景宣發明了連轉磨等。他們的發明對中國古代手工業和科學技術的發展起到重大的作用，堪稱手工業技術發展史上的重大革新。

　　韓暨改進的水排是利用水力推引轉軸鼓風的器具，用於冶金。《後漢書·杜詩傳》說，河內汲縣（今河南省汲縣）人杜詩，在東漢光武帝建武七年（西元31年）到南陽郡做太守，他總結當地冶煉經驗，發明了水排以鑄造農具，結果「用力少，見功多，百姓便之」。二百年後，曹魏人韓暨改進了水排，並把它推廣到整個魏國官營冶鐵手工業中去。韓暨（西元159-238年），字公至，南陽堵陽（今河南省方城縣）人，曾任樂陵太守，後徙監冶謁者，掌管官營冶鐵業。他對水排的改進主要是「因長流為水排」，即利用大河作為水排的動力。這樣做既增加了水排的動力，又便於水排使用地區的推廣，「計其利益，三倍於前」[73]。西晉以後，這種改良型水排在南北各地都得到了廣泛的使用。據《太平御覽》卷八三三引《武昌記》說：元嘉初，劉宋政權還曾在武昌開挖「冶塘湖」，「發水冶，水冶者以水排」。而在歐洲，直到十三世紀才發明了水排，這比中國要晚一千二百年。

　　水碓，即水舂，是利用水力舂米的機械裝置。它出現於兩漢之際，東漢初年著名的哲學家、經學家桓譚在其論著《新論》中提到：「伏羲之製杵臼，萬民以濟。及後世加巧，因延力借身重以踐碓，而利十倍。杵舂又複設機關，用驢、贏、牛馬及役水而舂，其利乃百倍。」所謂「役水而舂」就是指用水碓舂米。水碓發明以後，在雍州地區使用最廣，《後漢書·西羌傳》載順帝永建四年（西元129年）尚書僕射虞詡上疏說：「雍州之域，厥田惟上……因渠以溉，水舂河漕，用功省少，而軍糧饒足。」所謂「水舂河漕」也是指水碓。魏晉時期，水碓的使用更加普遍。曹操曾徙隴西、天水、南安人民充實河北之地，「民相恐動，擾擾不

73　《三國志·魏志·韓暨傳》。

安」[74]，雍州刺史張既「假三郡人為將吏者休課，使治屋宅，作水碓，民心遂安」[75]。可見，當時比較富裕的人家已多有水碓。在晉代，因為利用水力的大手工業，特別是利用水力的農產品加工的手工業利潤很大，有權勢的官僚地主往往霸占河道，建築攔河壩，安裝水碓。史載西晉大富豪石崇家中就有水碓三十區。又如《晉書‧劉頌傳》載「（劉頌）為河內（太守）。……郡界多公主水碓，遏塞流水，轉為浸害。頌表罷之，百姓獲其便宜」。

魏晉以前的水碓都是單碓，西晉杜預進行了改革，在單碓的基礎上又發明了連機碓，使舂搗穀物的效率成倍地增加。杜預（西元 222-284 年），字元凱，京兆杜陵（今陝西省西安市）人，官至河南尹、度支尚書。咸寧間，代替羊祜出任都督荊州諸軍事，鎮守襄陽。他大興水利，灌田萬餘頃，「公私同利，眾庶賴之，號曰『杜父』」[76]。大約就是在此時，他發明了連機碓。據元人王禎《農書》記載，這種連機碓的形制是於河中立一個大輪，輪軸上裝有一排滾角不動的短橫木，起凸輪的作用，當流水衝擊大輪使它轉動時，軸上橫木一個接一個地推動一排碓梢，使碓舂米。連機碓可以使水力平均利用，減少功耗，增加效率。時人傅暢曾經稱讚說，由於杜預發明了連機碓，「洛下穀價豐賤」[77]。

水磨和水碾是用水輪帶動磨石或碾磑來研磨穀物的機械裝置，兩者結構大同小異。據文獻記載，其出現應不晚於南北朝時期。水磨的發明可能受後趙時出現的磨車的啟發。東晉人陸翽在《鄴中記》中說：「石虎有指南車。……又有磨車，置石磨於車上，行十里輒磨麥一斛。凡此車皆以朱彩為飾，惟用將軍一人，車行則眾併發，車止則止。」磨車的工作原理是通過齒輪傳動系統用車輪帶動石磨，構思巧妙，不過它在實際生產中沒有投入使用，影響不大。此外，與杜預同時代的劉景宣又發明了用畜力拉的連轉磨，可以「第一牛之任，轉八磨之重」[78]。據王禎《農書》的記載，連轉磨的形制大致是中間立一個巨輪，輪軸直

74 《三國志‧魏志‧張既傳》。
75 同上。
76 《晉書‧杜預傳》。
77 《太平御覽》卷七六二引《晉諸公贊》。
78 《太平御覽》卷七六二引嵇含《八磨賦》。

立在臼裡，上端有木架管制。在巨輪的周圍，並列著八部磨，輪輻和磨邊都用木齒相間，構成一套齒輪系統。用一頭牛牽引輪軸，就可使八部磨同時轉動，效率很高。水磨的工作原理和連轉磨的原理實際上是相同的，不過是前者不用牛拉而改用水力驅動。南北朝時期，中國南北方都有關於水磨的記載。《魏書·崔亮傳》說：「（崔）亮在雍州，讀《杜預傳》，見為八磨，嘉其有濟時用，遂教民為碾。及為僕射，奏於張方橋（在今洛陽）東堰谷水，造水碾、磨數十區，其利十倍，國用便之。」《北史·高隆之傳》也提到，東魏尚書右僕射、領營構大將高隆之「以漳水近帝城，起長堤以防汎溢；又鑑渠引漳水，周流城廓，造水碾磑。並有利於時」。可見當時北方地區已經廣泛使用水磨了。南朝齊武帝永明中（西元483-493 年），祖沖之「於樂游苑造水碓、磨，世祖親臨視之」[79]。這是南方出現了水磨的記載。

水碓和水磨是效率很高的糧食加工的手工機械，它們的出現給人民生活帶來了巨大的方便。而且中國水碓、水磨的出現比西方幾乎早了九百年，這充分反映了中國古代機械製造和技術理論水準居於世界的先進行列。

---

79 《南齊書·祖沖之傳》。

第十三章

社會風俗
與時尚

士人習尚
和民風嬗變

士大夫作為中國古代社會文化和思想傳承與創新的重要群體，始終活躍於社會的上層和知識界。伴隨著時代的發展，它的精神面貌不可能一成不變。魏晉南北朝時期，士人擺脫了漢代章句儒學的桎梏，獲得空前的精神解放，逐漸形成獨具魅力的一代習尚。在士習變化的同時，各地民風由於受多種因素的影響，也呈現出程度不同的變異。

一、士人習尚

後漢朝廷極力倡導名教風節，再加當時以征辟、察舉為主途的選官制度，要把鄉閭對人物的評品當作入仕的依據，所以社會上逐漸形成一種競相臧否人物和指點政事的風氣。漢末，宦官專政，政治極度黑暗。正常的選舉途徑幾乎都被阻塞。士人為了與此抗衡，遂將鄉閭評品之俗播揚成上議朝政，下議卿士，抨擊宦官，頌讚節義的清議習尚。正如《後漢書·黨錮列傳序》所講：「逮桓靈之間，主荒政謬，國命委於閹寺。士子羞於為伍，故匹夫抗憤，處士橫議，遂乃激揚名聲，互相題拂，品核公卿，裁量執政，婞直之風，於斯行矣。」漢末清議是士人以名教為準則，側重品藻具體人物，以期對政治進行監督和干預的輿論手段。但

是到黨錮禍起，一些士人為避刀鋸之災，保身全家，及時收斂了剛直之氣，轉而崇尚玄虛曲迂的清談之風。清談雖然是由清議發展而來的，而且也有鑑識人物的內容，但是它逐漸偏離政治，更加注重對事物規律的探求，並以學者的論辯詰難形式展開。清談在漢魏之際興起後，不斷演進，終於成為席捲魏晉南朝的重要士習。

有的學者指出，清談儘管與玄學有著密切的關係，但是不能將兩者看做是同義詞[1]。它不像玄學那樣是一種學術流派，而是一種學術交流形式。不同學術觀點的人，都可以在這類辯論會上展開思想交鋒，所以參加者不一定都是玄學家。清談一般分賓主兩席，由主席闡述論點稱為「通」，賓席進行駁詰稱為「難」，雙方一通一難為「一交」或「一番」。賓主往往輪番交鋒，反覆論詰，使命題不斷深化，最後以理屈詞窮者承認失敗為結束。當然也可能出現賓主不相上下，難決雌雄的局面。這時或有第三者出面折中其理，使賓主皆服。如《世說新語・文學篇》講，曹魏末年「傅嘏善言虛勝，荀粲談尚玄遠，每至共語，有爭而不相喻。裴冀州（徽）釋二家之義，通彼我之懷，常使兩情皆得，彼此俱暢」。也有時輸家不服，則另請高手幫忙。如東晉時，「殷中軍（浩）、孫安國（盛）、王（濛）、謝（尚）能言諸賢，悉在會稽王許。殷與孫共論《易象・妙見於形》。孫語道合，意氣干雲。一坐咸不安孫理，而辭不能屈。會稽王慨然嘆道：『使（劉）真長來，故應有以制彼。』既迎真長，孫意已不如。真長既至，先令孫自敘本理。孫粗說己語，亦覺殊不及問。劉便作二百許語，辭難簡切，孫理遂屈。一坐同時拊掌而笑，稱羨良久」[2]。有的名士沒有對手，則自為客主，自己設問，自己回答。如曹魏時，「何晏為吏部尚書，有位望。時談客盈坐，王弼未弱冠往見之。晏聞弼名，因條向者勝理，語弼曰：『此理僕以為極，可得複難不？』弼便作難，一坐便以為屈，於是弼自為客主數番，皆一坐所不及」[3]。還有一種圍繞中心議題，眾人進行研討式的清談。東晉時，在清談高手王濛家，謝安、許詢、支道林等人聚會共論《莊子・漁父篇》。先由謝安「看題，便各使四坐通。支道

1 參見王曉毅：《中國文化的清流》，78頁，北京，中國社會科學出版社，1991。
2 《世說新語・文學篇》。
3 同上。

林先通，作七百許語，敘致精麗，才藻奇拔，眾咸稱善。於是四坐各言懷。畢，謝問曰：『卿等盡不？』皆曰：『今日之言，少不自竭。』謝後粗難，因自敘其意，作萬餘語」[4]。

清談所創造出的良好學術討論氛圍，是在漢代和後世很難見到的。在這裡，尊卑長幼的等級秩序受到衝擊。論辯的雙方大多數情況下是平等的，以理取勝，以理服人為清談參加者公認的基本原則。前述王弼在何晏面前，無論年齡，還是社會地位都相差懸殊，但他可奪席一躍成為論壇的主角。之後，何晏還「神伏曰：若斯人可與論天人之際矣」[5]。甚至皇帝在這種場合，都擺不成架子。《世說新語·文學篇》：「顧悅與簡文（帝）同年，而髮蚤白。簡文曰：『卿何以先白？』對曰：『蒲柳之姿，望秋而落；松柏之質，經霜彌茂。』」有的學者認為，顧悅在將蒲柳比作簡文帝的禿頂，以松柏喻為自己的白髮。此類事情，很難想像可以在其他的歷史時期出現。當然，隨著皇權的復興，這種平等討論的局面開始變化。南朝後期，范縝主張神滅論。梁武帝雖然口口聲聲講，「應設賓主，標其宗旨，辯其長短」[6]，要與范縝進行平等論辯，但是又給對方定下「違經背親」的罪名，並組織人圍攻，顯然高壓氣氛已與前大不相同。只是遇到不肯屈服的范縝，「辯摧眾口，日服千人」[7]，仍然身體力行地堅持以往的優秀學風。

士人在清談時，麈尾往往是必不可少的道具。據白化文先生研究，麈是一種大鹿。麈與群鹿同行，麈尾搖動，可以指揮鹿群行動。名士揮麈清談，正是取義於此，蓋有領袖群倫的氣概[8]。麈尾底平上圓，形如樹葉，很類似羽扇，握在名士手中，「蔚蔚秀氣，偉偉爭姿，茬萷軟潤，雪散雲飛」[9]，為清談場上憑空增添了一股難以言表的飄逸瀟灑的氣氛。麈尾在清談中居於重要地位，故而特為名士們所珍視。東晉著名清談家王濛病重時，在燈下反覆把玩麈尾，長嘆不已。好友

4　同上。
5　同上。
6　《弘明集》卷十，梁武帝《敕答臣下神滅論》。
7　《弘明集》卷九，蕭琛《難神滅論序》。
8　白化文：《麈尾與魏晉名士清談》，載《文史知識》，1982 年第七期。
9　許詢：《白麈尾銘》。

劉惔明白他的用心，遂將麈尾放入王濛棺中，以遂逝者的遺願。麈尾，後來竟成為清談的代名詞。

由於清談是一種充滿精神享受的學術討論會，所以很多士人迷戀此道。從《世說新語》記載的清談家們的事蹟來看，名士們論辯起來，往往十分投入，常常是夜以繼日、廢寢忘食。如《文學篇》載：「孫安國往殷中軍許共論，往返精苦，客主無間。左右進食，冷而復暖者數四。彼我奮擲麈尾，悉脫落，滿餐飯中。賓主遂至暮忘食。」衛玠身病體弱，沉溺清談，常因思索難題而病倒，後來竟為此丟掉了性命。此事仍載於《文學篇》：「衛玠始渡江，見王大將軍（敦）。因夜坐，大將軍命謝幼輿（鯤）。玠見謝，甚說之，都不復顧王，遂達旦微言。王永夕不得豫。玠體素羸，恆為母所禁。爾夕忽極，於此病篤，遂不起。」

過去有一種誤解，以為魏晉南朝的士習是一以貫之的。其實，自漢魏之際始到南朝末年，士習從來沒有劃一過。漢魏之際，士人在儒法兼綜的同時，已開始追求放逸自然。重才輕德、建功立言、倡行薄葬儉約等風習一度大行，部分過激的士人更是言行不拘禮法。如孔融、禰衡之輩竟敢「跌盪放言云：『父之於子，當有何親？論其本意，實為情慾發耳！子之於母，亦復奚為？譬如寄物瓶中，出則離矣。』（融）既而與衡更相讚揚。衡謂融曰，仲尼不死；融答曰，顏回覆生」[10]。魏晉時期，玄學大倡。士人在力求調整綱常禮教與人性自由之間關係的學術爭鳴和客觀實踐過程中，逐漸形成了一種極為曠達奔放的時代習尚，學術界將其概括為魏晉風度。魏晉風度的階段性特徵非常明顯：以何晏、王弼為代表的正始名士，主張名教與人性的和諧統一，講究的是儀容與服藥；竹林名士中，阮籍、嵇康走得最遠，公開提出「越名教而任自然」。他們用縱酒和放浪形骸以示憤世嫉俗。中朝時期，玄學流派紛呈，談風大盛。以王衍為首的一批名士，身居高位卻不務實政，或整日揮麈玄談；或東施效顰模仿竹林諸賢的皮毛，「相與為散發裸身之飲」[11]，終於導致國破身亡。王衍死前曾講：「嗚呼！吾曹雖不如古

10　《後漢書·孔融傳》。
11　《晉書·五行志》。

人，向若不祖尚浮虛，戮力以匡正天下，猶可不至今日。」[12]這句話倒是對西晉士習濁流的準確定性之語。渡江之後，東晉名士經過痛定思痛的沉重反省，轉而禮玄雙修，並援佛理入玄學，注意從域外文化中吸收有益的營養。在王導、謝安等人的帶動下，大多數士人能文能武，做到清談和政務兩不誤。他們追求的是瀟灑風神，士習也因之一振。進入南朝，隨著士族階層的腐敗，魏晉風度發生變質，士習日趨散發出濃重的脂粉氣。例如，「梁朝全盛之時，貴遊子弟，多無學術。至於諺云：上車不落則著作，體中何如則秘書。無不熏衣剃面，傅粉施朱，駕長簷車，跟高齒屐，坐棋子方褥，憑斑絲隱囊，列玩器於左右，從容出入，望若神仙」[13]。病態化和女性化，則成為這一時期士習的重要特徵。至於北朝，漢族士人由於處於異族統治之下，位居附庸的地位，享受不到南方士人那麼多的學術自由，再加上河北一帶素有抱殘守闕的傳統，漢儒舊學的勢力依然很大，所以北學的「深蕪」，是建立在「窮其枝葉」的章句小道基礎之上的，很難像「約簡」的南人那樣，易從書中「得其精華」[14]。與南方比較，北朝的士習要呆板拘泥得多。

最能體現魏晉南朝士習特徵的自然非清談莫屬，但並非是它的全部，如喜服藥、痛飲酒、放浪形骸等，也是這一時期士人崇尚的習俗。

魏晉士人服的藥，名叫寒食散。由於藥由紫石英、白石英、赤石脂、鐘乳、石硫黃五味藥石為主，故又有五石散之名。唐人孫思邈在《千金翼方》中稱此藥可「治男子五勞七傷，虛羸著床，醫不能治，服此無不癒」。魏晉時，很多人相信此藥久服有長壽、美容和壯陽的神效。結果何晏成為始作俑者，服此藥逐漸形成風氣。晉人皇甫謐在《寒食散論》中講，「近世尚書何晏，耽好聲色。始服此藥，心加開朗，體力轉強。京師翕然，傳以相授，歷歲之困，皆不終朝而愈。眾人喜於近利者，不睹後患。晏死之後，服者彌繁，於時不輟」。其實，五石散是一種毒性很強的藥劑。它能產生巨大的熱量，必須通過一定的方式與人體內毒一

---

12 《晉書·王戎附從弟衍傳》。
13 《顏氏家訓·勉學篇》。
14 《隋書·儒林傳序》。

起發散出來，才有療效。孫思邈講：「五石散，先名寒食散者。言此散，宜寒食、冷水洗，取寒；惟酒，欲清熱飲之。不爾，即百病焉。」就是說，服藥後人一定要吃寒食，洗冷水浴，而且必須喝熱酒，這樣才能把毒氣發散出來。此外，服者還要不斷活動身體，外出散步，時人稱之「行散」。否則，內毒發作，不死即殘。晉人皇甫謐因服寒食散中毒，周身浮腫，四肢麻痺，冬天袒裸食冰，夏天煩悶咳逆，既像瘧疾，又似傷寒，苦不堪言，多次欲叩刃自殺。他還講：「族弟長互，舌縮入喉；東海王良夫，癰疽陷背；隴西辛長緒，脊肉爛潰；蜀郡趙公烈，中表六喪，悉寒食散之所為也。」[15]《世說新語》也記載有很多人服食不當中毒的事例，如殷雙眼幾乎失明，王述、王忱、王恭等人則性格變態。而著名地理學家裴秀、名僧慧遠等人還因此喪命。

為何明知服食如此危險，士人還趨之若鶩呢？據王瑤先生研究，原因是多方面的[16]。首先是迷信寒食散的藥力，認為服食可以長壽。其次是冀希美容，以獲得士林的豔羨，博取較高的品評。另外還指望它的功效用以滿足荒淫過度的性生活。當然，部分士人又有脫避政治風險的目的。如王戎裝作藥性發作跌入屎坑，使齊王司馬冏放棄殺他的念頭；賀循也借「藥發」放浪，拒絕與作亂江東的陳敏合作。

魏晉南朝，士人服藥之風長興不衰。從魏末何晏始到南朝後期三百年間，關於寒食散中毒者的事例，史不絕書。《南史·張邵傳》和《梁書·張孝友傳》記載的服食者房伯玉、張孝友，分別是齊梁兩朝的官史。此習也播揚到北方，北魏開國之君拓跋珪即因服食寒食散後，精神分裂，行為乖舛，導致被兒子殺死。到魏孝文帝時，王公貴族靡然向風，皆以發熱行散，自炫風流。以致「有一人於市門前臥，宛轉稱熱，要人競看。同伴怪之，報曰：『我石發。』同伴曰：『君何時服石，今得石發？』曰：『我昨市井米，有石。食之，今發。』眾人大笑」[17]。真是畫虎不成反類犬。

---

15 巢元方：《諸病源候總論》卷六，引皇甫謐《寒食散論》。
16 王瑤：《中古文學史論集》，上海，上海古籍出版社，1982。
17 《太平廣記》卷二四七，引侯白《啟顏錄》。

與服藥相比，士人飲酒更為普遍些。這一是因酒價便宜，來得容易。二是酒比藥要安全得多，且飄飄欲仙的效果產生得也快。士人喝酒與常人不同，他們追求的是其中的意境。據《世說新語·任誕篇》記載，當時的名士對飲酒之樂各有高論。如王蘊講：「酒，正使人人自遠。」王薈則云：「酒，正自引人箸勝地。」正因為酒可引人入佳境，往勝地，故而士人有「三日不飲酒，覺形神不復相親」之說，並把能否痛飲酒作為衡量名士的標準之一。

　　魏晉名士中沉溺於酒的特色人物不少。竹林七賢所以成為忘年之交，除志趣相近外，喜飲美酒也是他們經常聚會的原因。《世說新語·任誕篇》：「陳留阮籍、譙國嵇康、河內山濤，三人年皆相比，康年少亞之。預此契者，沛國劉伶、陳留阮咸、河內向秀、琅邪王戎。七人常集於竹林之下，肆意酣暢，故世謂竹林七賢。」史稱，山濤飲酒八斗方醉，向秀以灌園販菜來集籌酒資，王戎、嵇康常醉酒黃公壚處，阮籍則「聞步兵校尉缺，廚多美酒。營人善釀酒，求為校尉，遂縱酒昏酣，遺落世事」[18]。而阮咸因貪酒頻出醜態，《任誕篇》：「諸阮皆能飲酒，仲容（咸）至宗人間共集，不復用常杯斟酌，以大甕盛酒，圍坐，相向大酌。時有群豬來飲，直接去上，便共飲之。」劉伶更是個歷史上有名的酒鬼。關於他的情況在下節中還將提到，此處不贅。

　　魏晉士人飲酒，除追求自娛自樂的境界之外，也有逃避政治迫害的目的。阮籍飲酒，史稱是為澆「胸中塊壘」。他雖「有濟世志，屬魏晉之際，天下多故，由是不與世事，遂酣飲為常」[19]。為拒絕司馬昭求親的企圖，他創下大醉六十天的記錄，迫使對方不再糾纏。許多政敵都想尋找把柄，欲置其於死地，但均被阮籍的醉態弄得無可奈何。連司馬昭都不得不承認：「天下之至慎，其惟阮嗣宗乎？每與之言，言及玄遠，而未嘗評論時事，臧否人物；真可謂至慎矣。」[20]

　　魏晉南朝的士人講究穿衣寬鬆博大，魯迅先生推測箇中原因與服散有關。他說，士人吃藥「因為皮肉發燒之故，不能穿窄衣。為預防皮膚被衣服擦傷，就非

---

18 《三國志·魏書·王粲傳》注引《魏氏春秋》。
19 《晉書·阮籍傳》。
20 《三國志·魏書·李通傳》注引《李秉家誡》。

穿寬大的衣服不可。現在有許多人以為晉人輕裘緩帶、寬衣，在當時是人們高逸的表現，其實不知他們吃藥的緣故。一般名人都吃藥，穿的衣都寬大。於是不吃藥的也跟著名人，把衣服寬大起來了！還有吃藥以後，因皮膚易於磨破，穿鞋也不方便，故不穿鞋襪而穿屐。所以我們看晉人的畫像或那時的文章，見他衣服寬大，不鞋而屐，以為他一定是很舒服，很飄逸的了，其實他的心裡都是很苦的。」他還說，由於皮膚易磨破，「不能穿新的而宜於穿舊的，衣服便不能常洗，因不洗，便多蝨。所以在文章上，蝨子的地位很高。『捫蝨而談』當時傳為美事」[21]。魯迅的分析，確實有一定的道理。當時的名士把身上長蝨子多視作風雅，這樣的事例，在史書中記載的頗為不少。《世說新語·雅量篇》：「顧和始為揚州從事。月旦當朝，未入頃，停車州門外。周侯詣丞相，歷和車邊。和覓蝨，夷然不動。周既過，反還，指顧心曰：『此中何所有？』顧搏蝨如故。」至於裸袒，除服藥的緣故外，還有其他原因。我們在下一節中將講到，因當時的漢人實行上衣下裳制度，裳內穿的是開襠褲，所以只能跪坐，如箕踞而坐容易露醜，自然被視為違禮。禰衡為曹操所迫當眾擊鼓，事畢，「先脫褌，次脫餘衣，裸身而立」。這個舉動，實際上是用形體語言表達對曹操的抗議和輕蔑。故事後曹操自嘲說：「本欲辱衡，衡反辱孤。」[22]阮籍經常「露頭散髮，裸袒箕踞」，也是在發洩自己對時局的不滿。而劉伶在屋中裸臥，別人進來後被告知：「我以天地為棟宇，屋室為褌衣，諸君何為入我褌中？」[23]這是士人在擺脫名教束縛之後，對自身價值的重新認識，口氣之大，駭世驚俗。當然，這種風習也有一定的負面作用。東晉時期，堂堂的荊州刺史王澄竟當眾脫光上樹扒喜鵲窩；王忱到岳父家奔喪，竟然同十幾人披髮裸體而入，繞上三圈便走了。這些名士的行徑，簡直荒唐透頂。至於名士周更甚，「（友人）有愛妾，能為新聲。於眾中欲通其妾，露其醜穢，顏無怍色」[24]。

21　魯迅：《而已集》，88頁，北京，人民文學出版社，1973。
22　《後漢書·禰衡傳》。
23　《世說新語·任誕篇》。
24　《世說新語·任誕篇》注引鄧粲《晉紀》。

二、民風嬗變

民風是指區域居民在各類社會生活中表露出來的帶有普遍性的文化性格，屬於社會心理狀態的外在表現形式。民風的形成與變化，受地理環境、生產條件、政治演變和文化背景的規定和影響。從橫向來說，它的形成與變化是多因的、多層次的；從縱向來說，它又是一個文化凝聚物不斷沉澱、積累、變化和解體的歷史過程。

反映漢隋之間各地民風狀況及變遷的兩份系統文獻，是《漢書‧地理志》的風俗篇和《隋書‧地理志》關於九州風俗的概述。有的學者認為：「將這兩份材料中的文化區域作一比較，可發現在六個世紀裡，南北走著兩條截然不同的道路，即北方的統一與南方的分化。在北方，《漢志》文化區域劃分很細，各地文化駁爛紛雜，風格迥異。《隋志》中則日趨一致，在儒家文化影響下融成一個較大的文化區域。在南方，《漢志》中文化區域相當粗泛，隨著南方的開發和人口的增殖，反而分化與成長起許多小的文化區，《隋志》中南方文化區域已相當密細。」[25]此說對於南方的論述，大體可以成立。對於北方的見解，則過於武斷和簡單。譚其驤先生曾根據《隋志》的材料進行分析，得出北方「當時被譽為尊儒重禮的，只有中原二十一郡」的結論。這是北方全部郡數的很小一部分，其餘地區「則幾乎沒有受到什麼儒教的影響，中原經濟發達地區則機巧輕狡侈靡成俗，邊郡則失之於剛強勁悍」[26]。即使這樣，譚先生還忽略了另一方面的史實：由於受入主中原的胡人影響，北方民風帶有胡風漢俗雜糅的濃重特點。關於胡漢民風互漸的內容，本書已在很多篇章中涉及，篇幅所限，不再進行綜述。我們在這裡只介紹南方吳、蜀兩地民風嬗變的情況。

三國歸晉後，晉武帝發現孫吳和蜀漢兩地的民風截然相反。他對統治蜀地的過於順利非常驚詫，曾有過「蜀人服化，無攜貳之心」和「蜀人敦樸，易於化誘」的議論。關於這一時期「蜀人懦弱」的記載，在《華陽國志》、《晉書》等

---

25 盧云：《論文化的傳播與文化區域的變遷》，載《復旦大學學報》，1986 年第三期。
26 譚其驤：《中國文化的時代差異和地區差異》，載《復旦大學學報》，1986 年第二期。

典籍中能夠找到很多。總之，在統治者眼中，蜀人是聽話的順民。與此不同，江南的孫吳舊土卻頻繁鬧事。晉廷深感苦惱，武帝又發出了「吳人恣睢，屢作妖寇」和「吳人輕銳，難安易動」的嘆息。史書中有關江南民風輕悍好鬥的例證，比蜀地民風懦弱的記載更多些。春秋時期，越人以「銳兵任死」稱著，吳人則靠「百姓習於戰守」而名震中原。從戰國到秦漢一統，時光荏苒，五、六百年，江南雖然歷盡滄桑，民風卻依然如舊。《漢書·地理志》這樣概括當時吳地的風俗：「其民至今好用劍，輕死易發。」直到東漢末年仍是「江南精兵，北土所難，欲以十卒，當東一人」[27]。左思在《吳都賦》中描述孫吳時期的江南為「矯材悍壯，此焉比廬。捷若慶忌，勇如專諸，危冠而出，竦劍而趨」。慶忌和專諸都是古代著名的勇士，左思用此借喻這裡的民風強悍。西晉統一後，武帝為安定江南社會秩序，恩威並施，採取了一系列措施，但效果並不顯著，仍是「竊發為亂者相繼」。

然而自東晉以來，吳蜀兩地的民風開始向相反的方向轉化。蜀人不肯再作「易可化誘」的順民。據史籍所載，時而「僑舊翕然並反」；時而「斷流為暴，郡縣不能禁」。益州（今四川成都平原）刺史也由眾人凱覦的肥缺變成望而生畏的「繁任」。蜀地民風由「敦樸」、「懦弱」一變為「樂禍貪亂」[28]。與此同時，江南民風則不斷疲軟。孫恩、盧循作亂時，晉軍主帥不敢使用吳兵攻陣，聲言：「吳人不習戰，若前驅失利，必敗我軍，可在後為聲援。」[29]進入南朝，「南人怯懦」已成為人們的口頭禪。到齊梁之時，社會上下，瀰漫著文弱怯懦之風。官僚貴族「膚脆骨柔，不堪行步，體羸氣弱，不耐寒暑」，「出則車輿，入則扶持，郊郭之內，無乘馬者」。甚者聽到馬叫，「莫不震懾」，竟說：「正是虎，何故名為馬乎？」[30]不僅社會上層柔靡脆弱，就是一般百姓也不再「輕死易發」了。隋統一時，這裡「君子（指上層人物——引者注）尚禮，庸庶（指平民百姓）敦龐，故風俗澄清，而道教隆洽」，極受《隋書·地理志》的推崇。

27 《三國志·吳書·華覈傳》。
28 《南史·鄧元起附羅研傳》。
29 《宋書·武帝紀》。
30 《顏氏家訓·涉務篇》。

蜀地的民風，在秦時是「輕易淫洪，柔弱褊陋」，漢初轉為「好文刺譏，貴慕權勢」。而在晉初復變為「敦樸」、「服化」，非常馴服。班固講前一變化是蜀郡太守文翁實施教化不成的結果。我們認為後一變化是劉備、諸葛亮以法治蜀所致。

三國時期，蜀漢與曹魏互為仇敵，然而兩家的治國路線卻大同小異。曹操崇尚名法之學，視剷除豪強、破散朋黨為治國根本。劉備與諸葛亮施政之道同樣尊習名家和法家。蜀漢立國後，他們接受劉焉、劉璋父子「威刑不肅，蜀土士人專權自恣」，導致亡國的教訓，極力削弱當地大族的勢力。在收服控制之餘，對桀驁不馴的人物，毫不留情地加以打擊。劉備殺廣漢彭羕，諸葛亮給他定的罪名是「心大志廣，難以保安」。到誅蜀郡張裕時，劉備乾脆只講「芳蘭生門，不得不」，連殺人的藉口也不要了。司馬昭滅蜀，又把隨劉焉、劉備先後入蜀的外籍大姓陸續徙往中原。晉初，蜀漢境內有影響的強宗大族不復存在。以「貴慕權勢」為特徵的蜀地方反抗活動，因力量分散始終成不了氣候，不得不摧眉折腰忍受強權、暴力的擺佈和欺壓，形成民風「懦弱」的地區人口性格。

考察蜀地民風再度變遷，有一個因素不容忽視。這就是，兩晉末年數萬戶秦、雍流民湧入巴蜀地區，給當地社會帶來巨大沖擊。晉惠帝元康八年（西元298年），由於天災人禍慘劇的迭生，秦、雍兩州（今陝西中部、甘肅東南部、寧夏南部及青海黃河以南部分）的百姓無法正常生活，苦不堪言。略陽、天水等六郡的數萬家民戶，南下漢川，轉徙益州，避難求生。他們有的為人做傭，有的生活無著落則「專為劫盜」。由於「流民剛愨，而蜀人懦弱，客主不能相饒」[31]，僑流和土著的關係十分緊張。同時，益州地方官吏又火上澆油，逼令流民限期還鄉，並在各城關設卡，搜掠流民的財產，還想殺死流民的首領。這就把六郡流民逼上絕境，他們遂擁戴豪李特為主，鋌而走險進行反抗。不久，流民軍攻陷成都，建立了以成漢為名號的割據政權。戰亂和突增的人口壓力，迫使益州百姓拋離家園，流迸出境。他們或東入荊湘（今兩湖地區），或南下寧州（今雲貴地

---

31 《晉書·李特載記》。

區），前前後後累計有二十多萬戶。而滯留在本地的土著民戶則不到原來總人口的十分之一，六郡流民躍居益州人口的主流。

六郡流民的核心是擁有強大私人部曲（依附於豪強的亦農亦兵的百姓）的郡豪和酋帥，基本成員是漢化不久或正在漢化的氐。他們與原來蜀地的土著，人口氣質有很大的不同，其「俗性剽勇」，「資剽竊以全生，習粗悍而成俗」[32]。兩種習性不同人口的置換，對於改變當地民風的作用不能低估。而恰在成漢瓦解之時，原居住在西南邊地的僚族因「蜀人東流，山險之地多空」，紛紛徙往益州。他們「挾山傍谷」，多達十餘萬落，僅歸順政府的「北僚」就有二十萬戶。僚人正處在氏族社會末期，文明程度很低，民風相當粗野，「喜則群聚，怒則相殺，雖父子兄弟，亦手刃之，遞相掠賣，不避親戚」[33]。僚人習俗和秦雍流民風氣互相影響，摻雜感染，自然造成蜀地民風大變。

至於在吳地，由於北方流亡上層人士的介入，使得江南統治集團的構成與心理素質發生巨大變化，對於腐蝕自身及軟化整個民風起了決定性作用。

今日的江南是中國經濟文化最發達的地區。而在上古，這裡為最為落後的瘟瘴之地，「無凍餓之人，亦無千金之家」。由於財產分化不明顯，氏族舊制得以長期保存，家族復仇遂成為當時江南人的牢固觀念。在他們看來，棄仇不殺不僅愚蠢，而且是一種犯罪行徑。越滅吳後，越大夫文種歷數吳王夫差六大過。其一竟是不殺越王勾踐，為父報仇。另外，圖騰崇拜、迷信鬼神也養成了江南人喜歡自殘和對武力的盲從觀念。吳越兩國都有「斷髮紋身」的習俗。隨著時間的推移，這一習俗又演變成原始尚武精神在自身肉體上的炫耀和宣洩。《淮南子‧泰族訓》裡講到，江南人常常刺破自己的身體，然後在刀傷處纏緊皮條。他們認為這樣做，是最值得自豪的事情。民眾的好戰尚武符合當時江南統治者的利益，所以他們對此風尚大加樹立和引導。於是這一觀念逐漸熔鑄成全社會普遍承認的行為規範。通過漫長的歷史過程，人們把這種外在的規範，移入內在的心理之中，

---

32 同上。
33 《周書‧僚傳》。

日漸凝聚成為一種群體的心理意志結構。秦漢以來，政治背景天翻地覆，但幾百年積聚下來的心理素質並未馬上隨之改變，因為它具有一定的持續性和穩定性。到三國分立，孫吳政權依靠土著大族力量割據東南一隅，實力與敵國相差懸殊，只能以武治國，這就使江南社會各階層固有的尚武精神，更是蔚然成風。控制孫吳局勢的江南大族分為文化士族和武力豪族兩股勢力。武力豪族自不必說，就是那些所謂文化士族，如吳郡的顧、陸、朱、張四氏，其重視武力的程度也遠勝於對文化的興趣。西晉統一後的江南騷亂，雖然有下層民眾的自發因素，但是根本原因還是利益受到危害的江南統治集團鼓吹發動的結果。

西晉末年，中原地區淪為少數民族統治者爭相廝殺的戰場。為逃避殺戮，大批北方漢族人口成為流民，紛紛南下。此時的流民包括的社會階層十分廣泛，上自百官公卿、大族豪強，下至普通民戶。北方流亡大族憑藉政治和軍事的優勢，反客為主，迅速在江南地區建立了以他們為核心的東晉政權。東晉一朝，國家的實際權力始終牢固地掌握在北來大族手裡。原處於主導地位的江南土著大族受到排擠，成為他們的附庸。這一情況，一直延續到南朝後期。

除土著大族在政權中的一統天下被打破外，他們還經歷了一個對北來大族由仇恨抵制到屈從依附，乃至崇拜模仿的心理變化過程，並最終以消滅自己的固有特徵而同對方合流。最初，江南大族的心情比較矛盾。一方面，迫於北方異族的威脅，需要一個偏安的漢族政權保護自己的利益；另一方面，他們又不甘心這些「亡官失守之士」凌駕於自己之上。開始他們對東晉政權採取不合作態度，那些武力豪宗乾脆以起兵形式進行反抗。然而反抗活動相繼被撲滅，在東晉政府的召誘之下，土著大族終於向北來大族屈服。

北來大族的主體是中原的高門士族。他們由八王之亂後期執政的東海王司馬越陣營中的官僚群組成。這些人既是原西晉中央政府的高級官吏，又是「遵儒者之教，履道家之言」，出入儒玄的名士。江南大族同他們相比，無論政治地位，還是文化傳統，都不屬於一個層次。在雍容華貴、風流倜儻的外來名士面前，土著士人難免自慚形穢，進而欽羨仿效。《晉書》、《世說新語》等典籍記載了很多北來名士如王導、謝安等人的言行做派，受南人崇拜模仿的事例。細如服飾用

具，瑣至音容笑貌，都被人刻意效擬。南人崇尚洛陽遺風，「乃有遭喪而學中國（即中原）哭者」[34]。語言音聲因地而異，本無優劣高下之別。南方上層士人卻普遍鄙棄自己的母語，改操中原洛陽之音。作洛生詠，後來竟成為南士標榜身分的一種方式。北來大族對於武人、武事、武職的評價素不甚高，外重內輕的格局更使居中執政的高門士族普遍厭惡武人、貶斥武事，進而在心理深層中積澱下輕武鄙武的觀念。進入南朝後，武職降為濁官，是世代盤踞「職閑廩重」清官的高門士族不屑一顧的職位。南士恰恰從這方面向北方高門效響，結果把祖宗傳下來的風貌氣質消散殆盡了。

南北大族的合流與認同，使江南統治集團的構成與心理素質發生改變。其結果，必然對自身和社會產生重要影響。晉宋之際，南北大族陸續退出軍事領域。進入南朝後，他們憑藉世資，享受著尊榮優待，位高爵顯，生活豪富。過分的享樂，使他們變成了一群不習武、不懂文、怯懦怕死的社會寄生蟲。同時，整個民風也遭到腐蝕，輕武觀念擴散成普遍的社會意識。南朝時，社會各階層都存在著輕武之風，連武人也不例外。南齊時，將軍呂安國對兒子講：「汝後勿作袴褶（軍服）驅使，單衣猶恨不稱。當為朱衣（文官服）官也。」[35]武人子弟不再對家世有自豪感，由於身負社會輿論的壓力，所以往往「諱稱將門」。

除流亡人口對僑居地的衝擊外，吳地民風變遷還有宗教信仰變化的因素。六朝前期活躍於江南下層社會的鬼神迷信和太平道教，其思想主旨反映的是崇尚武力和對現實不合理的抗爭。對這些宗教活動的危險性，江南統治者素來給予很大的關注。孫策初平江南即對太平道教教主于吉進行殘酷的鎮壓。東晉以來，隨著統治集團構成與心理素質的變化，桀驁不馴的民風日益成為他們實行各項統治政策的羈絆。為了駕馭民風，變換社會風氣，江南統治者藉助一些人的力量對道教進行改造，力圖將具有反抗精神的民間道教馴化成能為上層社會服務的官方道教。這些人中，東晉官僚葛洪為始作俑者。他將儒家思想同道教丹鼎派長生成仙的教義結合起來，使被改造後的道教一變而為統治者束縛民眾手腳、消弭反抗意

---

34 《抱朴子・譏惑篇》。
35 《南齊書・呂安國傳》。

識的工具。葛洪之後，由於孫恩起義的發生，統治者加緊了對民間道教的鎮壓與摧殘。到南朝時，陶弘景進一步從理論上和制度上對官方道教豐富完善，教義粗糙的民間道教日益沒落，在下層社會中的影響，終於被佛教替代。

魏晉時期，佛教在江南地區影響有限。永嘉之亂，隨著流民洪波的南湧，不少僧侶也相率渡江。南渡的名僧康僧淵、康法暢、支道林等人，為使佛教教義能夠被南方的上層人士接受，一方面用比以前更為準確的漢語詞彙解經，一方面又注意到當時盛行的玄學，開始以佛理入玄言，雜糅佛玄。這為以後佛教的中國化準備了條件。對南方的下層民眾來說，佛教的教義也十分具有誘惑性。佛教宣揚人間的貧富、夭壽，社會上的不平等現象，是輪迴報應的結果。人生的苦由「業」而引起，「業」即為人的種種慾望。前生的業決定後世的果報，眾生都在三世（前世、現世、來世）六道（天、人、阿修羅、餓鬼、地獄、畜生）中輪迴，只有皈依佛門，人們才可徹底解除輪迴之苦，或在來世改變自己的命運。這使得迫切期望擺脫苦難命運的民眾，有了一根精神支柱。

佛教在南方的廣泛流布和深入人心，進一步促成江南地區傳統群體心理結構的解體，從而使忍讓取代尚武，抗爭讓位於服從。因為佛教的教義和戒規，都對暴力和尚武持否定態度。佛教的基本戒條以「五戒十善」最為主要，五戒十善的第一條就規定不殺。佛法要求人們除在行動上約束自己外，還必須在心理上克制任何慾望與衝動。在佛教徒看來，列為戒規首惡的尚武喜殺風氣及其觀念，不但最無價值，而且是罪惡，會給個人、家庭、群體乃至來世帶來災難性後果。人們只有平心靜氣地服從現實，戒除各種慾望，反省自身，才能等待現世和來世的解脫。

佛教的這些教義、戒規，在轉變江南民風中起到難以估量的作用。提倡「五戒」與「十善」曾被劉宋司空何尚之稱為「坐致太平者」的最佳統治手段。

除此之外，以吳中七郡為中心的江南吳地，由於地處六朝轄區的腹心地帶，有一個較為長期的安定和平環境，也使當地民風易於疲軟。梁末徐陵曾講：「昔我平世，天下乂安，人不識於干戈，時無聞於枹鼓。故得凶人侯景，濟我橫江，

天步中危，實由忘戰。」[36]即是最好的說明。

第二節·
日常生活中
的漢俗與胡風

飲食、服飾等物質消費，是人們維持日常生活所必不可少的內容。魏晉南北朝時期，由於地域不同、民族成分的區別，這些日常消費生活呈現多樣化的特徵。隨著時間的變化，地區間的交流，特別是民族間的衝突和融合，社會生活中胡漢文化雜糅的色彩越來越濃厚。

一、麵食、菜餚以及茶與酒

飲食，是人類生存和改造身體素質的首要物質基礎，也是社會存在和發展的前提。由於漢族人居住區農業素來發達，因此農產品也就成為漢人的主食。魏晉南北朝時期，漢人在食用「五穀」的過程中，隨著社會的發展，加工方式、食用方式不斷進步。除主食外，這一時期的菜餚也別具特色，無論主料、調料和烹調術都比前代內容豐富得多。在飲品中，酒和茶是比較有代表性的。這一時期由於民族交流非常頻繁，整個飲食生活帶有濃厚的胡漢融合的風格。

---

36 《文苑英華》卷六八二，徐陵《與北齊廣陵城主書》。

（一）麵食成為主食的基本構成

在中國古文獻中，最早出現「五穀」一詞，大概是《論語》中魯國農夫譏笑孔子的話：「四體不勤，五穀不分」。這說明以「五穀」作為可食農作物的代名詞，自春秋始至少有近三千年的歷史了。但五穀是什麼？卻眾說紛紜。僅從《范子計然》、《荀子》注、《淮南子》注、《周禮》注等古文獻看，已不下麥、稻、菽、黍、稷、禾（粟）等七種。此外古書還有六穀、八穀、百穀之說。其實，中國地大物博，各地物產不同，人們對五穀的具體解釋不同，是很自然的事。五穀只不過是糧食作物的一個代名詞而已。

上古時代黍和稷被稱作「五穀之長」，但到春秋時期，粟取而代之。魏晉南北朝時期，粟的主導地位雖然逐漸被麥打破，但是仍占有很重要的地位。菽（大豆）和麻（籽）也是上古人們的主食之一。魏晉南北朝時期，菽已退居為副食，主要被用於造豉、做醬、發芽，特別是製豆腐。麻籽則用於榨油，不再做充饑之物。經過長時間選擇，麥和稻成為魏晉南北朝時期人們主食的兩大基本構成。這一時期，冬麥已取代春麥成為黃河流域地區的主要農作物，而且隨著氣候轉寒，北方人口的流徙，作為北方旱田作物的代表——麥，也大面積南移。麥加工成麵粉後，具有一般糧食所不具備的韌性、色澤和口感，以後發展起來的豐富多彩的中國麵食文化，即是以麥為主要物質基礎的。稻，在中國栽培已有六千年的歷史，最初只在長江流域，後逐漸向北方發展。兩晉之際，北方人口大量南遷，帶來眾多的勞動力和先進的生產技術。南方的水稻生產更上一層樓，史書上講「一歲或稔，而數郡忘饑」，則主要指水稻而言。由於稻加工成麵粉後，沒有麥粉的優勢，所以在麵食文化中沒有它的地位。但它必須配菜吃，故為中國傳統的菜餚文化的發展，提供了可以自由馳騁的契機。

魏晉南北朝時期，麵食比以前更加普及。這有賴於磨具的不斷改良和推廣。這一時期，不但以牲畜、風、水作動力的磨具得到廣泛使用，而且又有人發明一牛轉八磨的連轉磨，和一邊行軍一邊加工糧食的軍用磨車。其結果大大提高了麵粉加工的效率和覆蓋面，從而使麵食實現了社會化。

當時，人們仍沿襲秦漢舊俗，把所有的麵食都稱作餅。例如稱籠蒸的麵食為蒸餅，水煮和油炸的叫湯餅，烘烤、烙製的叫爐餅。人們還掌握了麵粉發酵技術，稱發麵為酒溲麵。只是這時的麵食品種更加豐富。晉人束晳在《餅賦》中提到新出的麵食有安乾、粔籹、豕耳、狗舌、劍帶、案盛、餢飳、髓燭等名目。並講它們或是普通百姓發明的，或是從外族那裡傳到中原來的。束晳並稱，在春夏秋冬不同的季節，人們要食用不同的麵食，「用之有時，所適者便，苟錯其次，則不能斯善」[37]。

史家過去都以為炸油餅的技術是元代從中東地區傳來的。但是北魏人賈思勰在《齊民要術》中介紹的一種「餢飳」的做法，完全與今天炸油餅的過程一樣。在麵食中，饅首的發明最有戲劇性。宋人高承在《事物紀原》中講，諸葛亮南征孟獲。有人告訴他，蠻人打仗前有殺人用頭祭神的習俗。這樣做可以得到神靈的庇護。諸葛亮不願殺人，就用羊肉、豬肉作餡，照蠻人的樣子，用麵製成人頭來祭神。祭神後，人們在享用祭品時發現它非常好吃，就流傳開來。於是給它起名叫蠻首，後來演變成曼首，直到今天的饅首。不過，這種饅首與今天的饅首不同，是有餡的包子。以後人們把這種饅首越做越小，越做越精。西晉束晳在《餅賦》中寫了一家貴族請人吃「牢丸」的故事。牢丸是一種非常小巧的包子。麵經過多道細羅篩過，又細又白，再經反覆揉搓，柔軟而又有韌性。肉選用羊腿和豬里脊，餡切得要碎而不爛。調料用蔥、薑、蓮子、瓜絲、桂皮末、花椒末以及鹽、酒、豆豉等。蒸的時候，火要猛，水要滾。蒸熟後，牢丸如同美麗的花朵，透過薄薄的皮，可以看見裡面的餡，而且一個破的也沒有。牢丸柔軟，好像綢緞一樣，香氣四散，連路人都流下口水。

漢代打通西域後，各民族交往日益頻繁。進入魏晉南北朝，這種交流更加增多，在飲食生活中也有反映。「胡餅」成為漢族人喜愛的麵食，就是一個代表性的例證。《釋名》講：「胡餅，作之大漫冱也，亦言以胡麻著上也。」畢沅注釋「漫冱」是「若龜之外甲，兩面周圍蒙合之狀」。就是說，胡餅的樣子四周低，

---

37 《太平御覽》卷八六〇。

中間鼓，像個烏龜殼，上面黏滿芝麻（胡麻）。還有資料說，胡餅經爐火烘烤而成，做法與今日燒餅完全相同。不過當時不叫燒餅，而叫胡餅。當時名叫「燒餅」的食品，是一種經過烘烤製成的帶餡的發麵餅。《齊民要術》講，做燒餅用「麵一斤，羊肉二斤，蔥白一合，豉汁及鹽，熬令熟。炙之，麵當今起」。可見與今日燒餅不是一回事。時人吃胡餅的方法很特別，一定要配上酸味醬汁，蘸著吃。原來胡人吃胡餅時，要配上優酪乳，傳入漢地後，漢人不習慣用奶，改用酸醬。

（二）日漸內涵豐富、形式多樣的菜餚

相對麵食而言，菜餚更能體現中華飲食文化的風格。魏晉南北朝時期，是中國現今豐富多彩的菜系體系蘊蓄和積累的時期。

構成菜餚必須具備三個要素，一是主料；二是油料和調料；三是加工方式，其中主要是烹調術。

魏晉南北朝時期，菜餚的主料分為天然產品和人工改造產品兩類。

天然產品，無非是植物類的蔬菜瓜果和動物類的禽獸魚鱉。當時中原地區原有的蔬菜瓜果，陸生的蔬菜有瓜壺、韭、葑（蔓菁）、菲（蘿蔔）、蕨（苦菜）、薇、萌（竹筍）、蔥、菌等；果類有楂、栗、榛、棘、杏、李、棠、桃、梅、橘、柿等。水生的菜果有蒲、荷、藻、萍、菱等。魏晉以來南北之間、東西之間的經濟文化交流，較之前代更加頻繁，蔬菜瓜果的品種更加多樣化。南方的荔枝、龍眼、香蕉、甘蔗、椰子等特產，已聞名於北方。西北地方的蔬果陸續在中原被引種成功。其中有西瓜、葡萄、石榴、紫蔥、胡麻、胡桃（核桃）、胡瓜（黃瓜）、茴香、胡豆（蠶豆）等。

魏晉南北朝時期，北方人多食羊、豬、狗、雞等，南方人喜吃鵝、鴨、魚、蝦。牛因農耕之需，許多時期常被禁食。狗肉尤為時人所偏愛。當時，許多南方和西方的美味傳至中原。晉人沈瑩著《臨海水土異物志》，介紹的南方漁產品達九十餘種，如烏賊、比目魚、琵琶魚、井魚等；還講一種蝦蛄，長尺餘，烹之後

味若大蝦。

　　總之，作為菜餚主料來源的百果千蔬和各種禽獸魚鱉，品種不斷增加，數量不斷擴大，為以後中國幾大菜餚的形成奠定了充足的物質基礎。這時，由於物產的差異，使各地人們口味有了不同。晉人張華在《博物志》中講：「東南之人食水產，西北之人食陸畜」；「食水產者，龜蛤螺蚌以為珍味，不覺其腥臊也。食陸畜者，狸兔鼠雀以為珍味，不覺其羶臭也」。說明至遲在晉代，菜系的南北分野已非常明顯，這就為以後中國菜餚的多樣化準備了條件。

　　人類最初的飲食，與動物區別不大。進入火食階段後，開始了調味的實踐，多變的滋味使人們的飲食生活更加豐富。魏晉南北朝時期，現代中國菜餚的九大主味：酸、甜、苦、辣、鹹、鮮、香、麻、淡都已基本具備，而且時人還能經過調和，複合出更多的滋味。所有滋味中，鹽居首。政府經常對鹽採取專賣和重稅，是因為它在飲食生活中須臾不可離開，極易從中牟利。當時鹽的產量很大，品種也非常之多。據《魏書・李孝伯傳》記載，僅北魏太武帝拓跋燾送給劉宋江夏王劉義恭的禮品鹽，就有九種，並各有不同用途：「白鹽、食鹽，主上自食；黑鹽，治腹脹氣滿，末之六銖，以酒而服；胡鹽治目痛；戎鹽治諸瘡；赤鹽、駁鹽、臭鹽、馬齒鹽四種，並非食鹽。」先秦時，酸味的主要來源是梅。中國古人學會造醋的時間在漢代。北魏時，用穀物製麴釀醋的技術相當成熟。《齊民要術》中有多種製麴釀醋法，而且還開創了釀造陳醋的方法。這種醋甘而不濃，酸而不釅，鮮而不鹹，辛而不烈。先秦時的甜味主要取之於含糖分高的果類，如棗、栗等；蜜最初採自野蜂，秦漢時期人們已掌握了馴養家蜂的辦法。進入魏晉，養蜂取蜜的技術日臻成熟。《太平御覽》卷八五七引《晉令》記載，晉廷有供役的「蜜工」，一次收蜜達十斛之多。漢代嶺南地區的人們已會製造蔗糖，名為「石蜜」。魏晉南北朝時期，石蜜對於北方人來說，也不再是什麼珍品。曹丕一次派使臣送給孫權就有「石蜜五餅」[38]。後涼段龜龍撰寫的《涼州異物志》稱：「石蜜之滋，甜於浮萍。非石之類，假石之名，實出甘柘，變而凝輕。」[39]張騫通西域後，由

38 《太平御覽》卷八五七。
39 同上。

西北引進的植物中不少是調味品，如胡蔥、胡蒜、茴香等。在調味品中，醬和豉是中國古人的發明。先秦時只有肉醬，寫作「醢」。到了漢代，人們創作用豆做醬的方法，並已寫作「醬」。魏晉以來，人們製醬的技術越來越高。《齊民要術》有《作醬法》，專章介紹十三種不同風味醬的做法。在製醬過程中的自淋和人工壓榨，很容易產生醬油，時人將之稱為「清醬」。豉，又稱「配鹽幽菽」。菽，豆也；幽，密封也。《齊民要術》介紹造豉法是，將豆子蒸熟，加鹽等調料，放置密封缸中，使其發生變化產生美味的豉。

先秦時，菜餚用油只源於動物油——脂和膏。到了漢代，人們學會了榨取各種植物油的技術，如豆油、菜籽油和麻籽油的製法。胡麻傳入中原後，又出現了香油。

菜餚的加工方法，可以稱作烹調術。雖然絕大部分菜餚加工，需要過火加熱，但是仍有不少菜餚是生食。

屬於生食的菜餚有膾、脯臘和菹齏。膾是一種切得又薄又細的生肉，加入調料後直接食用。以魚為原料的，則稱為鱠。魏晉南北朝時期，無論南人，還是北人都喜食膾。南朝梁代尚書令蕭穎冑「素能飲酒，啖白肉膾至三升」[40]。當然，南方人更愛吃生魚片，認為「魚作鱠，味珍無輩」[41]。西晉時，南人「張季鷹辟齊王東曹掾。在洛見秋風起，因思吳中蓴羹鱸魚膾。曰：『人生貴得適意，何能羈官數千里，以要名爵？遂命駕便歸』」[42]。據劉宋東陽無疑的《齊諧記》記載，當時還有人以蛇肉、青蛙肉做鱠的[43]。脯臘是經過風乾處理的各類鹹乾肉，《齊民要術》花費很大篇幅介紹了不同品種脯臘的做法。吃脯臘時，同樣不必再經烹熟，切碎加調料直接配酒食用即可。菹齏是各種醃菜。它不但是尋常百姓家的常食之物，而且在上層社會的宴席中也必不可少，只不過加工較精細而已。

過火處理，是中國菜餚加工的主要手段。先秦時期，菜餚的烹製技術比較簡

---

40 《南史·齊宗室列傳》。
41 《太平御覽》卷八六二引《異物記》。
42 《世說新語·識賞》。
43 《太平御覽》卷八六二。

單，主要為燒烤和蒸煮。秦漢以後，隨著植物油的發明，炒、爆、炸、煎等技法日臻完善起來。這在《鹽鐵論・散不足篇》和枚乘《七發》所列的菜單中有所反映[44]。魏晉南北朝時期，中原地區不少菜餚的做法來源於外域，這是胡漢各民族文化交流與融合的產物。本是胡人喜食的乳酪，在北朝則成為漢人廣泛流行的副食。當然，比較有代表性的菜餚，還是一種叫「羌煮貊炙」的食物。羌和貊都是西北地方的少數民族。據《齊民要術》講，羌煮是仿照羌人將精選的鹿肉煮熟後切成塊，蘸著各種調料製成的濃汁吃。貊炙是貊人發明的一種烤乳豬。做法是用火慢烤，一邊烤，一邊往上灑酒和抹油。烤熟的乳豬色澤鮮麗，呈琥珀色，吃在口中立即融化，汁多肉潤，是上等的美味。羌煮貊炙，後來成為中國古人引進外來菜餚的代名詞。

（三）以酒和茶為代表的飲品

飲與食連稱，是因為人們在進食的同時，離不開以水為基礎物資的飲品。在菜餚中，有羹臛一項。羹是肉與蔬菜合煮的湯，臛是肉湯。上層人物設宴必有羹臛，講究羹定（熟），才能開餐。然而在各類飲品中，還是以茶和酒最具代表性。

茶原產於中國南方。在唐以前荼和茶是混用的。《神農本草經》講，神農氏之時人們即已知道喝茶，但此說不可靠。茶作為飲料，比較令人信服的時間始於漢代。三國時，飲茶之風相當普及。據時人張揖所著《爾雅》記載，人們在喝茶前，要將茶搗成碎末，用滾水沖泡，並加蔥、薑、橘等調味。東吳後主孫皓設宴群臣，飲酒以七升為限。臣下韋曜酒量不過二升，因得寵故「密賜茶荈以當酒」[45]。到兩晉時期，飲茶更加流行。待賓之禮，必有獻茶一項，以示尊重。《世說新語》記載此類軼事很多。東晉權臣桓溫轄下一將軍，極喜飲茶。茶量之大，令人驚詫，每飲必至一斛二斗，否則就有不適之感。另一名士王濛不但個人喜愛

---

44 參見林乃燊：《中國飲食文化》，90-92 頁，上海，上海人民出版社，1989。
45 《三國志・吳書・韋曜傳》。

飲茶，還愛以茶待客。因為過於熱情勸茶，致使客人望而生畏，有「水厄」之怨。南朝齊武帝生性儉約，遺囑要人在墓前只「設餅、茶飲、乾飯、酒」[46]為祭品，可見茶已成為社會各階層人們生活中的必需品。時人還以茶明志，東晉陸納在家用茶招待名士謝安。陸納的侄子認為過於清儉，擅自獻上酒肉，結果弄巧成拙。在謝安走後，侄子被陸納狠狠教訓一頓，認為敗壞了他的清名。

中國人很早就掌握了釀酒術。從甲骨文和考古發掘的材料來看，至少在殷商時期，人們已學會了用麴造酒的技術，而且喝酒也是常事。魏晉南北朝時期，造酒的技術十分高超，僅《齊民要術》中就保存有十幾種釀酒的方法。據科學家研究，這些方法都極為先進。雖然這時，中國人尚未掌握蒸餾酒的技術，但是有的酒性仍然很烈。當時有一種「稯米酒」，平時酒量有一升的，只能飲一點五升，飲三升必大醉，甚至會喪命。由於酒味奇佳，「與人此酒，先問飲多少，裁量與之。若不語其法，口美不能自節，無不死矣」[47]。一次，兩人共飲此酒，各大醉。待一人酒醒後，發現酒友早已命奔黃泉。貪杯有害，但仍有人執迷不悟。晉人劉伶是個著名的酒鬼。他常乘鹿車，隨走隨飲，要僕人扛鋤於後，稱隨死隨埋。家人勸他戒酒，他答應了，但背後又禱告上天：「天生劉伶，以酒為名，一飲一斛，五鬥解酲。婦兒之言，慎不可聽。」[48]兩晉的名士常以豪飲自詡。他們講：「名士不必須奇才，但使常得無事，痛飲酒，熟讀《離騷》，便可稱名士。」[49]當然也有人借酒避禍，或以酒明志。前者如阮籍反對司馬氏代魏，借酒醉而不肯寫勸進表。後者如陶淵明不願為五斗米折腰事權貴，辭官隱居，飲酒賦詩，以示淡泊名利的心態。由於造酒耗糧，歷代頻發酒禁。北魏高宗太安四年（西元458年）禁酒法令最嚴酷，「釀、沽、飲，皆斬之。吉凶、賓親，則開禁，有日程」[50]。然而，這些統治者對待酒的態度各異，禁的是他們，沉湎於其中的也是他們。南朝末代皇帝陳後主終日與寵妃狎客酣飲，並把這類活動唱和成艷詩淫

---

46 《南齊書·武帝紀》。
47 《齊民要術》卷七。
48 《晉書·劉伶傳》。
49 《世說新語·任誕》
50 《魏書·刑罰志》。

曲。他在其中一首《獨酌謠》中寫道：「獨酌謠，獨酌且獨謠。一酌豈陶暑，二酌斷風；三酌意不暢，四酌情無聊；五酌盂易覆，六酌歡欲調；七酌累心去，八酌高志超；九酌忘物我，十酌忽凌霄。凌霄異羽翼，任志得飄飄。寧學世人醉，揚波去我遙。爾非浮丘伯，安見王子喬？」作者顯露的完全是一副百無聊賴的醉漢醜態。在內亂頻仍、強敵壓境的危機存亡之秋，皇帝還如此沉溺杯中之物，如此麻木不仁，豈有不亡國的道理？

二、衣服、珮飾和服飾文化

在人類日常生活中，最重要的物質需求，除飲食之外，莫過於衣服了。衣服與珮飾連加，簡稱為服飾。同飲食生活一樣，服飾生活也隨著人類物質文明和精神文明的進步，不斷更新與發展著。在實用功能之外，服飾生活比飲食生活更能顯示出自己深刻與豐富的文化內涵。魏晉南北朝時期，隨著社會的進步，服飾生活中的這種文化品格，越來越突出，日益超出與擴大了它同實用價值的距離，其審美功能、政治功能、倫理功能、交往功能等方面的作用顯得特別鮮明。

（一）各種名目的元服、體衣和足衣

魏晉南北朝時期，人們所穿的衣服，可分為元服、體衣和足衣三種。

元服，又稱頭衣，即今人所稱的帽子。唐人顏師古對「元服」解釋說：「元者，首也。冠者，首之所著，故曰元服。」[51]元服的名目很多，主要有冠、冕、弁、幘、巾、襆頭、胡帽等。

冠是先秦時期貴族成年男子常戴的元服，一直通行到魏晉南北朝。冠的主要構成有冠圈以及向後覆在冠圈上的冠梁。冠的作用不是把頭全部罩上，而只是用

---

51 《漢書·昭帝紀》注。

於固定髮髻。戴冠時，先用纚帛將髻包住，然後再用笄左右貫穿冠圈和髮髻。另外冠圈的兩旁還有絲繩，在下頜處打結，使冠固定。漢代流行的冠是前高後低，魏晉時轉平，南北朝改為前低後高。冕是一種特殊形制的冠，屬於統治階層的大禮帽。漢人許慎在《說文解字》中釋曰：「冕，大夫以上冠也。」它由、旒、幘、笄、紞、瑱和帶七個部分構成。弁是一種皮子縫製的元服，上尖下大，形若覆杯。幘是一種全蓋頭的元服，由顏題、幘屋和幘耳等部分構成。幘，原為身分低賤者所服，後漸至社會上層。魏晉南北朝社會各階層都有帶幘的習慣，《太平御覽》卷六八七徵引大量史料，說明這一現象。著幘者，既有平民百姓，也有王公貴族、高官顯宦，如西晉太傅軍咨祭酒庾顗、劉宋名將檀道濟以及「自念卑賤，無由自達，乃脫幘掛縣門而去」的縣吏易雄。北齊平秦王高歸彥常戴幘，是為了用顏題遮蓋額上三道「反骨」。巾是一種裹頭的布，屬於平民的元服。用紗為材料的巾，被稱為綃巾，或曰陌頭。其裹頭方式，既可以從後向前，在額上打結，也可以繞髻打結，還可以結成四角。後一種巾，因此被稱為角巾。襆頭，由巾轉化而來。北朝周武帝將巾裁出四腳，分別綴帶，繫在頭後和髮髻處，起名為襆頭。胡帽，泛指北方或西北少數民族所戴的帽。其形制不一，比較有名的是「鮮卑帽」，也稱「突騎帽」，或曰「大頭長裙帽」。帽的頂部為方形略帶一點圓，兩側及後背很長，如裙垂至肩。還有一種女人戴的胡帽，叫冪。其樣式是衣帽相連，如同今阿拉伯婦女的裝束。

蜀漢崖墓執巾舞俑蜀漢

體衣，又稱衣裳。漢人劉熙在《釋名》中稱：「凡服，上曰衣。衣，依也。人所依以庇寒暑也。下曰裳。裳，障也。所以自障蔽也。」這裡的衣只是指上衣，而裳雖然是下衣，卻不是今天的褲，而是裙。《說文解字》稱「裳」與「常」通用，「常，下帬（裙）也。裳，常或從衣」。

魏晉時期，人們承兩漢之俗，仍喜穿深衣。深衣是將衣與裳分裁，經中間縫合連綴成整體的一種衣服。因其省工省料，穿著不拘場合，故廣泛流行。自東漢

持劍武官俑（北魏）
洛陽元劭墓出土

始，深衣又稱袍。《釋名》：「袍，丈夫著下至跗（腳背）者也。袍，苞也，苞內衣也。婦人以絳做衣裳，上下連，四起施緣，亦曰袍。」袍原來是便服，魏晉以來轉成朝服。袍的形制比深衣複雜。單層的袍，被稱為禪衣或單衣。清代學者任大椿在《深衣釋例》中講，禪衣不再由衣裳縫合而成，而是「上下相通，不別衣裳」，更加省工省料，而且合體。另有一種「禪衣曰布襴，亦曰襜褕，言其襜褕弘裕也」[52]。襜褕比禪衣厚實寬大，有的甚至以毛織品為料。如當時的絳罽襜褕，即是紅色的毛料長袍。用雙層布帛製成的袍，叫複衣或複袍。冬天用的複袍，夾層間絮有填充物。絮麻或舊絲的叫縕，絮新綿的叫。用毛皮製成的袍，被稱為裘。還有一種罩在內衣上的服裝叫帔。《釋名》：「帔，披也。披之肩背，不及下也。」類似今日的斗篷。

深衣、袍都是外衣。當時的內衣有褻衣、襦、抱腹、心衣、裲襠等名目。褻衣，又稱澤或汗衣。《釋名》講：「汗衣，近身受汗垢之衣也。」顯然，這是一種貼身穿的內衣。襦是短上衣。《急就篇》注：「短而施腰者曰襦。」抱腹，類似今日農村的兜肚。《釋名》：「抱腹，上下有帶，抱裹其腹上，無襠者也。」心衣，形制比較特殊，「抱腹而施鉤肩，鉤肩之間施一襠，以奄心也」[53]。就是說，一條寬布，四角綴帶，抱腹過肩，兜著下襠。這是家內暑天穿的私服，用以遮羞。《北齊校書圖》中的人物穿的

北魏文官俑

就是這種心衣。裲襠，相當於今日的背心，由前後兩塊布縫成。《釋名》：「裲襠，其一當胸，其一當背。」此衣既可穿在裡面作內衣，也可穿在外面。有單、夾兩種，並有繡花，男女通用。

下體之衣，貼肉穿的叫褌，猶今之短褲。過膝的叫袴或絝。袴與今天的褲不同，無前後襠，類似今日幼童穿的開襠褲。《釋名》：「袴，跨也。兩股各跨別也。」當時的漢族人為什麼要穿無襠褲？這是因為外衣穿裳，不利於上廁所。人們必須要解開一層又一層的帶，才能排泄。正因為穿無襠褲，所以時人才視箕踞而坐為無禮。

北魏武士俑

與漢人衣裳之制不同，游牧區的少數民族穿的是胡服。胡服與漢人服裝的差別是：左衽、短衣窄袖、合袴和繫革帶。漢人及先民華夏人皆習慣以左襟（衽）壓右襟，在右腋打結，故稱右衽。而胡人相反，故曰左衽。漢人服裝特點是衣身和袖口寬鬆肥大。而胡人則穿緊身短小窄袖之服，是因為它有利於騎馬射箭。合袴是死襠褲，同樣為適應氣候寒冷以及馬背生活而設計製作的。革帶是繫在胡服外的腰帶。革帶上有許多帶鉤，用於調節鬆緊。另外還附有很多小帶，下端拴環，用以隨身佩繫刀子、打火石和皮囊等物。這些小帶稱為蹀躞。

足衣包括鞋具和襪具兩種。

當時的鞋具，名目很多，主要有履、屨、屩、屣、屐、舃、鞮和靴等。履、屨和屩皆異音同義，都是用葛、麻、皮、絲等編製或縫製的鞋。用草作的履又稱屣，是窮人、罪徒穿著之物，同時也是社會各階層的喪服。舃是履下加木底，而屐則完全是木製之鞋。《急就篇》注：「屐者，以木為之，而施兩齒，可以踐泥。」屐下的齒，有的可以活動。南朝劉宋時，名士謝靈運上山去前齒，下山去後齒，人們把這種屐稱為「謝公屐」。鞮和靴，都是皮製的長筒鞋，為胡服的一

種。襪具稱為靺韃，用皮或布做成，穿時必須用帶繫好。還有一種邪幅的足衣，學術界意見不一。有人認為是裹腳布，有人認為是裹腿布。

（二）頭飾、面飾與佩物

珮飾，是為美化衣服或人體裸露部分，對其所進行的修飾或附加的裝飾物。

頭飾分為髮式和髮上飾物兩類。

「富且昌，宜侯王，天延命長」織成履

漢族成年男子的髮式是束髮為髻。髻多在頭頂，也有偏向一側的。兒童髮式，緊貼髮根扎成一束垂於腦後的名曰總髮，扎成兩角在頭的曰總角。北方、西北方少數民族多編辮，因為像繩索，故被漢人貶稱為索虜。南方少數民族則多披髮。漢族婦女髮髻樣式很多，不勝枚舉。魏晉南北朝盛行的髮式有靈蛇髻、反綰髻、百花髻、流蘇髻、芙蓉髻、隨雲髻、翠眉驚鶴髻等。當時的女髮有向高大發展的趨向。《晉書·五行志》：「太元中，公主婦女必緩鬢傾髻以為盛飾，用髮（假髮）既多，不可恆戴，乃先於木及籠上裝之，名曰假髻，或曰假頭。至於貧家，不能自辦，自號無頭，就人借頭。」劉宋時，「民間婦人結髮者，三分髮抽其髻直向上，謂之飛天」[54]。

婦女髮上的飾物有步搖、簪、珥、璫、擿等名目。步搖是有垂珠的金玉首飾。《釋名》：「步搖，上有垂珠，步則搖也。」南朝有很多人作過詠步搖的詩。根據文物研究，有的學者認為，它的形制一般以金為鳳，下有邸，前有笄，綴五彩玉以垂下，行則動搖。簪是固髮兼裝飾用的笄，由金、玉等原料製成。珥，本為懸瑱，是由髮上墜至耳際的鏈狀裝飾物。璫與珥不同，「穿耳施珠曰璫」[55]。

---

54 《宋書·五行志》。
55 《釋名》卷五。

它是漢族婦女傲效南方少數民族婦女的飾品。擿即梳篦，除梳髮功能外，平時插在髮上也作為飾物。華勝則是一種雍容端莊做成花形的髮飾。

面飾大致可分為傅粉、塗脂、貼鈿、點唇、畫眉等項目。

傅粉飾面的風俗，在反映西周社會生活的文獻中就已出現。到春秋戰國時期，逐漸產生了脂、粉、膏、澤等一系列化妝品。魏晉南北朝時期，傅粉飾面並不是女子的專利。曹魏時，男人傅粉為上層社會一大風尚。曹植會友，「延入坐，不先與談。時天暑熱，植因呼常從取水自澡。訖，傅粉」[56]。南朝後期，名門世族子弟，「無不熏衣剃面，傅粉施朱」[57]。當然，婦女的面飾遠比男人豐富，且不斷花樣翻新。桃花面，又叫紅妝，是魏晉南北朝時期最習見的婦女面飾手法。施粉於面，以

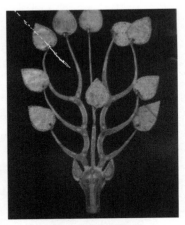

馬頭鹿角金飾件

求白皙；施朱於頰，若欲桃花。兩晉南北朝又流行額黃妝，女人在前額髮際之間塗黃粉，或以黃粉在眉心畫新月形，故又有鴨黃和月黃之名。靨妝，是用各種脂粉在兩頰或眉心處點搽一定形狀或花紋的面飾，圖形有的似星，有的似月，有的似錢；顏色有的用黃，有的用黛。花鈿，則是用金、銀、珠、翠及其他材料加工成薄片，再剪成花卉、鳥、蝶等形狀，貼在額頭、眉心或兩頰以為妝飾。《木蘭辭》中「當窗理雲鬢，對鏡貼花黃」的花黃即為花鈿中的一種。點唇，一般都施朱，後來也有以烏膏注唇的。修眉是面飾中的一個重要內容。女人眉長得不好，多剃去，另用黛筆劃上所需的眉形。《釋名》：「黛，代也。滅眉毛去之，以此畫代其處也。」當時的眉樣很多，其中以八字形的愁眉一度最為流行。

佩物主要有佩玉、佩刀、佩囊、佩觽等名目。佩玉是華夏人的遺風。玉又分為環、玦、雜佩等。環是圓形玉，玦則缺一塊，雜佩是由絲繩拴著的一組玉。佩

56　《三國志‧魏書‧王粲傳》注引《魏略》。
57　《顏氏家訓‧勉學篇》。

刀、佩劍，原為自衛武器，後則演變成一種顯示特權地位的禮器。魏晉南北朝時期，功臣勳貴，特別權臣往往享受「劍履上殿」的榮耀。這種劍「有刀形而無刃，備儀容而已」。西晉「始代之以木，貴者猶用玉首，賤者亦用蚌、金銀、玳瑁為雕飾」[58]。佩囊是懸於腰側帶上的鞶囊。《晉書·輿服志》講：「鞶，古制也。漢世著鞶囊者，側在腰間，或謂之傍囊，或謂之綬囊，然則以紫囊盛綬也。」武將多用虎頭鞶囊；文官則是紫色囊，用裝奏章文卷，故有「荷紫」之稱。西晉時荷紫則「綴之服外，加於左肩」[59]，是後代衣服上口袋的原始形態。佩觽是一種骨角製的錐形物。此外，珮飾中還有香袋、剛卯之物。所謂剛卯，也稱雙印，是用金、玉、桃木製成的印符，上面有銘文，佩之用以避邪驅疾。胡人蹀躞所掛之物，也是一種珮飾。漢族人後來模仿之，發展成為所謂「蹀躞七事」，即蹀躞上必備的七種佩物：佩刀、手巾、算袋等。

（三）魏晉南北朝服飾生活中的文化現象

在當時的服飾生活中，有很多文化現象值得注意。這裡只擇要介紹以下幾個方面。

第一，傳遞美感。

漢人韓嬰在《韓詩外傳》裡講：「衣服容貌者，所以說（悅）目也。」悅目，自然是給人以美的享受。服飾，就是人們展示美的一種手段。

服飾如何展示美，首先要通過色彩。先秦時期人們服飾色彩非常絢麗多彩。然而隨著統治者服飾等級制度的嚴格化，漢族下層男子的服飾色彩逐漸單調。《太平御覽》卷八七四引晉人摯虞《決疑》：「古者男子皆衣彩，有故乃素服。秦漢以來服色轉變，今唯朝廷五服用彩。」但是北方和西北方少數民族的胡服卻不

---

58 《晉書·輿服志》。
59 同上。

遵此制，在他們那裡朝野「朱紫玄黃，各任所好」[60]，「丈夫好服彩色」[61]。對比男裝而言，婦女服飾的色彩一直比較鮮豔，除色彩外，服飾美還體現在樣式上。僅就當時的深衣而言，其形制變化就很多，如衣領有直領、方領、交領等；其裁剪方式又分為直裾式和曲裾式等；衣袖有長袖、廣袖等。

人們在設計與製作服飾時，同樣可以得到美的享受。南朝有兩個皇帝，皆治國無術，終於導致殺身之禍。令人奇怪的是，他們之所以不務國政，據《南史》記載，原因之一都是迷戀服裝裁製。劉宋後廢帝劉昱「凡諸鄙事，過目則能，鍛銀、裁衣、作帽，莫不精絕」；南齊廢帝蕭寶卷喜好雜伎，「擔幢諸校具服飾，皆自製之，綴以金華玉鏡眾寶」。為了使服飾漂亮，蕭寶卷還要百姓貢納野雞毛、仙鶴氅、白鷺羽毛等。至於婦女在進行面飾、頭飾時，更是充滿了美的自我陶醉，反映這類情趣的詩文很多，不勝枚舉。

時髦之風，古來有之。在諸多時髦中，人們首先注意的是追求服飾美。魏晉南北朝時期，人們對服飾美的追求往往從以下幾個方面形成風氣。

其一，上有所好，下必甚焉。很多服飾新風都是由社會上層開始流行，逐漸推廣到下層來的。漢魏之際，城市貴族婦女喜歡高髻和畫廣眉，結果出現「城中好高髻，四方高一尺；城中好廣眉，四方且半額」的現象[62]。西晉惠帝時，「婦人結髮者既成，以繒急束其環，名曰擷子，始自中宮，天下化之」[63]。前引東晉太元時天下婦女流行「緩鬢傾髻」的假頭髮式，也是先從公主婦女那裡興起的。東晉初，丞相王導風流倜儻，受人崇拜。一次國家財政緊張，國庫唯有粗麻布，然而賣不掉。王導利用時髦之風，特穿之，結果庫布被搶購一空。

其二，男女倒易服飾，也是人們追求美的一種方式。曹魏時玄學家何晏長得漂亮，特別喜穿女裝。受他影響，男穿女裝，風靡一時。更多的還是婦女穿男裝。《晉書·五行志》講：「屐者，婦人頭圓，男子頭方。……至太康初，婦人

60 《舊唐書·輿服志》講北齊制度。
61 《魏書·楊椿傳》。
62 《續漢志·五行志》。
63 《晉書·五行志》。

屨乃方頭，與男無別。」又講：「惠帝元康中，婦人之飾有五兵佩，又以金銀玳瑁之屬，為斧鉞戈戟，以當笄。」這是以軍人兵器做裝飾品的例證。

其三，標新立異。服飾的發展，往往由標新立異而起。木屐的卯，「齒皆達楄上，名曰露卯。（東晉）太元中忽不徹，名曰陰卯」[64]。漢代，「男子之衣，好為長躬而下甚短，女子好為長裙而上甚短」[65]。然而到孫吳時，「衣服之制上長下短，又積領五六而裳居一二」；西晉武帝時一變而為「衣服上儉下豐，著衣者皆厭腰」；東晉初「為衣者，又上短，帶才至於腋」；到晉末，「皆冠小而衣裳博大，風流相尚，輿臺成俗」[66]。葛洪評論當時風氣說，「喪亂以來，事物屢變。冠履衣服，袖袂財制，日月改易，無復一定，乍長乍短，一廣一狹，忽高勿卑，或粗或細，所飾無常，以同為快，其好事者，朝夕放效」[67]。又講，「俗之服用俄而屢改，或忽廣領而大帶，或促身而修袖，或長裾曳地，或短不蔽腳」[68]。

第二，盛行胡服。

同胡食一樣，胡服對漢族人的社會生活產生過重要的影響。漢末，靈帝「好胡服、胡帳、胡床、胡坐、胡空侯、胡笛、胡舞，京師貴戚皆競之」[69]。魏晉時期，胡服在漢地越來越流行。西漢太康年間，一度漢裝也「以毯為絡頭及絡帶袴口。百姓相戲曰：中國必為胡所破」。史家認為：「夫毯毳產於胡，而天下以為頭、帶身、袴口，胡既三制之矣，能無敗乎？」[70]把晉末大亂歸罪於胡服盛行，雖然可笑，但是卻從一個側面反映出胡服對當時社會生活的巨大影響。到十六國北朝時，胡服在黃河流域達到與漢服平分秋色的程度，並為隋唐時期胡服與漢服雜糅為漢人服裝的主流，奠定了基礎。

漢族傳統服裝是上衣下裳，而胡服是褲褶服。所謂褶，就是短外衣。《急就

---

64 同上。
65 《續漢志・五行志》。
66 《晉書・五行志》。
67 《抱朴子・譏惑篇》。
68 《抱朴子・自敘篇》。
69 《晉書・五行志》。
70 同上。

篇》注：「褶，為重衣之最在上者也。其形若袍，短身。」褲則是死襠褲。十六國北朝，褲褶服在北方廣泛流行。東晉南朝雖然抵制胡服，但是也受到它的影響，只是加以改造，使之符合漢族傳統的衣冠制度。比如南人將褶的袖加大，把褲的管加肥，遇有急事，把褲管紮緊，既合禮儀，又便於行動。

胡服在漢地盛行，究其原因，一是因為它屬於外來文化，對華夏人有一種新鮮感。另一個最重要的原因是，胡服具備很多漢族服裝所不具備的優點：既適於騎射，又利於日常生活中的行動；褲子死襠，不但保暖，而且不易露醜。[71]

第三，嚴格的政治等級制度。

中國古代社會，服飾生活強烈地反映著政治等級關係，魏晉南北朝時期也不例外。統治者要求社會成員必須按照自己的等級身分來穿戴衣服和佩戴飾品，在形制、質料、圖案花紋以及色彩上皆有嚴格的規定，不得逾制，違者處罪。不但帝王唯我獨尊，不許臣民倣效；百官服飾，禁止庶民服用，而且同為官吏，大小等級不同，也有嚴格的定制；即使同一人，不同場合服飾也有區別。各代史書中的輿服志，都詳載了當時政府以法令形式所規定的各色人等的標準服飾。

當時的漢族以及漢化的少數民族王朝，都把「冠服」作為統治階層的禮服。秦始皇將先秦時期的冕服制度整齊劃一，並採納鄒衍的終始五德說，制定了一整套嚴格的冠服制度。西漢大體承秦制，變易不大。東漢明帝時，冠服制度進入完備的時代。魏晉南北朝時期，冠服制度雖然隨時有所增減，如曹魏「始制天子服刺繡文，公卿服織成文」，但是總體上仍是承襲東漢制度的。這一套冠服制度非常繁瑣。如皇帝的朝服為「通天冠高九寸，金博山顏，黑介幘，絳紗袍，皂緣中衣」；而拜陵服為「黑介幘，單衣」；雜服為「青赤黃綃黑色介幘，五色紗袍，五梁進賢冠，遠遊冠，上幘，武冠」；素服為「白幅單衣」。而其祭服則必須戴冕，「前圓後方，垂白玉珠，十有二旒，以朱組為纓，無緌。佩白玉，垂珠黃大旒，綬黃赤縹紺四采。衣皂上，絳下，前三幅，後四幅，衣畫而裳繡，為日月星

---

71 參見呂一飛：《胡族習俗與隋唐風韻》，北京，書目文獻出版社，1994。

辰山龍華蟲藻火粉米黼黻之象，凡十二章。素帶廣四寸，朱裡，以朱綠褾飾其側。中衣以絳緣其領袖。赤皮為韍，絳袴襪，赤舄」[72]。百官服色也要隨季節更換。庶民則只能穿白袍，商賈不得穿錦繡、綺、縠、絺、紵、罽等質料的衣服。魏晉南北朝特別規定一些國家依附民，只許穿「芒粗布」[73]。

第三節 ·
婚俗、喪儀
和世俗迷信

　　在古代社會中，婚姻與喪葬是人生最重要的大事。因此，不但相關的禮儀內容十分複雜，而且其中積澱的文化因素也極為深厚。至於各種世俗迷信，更是人們對當時尚無法認識的一些自然現象和社會現象，所進行的神祕化解釋和處理手段。我們從魏晉南北朝時期的婚俗、喪儀和世俗迷信活動中，可以窺見當時社會文化風貌的一個側面。

一、婚俗與性觀念

　　秦漢時期的婚俗，大體承襲先秦「六禮」之制。漢末魏晉時期，社會動盪，「六禮」不行，遂興「拜時」。《通典》講，「拜時之婦，禮經不載。自東漢魏晉

---

72 《晉書·輿服志》。
73 《宋書·良吏傳》。

及於東晉，咸有此事。按其儀，或時屬艱虞，歲遇良吉，急於嫁娶，權為此制。以紗縠蒙女氏之首，而夫氏發之，因拜舅姑，便成婦道，六禮悉舍，合巹復乖」。北朝後期，政府重新釐定「六禮」之制。《隋書・禮儀志》稱：「後齊聘禮，一曰納采，二曰問名，三曰納吉，四曰納徵，五曰請期，六曰親迎，皆用羔羊一口，雁一隻，酒、黍、稷、稻、米、麵各一斛，自皇子王以下至九品皆用，流外及庶人則減半」。所謂「六禮」，實際上是男女完成結婚過程的三個階段：（1）「納采」和「問名」，即通過「始相與言，採擇可否之時」和「問女名將歸卜之」兩道手續進行相親；（2）「納吉」和「納徵」，即通過「歸卜吉，往告之」和送「束帛」兩道手續進行定親；（3）「請期」和「親迎」，即通過男女兩家商量成親佳期，然後迎新人過門兩道手續，最後成婚。其實不管何時，對於「六禮」的執行，達官貴人之家往往比較嚴格，而一般小民則很難整齊劃一。

魏晉南北朝時期，士庶不婚是一個重要的時代特徵。當時「官有簿狀，家有譜系。官之選舉，必由於簿狀；家之婚姻，必由於譜系」[74]。「服冕之家，流品之人，視寒素子弟輕若僕隸，易如草芥，曾不以之為伍」[75]，更怎麼可能與之結親呢？所以「婚姻渝雜，罔計斯庶」，在士人看來是「販鬻祖曾」、「玷辱流輩」的醜行。梁代沈約上《奏彈王源》書，稱「東海王源嫁女富陽滿氏」，滿氏「士庶莫辨」，「王滿聯姻，實駭物聽」。沈約請求朝廷「以見事免源所居官，禁錮終身」，並「真以明科，黜之流伍，使已汙之族，永愧於昔辰」[76]。故而一些衰陵士人寧可受貧，也不肯為「賈道」。《陳書・王元規傳》講：「元規八歲而孤，兄弟三人，隨母依舅氏往臨海郡。時年十二，郡土豪劉瑱者，資財巨萬，以女妻之。元規母以其兄弟幼弱，欲接強援。元規泣請曰：姻不失親，古人所重。豈得苟安異壤，則婚非類？母感其言而止。」

但是以兒女婚姻為「賈道」的現象，也並非少數。當時熟悉南北兩地社會的顏之推曾講：「賣女納財，買婦輸絹，比量父祖，計較錙銖，責多還少，市井無

---

74 《通典》卷二十五。
75 《文苑英華》卷七六〇，《寒素論》。
76 《昭明文選》卷四十。

異。」[77]嫁女之家意欲得財，娶妻之室也想收禮，「為子取婦，恨其生貲不足。倚作舅姑之尊，毒口加誣，不識忌諱」[78]。甚至還有的家庭得聘賴婚，因而引起訴訟。晉人劉士由議論說：「末世舉不修義，許而弗與，訟閱穢辱，煩塞官曹。今可使諸事婚者，未及同牢，皆聽義絕，而倍還酒禮，歸其幣帛。其嘗已再離者，一倍裨聘；其三絕者，再倍裨聘。」他還建議說：「女氏受聘，即日報板。使時人署姓名於別板，必十人已上，以備遠行及死亡。又令女之父兄若伯叔，答婿家書，必手書一紙。若有變悔而證據明者，女氏父母兄弟，皆加刑罰罪。」[79]可見賴婚悔盟之家，非常之多。北齊官吏封述為兒女聘財之事出盡了醜。他娶兒媳不肯如數送聘禮，還拿用於禮佛的供養像起誓，被女家嘲笑說：「封公何處常得應急像？須誓便用。」到為另一個兒子娶妻時，他索性惡人先告狀，大罵人家女方太計較，說什麼：「送驢乃嫌腳跛，平田則云鹼薄，銅器又嫌古廢。」[80]滿口銅臭味。即使在地位嚴格的士庶之間，名門之後王源還不是為了土豪滿璋之的五萬錢，就答應嫁女給他家了嗎？

魏晉南朝，王室豪門大多實行一夫多妾制。皇帝后妃名號繁雜，至於掖庭人數常逾三千。晉武帝好色，後宮竟達萬人。劉宋南郡王義宣后房千餘，尼媼數百。很多富室畜養女伎，梁代時這些人家縱恣逞欲，不下於朝貴。時人賀琛講：「今無等秩，雖復庶賤微人，皆盛姬姜，務在貪污，爭飾羅綺。」[81]北朝個別時期，由於受少數民族影響，妻子家庭地位較高，很多上層人物沒有納妾。北齊時，元孝友講：「聖朝將相，多尚公主，衛侯多娶后族，故無妾媵，習以為常。婦人多幸，生逢今世，舉朝略是無妾，天下殆皆一妻。設令強志廣娶，則家道離索，身事迍邅，內外親知，共相嗤怪。」[82]其實元孝友的話說得有些過頭，事實並非完全如此。北魏咸陽王元禧就有姬妾數十，貴族奚斤的妻妾也數目相當。北方漢族豪強一仍秦漢舊俗，如安康李遷哲的妾媵至百數，子女六十九人，「子孫

---

77 《顏氏家訓‧治家》。
78 《顏氏家訓‧歸心》。
79 《抱朴子‧弭訟》。
80 《北史‧封述傳》。
81 《梁書‧賀琛傳》。
82 《北史‧元孝友傳》。

參見，忘其年名者，披簿以審之」[83]。

魏晉南北朝時期，雖然禁絕同姓相婚，但是婚姻之家的再結親卻不論行輩，即使門閥士族同樣如此行事。劉宋時名士蔡興宗將女兒嫁給姐姐的孫子。另一名士江湛一面以宋文帝女為子媳，一面又嫁女給文帝的孫子。南齊時名門王慈的女婿和弟媳，是皇帝蕭道成的一雙兒女。梁武帝專事禮樂，居然也不怕「倫序乖舛」，嫁女於舅之子。只要年齡相近，行輩不合的婚姻是常情。

當時，社會上對於婦女的「貞節」問題不太在意。女人喪偶或離婚後，仍可再嫁，男子亦不以娶此等女子為恥。蔡興宗之女寡居後，名門爭欲娶之，並由此產生紛擾，迫使宋明帝下詔判定。同樣情況，琅邪王氏的王練在娶了謝家遺孀後，還接受了她與前夫生的兩個女孩。只不過這時的婚姻比較重視門第，越是高門越「不婚非類」。蔡興宗出自名門，官居選部，貴冑子弟爭娶其女，顯然是為了維護家族的利益。琅邪王氏與陳郡謝氏同為一等士族，故王練肯娶謝氏寡婦。從漢末以來，寡婦不嫁，反而遭到種種欺凌。《潛夫論·斷論篇》講：「貞潔寡婦，遭直不仁世叔，無義兄弟。或利其聘幣，或貪其財賄，或私其兒子，則迫脅遣嫁。有自縊房中，飲藥車上，絕命喪軀，孤捐童孩者。」南朝時義興黃氏，「夫亡不重嫁，家逼之，欲自殺，乃止」[84]。北朝個別地區的家庭還把女兒當成搖錢樹。《隋書·地理志》講：「齊郡俗好教飾子女淫哇之音，能使骨騰肉飛，傾詭人目。俗曰齊倡，本出此也。」相對來說，這時的婦女地位還不像後世那樣低，有一定的擇偶自由。晉世，燕國徐邈女看中了父親的僚屬王濬，通過母親締結成婚姻。賈充的女兒，也是與韓壽自由結合而成夫妻的。

魏晉南北朝時期，不但女人的貞節觀念淡薄，而且不避諱婚外性關係。南朝有的公主和喪偶的太后還置有男寵，時稱「面首」。劉宋廢帝姊山陰公主講置面首的理由頗為直爽：「妾與陛下，雖男女有殊，俱托體先帝。陛下六宮萬數，而妾唯駙馬一人，事不均平，一何至此？」[85]南齊皇帝蕭昭業也特為其母「置男左

83 《北史·李遷哲傳》。
84 《南史·孝義傳》。
85 《宋書·前廢帝紀》。

右三十人」。南齊南郡王妃何倩英還當著丈夫的面移情，「南郡王所與無賴人遊，妃擇其美者，皆與交歡」，「又有女巫子楊珉之，亦美貌。妃尤愛悅之，與同寢處，如伉儷」。南郡王看著妻子與情夫「鬥腕較力」，竟歡笑鼓舞毫無醋意。南郡王承帝位後，何倩英得知楊珉之因犯罪被處死，也敢「與帝同席坐，流涕覆面」，說什麼：「楊郎好年少，無罪過，何故枉殺？」[86]葛洪在《抱朴子》裡講，當時江南婦女的社交活動不拘行跡。她們經常夜間外出，喧譁盈路，錯雜在市，乃至男女褻謔，毫無避忌。她們或隨便在別人家裡寄宿，或路邊招呼男人喝酒唱歌。客人和主人的妻子可以「促膝之狹坐，交杯觴於唇只；絃歌淫冶之音曲，以文君之動心」。真是一個女性開放的世界。在北方不少人家，「專以婦持門戶，爭訟曲直，造請逢迎。車乘填街衢，綺羅盈府寺，代子求官，為夫訴屈，此乃恆代之遺風乎」？由於「人事多由內政，（妻子）綺羅金翠，不可廢闕。（丈夫）羸馬奴，僅充而已。唱和之禮，或爾或汝」[87]。顯然，女子在家庭中的地位比男子要高。

二、喪儀與葬法

人終有一死，喪葬即是處理死者的一種方式。在中國古代，喪和葬的含義不同。喪指哀悼死者的儀式，葬指處理死者遺體的方式。魏晉南北朝時期，從總體上看喪葬方式比較複雜，各民族之間，不同信仰的宗教群體之間皆有區別。

魏晉南北朝時期，漢族人的喪葬禮儀大體遵循傳統，分為三個步驟：葬前禮儀，包括沐浴、易服、纏斂、殯含、設位、告喪、停殯等；埋葬禮儀，即卜筮陰宅和下葬等；最後是反哭、服喪、掃墓、祭祀等禮儀。

魏晉以前，葬前的禮儀相當繁雜。人在彌留之際，家眷一定要守在病榻前，將輕柔的絲織品放在垂死者的鼻孔前「試氣」。子女要全部趕回來奔喪，實在不

---

86 《南史・后妃傳》。
87 《顏氏家訓・治家》。

能親赴者，也要寄物以弔，否則被認為「不孝」。人死後，家眷拿著死者的衣服，反覆呼喚死者，希望將其靈魂從幽冥之界喚回，這種招魂儀式叫做「復」。確定死者復生無望，方可為死者沐浴、梳髮、整容。死者穿的喪服，被稱為「襲」，招魂之衣不能入葬。放在死者口中之物叫「飯含」。《白虎通義·崩薨》：「所以有飯含何？緣生食，今死，不欲虛其口，故含。用珠寶物，何也？有益死者形體，故天子飯以玉，諸侯飯以珠，大夫以米，士以貝也。」殮裝除襲外，還有被，放入棺槨前要將屍首與被纏裹好。纏殮後，為死者設喪位，家人即行哭喪，同時派人四出告喪，即所謂「赴告」。死者在下葬前，要在家停殯，又稱停屍，時間長短不等。短的只有三天，長的十餘天。魏晉以來，人們在倡行薄葬的同時，也主張簡化喪儀。西晉時，隱士皇甫謐作《篤終》云：「吾欲朝死夕葬，夕死朝葬，不設棺槨，不加纏殮，不修沐浴，不造新服，殯含之物，一皆絕之。」[88]當時不少達官貴人也作如是觀，如與皇甫謐同時的太保王祥「著遺令訓子孫」雲：「氣絕但洗手足，不須沐浴，勿纏屍，皆浣故衣，隨時所服。」[89]但從整個社會形勢來看，傳統的喪儀大體被沿襲下來，連皇甫謐也承認「恐人情染俗來久，頓革理難」。

由秦漢時期起逐漸興盛的相地之風，到魏晉時期已發展成相當完備的相地術。相地，即察看、審定地勢，以定陰陽宅。晉人郭璞著《青囊中書》，是襲漢世相地專家青烏衣衣缽的代表作。時人把相陰宅地勢同家族命運聯繫起來，認為相地得宜，則「人丁盛旺，子孫多福」；否則「衰敗蕭條，殃及子孫」。相士們已把相地同天象合一起來，這從他們將刻有二十八宿的天盤與天干地支的地盤配合使用上，可以得到證明。魏晉時期相地術的完備，還體現在望氣說方面。郭璞在《葬經·望氣篇》中稱：「大凡煙氣騰繞，皮無崩蝕，氣澤油油，草木繁茂，流泉甘洌，土膩石潤，如此者其氣正鐘聚不止」，是選擇陰宅最佳地域。這一時期，相地術的著作還有《堪輿金匱》、《周公卜宅經》等。

兩漢時期講究厚葬，不但浪費社會財富，而且敗壞社會風氣。很多有識之士

---

88 《晉書·皇甫謐傳》。
89 《晉書·王祥傳》。

對此深惡痛絕，認為「無益於奉終，無增於孝行，但作煩攪擾，傷害吏民」[90]。他們還身體力行，實行薄葬。但是在「以厚葬為德，薄終為鄙」的兩漢社會，由於這些人身分低微，他們的進步主張和實踐並未受到人們的重視，對於扭轉厚葬陋習沒有起到多大的作用。真正能夠在葬俗上革故鼎新，改變一代風氣面貌的人物，則是曹操。

建安十年（西元 205 年），曹操打敗袁紹父子，占據冀州，很快便在全境下令禁止厚葬和墓前立碑。不久，他本人以身作則，親自選擇一塊「瘠薄之地」定為壽陵，並確立「因高為基，不封不樹」的葬制。臨終前，他留下遺令：以日常衣服為殮裝，不殉葬金玉珍寶。曹操還要求僚屬不許因喪事影響公務，「其將兵屯戍者，皆不得離屯部，有司各率乃職」[91]。據《晉書·禮志》記載，曹操墓中只有四季衣服幾篋，別無他物。其子曹丕代漢稱帝，嚴格遵奉父親遺教。黃初三年（222 年），他同樣以「丘墟不食之地」為陵，並作終制宣布：禁止後人在陵區造寢殿、園邑和神道，這就比曹操還前進了一步。在此之前，他已將父親陵上建築拆毀，「車馬還廄，衣服藏府，以從先帝儉德之志」。曹丕還申明自己墓中「無施葦炭，無藏金銀銅鐵，一以瓦器」，飯含不置珠玉，身上不穿「珠襦玉匣」（即金縷玉衣）。他特別嚴囑地指出，若不執行這一詔令，「妄有所變改造施，吾為戮屍地下，戮而重戮，死而重死。臣子為蔑死君父，不忠不孝，使死者有知，將不福汝」。為防止子孫擅自變改，復令「以此詔藏之宗廟，副在尚書、秘書、三府」[92]，可見決心之大。曹操父子率身薄葬，對其子孫和下屬處理葬事起到了強大導向和威懾作用。《晉書》中稱「明帝（曹丕子叡）性雖崇奢，然未遑營陵墓之制也」。陳思王曹植、中山恭王曹袞都有關於薄葬的遺書存世。至於一般臣子則紛紛蹤依曹氏父子的終制，在葬事上力行儉薄。富室豪門更不得不有所收斂，以免以身試法。

由曹魏開創的薄葬之風，對後世影響很大。篡奪曹氏皇權的司馬氏家族，仍

---

90 王符：《潛夫論·浮侈篇》。
91 《三國志·魏書·太祖紀》。
92 《三國志·魏書·文帝紀》。

然倡導薄葬。司馬懿就曾「預作終制，於首陽山為土藏，不墳不樹。作顧命三篇，斂以時服，不設明器，後終者不得合葬」[93]。以後這遂成晉朝制度。西晉皇帝葬制之儉約達到令人吃驚的地步。惠帝時臣下裴頠講「大晉垂制，深惟經遠，山陵不封，園邑不飾，墓而不墳，同乎山壤，是丘阪存其陳草，使齊乎中原矣」[94]，說明晉武帝陵區幾乎無任何地面標誌。東晉初依然如此，「百度草創，山陵奉終，省約備矣」[95]。十六國時，北方不少割據政權的君主也循例薄葬。如石勒遺令「殮以時服，載以常車，無藏金寶，無內器玩」[96]。一些官僚也明示子孫，在坑塹中不得設明器，「空窆之後，復土滿坎，一不得起墳種樹」[97]。隱士皇甫謐甚至主張裸葬，自稱：「吾本欲露形入坑，以身親土」，但拘於傳統的力量，有所變通，「氣絕之後，便即時服，幅巾故衣，以簾籧裹尸，麻約兩頭，置屍床上。擇不毛之地，穿坑深十尺，長一丈五尺，廣六尺。坑訖，舉床就坑，去床下屍」。並稱，「土與地平，還其故草，使生其上，無種樹木」[98]。

但是到了東晉後期，厚葬之風又開始抬頭。時人孔琳之講：「人士喪儀，多出閭里，每有所須，動十數萬，損民財力，而義無所取。至於寒庶，則人思自竭，雖複室如懸磬，莫不傾產殫財。」[99]到南朝時，厚葬已成常事。主張節儉的南齊武帝甚至下詔禁斷：「三季澆浮，舊章陵替，吉凶奢靡，動違矩則。或裂錦繡以競車服之飾，塗金鏤石以窮塋域之麗。至斑白不婚，露棺累葉，苟相誇衒，罔顧大典。可明為條制，嚴勒所在，悉使畫一。如復違犯，依事糾奏。」[100]在北朝，一些少數民族統治者在漢化的同時，開始模仿兩漢厚葬陋習。到東魏北齊時，社會上竟出現這樣的現象：「生為皂隸，葬擬王侯，存沒異途，無復節制。崇壯丘隴，盛飾祭儀，鄰里相榮，稱為至孝。」[101]到隋唐時，厚葬再度成為席捲

---

93 《晉書·宣帝紀》。
94 《晉書·刑法志》。
95 《晉書·禮志》。
96 《晉書·石勒載記》。
97 《晉書·石苞傳》。
98 《晉書·皇甫謐傳》。
99 《宋書·孔琳之傳》。
100 《南齊書·武帝紀》。
101 《北史·臨淮平王譚附孝友傳》。

社會上下的風氣。

上面所講的薄葬、厚葬，都是針對漢族人所實行的土葬而言的。但由於宗教信仰不同，也有一部分漢族人口實行崖葬、水葬或土葬等葬法。至於在少數民族那裡，葬法更呈多樣化的形式。

道教追求長生不老的成仙術。教徒生前或居山或住島，死後用崖葬或水葬的形式以達到成仙的目的。有的學者發現，四川崖葬流行的漢末到南北朝，正是道教在此地最為普及的時期，兩者之間有著種種的聯繫[102]。崖葬的選址在遠離地面的山崖，與天相接，顯然象徵著天堂和神仙的世界。崖葬暗喻著死者可以升天成仙。在崖穴雕刻的題材中，屢見樓闕、雲氣紋、玉勝、三足烏、鳳、麒麟、朱雀導引成仙、伏羲女媧、應龍等圖案。這皆是人們想像中死者飛昇成仙的伴侶或天堂的景物。在四川崖穴中還發現了許多符號和組合性文字，也與道教早期的符籙有關。崖葬的許多俗名，如仙人跌、仙人山、升真洞、仙蛻岩、換骨岩、仙岩等，也與道士死後飛昇成仙有關。在道藏經典《錄異記》中，成都天回山和仁壽的東漢崖葬穴都被視為仙洞。在後世的道教文化中，有「洞天福地」之說，即把崖穴山洞看成是得道升天的場所。東晉五斗米道道首孫恩，長期居住海島，其道徒則視水葬為登仙之途。孫恩在會稽起事後，「其婦女有嬰累不能去者，囊簏盛嬰兒投於水，而告之曰：賀汝先登仙堂，我尋後就汝」。孫恩起事後，「乃赴海自沉，妖黨及妓妾謂之水仙，投水從死者百數」。以後盧循承繼孫恩事業失敗，同樣「自投於水」[103]。

佛教主張火葬，佛祖釋迦牟尼倡其先。他火化後的骨燼被稱為「舍利」。佛教傳入漢地後，僧侶的葬法並不一律，但對德行高深的和尚的遺骸，最隆重的處理方式，仍是火化。佛家的術語稱之為「闍維」。《高僧傳》記載名僧死後被火化的事例很多，如釋法朗、釋賢護、釋普恆、釋法琳、釋法進、釋僧富等人。其書卷十一稱，釋普恆佛法高超，「於是依得道法，闍維之。積薪始燃，便有五色

---

102 羅開玉：《喪葬與中國文化》，31 頁，海口，三環出版社，1990。
103 《晉書·孫恩盧循傳》。

煙起，殊香芬馥」。卷十二也講，對德高望重的釋法進「闍維之，煙焰升天，七日乃歇」。

另外，還有很多漢族人實行二次葬。魏晉南北朝時期，人口流動頻繁，客死他鄉的人很多。活著的人為寄託思鄉之情，往往對死者停柩，等待時機歸鄉，實行二次葬。三國時魯肅由臨淮東城徒居曲阿，「會相母亡，還葬東城」[104]；西晉東海王司馬越死後，情況與魯肅祖母類似。劉宋時，劉裕夫人臧氏先葬丹徒，後遷葬建康。南齊時，明帝下詔稱：「去歲（建武二年）索虜寇邊，緣邊諸州郡將士有臨陣及疾病死亡者，並送還本土。」[105]此類例證，在北朝還可以找到很多。天葬，本是人類最早處理同類屍體的方式，華夏人也不例外。《孟子·滕文公上》：「上世嘗有不葬其親者。其親死，則舉而委之於壑。他日過之，狐狸食之，蠅蚋姑嘬之，其顙有泚，睨而不視。」後世倫理觀念加強，露親屍於野，為漢族社會各階層所不能容忍。但是在一些佛教徒中，仍有主張天葬者。如南齊僧人釋智順「遺命露骸空地，以施蟲鳥」[106]。

匈奴人大多實行土葬。根據文獻和考古發掘材料證明，匈奴人土葬形式最初是葬屍於土坑，無封樹，無葬具；秦漢以來受漢人影響，逐漸有封丘、棺槨和墓道[107]。鮮卑、烏桓葬法大體同於匈奴。《宋書·索虜傳》：鮮卑人「死則潛埋，無墳壠處所。至於葬送，皆虛設棺柩，立塚槨，生時車馬器用皆燒之，以送亡者」。而羌、羯、突厥等族則用火葬。《太平御覽》卷七九四《四夷部》：「羌人死，燔而揚其灰。」十六國時後趙國主羯人石勒「下書禁國人（羯人）不聽報嫂及在喪婚娶，其燒葬令如本俗」[108]。《北史·突厥傳》也稱：「取亡者所乘馬及經服用之物，並屍俱焚之。收其餘灰，待時而葬。」而契丹、室韋、庫莫奚等東北民族則實行樹葬。《北史·契丹傳》：「以其屍置於山樹之上。經三年後，乃收其骨而焚之。」同書《室韋傳》：「父母死，男女眾哭三年，屍則置於林樹之上。」

---

104 《三國志·吳書·魯肅傳》。
105 《南齊書·明帝紀》。
106 《高僧傳》卷八。
107 呂一飛：《胡族習俗與隋唐風韻》，141頁，北京，書目文獻出版社，1994。
108 《晉書·石勒載記》。

《隋書‧奚傳》講北朝時的庫莫奚人，「死者以葦薄裹屍，置之樹上」。

　　同一葬法，還有葬式的區別。葬式，指埋葬屍體的不同方式。魏晉南北朝時期，很多人實行夫妻合葬墓，不但土葬如此，連崖葬也不例外。四川的漢代崖葬穴，往往一室二棺，夫妻同穴。即使家族葬穴，也是夫妻並室。東晉南朝，名門大族盛行家族墓。如南京發現的象山王氏墓地，占地五萬平方米。葬人對象包括家長、髮妻、繼室及兒、媳等。當時的葬姿，比較普遍的是仰身直肢葬，前代的屈肢葬已十分罕見。佛教徒則很多人取坐姿入葬，《高僧傳》記載此類事例甚多。北朝高車族「死亡葬送，掘地作坎，坐屍於中」[109]，而南方的僚族則死者豎棺而埋之。

　　魏晉南北朝時期居喪守孝的「五服」制度，大體承襲前代遺軌。五服，以與死者關係的親疏而定，有「斬衰」、「齊衰」、「大功」、「小功」、「緦麻」等。東漢服喪時間很長，大多數人恪守三年之制。凡行喪，居官則去職，授官則不就。未葬時，居服舍；既葬則廬墓，禁酒肉，禁娛樂，已婚者禁夫妻同居，未婚者不得聘娶。凡至孝者，受到推崇獎賞；違禮者，遭人唾棄：甚至遭到法律制裁。曹魏在大行薄葬的同時，禁斷三年之喪。曹丕在父死後三天承相位，半年後「大饗六軍及譙父老百姓于邑東」[110]，兩月後受禪，同時納獻帝二女為妃。裴松之在陳壽史文下注引孫盛語，譏其「處莫重之哀而設饗宴之樂，居殆厥之始而墮王化之基；及至受禪，顯納二女，忘其至恤以誣先聖之典，天心喪矣」。而實際上，蜀吳兩國情況類似。孫權認為，三年之喪只能行於「世治道泰，上下無事」之時，故不為父服喪三年。蜀漢為劉備發哀，也是舉朝「滿三日除服」。西晉大力提倡孝道，重行三年之喪，然其不服衰麻，不過是「流涕久之」的「心喪」而已。東晉時禮學家摯虞對此解釋說：「古者無事，故喪三年，非訖葬除心喪也。後代一日萬機，故魏權制，晉氏加以心喪，非三年也。」[111]南朝禮家及全社會對於喪服的重視，遠逾魏晉。史書記載了不少關於社會各階層恪守三年之喪的事例，而且

---

109 《北史‧高車傳》。

110 《三國志‧魏書‧文帝紀》。

111 《通典‧禮典》。

多數史書為此還專設了《孝義傳》。但對於皇室來說，仍是強調「心喪」，不能不理朝政。北魏除魏孝文帝欲為馮太后「喪終三年」外，其餘皆「悉依漢魏，既葬公除」[112]。至於北齊、北周也多是「葬訖公除」。

三、世俗迷信

　　世俗迷信同宗教一樣，是人們對現實世界作出的顛倒和謬誤的解釋。但是在生產力水準低下的古代社會，尤其是遭遇到魏晉南北朝這樣的亂世，對於因無法科學解釋自然和社會現象而苦惱、恐懼的人們來說，恰恰具有虛幻的補充職能。正由於它有廣泛的社會基礎，所以不但對於知識匱乏的廣大民眾富有吸引力，而且也使上層社會的某些成員趨之若鶩。

　　魏晉南北朝時期。凡不符合禮制所規定範圍之內的祭祀活動都被稱為「淫祀」。後漢時期，淫祀很盛。時人的心態是，「祭祀必有福，不祭祀必有禍。是以病作卜祟，祟得修祀，祀畢意解，意解病已，執意以為祭祀之助，勉奉不絕」[113]。淫祀的內容既有人格化的山川河澤，也有傳說中的人物、先代乃至當代的帝王將相和普通百姓。甚至一些特殊的動植物也在祭祀之列，如汝南的鮑君神和李君神，只不過是樹洞中的鮑魚和空桑中長出李樹而已。從晉代開始，南方最推崇的神靈當首推為蔣子文了。他起初只被人們尊為一方「土地」，後來則演變成一國的戰爭保護神，地位越來越高，由小小的秣陵縣尉，陞遷至「相國」、「郡王」，直到「靈帝」。《太平御覽》卷八八二記有蔣子文的來歷：「蔣子文者，廣陵人也。嗜酒好色，常自謂已骨青，死當為神。漢末為秣陵尉，逐賊至鐘山之下。賊擊傷額，因解綬以縛之。有頃，遂死。及吳先主（孫權）之初，其吏見子文於道，乘白馬，執白羽，侍從如平生。子文曰：我當為此土神也。為吾立祠，不爾，使蟲入耳為災。吳主為妖言。後果有蟲入人耳，皆死，醫不能治。又云：

112　《魏書‧禮志》。
113　《論衡‧祀義》。

不祠我，將有大火。是歲，數有火災。改鐘山為蔣山，以表其靈。」有趣的是，蔣子文不但是個酒色之徒，而且是個無用的廢物。死後被封社神，是靠屢興妖孽才得售其奸的。當然這很可能是孫權君臣玩弄的一套騙人把戲。東晉末，主政的司馬道子在淝水戰前和孫恩造反時，皆「惟日禱蔣侯廟，為厭勝之術」。宋文帝末年，太子劉劭弒父自立，各地諸侯王乘機舉兵內向奪取王位。劉劭為取勝，特將蔣子文神像移入宮內，厭祝祈請，並拜封為大司馬、鐘山郡王。孝武帝殺劉劭後，又將蔣升至相國、大都督中外諸軍事。到南齊時，廢帝蕭寶卷則尊蔣為帝，並裝神弄鬼，「虛設鎧馬齋仗千人，皆張弓拔白，出東掖門，稱蔣王出」，用以嚇唬敵人。陳代，皇帝頻臨蔣帝廟進行祭祀。另外，在南方被尊為神還有項羽、孔明、蘇峻（東晉時的叛臣）、周瑜、孫堅以及麻姑等。據呂思勉先生研究，城隍廟的祭祀也始於南北朝[114]。北方淫祀之風雖然不如南方之盛，但被祭的雜神也不少，如常山有董卓祠，鄴城有石季龍廟。

淫祀給百姓造成沉重的經濟負擔，擾亂社會治安。因此一些頭腦清醒的統治者往往禁絕淫祀。曹操任濟南相期間，見青州諸郡紛紛為漢城陽王劉章立廟，「濟陽尤甚，至六百餘祠。賈人或假二千石輿服導從作倡樂，奢侈日甚，民坐貧窮」，遂下令「毀壞祠堂，止絕官吏民，不得祠祀」[115]。曹丕秉承父志，稱帝不久便下詔稱：「叔世衰亂，崇信巫史，至乃宮殿之內，戶牖之間，無不沃酹，甚矣其惑也。自今其敢設非祀之祭，巫祝之言，皆執以左道論，著於令典」[116]。南朝劉宋時，周朗上書痛陳淫祀之害：「凡鬼道惑眾，妖巫破俗，其原本是亂男女，合飲食。因之以禱祝，從之以報請。是亂不除，為害未息。凡一苑始立，一神初興，淫風輒以之而甚。今修隄以北，置園百里，峻山以西，居靈十房，糜財敗俗，其可稱限？」[117]以禁絕淫祀而有名於史的官吏，也不在少數。如南齊時，冀州刺史劉懷珍下令搗毀治內的蘇峻廟；梁時，青、冀二州刺史王神念見「臨海

---

114 呂思勉：《兩晉南北朝史》，1469 頁，上海，上海古籍出版社，1983。
115 《三國志·魏書·太祖紀》注引《魏書》。
116 《三國志·魏書·文帝紀》。
117 《宋書·周朗傳》。

先有神廟，妖巫欺惑百姓，遠近祈禱，靡費極多」[118]。便下令毀撤。

世俗迷信中流傳甚廣的還有各種巫術。關於巫術，在第六章已有涉及，這裡從世俗迷信的角度，略作補充。厭勝，是用唸咒、傷害圖形偶人等辦法，以期禍及仇家的一種巫術。魏晉南北朝時期，厭勝之法常被用於政治鬥爭。南朝的劉宋諸王如劉劭、劉誕、劉褘等人以及陳朝長沙王叔堅，皆用厭勝詛咒過政敵。北齊河間王高孝琬把政敵之形束成草人，用箭射之。宋明帝曾描述過被人厭勝的情景，稱仇家「咒詛禱請，謹事邪巫，常披髮跣足，稽首北極。遂圖畫朕躬，勒以名字，或加之矢刃，或烹之鼎鑊」[119]。南北朝時，無論南方還是北方，厭勝之法都把政壇鬧得沸沸揚揚，很多人為此丟掉了性命。厭勝之法，還施之於死人。呂先生指出：「賈后之殺武悼后也。妖巫謂后必訴冤於先帝，乃覆而殯之，施諸厭劾符書、藥物。慕容儁夜夢石季龍齧其臂，瘍而惡之。命發其墓，剖棺出屍，數其殘酷之罪，棄於漳水。姚萇以苻登頻戰勝，亦於軍中立苻堅神主而請之。及敗苻師奴，擒梁犢，乃掘堅屍，鞭撻無數。裸剝衣裳，薦之以棘，坎土而埋之。侯景之葬梁武帝，使衛士以大釘於要地釘之，欲令後世絕滅。北齊孝昭不豫，見文宣為祟，厭勝之術備設。皆是物也。」[120]

筮卜是傳之久遠的巫術，用以進行人神溝通。魏晉南北朝時期出現不少占卜名家。三國時的管輅，兩晉的韓友、郭璞、葛洪等人皆善卜。郭璞著有《新林》、《卜韻》，葛洪撰有《龜決》，皆是名重一時的卜書。當時信卜者甚眾，上至皇帝百官，下至布衣庶民。宋明帝立後、諸子在孕皆以卜筮決疑，並以所得之卦為子起小名。梁元帝身陷孤城不思退敵，卻先援蓍筮之，卦成，又取龜式驗之。最後認為兵敗身亡，是命中所定，不承認自己昏庸無能。北魏名臣高允嘲笑那些信卜取禍者：「上寧於王，下保於己，福祿方至，豈有禍哉？今捨本而從其末，咎釁之至，不亦宜乎？」[121]其實連一些卜家都不敢保證卜術必有驗效，韓友就曾講：「筮卦用五行相生殺，如案方投藥治病，以冷熱相救。其差與不差，不

118 《梁書·王神念傳》。
119 《宋書·廬江王褘傳》。
120 呂思勉：《兩晉南北朝史》，1469 頁。
121 《魏書·高允傳》。

可必也。」[122]

　　風角、望氣都是巫師祈求神諭的手段。風角是察看風情，望氣如前所講是觀看自然環境。當時皇帝登基，兵家交戰皆要請人看風角、望氣。史書中記載不少帝王在發跡前，有被望氣者發現的所謂「黃紫氣屬天」現象，顯然這都是後來的杜撰之詞。北齊孝昭帝高演以「望氣者云鄴城有天子氣」，就殺掉了被他廢掉的侄子高殷，同樣是為誅除政敵而尋找的藉口。至於解夢術更屬滑稽。《南史·張敬兒傳》講，南齊時雍州刺史張敬兒有野心，為了勸誘下屬，常說：「未貴時，夢居村中，社樹欻高數十丈。及在雍州，又夢社樹直上天。」因家鄉有地名赤谷，自己乳名狗兒，他又編造兒謠說：「天子在何處？宅在赤谷口。天子是阿誰？非豬如是狗。」謊話說到了後來，他自己也分辨不出真假了。妻子對他講：「吾昔夢一手熱如火，而君得南陽郡；元徽中，夢一髀熱如火，君得本州；建元中，夢半體熱，尋得開府，今復舉體熱矣。」結果張敬兒以為實現野心的機會到了，遂肆無忌憚起來。誰知早被警覺的齊武帝發現，不久設個圈套，把他抓住殺掉了。

　　相信相術的人歷代不絕，不少史家也喜歡對此大做文章。有關魏晉南北朝的史書中這類記載甚多。如《陳書》記載，章昭達「少時，嘗遇相者，謂昭達曰：『卿容貌甚善，須小虧損，則當富貴。』梁大同中，昭達為東宮直後，因醉墜馬，鬢角小傷，昭達喜之，相者曰未也。及侯景之亂，昭達率募鄉人援臺城，為流矢所中，眇其一目，相者見之曰：『卿相善矣，不久當貴』」。不久，章昭達果因功得授定州刺史，後官至車騎大將軍、司空。至於，史書中描寫的開國之君，幾乎都是一副大吉大貴之相。當然，也有史家不信這一套，他們公開譏笑相士的騙人之術。如《南史》講，梁代庾夐「狀貌豐美、頤頰開張」，被相士贊為「必為方伯，無餒乏之慮」；褚蓁「面甚尖危，有從理入口」，是餓死之相。結果事實相反，庾夐挨餓而卒，褚蓁豐衣足食而終。北朝來和以善相有名於世。一次，同郡人韓則請他看相，得到的是「後四五當得大官」的模稜兩可之詞。後韓則在

122　《晉書·藝術·韓友傳》。

開皇十五年五月去世，生前並未做成大官。來和自圓其術說：「十五年當三五，加以五月為四五。大官，檄也」[123]。還有人以相自炫，以期達到不便言傳的個人目的。南齊時，蕭鸞肩胛有赤痣。他為了篡奪皇位，特意袒露給一位屬下看，並稱：「人皆謂此是日月之相，卿幸無洩言。」屬下明白他的用心，立即表態說：「公日月之相在軀，如何可隱。轉當言之公卿。」[124]像蕭鸞玩弄的這類伎倆，在魏晉南北朝時期的政治舞臺上是屢見不鮮的。

第四節 ·
娛樂、節令
和宗教活動

在人們的日常生活中，娛樂、節令等都屬於閒暇生活方式，宗教活動則是特殊組合的社會群體——宗教信仰者群體的部分社會生活方式。魏晉南北朝時期，娛樂遊戲、節日慶典以及宗教活動，形式非常豐富多彩，並蘊藏著深厚的文化內涵。

一、娛樂遊戲

娛樂活動是人們在閒暇時間，為了愉悅身心、豐富精神生活而進行的消遣性

---

123 《北史·藝術傳》。
124 《南齊書·江柘傳》。

活動。秦漢大一統時期如此，魏晉南北朝這樣動盪的時期，人們也沒有放棄，可見它在社會生活中的地位。

娛樂活動豐富多彩，有些是通過自己與別人合作或對抗達到心理和情緒上的滿足，比如投壺、彈棋、樗蒲、圍棋等；有的是從節日習俗發展而成的，如龍舟競渡與端午節密切相關，也有的是通過個人興趣而自娛自樂。

投壺之戲源於西周射禮，到春秋時正式取代貴族射箭，而成為娛樂活動。《禮記‧投壺》中有這種遊戲形式的記載：設一尊壺為投器，壺頸長七寸，腹長五寸，口徑二寸半，容積為一斗五升，內充一定數量的豆子。投矢用柘木或荊條削成，頭尖腹大尾長。壺的距離一般是矢長的二點五倍。當時人們在聚會宴飲時，由主人捧矢向客人奉獻，客人則進行禮讓。由此可見投壺本意是賓主互示禮儀的一種方式，按規定，連投四支不中，則罰酒，最後以多中者獲勝。遊戲時，旁邊有人擊鼓為節，或起舞助興，用以渲染比賽氣氛。魏晉以來，投壺已向娛樂化發展。壺一律鑄成金屬器皿，底變淺，邊加耳，既增加難度，又豐富了玩法。到南朝時，梁人賀徽在壺前放置上屏障，更使其難上加難。以後此法傳入北朝，北齊諸王的壺障皆裝飾得十分精美。這時的玩法已發生很大變化。《顏氏家訓‧雜藝篇》講：「投壺之禮，近世愈精。古者實以小豆，為其矢之躍也。今則唯欲其驍，益多益喜，乃有倚竿、帶劍、狼壺、豹尾、龍首之名。其尤妙者，有蓮花驍。」句中所言的「驍」，指的是矢從壺中跳出。以前壺中裝豆，目的在於防止矢的反彈，此時不但要矢反「驍」，而且需驍成各種花樣。司馬光在《投壺格》中對顏之推所說的幾種玩法，解釋說：「倚竿，箭斜倚壺口中。帶劍，貫耳不至地者。狼壺，轉旋口上而成倚竿者。豹尾，倚竿而箭羽正向己者。龍首，倚竿而箭首正向己者。」晉人虞潭撰有《投壺變》一書，內容是專門介紹各種驍技的。

投壺因活動簡便易行，故較為普及。史書中關於這一時期投壺者的人和事很多。《三國志‧魏書‧鍾會傳》注引何劭《王弼傳》稱，王弼「性和理，樂游宴，解音律，善投壺」。《太平御覽》卷七五三引《晉書》：「石崇有妓善投壺，隔屏風投之。」又引《晉陽秋》曰：「王胡之善於投壺，言手熟閉目。」南齊時，竟陵王蕭子良夜觀柳惲投壺，而柳惲驍不絕，竟使蕭子良因此延誤了上早朝的時

間。梁人周、賀徽都是投壺的高手，往往一箭四十餘驍。

彈棋的起源，與漢成帝有關。據《西京雜記》記載，漢成帝原好蹴鞠之戲。大臣劉向擔心此戲消耗體力過大，有礙至尊之體，故獻彈棋之戲。彈棋因器具造價較高，所以始終在上層社會流行。彈棋由棋盤和棋子組成。棋盤是磨得非常平滑的石板，為方形，中間隆起，四周低平，兩邊各有一個圓洞。棋子由硬木或象牙製作，最初為十二枚，魏晉時期增至十六枚。遊戲時，雙方各執八枚，將棋子擺好後用手彈之，使己方的棋子射入對方的圓洞，先將八枚射入者勝。為減少棋子與棋盤的摩擦和加快棋子運行速度，還要在棋盤上灑滑石粉。彈棋十分講究個人技巧，必須根據對方的佈陣，採用撥、捶、撅等方法打開對方棋子。魏文帝曹丕彈棋技藝高超，不用手而用裹頭的角中。彈棋競技性強，對抗程度高。曹魏時夏侯惇著《彈棋賦》稱：「相形投巧，左撫右撥，揮纖指以長邪，因偃掌而發八。勝者含和，負者喪顏，惜情娛之未遂，恨白日之微遄，實機藝之端首，固君子之所歡也。」其激烈程度，由此可見一斑。

樗蒲，是中國流傳久遠的博戲之一。西漢時已出現，東漢時相當普及，只不過那時是一種供消遣用的雅戲。魏晉時期，它開始轉變成賭器。南北朝時以樗蒲設賭的風氣十分興盛。

樗蒲是一種可供兩人或數人參與的遊戲。其器具分枰、杯、木、馬、矢五種。枰即棋盤，上有關、坑、塹等行棋障礙。杯是投擲五木的容器。木又稱五木，是用木頭做成的五塊投擲器。馬和矢都是棋子。馬代表騎兵，矢代表步兵。競賽各方以投擲五木所得彩，決定馬的進退和矢對對方馬的圍殺阻截。五木全黑為盧，得彩十六；二白三黑得彩十四；二黑三白得彩十；全白得彩八。此四種為貴彩，餘者為雜彩，即開為十二，塞為十一，塔為五，禿為四，撅為三，梟為二。得貴彩者可連續投擲，走馬過關，雜彩則不行。從規則看，樗蒲玩法比較複雜，決出勝負所需的時間較長。據說曹植從此戲中得到啟發，發明了骰子。骰子為正立方體，六個表面塗上不同顏色，分別刻有一至六的數點，所以又稱「色子」。無論樗蒲還是骰子，都可用來賭博，這也是娛樂活動發展到一定程度所產生的負面作用。

魏晉南北朝時期，社會各階層都有人玩樗蒲，只不過普通百姓沒有上流社會的排場大而已。有些孩子也沉溺於此道，南朝的名士何尚之、江蕵都是十來歲即開始玩樗蒲的。由於遊戲帶有賭博性質，故造就了很多賭徒。劉宋開國皇帝劉裕發跡前好賭成風，一次與刁達玩樗蒲，曾輸掉三萬錢。無錢還債，被刁達綁在馬椿上示眾。其子劉駿，當皇帝后在宮中以樗蒲開設賭局，強制從臣下那裡刮錢。賭棍中頗有技藝高手。東晉時，桓溫賭輸掉了數百斛庫米，無法交代，只好向名賭袁耽求救。袁耽欣然答應，「即戲，袁形勢呼咄慨牡，擲必盧雉，二人齊叫，敵家震懼喪氣。俄頃獲數百萬」[125]。

在春秋時期，史籍中已見有圍棋的內容。《左傳·襄公二十五年》疏曰：「棋者所執之子，以子圍而相殺，故謂之圍棋。」漢人班固和馬融分別撰有《弈旨》和《圍棋賦》，表明當時人們對圍棋的布局謀略已有相當高的認識。魏晉南北朝時期，圍棋得到極大的發展，這和它的普及不無關係。曹魏之前橫盤縱橫十七道，共二八九道，黑白棋子各一五〇枚。南北朝時期北方首先出現橫豎各十九條的棋盤，比原來的棋盤多七十二個放棋子的點，棋路變化也就更為複雜。由於雙方的較量比以前更加激烈，所以戰略戰術遂日臻成熟起來。兩晉南北朝時期，弈棋設賭之風頗盛，上自皇帝、丞相，下至州官郡守、黎民百姓，很多人都以賭棋為樂。淝水戰前，謝安與侄謝玄弈棋，雙方以別墅為注；梁武帝還曾贏過臣下到漑的怪石。至於君臣之間以棋局勝負賭官，更屬奇聞。《宋書·羊玄保傳》記載，宋文帝劉義隆與臣下羊玄保以官爵設注，結果羊玄保因此得授太守。

在圍棋發展史上，這是全新的階段。人們已開始根據棋藝水準對棋手分級定品。把圍棋定成九品的制度，顯然是受了九品官人法的影響。南齊時，在皇帝蕭道成的組織下，進行了一次全國規模的圍棋大賽。他本人不但參賽，而且還擔任裁判。梁武帝也是圍棋高手，經常和名家評論棋藝，並命令臣下柳惲編纂棋書。他也舉行過全國性的棋賽，賽後將結果張榜公佈。當時登格入品者多達二七八人。統治者的重視和品級制的實行，有力地推動了圍棋向高水準的方向發展。

---

125 《太平御覽》卷七五四引《郭子》曰。

東晉南朝時期，江南一帶盛行龍舟競渡。據宗懍《荊楚歲時記》載：「五月五日競渡，俗為屈原投汨羅日。傷其死，故並命舟楫以拯之。」南朝時五月五日龍舟競渡已成風俗，既是遊樂，又具有某種競技體育的色彩。早期文獻一般將競渡的舟船稱「水馬」、「水車」、「飛鳧」等，只有皇帝的御舟才稱為龍舟。但是人們在製作舟船的過程中，為使速度加快，減小阻力，遂前揚龍首，後豎龍尾，船兩側又飾以龍鱗。這樣，龍舟也就成為競渡舟船的統稱。

　　春秋兩季，寒暑相宜，是人們出外旅遊、欣賞大自然美景的最佳時光。魏晉以來，玄風大倡，人們開始不願受拘於名教，不肯再把自己侷限在平時生活的狹小空間裡面，而往往喜歡放情於山水之間，投身到大自然的懷抱。這種將自我生命與蒼茫高遠、浩渺無際的天地宇宙融成一體的追求，是當時很多名士做人的信條。竹林七賢之一的阮籍可算是其中的一個代表。他常登山臨水，經日忘歸，有時隨意信步，不由徑路，一直走到人跡罕至的地方。在登廣武山、遠眺楚漢相爭的古戰場後，他留下了「時無英雄，使豎子成名」的佳句。然而對山水眷戀最深的當屬那些隱逸之士。為了脫俗，他們大多終生與山水為伴，不願踏入市井一步。東晉時期，陶淵明不為五斗米折腰，把辭官隱居看成是「久在樊籠裡，復得返自然」的樂途。以後他「西涉荊、巫，南登衡嶽，因結宇衡山，欲懷尚平之志」。甚至到年邁體衰後，他躺在病榻上仍稱要「臥以遊之」[126]。謝安寓居會稽時，常與僧俗好友，「優游山林，六七年間徵召不至。雖彈奏相屬，繼以禁錮，而晏然不屑也」[127]。大書法家王羲之辭官後，遊遍諸郡名山，還泛舟到滄海，逢人便稱：「我卒當以樂死。」北方這樣的名士也不少，酈道元還因此留下名作《水經注》。

　　蹴鞠，是中國古代的球類活動。鞠用皮革製成。《戰國策‧齊策》記載有戰國時人進行蹴鞠之戲的內容。兩漢時期，此項遊戲相當普及。河南南陽、山東沂南、四川成都等地都出土大量關於蹴鞠的畫像石（磚）。進入魏晉，玩者仍綿延不絕，曹植曾有「連翩擊鞠壤，巧捷惟萬端」的詩句，即是明證。

---

126 《宋書‧陶潛傳》。
127 《世說新語‧賞譽篇》注引《續晉陽秋》。

藏鉤也是魏晉南北朝時期老少咸宜的娛樂活動。唐人段成式在《酉陽雜俎》中稱：「舊言藏鉤起於鉤弋，蓋依辛氏《三秦記》，雲漢武鉤弋夫人手拳，時人效之，目為藏鉤也。……眾人分曹，手藏物，探取之。又令藏鉤剩一人，則來往於兩朋，謂之餓鴟。」到西晉時玩法無大的變異。段成式引時人周處《風土記》文曰：「藏鉤之戲，分二曹以校勝負。」他又解釋說：「若人偶則敵對，若奇則使一人為游附，或屬上曹，或屬下曹，名為飛鳥。又今為此戲必於正月，據《風土記》在臘祭後也。庾闡《藏鉤賦》序云：予以臘後，命中外以行鉤為戲矣。」這是一種集體性遊戲，既能表現個人藏技的高超，又需要有集體的配合。對於藏方來說，可鍛鍊手的靈巧和動作的敏捷；對於猜方來說，則可鍛鍊眼力和判斷力。

戲射，在當時有兩種形式：朋射和單射。前者是一種團體賽，參加者可分兩組，分組輪流射擊，相加後成績優秀者勝。單射以個人為單位，成績最好者勝。

鬥草。宗懍《荊楚歲時記》稱：「五月五日，謂之沐蘭節。荊楚人並踏百草，又有鬥百草之戲。」有人認為，這是人們在踏青時，看誰採集的草類品種多，識別的清，誰就獲勝的遊戲。

鬥雞。據《左傳》記載，至遲春秋時期已有此項活動。兩漢時期，上至帝王，下到閭里少年，常以鬥雞為樂。魏晉南北朝，鬥雞已由單鬥，發展到群鬥，形成一定的規模，而且也已成為一種賭博的手段。鬥雞場面相當精彩激烈，故這項活動能長盛不衰。魏晉南北朝各代都有大量文人的鬥雞詩賦產生。流傳至今的有三國時期曹植的《鬥雞篇》、應瑒的《鬥雞詩》，晉代傅玄的《鬥雞賦》，南朝劉孝威、徐陵等人以及北朝王褒、庾信等人的鬥雞詩。從詩中可以得知，人們對鬥雞不但有一套嚴格的飼養、訓練、打鬥程序，還有很多克敵制勝的特殊伎倆，如在雞身上塗狸膏和芥粉，以給對方製造麻煩，達到「狸膏熏鬥敵，芥粉春場」[128]的效果。時人對鬥雞喜愛的程度，超出我們後人的想像。如應瑒寫道：「戚戚懷不樂，無以釋老勤。兄弟遊戲場，命駕迎眾賓。二部分曹伍，群雞煥以陣。雙距

---

128 庾信：《鬥雞》。

解長，飛踴超敵倫。芥羽張金距，連戰何繽紛。從朝至日夕，勝負尚未分。專場驅眾敵，剛捷跡等群。四坐同休贊，賓主懷悅欣。博奕非不樂，此戲世所珍。」

鬥鴨比鬥雞的地域範圍要窄一些，主要是在江南地區。當時江南出產一種善鬥的鴨子，人們用之相鬥取樂。據《岳陽風土記》載，孫吳時已有相當規模的鬥鴨場所：「臨湘鴨欄磯，建昌侯孫慮鬥鴨之所。」鬥鴨在水中進行，場面也非常好看。南朝人蔡洪在《鬥鳧賦》中描述說：「嘉乾黃之散授，何氣化之有靈，產羽蟲之麗鳥，惟鬥鴨之最精。……性浮捷以輕躁，聲清響而好鳴。感秋高之肅列，以金氣以出征。招爽敵於戲門，交武勢於川庭。爾乃振勁羽，竦六翮，抗嚴趾，望雄敵。忽雷起而電發，赴洪波以奮擊。」除鬥鴨外，這一時期的江南還盛行鬥鵝。

二、歲時節令

節，在中國古代最早是指節氣而言的。在不同的季節和節氣，人們舉行儀式和慶典，或進行各種各樣的活動。隨著時間的推移，這類儀式慶典則逐漸趨向在某一天，從而形成比較固定的節日。魏晉南北朝時期人們已將之稱為「歲時節令」。歲時節令是日常生活某一方面的濃縮，後人可以從中窺見古代社會物質文明程度和人們精神面貌的情況。人們通過在節日舉行相應的活動，主要是為了達到驅邪就福、慶賀紀念的目的。

歲時節令自產生之日起，其內容就在不斷地變化中，並帶有鮮明的時代特徵和地域色彩。下面擇要介紹一下魏晉南北朝時期比較重要的節日。

元日，即正月初一。早在先秦時期，人們因其居「四時之首」，而把它作為慶典的日子，故又有「元正」、「正旦」之名。魏晉南北朝時期，人們沿襲古俗仍將元日視為萬象更新的初始，無論朝廷和民間都極為重視，通過舉辦慶典，迎接新的一年到來。

南朝梁人宗懍在《荊楚歲時記》中記載了當時民間元日活動的情況：「正月

一日是三元之日也。《春秋》謂之端日，雞鳴而起，先於庭前爆竹，以闢山魈惡鬼。長幼悉正衣冠，以次拜賀。進椒柏酒，飲桃湯；進屠蘇酒，膠牙餳；下五辛盤；進敷於散，服卻鬼丸；各進一雞子；造桃板著戶，謂之仙木。凡飲酒次第，從小起。帖畫雞戶上，懸葦索於其上，插桃符其傍，百鬼畏之。」有些習俗一直延續至今，如貼年畫、行拜賀禮等，有的則發生變異，如著仙木改換貼門神、對聯，爆竹由燒竹變成燃放鞭炮。時人在元日的飲食無不蘊含著卻病強身、驅避鬼邪的意義，椒柏酒、屠蘇酒和五辛盤等都有消毒暢氣的藥效，吃膠牙餳顯然可以固齒，而服卻鬼丸，用意不說自明。人們爆竹和放仙木、插桃符等，目的是嚇走給一家人帶來災難的「山魈惡鬼」們。外出時，人們需要佩戴上驅鬼的桃符等飾物，男在左，女在右。古人認為，桃木味辛氣惡，是五行之精，可以伏邪壓鬼。有的學者考證，魏晉南北朝時著戶的桃板上刻有神茶和鬱壘的形象。這兩人的事蹟在東晉干寶著的《搜神記》中有記載。他們是東海度朔山上伏魔鎮鬼的神靈，所用的武器為桃木劍和桃枝。南北朝時，有的人家桃板刻的是孫臏、龐涓或趙公明、燃燈道士，這兩組人物都屬仇家，因而作為門神從不對臉。

為了祈求一年的好兆頭，人們往往想盡辦法窺知神的意志。南方有量江水進行占卜的風俗，北方則斬鼠著屋。《齊民要術》卷五：「正月旦，日未出時，家長斬鼠，著屋中。祝曰：付勒屋吏，制斷鼠蟲；三時言功，鼠不敢行。」

同秦漢一樣，元日朝會一直是魏晉南北朝各代統治者顯示和強調秩序的時機。不少正史的《禮志》都詳載了朝廷元會的程序。慶典一般是在天未亮時開始，先由文武百官依品級高低向皇帝賀拜，然後是接受屬國友邦使節的致敬，各郡縣也派人匯報政績。待百官伏稱萬歲後，樂聲大起，獻完壽酒，皇帝即進御膳，群臣隨之在席就餐，食畢君臣共賞樂舞。慶典一直要進行到天黑才能結束。北朝元會保留了少數民族的一些特殊風俗，如有嬪妃公主朝拜皇后的中宮朝會等。元旦當日，朝廷還要對郡縣官吏進行考課，決定升黜獎懲。

元宵，即正月十五，又稱上元。這本是個祭祀之日。漢世「以正月上元祠太

一甘泉，以昏時夜祠，至明而終」[129]。正因為祭祀太一（太乙），需通宵達旦、燈火通明，故皇帝特「敕許金吾弛禁前後各一日以看燈」[130]。執金吾是當時掌管京城戍衛的官吏，職責之一為負責京城的宵禁。上元開禁許民觀燈，由特例逐漸演變成傳統的燈節。魏晉南北朝時期，元宵之夜不但是個燈節，也是社會各階層的狂歡之夜。隋初承北朝遺風，「每歲正月，萬國來朝，留至十五日，於端門外，建國門內，綿亙八里，列為戲場。百官起棚夾路，從昏達旦，以縱觀之，至晦而罷。伎人皆衣錦繡繒彩，其歌舞者多為婦人服，鳴環珮，飾以花氂者，殆三萬人」[131]。一般百姓也「充街塞陌，聚戲朋遊，鳴鼓聒天，燎炬照地。人戴獸面，男為女服，倡優雜伎，詭狀異形。以穢嫚為歡娛，用鄙褻為笑樂，內外共觀，曾不相避。高棚跨路，廣幕陵雲，炫服靚妝，車馬填噎。看酤肆陳，絲竹繁會，竭貲破產，竟此一時。盡室並孥，無問貴賤，男女混雜，緇素不分」[132]。南朝時，荊楚一帶還有祠戶的風俗。《荊楚歲時記》：「正月十五，作豆糜，加油膏其上，以祠門戶。先以楊柳插門，隨楊枝所指，仍以酒脯飲食及豆粥，插箸而祭之。其夕，迎紫姑，以下將來蠶桑，並占眾事。」紫姑，據說是萊陽人，姓何名媚，性格柔弱。在被壽陽李景納為妾後，正室曹氏正月十五日將她殺死在廁所裡。何媚死後，被天帝封為廁神。人們可憐這位善良而又命運悲慘的少婦，故在忌日懷念她。做宜男蟬，也是江南地區的風俗。宜男即萱草，宜男蟬是用萱草做成蟬形的飾物。據《風土記》載，孕婦在正月十五戴上它，可以向蒼天乞求生個兒子。佩宜男蟬，反映了農業社會裡男丁在人們心目中的重要地位。

上巳又叫修禊節。先秦時期三月上旬巳日，人們來到水邊沐浴，以求祓除災氣，祈福免災，故有「上巳」之名。上巳，其實是古代性自由節。《周禮·媒氏》，「中春之月，令會男女。於是時也，奔者不禁」。古人認為，男女在山野或水濱媾和，所生之子可以得到神靈之氣。相傳商人祖先契，即是其母在修禊後受孕而產的。

---

129 《史記·樂書》。
130 《西京雜記》。
131 《隋書·音樂志》。
132 《隋書·柳彧傳》。

魏晉時期，這個節日有了明顯的變化。首先時間上得到固定。上巳定在每年三月三日，人們已不再管它是否為第一個巳日。其次是節日的內涵已與前不同。原來過節的目的是為祛災滅邪，此時已轉向臨水作樂。時值暮春三月，百草雜花，鬱鬱蔥蔥，正是人們投身大自然、玩山遊水的好季節。這一時期以三月三日踏青為題的詩賦很多，連天下第一名帖《蘭亭集序》，也是王羲之在這樣的氛圍下書寫而成的。

魏晉南北朝時期，三月三日是一個盛大的節日，無論南北皆然，甚至得到在中原建立政權的少數民族統治者的重視。據十六國時期陸翽所撰的《鄴中記》記載：「石虎三月三日臨水會公主、妃主，名家婦女無不畢出。臨水施帳幔，車服粲爛，走馬步射，飲宴終日。」這是西晉風氣的延續。《藝文類聚》卷四引《夏仲卿別傳》轉：「三月三日，洛中王公，莫不方軌連軫，並至南浮橋邊禊，男則朱服耀路，女則錦綺粲爛。」可見西晉時洛陽修禊節非常熱鬧。當然此風在江南地區更盛。《荊楚歲時記》：「三月三日，士民並出江渚池沼間，為流杯曲水之飲。」反映參加節日的階層是十分廣泛的。東晉初年，王敦、王導為在江東重構晉室，特地利用修禊節抬高司馬睿的威望。《晉書‧王導傳》：「會三月上巳，帝親觀禊，乘肩輿，具威儀，敦、導及諸名勝皆騎從。」這一招，引起了在外遊樂的江南大族首領們的注意。由於時機合適，效果奇佳。於是，一直觀望的江南大族轉而「漸相崇奉，君臣之禮始定」。

寒食節在冬至後的第一○五天，或一○六天，恰逢清明的前夕。每年這個時候，人們都要禁火寒食。先秦時期已有禁火的記載，《周禮‧司烜氏》說：「中春，以木鐸修火禁於國中。」司烜氏是掌火之官，每年春季第二個月要到各地巡視執行禁火之令。古人認為，火星不久將出現在昴宿之南，此前禁火可以減弱火星的銳氣。後來人們又把寒食節同紀念介子推聯繫起來。介子推，春秋時期的晉國貴族。他曾助晉文公復國，功成後歸隱於山。文公無奈，焚山欲使之出，結果不幸被燒死。鄉人憐之，遂有寒食之俗。桓譚《新論》：「太原郡民以隆冬不火食五日。雖有病緩急，猶不敢犯，為介子推故也。」顯然寒食習俗的形成與人們崇尚介子推的人格有很大關係。三國時，曹操在《明罰令》中禁止寒食。他認為，這種風俗不利於人體健康，對於身體虛弱的老人和小孩，更是如此。然而儘

管有嚴厲的處罰，卻收效甚微。西晉十六國，寒食之俗反而更加興盛。後趙石勒也曾下令禁止寒食，然不久天降冰雹，人們遂把天災與禁令聯繫起來，結果仍是不了了之。北魏的禁寒食之舉，同樣匆匆收場。寒食期間不能生火做飯，故人們只吃冷食——炒米或醴酪。所謂醴酪，是將粳米或大麥熬成酪狀，再加杏仁後形成的塊形食品。

寒食節本與清明毫不相關，前者是個名人紀念日，後者才是節氣。南北朝之後，清明逐漸取代寒食，大約由於兩個日子接近的緣故。這種演變，從一個側面反映出節日習俗存亡更替的規律。

端午，即五月五日。端午與夏至有密切的聯繫。周處《風土記》載：「仲夏端五。端，初也，俗重五日，與夏至同。」在時人心目中，夏至是「陰陽爭、死生分，血氣散」的季節交換時間。由於夏至的存在，整個五月都被看做不吉的時期。漢魏之際，應劭著《風俗通義》，內中有很多「惡五月」的民諺：「俗云五月到官，至免不遷」，「五月蓋房，令人頭禿」，「五月五日生子，男害父，女害母」。王充在《論衡》中也說過：民間「諱正月、五月生子。以為正月、五月子殺父與母，不得已舉之，父母禍死」。為什麼時人對五月如此忌諱？顯然與季節轉換有關。五月正處春夏之交，蚊蠅蜂起，百病叢生。古代醫療水準很低，人們不能適應季節交錯，易於死人，所以不能不對五月產生畏懼心理。端午立節的主要目的是逐疫，所以人們在這一天要佩帶五彩絲，在門上掛避瘟的飾物。端午作為惡月惡日，人們沒有任何遊樂慶賀的心情，相反倒是害怕衝撞了邪惡與瘟病，故整日小心翼翼。南北朝時期，防病水準提高，人們對端午的恐懼心理開始有所減弱。到隋唐時，端午則逐漸演變成以娛樂為主的節日。

前面已經講到，在江南有端午進行龍舟競渡的習俗。競渡也是一種祭祀水神的活動，人們借此乞求水神保護，以期風調雨順。除屈原外，當時端午受祭的名人還有伍子胥、勾踐等人。時人認為，含冤而死者，戾氣深重，祭祀他們可以平息戾氣，防止危害活人。

粽子是端午日最為人熟知的食品。《荊楚歲時記》：「民斬新竹筍為筒粽，楝葉插頭，五彩縷，投江以為避水厄。」在《續齊諧記》中，梁人吳均明確講用於

紀念屈原的投江之物有粽子。粽子，古稱角黍。它本是祭祖的供品，後來人們不斷加以改進，添入各類果實、草藥，使之成為美味的小吃。

　　七夕，即七月七日。這原來是古人的曝日。七月驕陽似火，人們選擇這一天將家裡的衣服和書籍，拿出來在陽光下曝曬，以殺死蟲蠹。漢魏之際，司馬懿稱病不應曹操的征辟。後來曹操探知他曾在七月七日曝書，遂再下辟書。司馬懿欺瞞不住，只得被迫應召。晉代有個叫郝隆的名士，看見鄰居七月七日曬衣服，便躺在地上曬肚子。別人很奇怪，他回答說是曬腹中之書。竹林七賢之一的阮咸見同族中人曬錦繡衣服，便「以竿掛大布犢鼻於庭。人或怪之，答曰：不能免俗，聊復爾耳」[133]。

　　伴隨著有關牛郎織女的美麗神話故事，又產生了七夕乞巧的風俗。《荊楚歲時記》：「七月七日，為牽牛織女聚會之夜。是夕，人家婦女結綵縷，穿七孔針，或以金銀石為針，陳瓜果於庭中以乞巧。有喜子網於瓜上，則以為符應。」乞巧之俗，至遲起於漢代。崔寔《四民月令》：「七月七日，曝經書，設酒脯時果，散香粉於筵上，祈請於河鼓（牛郎）、織女，言此二星神當會。守夜者咸懷私願。或云，見天漢中有奕奕正白氣，如地河之波，輝輝有光耀五色，以此為徵應。見者便拜，乞願，三年乃得。」七夕，應該算個女兒節。婦女們守夜，是盼望能見到牛郎織女這對恩愛夫妻難得的一聚。這一方面表達了婦女對自身命運的焦慮與關切，另一方面又希望能夠借此得到神助使自己心靈手巧，鞏固在家庭中的地位。乞巧只是七夕乞願的一個方面。《風土記》講：「七月初七日，其夜拜而願：乞富、乞壽、無子乞子。唯得乞一，不得兼求，三年乃得言之，頗有受其祚者。」富貴壽考，多子多孫，是農業社會人們普遍的願望。所以七夕雖算女兒節，但也不排斥男子參加。然而男人與婦女不同，興趣越來越向遊樂飲宴的方面轉移，尤其在上層社會，更是如此。從晉人潘尼的《七月七日侍皇子宴玄圃》讀到南朝謝莊的《七夕夜詠牛女應制》詩，我們可以看到，在皇室設下的七夕飲宴上，文人學士們雖然可一飽口福，但還需應制賦詩。

133　《晉書‧阮咸傳》。

牛郎織女的神話，濃縮了人們對小農經濟下男耕女織生活方式的嚮往，而七夕相會又或多或少透露出了古代社會男女自由交往的某種資訊。

中元節，即七月十五日。魏晉南北朝是道佛兩教發展興盛的時期，兩教都把七月十五日規定為隆重的節日。道教有天官、地官、水官三尊神。七月十五日是地官到人間分判善惡、拘索壞人性命的日子。在這一天祭祀地官，要請道士作法事，才能免除自身罪惡，並超度十方孤魂野鬼。而同一天佛教徒舉辦的是「盂蘭盆會」。「盂蘭盆」為梵語音譯，意為解救倒懸。說的是佛祖弟子目連不忍母親在地獄受倒懸之苦，聽從佛祖指示，陳設百種美味大會，供養十方僧眾以超度亡魂。西晉時僧尼已開始在此日舉行超祭活動，到梁武帝時大規模的「盂蘭盆會」則經常舉辦。至於民間，中元節也已漸成習俗。《荊楚歲時記》：「七月十五日，僧尼道俗，悉營盆供諸佛。」

重陽節，即九月九日。古人認為九是陽數之極，所以把九月九日叫做「重陽」。《風土記》和《續齊諧記》都記載有重陽節登高、飲菊花酒和插茱萸的習俗。九月為深秋，天高氣爽，大自然景色已瀕臨凋敝，此時登高望遠別有一番滋味。古人看重菊花，是因其有傲霜獨放的氣質，認為常服它可以輕身益氣，故菊花酒也就成為重陽節必備的飲料。魏晉時期，名士常把菊花作為互贈的禮物。陶淵明曾在九月九日送菊花給為他備酒的王弘。至於茱萸，據《齊民要術》卷四講是一種「增年益壽，除患害」的常綠小喬木，「懸茱萸子於屋內，鬼畏不入也」，「茱萸葉落井中，飲此水者，無瘟病者」。可見重陽節插茱萸，目的是為闢邪去病。

九月是豐收的季節，人們在重陽之日往往互贈食物。有的地方贈物是粽子，而大多數地方則互贈重陽糕。此糕在南方被稱為「粉餅」，北方則作成棗糕。重陽糕，除用於餽贈外，還可以之祭祖。

臘日，起源很早。據《風俗通義》記載，臘日在夏稱嘉平，殷稱清禮，周稱大蜡，漢代改為臘。臘月在每年十二月，具體日期因朝代不同而有區別。漢代朝廷定臘日為冬至後第三個戌日。在民間起初是臘月初八，後又有以臘月廿四日為臘日的。

臘日祭神意在為迎接新春作準備，「臘者，接也，新故交接，故大祭以報功也」。「臘」字又與「獵」字通，「言田獵取獸以祭祀其先祖」[134]。總之，臘日是一年之中最隆重的大祭之日。臘祭的範圍很廣，包括土地、祖先和百神。首選祭祀的是土地神和四方神，次之為與農業有關的神物，如貓虎、水塘、昆蟲等，最後是祖先和戶、灶等神靈。人們聚集在一起，將豐盛的祭品奉獻眾神，請求他們保佑來年的豐收。在祭祀之後，人們開始享受豐盛的宴席。從漢代起，臘日活動往往要持續幾天。臘日前已開始擺放供品，臘日當天實行大祭，第二天迎神下界並向尊長敬酒，第三天再次獻祭，時稱蒸祭，隔日還要去墳塋祭祀亡靈。臘日經常要舉行大儺儀式以驅逐瘟神，叫做「逐除」。南朝時，江南人仍以「十二月八日為臘日，諺語：臘鼓鳴，春草生。村人並擊細腰鼓，戴胡頭，及作金剛力士，以逐疫。其日並以豚酒祭灶神」[135]，節日氣氛十分濃郁。

人們都希望在臘日這一天與家人團聚。《華陽國志》記載，江源令王長文可憐囚徒，想發惻隱之心讓他們在臘日回家探視一下。群吏擔心囚徒逃走，則紛紛勸阻。囚徒知道後，非常受感動。《梁書》也有建安太守何鳳，每逢臘日即放囚徒回家過節的事例。

除夕是一年之末，所以又稱「歲暮」、「歲除」。時值新舊兩歲更替之際，以此為節有辭舊迎新、去邪接福的意義。據《荊楚歲時記》載，迎新的活動早在歲前開始。「歲前又為藏彄之戲，歲暮，家傢俱肴蔌，詣宿歲之位，以迎新年，相聚酣飲。」開宴前，舉家要向祖先靈位行大禮，然後以長幼之序向父老行辭歲禮。未婚男女可以從長輩那裡得到壓歲錢，時稱「押祟錢」，取其有鎮壓邪魅之義。年飯要剩下一部分，稱為「宿歲飯」，「留宿飯至新年十二日，則棄之街衢，以為去故納新也」。有的地區還在這一天進行鎮宅活動，以驅除災禍，具體形式是在宅院四角各埋一塊鎮宅石，以彈壓鬼祟。北魏時，官方借「歲除」之機，大行儺禮以炫耀武力。儺禮設南北兩軍，北軍為騎兵陣，南軍為步兵陣，兩軍擊鼓鳴金，作戰鬥狀，結果總是北勝南敗。北魏借此儺戲表明一定要滅掉南朝統一全

---

134 《風俗通義》卷八。
135 宗懍：《荊楚歲時記》。

國的決心。北魏滅亡後，這種儺戲一直延續下來，只是具體形式略有變化。北齊儺戲雜用鞞角，是當時胡漢文化互相融合的反映。

三、宗教活動

魏晉南北朝時期，民間盛行的自然崇拜和鬼神迷信，嚴格地說不能算是宗教活動。因為它們零散、雜亂，沒有系統的神學理論和固定的宗教戒律、組織和儀規。當時只有佛道兩教才有規範的宗教活動。

作為一種外來的宗教，佛教初入中原，只被上層社會認定是一種方術而已。魏晉南北朝時期，佛教在漢族地區轉向全面興盛，佛教活動成為當時人們精神生活中的重要組成部分。

受戒出家，是佛教徒以求解脫專事修行的一種重要活動。漢代禁止漢人出家，其後雖間或有出家者，但只是追求外形相似而已，並未能履行嚴格的受戒手續。這種情況，到曹魏時期才有改變。《高僧傳・野柯迦羅傳》講：「魏嘉平中，來至洛陽。於時魏境雖有佛法，而道風訛替；亦有僧眾，未稟歸戒，正以翦落殊俗身，設復齋懺，事法祠祀。迦羅既至，大行佛法。」於是「諸僧共請迦羅譯出戒律」，是為《僧祇戒心》，並創建羯摩律法。「中夏戒律，始自乎此。」以後漢人受戒出家受到限制，凡出家者皆應有嚴格的手續。初入寺的少男為沙彌，少女為沙彌尼，只受十戒。以後需受具足戒，依據的是《四分律》，其中比丘戒二五〇條，比丘尼戒三四八條。出家人在學戒完成後，才能正式取得僧尼資格。

居家禮佛是居士的佛事活動。篤信佛教但不出家而為佛寺著錄的人被稱為居士。居士在家禮佛，雖不必受足戒，卻一定嚴格遵守「五戒」和「十善」。五戒即不殺、不盜、不淫、不欺、不飲酒。「十善者，身不犯殺、盜淫；意不嫉、忌、痴；口不妄言、綺語、兩舌、惡口。」[136]五戒是行動手則，十善是道德信

---

136 《弘明集》卷十三，郗超《奉法要》。

條。因此《奉法要》講：「五戒檢形，十善防心。」南北朝時期，在家禮俗的善男信女很多。《續高僧傳》中講梁代高僧慧約佛法高超，「道俗士庶，咸希度脫，弟子著錄者，凡四萬八千人」。居士除每日禮佛外，還要在齋日過特定的宗教生活。居士的齋日是每月八日、十四日、十五日、二十三日、二十九日、三十日，或正月、五月、九月的一日至十五日。「凡齋日，皆當旦日不御，迎中而食，既中之後，甘香美味——不得嘗。洗心念道，歸命三尊（佛、法、僧）。悔過自責，行四等心（慈、悲、喜、捨）。遠離房室，不著六慾。不得鞭撻罵詈，乘駕牛馬，帶持兵仗。婦眾則兼去香花脂粉之飾，端心正意，務豐正順。」[137]

講經說法，是傳播宗教思想的活動。佛經本是用梵文寫成，譯成漢文才能為漢族人接受，因此精通梵文與漢人的西域僧人便紛紛致力於譯經事業。東漢以迄三國，譯經數量不多，品質也不高，多為梵文節抄本，對於許多佛教專有名詞、術語的翻譯晦澀欠通。然而自西晉以來，大量佛教開始被翻譯過來，到南北朝末期，共譯出佛經近千部，幾乎囊括大小二乘、空有、性相、經、論、律等不同體系的經典。同時譯文品質有很大提高，對佛教經義也能詳加考辨，力求用準確而生動的漢文加以表述。由於佛教越來越受到統治者的重視，譯經的規模也越來越大，如後秦國主為支持鳩摩羅什譯經活動而建立了多處大型譯場。類似例證已在前引述很多，這裡不再贅述。東晉時期，南渡的北方高僧在與崇尚玄學的名士交往過程中，又把玄理援入佛學。這樣就為佛教的中國化準備了條件。南北朝時期，講經說法已成為佛教活動的重要內容。《高僧傳》中常見某些高僧在講經說法時，僧俗弟子聽眾有成千上萬之多的記載。如南齊時法通有「白（俗）、黑（僧）弟子七千餘人」。梁代僧祐每講律學，「聽眾常七八百人」，「凡黑白門徒一萬一千餘人」[138]。《洛陽伽藍記》講，北魏洛陽秦太上君寺「常有大德名僧講一切經，受業沙門，亦有千數」。南朝時，不但僧人參與講經，而且皇帝也被捲入進來。中大通五年（西元 533 年），梁武帝在同泰寺設四部無遮大會，講《金字摩訶波羅經》。聽眾「自皇太子、衛侯以下，侍中、司空袁昂等六百九十；其

---

137 同上。
138 皆見《高僧傳》本傳。

僧正慧令等義學僧鎮座一千人」，「其餘僧尼及優婆塞、優婆夷眾、男冠道士、女冠道士、白衣居士、波斯王使、于闐國使、北館歸化人，講肆所班，供帳所設，三十一萬九千六百四十二人」[139]。可見聲勢之大。

佈施投獻，是僧侶為維持和擴大寺院經濟來源，要求社會各階層捐獻不動產與浮財的宗教活動。當時參與佈施投獻的信徒，幾乎囊括了社會各階層，上至皇帝后妃、達官貴人，下至庶民百姓。投獻物有土地、房屋和錢幣、貴重物品等。《續高僧傳》講西魏文帝於京師立大中興寺，特賜「昆池雲南，置中興寺。池之內外，稻田百頃，並以給之，梨棗雜果，望若雲合。」南朝梁武帝一次賜給大愛敬寺寺田八十頃。梁中書令徐勉將自己田產中大部分施捨給宣武寺。無論南方北方，達官富室舍宅為寺的都很多。至於一部分百姓，則往往「竭財以赴僧，破產以趨佛」[140]。南朝佞佛最厲害的梁武帝多次向寺院佈施錢財。前講中大通五年的那次四部大會，「皇帝捨財，遍施錢、絹、銀、錫杖等物二百一種，直一千九十六萬」，皇太子捨「三百四十三萬」，六宮舍「二百七十萬」，「朝臣至於庶民，並各隨喜，又錢一千一百一十四萬」[141]。梁武帝還四次捨身為寺奴，每次要朝臣以「億萬錢」將其贖回。北朝高齊竟將國庫的三分之一施捨給寺院。寺院為獲佈施，還鼓勵僧人焚身。有關僧傳記載了很多僧人焚身以求佈施之事。如劉宋竹林寺釋慧益燒身，「帝亦續至，諸王后妃，道俗士庶，填滿山谷，投衣解寶，不可勝計」[142]。北周僧崖燒身，「於時人物喧擾，施財山積」[143]。在講經中途，僧侶有時也會突然鳴剎注疏，強索佈施，少者十萬，多者百萬。東晉畫家顧愷之就是在瓦官寺聽講時注疏百萬的，到寺僧隔日去家勾疏索錢時，他因無力償還只得去寺中作畫。

建造佛寺更是佛教的重要活動。佛教初入漢地，只有少數寺院，供西域來華僧侶及商人參拜或作譯經之所。西晉造寺之風漸開，曾陸續建寺一八〇所，東晉

139 《廣弘明集》卷十九，蕭子顯《御講摩訶般若經》。
140 《梁書·范縝傳》。
141 《廣弘明集》卷十九，蕭子顯《御講摩訶般若經》。
142 《高僧傳·慧益傳》。
143 《續高僧傳·僧崖傳》。

猛增至一七六八所。南北朝時，此風甚盛。社會各階層競相籌資建寺。關於這方面的情況，前面已有詳述，本處只略作勾畫。據任繼愈《中國佛教史》提供的數字，當時南朝劉宋有寺一九一三所，南齊二○一五所，梁二八四六所，陳一二三二所。北朝北魏有寺一三七二七所。北齊、北周統計數目不全，僅齊都鄴城有寺四○○○所，北周九三一所。這些寺院都建造的十分講究。《洛陽伽藍記》講，北魏都城「招提櫛比，寶塔駢羅，爭寫天上之姿，競橫山中之影，金剎與靈臺比高，廣殿共阿房等壯」。南朝梁武帝敕建大愛敬寺，也是「結構伽藍，同尊園寢，經營雕麗，奄若天宮。中院之去大門，延袤七里，殿廡相架、簷霤臨屬，旁置三十六院，皆設池臺，周宇環繞」[144]。難怪來自西域的胡僧見了北魏永寧寺後，「自云一百五十歲，歷涉諸國，靡不周遍，而此寺精麗，閻浮所無也。極物境界，亦未有此。口唱南無，合掌連日」[145]。與南朝重視佛理的闡揚相比，北朝不尚空談，追求的是功利實效。在廣建佛寺的同時，為使禮佛功業長久保存，北朝上下則大興依山鑿窟之舉。從現在已知的情況來看，北方中原的廣袤地帶以及塞外、西北、新疆地區皆有北朝佛教洞窟的遺存。其中著名的有敦煌的莫高窟、大同的雲岡石窟和洛陽的龍門石窟。雲岡石窟是現存由皇室經營的第一所大石窟，現存主要洞窟四十五個，小龕一一○○個，造像五萬餘軀，皆為北魏前期之作；龍門石窟現存窟龕二千多個，造像十萬餘軀，其中三分之一為北魏所鑿。

佛教的其他佛事活動也很多。如水陸法會是一種超度一切亡魂、普度六道四生的重大佛事活動。這種法會少則七天，多則四十九天；規模小的幾十人，大的數百人。主要內容是誦經設齋、禮佛拜懺、追薦亡靈。水陸法會始於梁天監年間，以後習染歷代。另外，還有四月初八的浴佛會、七月十五的盂蘭盆會。佛成道日的十二月初八和佛涅槃日的二月十五，也有紀唸法會，只是沒有前兩會隆重。

捨身與放生，是佛教教義互相衝突的兩種宗教活動。佛教主張信徒為佛可捨棄世間的一切，包括肉身。南北朝時期，捨身表現為或捨身為寺奴，或燃臂照

144　《續高僧傳‧實唱傳》。
145　《洛陽伽藍記》卷一。

佛，甚至焚身禮佛。但佛教又主張不殺生，對眾生皆持慈悲之心，應該想辦法解救有生命之虞的動物，這就是放生。北齊皇帝高洋信佛，禁止殺牲祭祀，禁止百姓捕魚蟹，甚至限止燒荒，以防止昆蟲為火所傷。既然一方面主張愛惜生命，那麼為什麼另一方面又鼓勵萬物之靈的人自殘輕生呢？這不能不說是南北朝時期佛教活動的矛盾之處。

東漢後期，道教初具規模。進入魏晉南北朝，道教流派很多，信徒甚眾。

魏晉時期的民間道教，影響較大的主要有太平道教和五斗米道兩支。兩派的宗教活動形式大體類似。《三國志‧張魯傳》注引《典略》：「（張）角為太平道，（張）修為五斗米道。太平道者，師持九節杖為符祝，教病人叩頭思過。因以符水飲之。得病或日淺而癒者，則云此人通道；不癒，則為不通道。修法略與角同，加施靜室，使病者處其中思過。又使人為奸令祭酒，祭酒主以《老子》五千文，使都習。號為奸令，為鬼吏，主為病者請禱。請禱之法，書病人姓名，說服罪之意，作三遍：其一上雲天，著山上；其一埋之地；其一沉之於。謂之三官手書。使病者出米五斗以為常，故號為五斗米師。」後張魯割據漢中，「增飾（修）之教使作義舍，以肉米置其中，以止行人。又教使自隱，有小過者當治道百步，則罪除。又依月會，春夏禁殺，又禁酒。」此外，還有男女合氣之術，即所謂「黃書合氣三五九七男女交接之道。四目兩舌，正對行道，在於丹田。有行者度厄延年。教夫易婦，唯色為務，父兄立前，不知羞恥，自稱中氣真術」[146]。

與民間符籙派道教不同的是在上層社會流行的丹鼎派道教。漢末魏伯陽作《參同契》已講過，這種煉丹服食之法。稱服食之後，加之行氣導引，能「令正氣不衰，形神相衛」，成為神仙。丹鼎派也崇信符咒，《抱朴子》一書載有很多符圖和咒語，如自來符、金光符、太玄符、黃帝符、延命神符、九天發兵符、消災符、治百病符、厭怪符以及六甲秘咒、三五禁法等。

南北朝時，北方的寇謙之、陶弘景等人對道教陸續進行規範，使宗教活動具

---

146 《廣弘明集》卷九，甄鸞《笑道論》。

有了空前完備的儀規。這主要是：

（1）**奉道受戒的活動**。據寇謙之假借老君名義所撰《老君音誦戒經》稱，凡欲通道的男女皆可由已入道的人向道官轉述受戒的要求。受戒儀時，入道者始向《戒經》行八拜之禮，由戒師傳戒。然後受道者復述所授內容，完畢之後再行八拜之禮，就算正式受戒入道了。

（2）**求願活動**。求願活動有兩種。一種為齋會求願，即是舉行齋會來祈求消災。上齋行會七日，中齋行會三日，下齋行會一夜一日。齋會方法是：素飯菜，斷房室，勤修善行，並向香火行八拜之禮，說明求願內容。齋後請道首（師君）用餐。一種是燒香求願。求願者先在家中的靖舍燒香、行八禮、九叩頭、三搏頰，然後求願。一願一上香，一齋日分六個時辰上香。

（3）**為亡靈祈請活動**。師君道民有死亡，七日辦完喪事。為亡靈祈請時的齋會要散其生前的財物，然後主人稱官號姓名向無極大道稟啟，多次上香，為亡靈解罪。所有與會者都要八拜、九叩頭、九搏頰，三遍而止。

（4）**消災活動**。道民有人得病，師君在靖舍捻香。道民在舍外叩頭，把病狀寫在紙上，請求寬恕，然後按照定規行禮。

（5）**「三元會」活動**。南北朝每年正月七日、七月七日、十月五日為三會日。這三天道民需在所屬的「治」（當時的一級教區）舉行集體齋會。首先各呈章籍（祈禱詞），排隊行八拜、九叩頭、九搏頰之禮。儀式之後，道眾互相祝賀。

（6）**宥過活動**。道民有錯，舉行齋會祈請宥過。祈請者八拜、九叩、三十六搏頰，共三次。然後手捻香入爐，並訴說罪狀，請求寬宥，與會者則為其證明。

南北朝時，道教徒進行宗教活動十分神祕和莊嚴，並絕對服從教規戒律。每種教儀最後一句都有「明慎奉行如律令」的話，表示對教規有如奉行法律和法令一樣。

參考書目

范曄.《後漢書》.北京：中華書局，1965

陳壽.《三國志》.北京：中華書局，1959

房玄齡等.《晉書》.北京：中華書局，1974

沈約.《宋書》.北京：中華書局，1974

蕭子顯.《南齊書》.北京：中華書局，1972

姚思廉.《梁書》.北京：中華書局，1973

姚思廉.《陳書》.北京：中華書局，1972

魏收.《魏書》.北京：中華書局，1974

李百藥.《北齊書》.北京：中華書局，1972

令狐德棻.《周書》.北京：中華書局，1971

魏徵等.《隋書》.北京：中華書局，1975

李延壽.《南史》.北京：中華書局，1975

李延壽.《北史》.北京：中華書局，1974

吳樹平.《風俗通義校釋》.天津：天津人民出版社，1980

劉琳.《華陽國志校注》.成都：巴蜀書社，1984

王利器.《顏氏家訓集解》.上海：上海古籍出版社，1980

許嵩.《建康實錄》.上海：上海古籍出版社，1980

楊衒之.《洛陽伽藍記》.上海：上海古籍出版社，1980

賈思勰.《齊民要術》.北京：農業出版社，1982

酈道元.《水經注》.上海：上海人民出版社，1984

王明.《太平經合校》.北京：中華書局，1960

劉義慶.《世說新語》.北京：中華書局，1984

司馬光.《資治通鑑》.北京：中華書局，1956

杜佑.《通典》.北京：中華書局，1984

劉知幾.《史通》.北京：中華書局，1984

葛洪.《抱朴子》.上海：上海古籍出版社，1990

徐堅.《初學記》.北京：中華書局，1980

劉勰.《文心雕龍》.上海：上海古籍出版社，1990

慧皎.《高僧傳》.上海：上海古籍出版社，1993

道宣.《續高僧傳》.上海：上海古籍出版社，1993

僧祐.《弘明集》.上海：上海古籍出版社，1991

道宣.《廣弘明集》.上海：上海古籍出版社，1991

丁福保編.《全漢三國晉南北朝詩》.北京：中華書局，1959

郭茂倩編.《樂府詩集》.北京：中華書局，1979

蕭統編.《昭明文選》.北京：中華書局，1956

嚴可均輯.《全上古三代秦漢三國六朝文》.北京：中華書局，1958

程樹德.《九朝律考》.北京：中華書局，1963

王仲犖.《魏晉南北朝史》.上海：上海人民出版社，1979

白壽彝總主編.《中國通史》第 7、8 卷.上海：上海人民出版社，1995

呂思勉.《兩晉南北朝史》.上海：上海古籍出版社，1983

呂思勉.《呂思勉讀史劄記》.上海：上海古籍出版社，1991

陳寅恪.《隋唐制度淵源略論稿》.上海：上海古籍出版社，1982

陳寅恪.《金明館叢稿初編》.上海：上海古籍出版社，1980

唐長孺.《魏晉南北朝史論叢》.北京：三聯書店，1955

唐長孺.《魏晉南北朝史論叢續編》.北京：三聯書店，1959

唐長孺.《魏晉南北朝史論拾遺》.北京：中華書局，1983

唐長孺.《魏晉南北朝隋唐史三論》.武漢：武漢大學出版社，1993

周一良.《魏晉南北朝史論集》.北京：中華書局，1963

周一良.《魏晉南北朝史論集續編》.北京：北京大學出版社，1991

周一良.《魏晉南北朝史札記》.北京：中華書局，1985

何茲全.《讀史集》.上海：上海人民出版社，1982

何茲全.《中國古代社會》.鄭州：河南人民出版社，1991

何茲全.《歷史學的突破・創新和普及》.北京：北京師範大學出版社，1993

萬繩楠.《魏晉南北朝史論稿》.合肥：安徽教育出版社，1983

萬繩楠.《魏晉南北朝文化史》.合肥：黃山書社，1992

羅宏曾.《魏晉南北朝文化史》.成都：四川人民出版社，1989

余英時.《士與中國文化》.上海：上海人民出版社，1987

劉澤華.《士人與社會》（秦漢魏晉南北朝卷）.天津：天津人民出版社，1992

陰法魯.《中國古代文化史》.北京：北京大學出版社，1991

劉澤華.《中國政治思想史》（秦漢魏晉南北朝卷）.杭州：浙江人民出版社，1996

侯外廬.《中國思想通史》第三卷.北京：人民出版社，1957

任繼愈.《中國哲學發展史》.北京：人民出版社，1988

任繼愈.《中國佛教史》第 2、3 冊.北京：中國社會科學出版社，1988

任繼愈.《中國道教史》.上海：上海人民出版社，1990

田余慶.《東晉門閥政治》.北京：北京大學出版社，1989

田余慶.《秦漢魏晉史探微》.北京：中華書局，1993

祝總斌.《兩漢魏晉南北朝宰相制度研究》.北京：中國社會科學出版社，1990

黃烈.《中國古代民族史研究》.北京：人民出版社，1987

趙吉惠.《中國儒學史》.鄭州：中州古籍出版社，1991

王葆玹.《正始玄學》.濟南：齊魯書社，1987

孔繁.《魏晉玄談》.瀋陽：遼寧教育出版社，1991

馬良懷.《魏晉風度研究》.北京：中國社會科學出版社，1993

寧稼雨.《魏晉風度》.北京：東方出版社，1992

王曉毅.《中國文化的清流》.北京：中國社會科學出版社，1991

陳戍國.《魏晉南北朝禮制研究》.長沙：湖南教育出版社，1995

毛禮銳.《中國教育通史》第二卷.濟南：山東教育出版社，1986

余冠英.《中國文學史》第一卷.北京：人民文學出版社，1962

陳國符.《道藏源流考》.北京：中華書局，1963

湯用彤.《漢魏兩晉南北朝佛教史》.北京：中華書局，1983

湯一介.《魏晉南北朝時期的道教》.西安：陝西師範大學出版社，1988

胡孚琛.《魏晉神仙道教》.北京：人民出版社，1989

廖輔叔.《中國古代音樂史》.北京：人民音樂出版社，1982

侯鏡昶.《書學論集》.上海：華東師範大學出版社，1982

郭沫若、宗白華、啟功、章士釗等.《蘭亭論辨》.北京：文物出版社，1977

山西省文管會.《雲岡石窟》.北京：文物出版社，1977

杜石然.《中國科學技術史稿》.北京：科學出版社，1982

錢寶琮.《中國數學史》.北京：科學出版社，1981

陳遵嬀.《中國天文學史》.上海：上海人民出版社，1980

金慎初.《中國醫學簡史》.福州：福建科學技術出版社，1983

趙匡華.《中國古代化學史研究》.北京：北京大學出版社，1985

楊寬.《中國古代冶金技術發展史》.上海：上海人民出版社，1982

楊寬.《中國古代都城制度史研究》.上海：上海古籍出版社，1993

羅哲文.《中國古代建築》.上海：上海古籍出版社，1990

王玉哲.《中國古代物質文化》.北京：高等教育出版社，1990

馮爾康.《中國社會結構的演變》.鄭州：河南人民出版社，1994

徐揚傑.《中國家族制度史》.北京：人民出版社，1992

陶毅.《中國婚姻家庭制度史》.北京：東方出版社，1994

王育民.《中國歷史地理概論》.北京：人民教育出版社，1987

王育民.《中國人口史》.南京：江蘇人民出版社，1989

葛劍雄.《簡明中國移民史》.福州：福建人民出版社，1994

呂一飛.《胡族習俗與隋唐風韻》.北京：書目文獻出版社，1994

沈福偉.《中西文化交流史》.上海：上海人民出版社，1985

李澤厚.《中國美學史》第二卷.北京：中國社會科學出版社，1987

再版後記

　　本套叢書第一版出版於二〇〇〇年，若再上溯到一九九五年項目正式起動，則距今已有十五年之遙。十五年前的中國，改革開放正進入重要階段。隨著國家現代化建設事業的不斷推進，深層次的文化問題愈益受到普遍關注。人們也越來越意識到，所謂現代化，首先就是人的現代化；而所謂人的現代化，離不開人的道德文化素養的提升，所以，歸根結柢，現代化的實現有賴於文化的現代化。也因是之故，一九九七年黨的十五大報告即提出了建設「有中國特色社會主義的文化」的宏偉目標。報告不僅強調「社會主義現代化應該有繁榮的經濟，也應該有繁榮的文化」，而且強調有中國特色社會主義的文化，「它淵源於中華民族五千年文明史，又植根於有中國特色社會主義的實踐」。學術反映時代。明白了這一點，便不難理解，隨著文化問題自二十世紀八十年代後期以來的持續升溫，其時中國文化史的研究也發展到了一個新的階段：關注對中國文化總體史的探究。這也正是本叢書當年創意的緣起。

　　本叢書的作者多是來自京內外高校和科研院所的中青年學者。當年既沒有什麼科研經費，也沒有什麼津貼，大家的合作主要是出於共同的學術興趣。整套叢書寫作長達四年之久，尤其是最後一年，幾乎每週末都需要開會討論問題。但大家心態平和，似乎都樂此不疲。當然，說到底，這還要感謝當年比較寬鬆的學術環境，因為那時候高校沒有如今這樣沉重的量化考核的壓力，作者得以避免產生浮躁的心態和陷入急功近利的怪圈。當年參與本叢書編寫的作者，今天多成了有成就的學者和各單位的學術骨幹，大家有時聚首，說起來都很懷念那一段共事的時光。

由於種種原因，本叢書出版後沒有為更多讀者所熟知，也沒有產生應有的社會效益。二〇〇九年，北京師範大學出版社找到我，認為這套「文化通史」依然有著重要的學術價值，值得向廣大讀者推介，希望能夠將之再版。這一動議讓我看到了北京師範大學出版社對學術與市場雙向的判斷力，和助益學術的執著追求。所以，我當即表示欣然同意。

　　現在本叢書即將出版，我們想利用這個機會，對北京師範大學出版社的大力支持深表感謝。策劃編輯饒濤、李雪潔同志為本叢書出版付出了很多的辛勞；碩士研究生明天、李豔鳳、鞠慧卿同志為本叢書的圖片選取，也做了大量的工作，在此，一併申致謝意。

鄭師渠

於北京師範大學

二〇〇九年五月十五日

亮點書系 . 中國文化通史 A1001006

中國文化通史・魏晉南北朝卷　下冊

主　　編	鄭師渠
版權策畫	李　鋒
發 行 人	陳滿銘
總 經 理	梁錦興
總 編 輯	陳滿銘
副總編輯	張晏瑞
編 輯 所	萬卷樓圖書股份有限公司
排　　版	菩薩蠻數位文化有限公司
印　　刷	維中科技有限公司
封面設計	菩薩蠻數位文化有限公司

出　　版　昌明文化有限公司

桃園市龜山區中原街 32 號

電話　(02)23216565

發　　行　萬卷樓圖書股份有限公司

臺北市羅斯福路二段 41 號 6 樓之 3

電話　(02)23216565

傳真　(02)23218698

電郵　SERVICE@WANJUAN.COM.TW

大陸經銷

廈門外圖臺灣書店有限公司

　　電郵　JKB188@188.COM

ISBN 978-986-496-158-0

2018 年 1 月初版

定價：新臺幣 500 元

如何購買本書：

1. 劃撥購書，請透過以下郵政劃撥帳號：

　帳號：15624015

　戶名：萬卷樓圖書股份有限公司

2. 轉帳購書，請透過以下帳戶

　合作金庫銀行　古亭分行

　戶名：萬卷樓圖書股份有限公司

　帳號：0877717092596

3. 網路購書，請透過萬卷樓網站

　網址 WWW.WANJUAN.COM.TW

大量購書，請直接聯繫我們，將有專人為您

服務。客服：(02)23216565 分機 610

如有缺頁、破損或裝訂錯誤，請寄回更換

國家圖書館出版品預行編目資料

中國文化通史. 魏晉南北朝卷 / 鄭師渠著. --

初版. -- 桃園市：昌明文化出版；臺北市：

萬卷樓發行, 2018.01

　冊；　公分

ISBN 978-986-496-158-0(下冊 ：平裝)

1.文化史 2.中國

630　　　　　　　　　　　　　107001800

本著作物經廈門墨客知識產權代理有限公司代理，由北京師範大學出版社（集團）有限公司授權萬卷樓圖書股份有限公司出版、發行中文繁體字版版權。